CAROLINE MYSS

Geistkörper-Anatomie

CHAKREN –
die sieben Zentren von
Kraft und Heilung

Aus dem Amerikanischen
von Tatjana Kruse

Delphi bei Droemer Knaur

Herausgegeben von Gerhard Riemann

Die Folie des Schutzumschlags sowie die Einschweißfolie
sind PE-Folien und biologisch abbaubar.
Dieses Buch wurde auf chlor- und säurefreiem Papier gedruckt.

© Copyright deutschsprachige Ausgabe 1997
by Droemersche Verlagsanstalt Th. Knaur Nachf., München
© Copyright Originalausgabe 1996 by Caroline Myss
© Copyright Vorwort 1996 by Crown Publishers, Inc.
Originaltitel: Anatomy of the Spirit
Originalverlag: Harmony Books, New York
Das Werk einschließlich aller seiner Teile ist urheberrechtlich
geschützt. Jede Verwertung außerhalb der engen Grenzen des
Urheberrechtsgesetzes ist ohne Zustimmung des Verlages unzulässig
und strafbar. Das gilt insbesondere für Vervielfältigungen,
Übersetzungen, Mikroverfilmungen und die Einspeicherung und
Verarbeitung in elektronischen Systemen.
Umschlaggestaltung: Vision Creativ, München
Umschlagillustration: Susanne Elten
DTP-Satz und Herstellung: Barbara Rabus
Druck und Bindearbeiten: Ebner Ulm
Printed in Germany
ISBN 3-426-29002-2

2 4 5 3 1

Dieses Buch widme ich mit grenzenloser Liebe und
Dankbarkeit meinen drei ganz persönlichen Engeln,
ohne die ich niemals die dunkelste Zeit
meines Lebens hätte überstehen können:

meiner Mutter,
die meine ständige Quelle der Kraft ist,

meinem Bruder Edward,
der mir eine ständige Quelle von Humor
und Optimismus ist,

und meiner Schwägerin Amy,
die ein wahrer Familienschatz wurde.

Inhalt

Geleitwort von Dr. Norman Shealy 11
Vorwort: Mein Weg zur Intuitiven 16
Einführung: Meine persönliche Geschichte 31
    Wendepunkte 31
    Meine intuitive Lehrzeit 40
    Vom Hobby zum Beruf 46
    Der ausschlaggebende Faktor 48

Erster Teil
Eine neue Sprache des Geistes 55

1 Energiemedizin und Intuition 57
    Das menschliche Energiefeld 57
    Das Feld lesen 60
    Halten Sie sich an Ihren ersten Eindruck 62
    Kultivieren Sie einen meditativen Geisteszustand . . . 64
    Objektivität ist der Schlüssel 65
    Das erste Prinzip: Ihre Biographie
    wird zu Ihrer Biologie 66
    Das zweite Prinzip: Gesundheit erfordert
    persönliche Macht 71
    Das dritte Prinzip: Nur Sie allein können sich heilen . . 76
        Energieerwerber 78
        Die Macht neu ausrichten 82
        Symbolische Einsicht lernen 89

2 Nach dem Bilde Gottes 96
   Die symbolische Kraft der sieben Chakras 102
   Die symbolische Macht der
   christlichen Sakramente 105
   Die symbolische Macht der
   zehn Sephiroth 107
   Wie die Chakras, die Sakramente
   und die Sephiroth zusammenarbeiten 112
   Die sieben heiligen Wahrheiten 116
      Äußere Macht 116
      Innere Macht 122

ZWEITER TEIL
Die sieben heiligen Wahrheiten 133

   Einleitung 135
   Energieanatomie 137

1 Das erste Chakra: Stammesmacht 141
   Stammeskultur 144
   Die energetischen Folgen unserer Überzeugungen ... 149
   Die toxische Stammesmacht herausfordern 154
      Loyalität 154
      Ehre 161
      Gerechtigkeit 166
   Fragen zur Selbstprüfung 173

2 Das zweite Chakra: Die Macht der Beziehungen 174
   Die Macht der Wahl 178
   Entscheidungsfreiheit und Beziehungen 180
   Die Herausforderung der kreativen Energie 182
   Die Herausforderung der sexuellen Energie 191
   Die Energie des Geldes 204

Moralische Energie 210
Die persönliche Macht des zweiten Chakras 215
Fragen zur Selbstprüfung 222

3 Das dritte Chakra: Persönliche Macht 223
Selbstachtung entwickeln 226
Die innere Macht vergrößern 231
Selbstachtung und Intuition 238
Die vier Stufen der persönlichen Macht 247
Erste Stufe: Revolution 250
Zweite Stufe: Vertiefung 252
Dritte Stufe: Narzißmus 254
Vierte Stufe: Evolution 255
Die Herausforderungen der Reise 255
Fragen zur Selbstprüfung 259

4 Das vierte Chakra: Emotionale Macht 260
Die Macht der Liebe lernen 263
Selbstliebe als Weg zum Göttlichen 266
Das bewußte Selbst wecken 270
Über die Sprache der Wunden hinaus 275
Der Weg zu einem starken Herzen 282
Fragen zur Selbstprüfung 286

5 Das fünfte Chakra: Die Macht des Willens 287
Die Folgen der Furcht 290
Glaube 293
Zwischen Kopf und Herz 300
Fragen zur Selbstprüfung 308

6 Das sechste Chakra: Die Macht des Verstands 309
Distanziertheit anwenden 312
Bewußtsein und Heilung 319

Bewußtsein und Tod 322
   Scott und Helen Nearing 324
   Sogyal Rinpoche 327
Den unpersönlichen Geist und die
symbolische Einsicht entwickeln 329
Bewußt werden 335
Fragen zur Selbstprüfung 343

7 Das siebte Chakra: Unsere Verbindung
zum Spirituellen 344
Spirituelles Erwachen 349
Die spirituelle Krise und die
Notwendigkeit der Hingabe 355
Die »dunkle Nacht« aushalten 361
Fragen zur Selbstprüfung 367

Nachwort: Anleitung für Mystiker von heute 369
   Führung für die Mystiker von heute 370
   Meditation für jeden Tag 372

Danksagungen 377
Ausgewählte Bibliographie 382

Geleitwort

Hin und wieder, wenn auch nur ganz selten, treffen wir einen einzigartigen Menschen, der die Art und Weise, wie wir uns selbst und die Welt wahrnehmen, drastisch verändert. Sie werden in wenigen Augenblicken einer solchen außergewöhnlichen Person begegnen. Die Autorin und Intuitive Caroline Myss wird Sie mit ihren Ansichten über die Spiritualität und Ihre ganz persönliche Verantwortung für Ihre Gesundheit faszinieren, provozieren und inspirieren. Einige Aspekte von Carolines Arbeit werden Ihnen so selbstverständlich vorkommen, daß Sie sich fragen, warum Sie nicht schon früher daran gedacht haben. Andere Vorstellungen werden in emotionaler und psychologischer Hinsicht einiges bei Ihnen auslösen und Sie dazu veranlassen, Ihren spirituellen Weg neu zu überdenken.
Ich begegnete Carolines Philosophie das erste Mal im Jahr 1984. Ihre einfache, kraftvolle Botschaft lautet, daß jeder und jede von uns mit einer innewohnenden spirituellen Aufgabe auf die Welt gekommen ist, dem heiligen Vertrag, unsere persönliche Macht verantwortungsbewußt, weise und liebevoll einzusetzen. Seit Tausenden von Jahren herrscht die Vorstellung, daß Macht korrumpiert. Autorität und Kontrolle, Geld und Sex als künstliche Fallstricke der Macht fallen dabei besonders ins Auge. Vor kurzem stand beispielsweise in einem Artikel über John F. Kennedy junior zu lesen, daß er mehr als genug Geld und Sicherheit im Umgang mit der Sexualität gehabt hatte, jedoch keine Macht. Der Artikel bagatellisierte des

weiteren den Begriff der Macht, indem er die weitverbreitete Illusion wiederholte, Kennedy hätte sich Macht kaufen können, indem er etwa eine Jet-set-Zeitschrift veröffentlicht hätte. Mit einer solchen Vorstellung von Macht hat das hier Gesagte nichts zu tun, denn Caroline bietet eine viel tiefere Vision wahrer Macht – nämlich der Macht des menschlichen Geistes.

Zu allen Zeiten gab es bedeutende Intuitive und Mystiker, die die Kraftzentren des menschlichen Körpers erspürt haben. Alice Bailey, Charles W. Leadbeater und Rudolf Steiner zum Beispiel haben auf diesem Gebiet gearbeitet und darüber geschrieben; meines Erachtens hat aber niemand den Umfang und die Tiefe unseres feinstofflich-bioelektrischen spirituellen Wesens so gut dargelegt wie Caroline. Nie zuvor wurde die Anatomie des Geistes so kraftvoll beschrieben. In ihrem Werk findet sich die Grundlage für die Medizin des 21. Jahrhunderts.

Die wichtigste Frage, die sich die Menschen aller Zeiten gestellt haben, ist die nach dem Sinn des Lebens. Caroline beantwortet sie einfach und tiefschürfend zugleich: Der Sinn des Lebens liegt darin, in Übereinstimmung mit den eigenen spirituellen Idealen zu leben, in jedem Augenblick die »Goldene Regel« – nach der man andere so behandeln sollte, wie man selbst gern behandelt werden möchte – zu befolgen und alle Gedanken als heiliges Gebet zu leben. Das klingt vielleicht vereinfachend – ist es aber keineswegs!

Stellen Sie sich einmal vor, Sie beträten einen Raum voller Menschen, und sofort würde Ihnen klar, wie wohl Sie sich fühlen. Stellen Sie sich weiterhin vor, Sie können sich in das Unterbewußtsein jedes Menschen einstimmen und den Energie- sowie den Gesundheitszustand aller in diesem Raum »erkennen«; wichtiger noch: Sie wüßten in sämtlichen Einzelheiten über Ihre eigene Energie Bescheid sowie auch über jeden Faktor, der Ihnen intellektuell, körperlich und emotional Kraft entzieht. Das Basiswissen, das in diesem Buch zu finden ist, soll Ihnen die

Werkzeuge an die Hand geben, um Ihre eigene Energie und die anderer Menschen in einer solchen Weise »sehen« zu können. Quantenphysiker haben von der grundlegenden Schwingungsessenz des Lebens gesprochen, und genau diese können intuitiv veranlagte Menschen erspüren. Die Schwingungsrate der menschlichen DNA beträgt erfahrungsgemäß 52 bis 78 Gigahertz (Milliarden von Zyklen pro Sekunde). Obwohl die offiziellen wissenschaftlichen Instrumente die spezielle Frequenz eines Menschen bzw. die Blockierungen für den Fluß einer solchen Energie noch nicht messen können, sind zwei grundlegende Fakten nicht zu leugnen: Zum einen ist die Lebensenergie nicht statisch, sondern kinetisch: Sie bewegt sich. Zum anderen können Intuitive wie Caroline diese Lebensenergie einschätzen. In meiner 25jährigen Arbeit mit Intuitiven aus aller Welt war keiner so klar und akkurat wie sie.

Caroline stimmt sich auf die subtile Energie unseres Systems ein und »liest« die Sprache unseres bioelektrischen Wesens. Ihre Diagnosen dokumentierten wiederholt die Wirkungen emotionaler Energie aus Vergangenheit und Gegenwart auf die körperliche Gesundheit; sie »fühlt« tiefe und traumatische Erlebnisse, Überzeugungen und Einstellungen, die die Frequenz der Zellen und die Integrität unseres Energiesystems verändern. Sie »liest« unseren Geist, in dem letztendlich unsere wahre Macht liegt.

Im vorliegenden Buch finden Sie detaillierte Informationen zu den sieben Kraftzentren Ihres Körpers. Diese Zentren sind entscheidende Regelmechanismen für den Fluß unserer Lebensenergie. Sie stellen die wichtigsten biologischen »Batterien« unserer emotionalen Biographie dar. »Unsere Biographie wird zu unserer Biologie« – selbst wenn man nichts anderes aus diesem Buch lernen sollte, wird schon allein diese Erkenntnis nützlich sein. Sie werden außerdem erfahren, was zu tun ist, damit Sie durch Ihre eigenen Bindungen oder durch negative

Energie anderer Menschen nicht länger geschwächt oder beeinträchtigt werden, wie Sie Ihr Selbstwert- und Ihr Ehrgefühl festigen können, damit Ihre persönliche Machtbasis nicht von falschen Symbolen der Macht – Geld, Sex und äußeren Autoritäten – ausgehöhlt wird. Und es werden Wege gezeigt, wie Sie Ihre intuitiven Fähigkeiten entwickeln können.

Geistkörper-Anatomie präsentiert einen aufregend neuen, ökumenischen Weg, die sieben Energiezentren des Körpers zu verstehen. Das Bild der Macht in den Weltreligionen wird in sieben universellen spirituellen Wahrheiten integriert. Caroline schreibt: »In den vier Weltreligionen liegt ein universelles Juwel verborgen, und das besagt, das Göttliche in unserem biologischen System ist in sieben Phasen der Macht verschlossen, die uns zu größerer Läuterung und Transzendenz in unserer persönlichen Macht führen.«

Sie werden durch die Kraft dieser Verschmelzung der metaphysischen Bedeutung von christlichen Sakramenten, Kabbala und Chakras für immer verwandelt. Wissen ist Macht, und das Wissen aus diesem Buch ist der Schlüssel zu Ihrer persönlichen Macht. Dieses Buch ist die Essenz alternativer Medizin, und diese Essenz wird mit einer Klarheit dargeboten, die Sie dazu inspirieren wird, Ihre spirituellen Ideale zu leben. Sie werden wach für die Wunder der Selbstheilung. Ich freue mich sehr, während der langen Reifezeit dieser zukunftsträchtigen Arbeit dabeigewesen zu sein. Mein Leben ist durch dieses Wissen über meine Träume hinaus bereichert worden. Ich hoffe, Ihres wird durch Carolines Weisheit gleichermaßen gesegnet.

Dr. med. Dr. phil. C. Norman Shealy
Gründer des *Shealy Institute for Comprehensive Health Care*
Gründungspräsident der *American Holistic Medical Association*
Professor für Psychologie am *Forest Institute of Professional Psychology*
Autor von *Miracles Do Happen*

Gott sei in meinem Kopf und in meinem Erkennen.
Gott sei in meinen Augen und in meinem Sehen.
Gott sei in meinem Mund und in meinem Sprechen.
Gott sei in meiner Zunge und in meinem Schmecken.
Gott sei in meinen Lippen und in meinem Grüßen.

Gott sei in meiner Nase und in meinem Riechen und Einatmen.
Gott sei in meinen Ohren und in meinem Hören.
Gott sei in meinem Hals und in meinem Bescheiden.
Gott sei in meinen Schultern und in meinen Lasten.
Gott sei in meinem Rücken und in meinem Stehen.

Gott sei in meinen Armen und in meinem Greifen und Empfangen.
Gott sei in meinen Händen und in meinem Arbeiten.
Gott sei in meinen Beinen und in meinem Gehen.
Gott sei in meinen Füßen und in meinem Festgegründetsein.
Gott sei in meinen Gelenken und in meinen Beziehungen.

Gott sei in meinen Gedärmen und in meinen Gefühlen.
Gott sei in meinen Eingeweiden und in meinem Vergeben.
Gott sei in meinen Lenden und in meinem Bewegen.
Gott sei in meinen Lungen und in meinem Atmen.
Gott sei in meinem Herzen und in meinem Lieben.

Gott sei in meiner Haut und in meinem Berühren.
Gott sei in meinem Fleisch und in meinem Leiden und Sehnen.
Gott sei in meinem Blut und in meinem Leben.
Gott sei in meinen Knochen und in meinem Sterben.
Gott sei an meinem Ende und an meinem Neuanfang.

Auszug aus einem traditionellen Gebet von Reverend Jim Cotter, erschienen in seinem Buch *Prayer at Night* (Sheffield 1988)

Vorwort
Mein Weg zur Intuitiven

Nachdem ich im Herbst 1982 meinen Beruf als Journalistin aufgegeben und den Magister in Theologie gemacht hatte, gründete ich zusammen mit zwei Partnern einen Buchverlag, den wir Stillpoint nannten. Wir publizierten Bücher, die sich als Alternative zur Schulmedizin anboten. Trotz meines Geschäftsinteresses an alternativen Therapien war ich überhaupt nicht daran interessiert, mich in diesem Bereich auf irgendeine Weise persönlich zu engagieren. Ich hatte nicht den Wunsch, selbst einmal einen Heiler oder eine Heilerin zu treffen. Ich weigerte mich zu meditieren. Ich entwickelte eine abgrundtiefe Aversion gegen Glockenspiele, New-Age-Musik und Gespräche über die Vorteile organischen Gartenbaus. Ich rauchte, trank literweise Kaffee und gab mich immer noch entsprechend dem Klischee der abgebrühten Zeitungsreporterin. Auf eine mystische Erfahrung war ich ganz und gar nicht vorbereitet.

Doch in diesem Herbst erkannte ich allmählich, wie meine Wahrnehmungsfähigkeit sich beträchtlich vergrößerte. Wenn beispielsweise ein Freund erwähnte, daß sich jemand aus seinem Bekanntenkreis nicht wohl fühlte, dann wußte ich plötzlich, was das Problem verursachte. Ich besaß eine unheimliche Treffsicherheit, und das sprach sich an meinem Wohnort rasch herum. Bald riefen Leute im Verlag an, um einen Termin zu vereinbaren und ihren Gesundheitszustand intuitiv einschätzen zu lassen. Im Frühjahr 1983 hielt ich schließlich Sitzungen für Leute, die sich in den verschiedensten gesundheitlichen Situationen und Lebenskrisen befanden, von Depressionen bis hin zu Krebs.

Wenn ich jetzt sage, daß ich damals völlig im dunkeln tappte, dann ist das noch weit untertrieben. Ich war verwirrt und hatte auch ein wenig Angst. Ich konnte mir einfach nicht erklären, woher ich diese Eindrücke hatte. Sie ähnelten und ähneln heute noch unpersönlichen Tagträumen, die zu fließen beginnen, sobald ich die Erlaubnis eines Menschen erhalte und seinen Namen sowie sein Alter erfahre. Ihre Unpersönlichkeit, das nichtfühlende Empfinden dieser Eindrücke, ist von größter Bedeutung, denn daran kann ich erkennen, daß ich diese Eindrücke nicht selbst fabriziere oder projiziere. Es ist wie bei dem Unterschied zwischen dem Fotoalbum eines Fremden, bei dem man zu niemandem eine emotionale Bindung hat, und dem eigenen Familienalbum: Die Eindrücke sind klar, aber völlig emotionslos.

Weil ich auch nicht wußte, wie akkurat meine Eindrücke waren, stellte ich nach ein paar Monaten der Konsultationen fest, daß ich jeden Termin regelrecht fürchtete. Ich hatte bei jeder Sitzung das Gefühl, es handele sich um ein überaus riskantes Unterfangen. Diese ersten sechs Monate stand ich nur durch, indem ich mir sagte, daß der Einsatz meiner medizinischen Intuition einem Spiel glich. Ich fand es toll, wenn ich einen genauen »Treffer« landete – wenn schon sonst nichts, deutete meine Treffsicherheit doch zumindest darauf hin, daß ich noch bei Verstand war. Trotzdem fragte ich mich jedesmal: »Wird es auch diesmal funktionieren? Was ist, wenn ich keinen Eindruck erhalte? Was ist, wenn ich mich irre? Was ist, wenn mir jemand eine Frage stellt, die ich nicht beantworten kann? Was ist, wenn ich jemandem erkläre, er sei gesund, und kurz darauf erfahre ich, daß man bei ihm eine unheilbare Krankheit diagnostiziert hat? Und was macht eine ehemalige Journalistin, die erst Theologin und dann Verlegerin wurde, überhaupt in diesem Außenseiterberuf?«

Ich hatte das Gefühl, plötzlich Dutzenden von traurigen, ängstlichen Menschen den Willen Gottes erklären zu müssen, obwohl ich darin keinerlei Ausbildung hatte. Je mehr diese Leute verstehen wollten, was Gott ihnen antat, desto mehr wollte auch ich – ironischerweise – verstehen, was Gott mir antat. Der Druck, unter dem ich stand, führte schließlich zu einer jahrelang immer wieder auftauchenden Migräne.

Ich wollte so weitermachen, als ob sich meine neuentdeckten Fähigkeiten kein bißchen von dem Talent zum Backen unterschieden, doch natürlich wußte ich es besser. Ich war als Katholikin erzogen worden und hatte Theologie studiert. Mir war durchaus bewußt, daß transpersonale Fähigkeiten einen unweigerlich ins Kloster führen mußten – oder aber in die Irrenanstalt. Tief in meinem Innern wußte ich, daß ich mit etwas in Verbindung trat, was heilig war, und dieses Wissen schien mich zu zerreißen: Einerseits fürchtete ich, zu einem normalen Leben unfähig zu werden, wie es vielen Mystikern erging. Andererseits fühlte ich mich für ein Leben bestimmt, in dem ich von Anhängern und Skeptikern bewertet und beurteilt würde. Gleichgültig, wie ich mir meine Zukunft auch vorstellte, ich hatte stets das Gefühl, sie würde mir mannigfache Unannehmlichkeiten bereiten.

Ich war trotzdem von meiner neugefundenen Wahrnehmungsfähigkeit fasziniert und sah mich gezwungen, weiter den Gesundheitszustand von Ratsuchenden einzuschätzen. In diesen frühen Tagen bestanden die Eindrücke, die ich empfing, hauptsächlich aus der unmittelbaren körperlichen Gesundheit einer Person und dem damit in Zusammenhang stehenden emotionalen oder psychologischen Streß. Ich konnte förmlich sehen, wie Energie den Körper der jeweiligen Menschen umgab. Ich sah diese Energie voller Informationen über die Geschichte des

Betreffenden, und ich sah sie als Erweiterung seines Geistes. Mir wurde allmählich etwas klar, was man mir in der Schule nie beigebracht hatte: daß unser Geist in hohem Maße Teil unseres Alltagslebens ist. Er verkörpert unsere Gedanken und Emotionen, und er zeichnet alles auf, vom Profansten bis hin zum Visionären. Obwohl ich mehr oder weniger gelernt hatte, daß unser Geist nach dem Tode entweder »aufsteigt« oder »hinabfährt« – je nachdem, wie »tugendhaft« wir gelebt haben –, erkannte ich nun, daß unser Geist mehr ist als das. Er nimmt an jeder Sekunde unseres Lebens aktiv teil als die bewußte Kraft, die das Leben selbst ist.

Ich fuhr mit meinen Sitzungen fort, gewissermaßen »auf Autopilot geschaltet«, bis eines Tages diese Zwiespältigkeit hinsichtlich meiner Fähigkeiten aufgelöst wurde. Ich befand mich mitten in einer Sitzung mit einer krebskranken Frau. Es war ein heißer Tag, und ich war müde. Die Frau und ich saßen einander gegenüber in meinem kleinen Büro bei Stillpoint. Ich hatte ihre Einschätzung beendet und zögerte kurz, bevor ich ihr meine Eindrücke mitteilte. Ich fürchtete mich, ihr zu sagen, daß sich der Krebs bereits über ihren ganzen Körper ausgebreitet hatte. Ich wußte, sie würde mich fragen, warum diese Katastrophe ausgerechnet ihr geschah, und ich fühlte mich gereizt durch meine Verantwortung, ihr antworten zu müssen. Gerade wollte ich meinen Mund öffnen, da beugte sie sich vor, legte ihre Hand auf mein Bein und fragte: »Caroline, ich weiß, daß ich schwer krebskrank bin. Können Sie mir nicht sagen, warum das mit mir geschieht?«

Mein Unwille wuchs angesichts der verhaßten Frage, und ich hätte sie beinahe barsch angefahren: »Woher soll ich das wissen?« – als ich plötzlich von einer Energie durchflutet wurde, die ich noch nie zuvor gespürt hatte. Sie bewegte sich durch meinen Körper und schien mich innerlich beiseite zu schieben, um sich meiner Stimmbänder zu bedienen. Die Frau vor mir war für mich nicht länger sichtbar. Ich hatte das Gefühl, auf Pfenniggröße geschrumpft zu sein und den Befehl erhalten zu haben, in »Habtachtstellung« in meinem Kopf zu warten.

Eine Stimme sprach durch mich zu dieser Frau. »Lassen Sie sich von mir durch Ihr Leben führen. Wir wollen jetzt jede Beziehung in Ihrem Leben durchgehen«, sagte diese Stimme. »Lassen Sie mich mit Ihnen durch all die Ängste gehen, die Sie hatten, und lassen Sie mich Ihnen zeigen, wie diese Ängste Sie so lange kontrollierten, bis die Lebensenergie Sie nicht länger nähren konnte.«

Diese »Präsenz« begleitete die Frau durch jedes Detail ihres Lebens, und ich meine buchstäblich jedes Detail. Die Präsenz erinnerte sie an kürzeste Gespräche; sie erinnerte sich an Augenblicke großer Einsamkeit, in denen die Frau allein war und geweint hatte; sie erinnerte sich an jede Beziehung, die für die Frau von Bedeutung war. Diese »Präsenz« hinterließ den Eindruck, daß jede Sekunde unseres Lebens – und jede geistige, emotionale, kreative, körperliche und sogar ruhende Aktivität, mit der wir diese Sekunden angefüllt haben – ihr irgendwie bekannt und in ihr gespeichert ist. Jedes Urteil, das wir fällen, wird verzeichnet. Jede unserer Einstellungen ist eine Quelle positiver oder negativer Kraft, für die wir verantwortlich sind.

Ich war angesichts dieser Erfahrung von Ehrfurcht ergriffen. Aus dem Hintergrund heraus begann ich zu beten, halb aus Angst und halb aus Demut vor diesem weitreichenden und höchsten Plan des Universums. Ich war immer schon davon ausgegangen, daß unsere Gebete »erhört« werden, aber nie zuvor war ich so sicher gewesen. In meiner simplen menschlichen Denkungsart hatte ich mir nie vorstellen können, wie ein System, selbst ein Göttliches, imstande sein sollte, die Bedürfnisse jedes einzelnen Menschen zu kennen und beispielsweise der Bitte um Heilung vor der Bitte um finanzielle Unterstützung Priorität einzuräumen. Ich war auf dieses heilige Schauspiel, bei dem jede Sekunde eines Lebens voller Liebe als wertvoll eingestuft wurde, wahrlich nicht vorbereitet.

Immer noch als stille Beobachterin betete ich darum, dieser Frau möge verborgen bleiben, daß nicht ich zu ihr sprach. Da ich schon ihre Frage »Warum habe ich Krebs?« nicht hatte beantworten können, konnte ich natürlich auch nicht erklären, woher ich all diese Einzelheiten aus ihrem Leben wußte. Kaum hatte ich dieses Gebet beendet, sah ich ihr wieder direkt ins Gesicht. Ich stellte fest, daß meine Hand auf ihrem Knie lag, ein Spiegelbild ihrer Geste, obwohl ich mich nicht erinnerte, sie dorthin gelegt zu haben.

Mein ganzer Körper zitterte, und ich zog meine Hand zurück. Sie sagte nur: »Ich danke Ihnen sehr. Jetzt kann ich mit allem leben.« Sie hielt kurz inne und fuhr dann fort: »Sogar mein Tod ängstigt mich nicht mehr. Es ist alles gut.«

Sie verließ mein Büro, und einen Augenblick danach ging auch ich, bis ins Mark erschüttert. Ich spazierte über das herrliche Feld, das Stillpoint umgab, und erklärte mich einverstanden, mit dieser intuitiven Fähigkeit zusammenzuarbeiten – ungeachtet des Ausgangs.

Seit jenem Tag im Herbst 1983 arbeite ich von ganzem Herzen als Intuitive auf dem Gebiet der Medizin. Das bedeutet, daß ich meine intuitiven Fähigkeiten einsetze, um Menschen die emotionale, psychische und spirituelle Energie verstehen zu lassen, die an der Wurzel ihrer Krankheit, ihres Unwohlseins oder ihrer Lebenskrise liegt. Ich kann die Art des Leidens, das sich entwickelt, spüren – oft noch bevor der oder die Betreffende sich dieser Krankheit überhaupt bewußt ist. Die Menschen, mit denen ich arbeite, wissen jedoch im allgemeinen schon, daß sich ihr Leben nicht im Gleichgewicht befindet und daß etwas nicht stimmt.

Kein dramatisches »auslösendes Ereignis« hat die intuitiven Fähigkeiten in mein Leben treten lassen. Sie erwachten einfach in mir, mühelos, ganz natürlich, als ob sie immer schon dagewesen wären und nur auf den richtigen Zeitpunkt gewartet hätten. Als ich aufwuchs, war ich stets sehr wachsam und aufmerksam gewesen, hatte immer auf meine innere Instinkte gehörte, wie die meisten Menschen. Jeder bewertet instinktiv und bisweilen auch bewußt die Energien anderer Menschen, für gewöhnlich kennt man den Betreffenden jedoch oder hatte zumindest schon einmal Kontakt mit ihm. Das Ungewöhnliche an meiner Intuition ist nur, daß ich Menschen einschätzen kann, denen ich nie zuvor begegnet bin. Tatsächlich ist es mir sogar lieber, keinerlei Kontakte mit den Betreffenden zu haben, denn direkt in ein verängstigtes Gesicht zu schauen stört enorm meine Fähigkeit, klar »zu sehen«.

Je mehr ich meine Intuition einsetzte, desto genauer wurde sie. Heute fühlt sie sich für mich fast normal an, obwohl ihre Funktionsweise mir immer ein klein wenig rätselhaft bleiben wird. Ich kann Ihnen zwar bis zu einem gewissen Punkt beibringen, intuitiv zu werden, aber in Wirklichkeit bin ich mir gar nicht so sicher, wie ich es selbst erlernt habe. Ich vermute, daß ich als Folge meiner Neugier hinsichtlich spiritueller Dinge extrem intuitiv wurde – zusammen mit einer tiefen Frustration, weil sich mein Leben nicht nach Plan entfaltete. Andererseits ist es gleichermaßen wahrscheinlich, daß meine medizinische Intuition einfach die Folge von etwas war, was ich gegessen habe. Da ich weiß, wie die Götter arbeiten, würde mich das nicht im mindesten überraschen.

Es war nicht leicht, meine Intuition zu vervollkommnen – auch nicht, nachdem ich Zusammenarbeit gelobt hatte. Ich hatte keine Vorbilder und keine Lehrer, obwohl mir schließlich die Unterstützung und Anleitung medizinischer Kollegen und Kolleginnen zuteil wurde. Heute jedoch, nach vierzehn Jahren un-

unterbrochener Arbeit, fühlt sich diese Fähigkeit für mich wie ein sechster Sinn an. Das bedeutet für mich, daß es Zeit ist, andere die Sprache der Energie und der medizinischen Intuition zu lehren.

Bei der Arbeit mit meinen Intuitionen habe ich die emotionalen und psychologischen Ursachen von Krankheiten herausgefunden. Fraglos besteht eine starke Verbindung zwischen körperlichem sowie emotionalem Streß und bestimmten Krankheiten. Diese Verbindung ist beispielsweise hinsichtlich Herzkrankheiten, Bluthochdruck und sogenannten Typ-A-Persönlichkeiten sehr gut dokumentiert. Meine besonderen Einsichten haben mir jedoch gezeigt, daß emotionaler *und spiritueller* Streß die Wurzel *aller* körperlichen Krankheiten ist. Außerdem entsprechen bestimmte emotionale und spirituelle Krisen ganz speziellen Problemen in bestimmten Bereichen des Körpers. So hatten beispielsweise Menschen, die mit Herzkrankheiten zu mir kamen, Lebenserfahrungen, in deren Folge sie Intimität oder Liebe aus ihrem Leben bannten. Menschen mit Schmerzen im unteren Wirbelsäulenbereich hatten ständig finanzielle Sorgen, Krebskranke werden von ungelösten Verbindungen aus der Vergangenheit, unbewältigten Angelegenheiten und emotionalen Problemen verfolgt; Klienten mit Störungen im Blutbild haben oft tiefverwurzelte Konflikte mit der Familie, in der sie aufgewachsen sind. Je mehr ich mich mit dem menschlichen Energiesystem beschäftigte, desto deutlicher erkannte ich, wie wenig in unseren Körpern oder in unserem Leben »zufällig« entsteht. Die Verbindungen zwischen unserem emotionalen und spirituellen Streß und bestimmten Krankheiten versteht man am besten im Kontext der Anatomie des menschlichen Energiesystems – der Anatomie unseres eigenen Geistes –, die den Kern dessen ausmacht, was ich nun in den Vereinigten Staaten und vielen anderen Ländern lehre und was im Mittelpunkt dieses Buches steht.

Meine intuitive Fähigkeit hat mir nicht nur dabei geholfen, etwas über die energetischen Ursachen von Krankheiten zu lernen, sondern auch über die Herausforderungen, denen wir uns im Hinblick auf unsere eigene Heilung gegenübersehen. Besonders wichtig war für mich die Erkenntnis, daß »Heilung« nicht immer eine Erholung des stofflichen Körpers von seiner Krankheit bedeuten muß. Heilung findet auch dann statt, wenn der Geist langgehegte Ängste und negative Gedanken über sich und andere losläßt. Diese Art der spirituellen Loslösung und Heilung kann selbst dann auftreten, wenn der stoffliche Körper stirbt.

Die Sprache des menschlichen Energiesystems zu erlernen ist ein Weg zu mehr Selbsterkenntnis, ein Weg durch unsere spirituellen Herausforderungen. Im Laufe unserer Untersuchung der Energieanatomie werden Sie die Muster in Ihrem Leben und die tiefen wechselseitigen Verbindungen von Geist, Körper und Verstand erkennen. Diese Selbsterfahrung kann Ihnen Vergnügen bereiten, Ihnen Seelenfrieden bringen und – ganz nebenbei – zu emotionaler und körperlicher Heilung führen.

Die Einführung in die medizinische Intuition ist die Zusammenfassung meiner vierzehnjährigen Erforschung von Anatomie und Intuition, Körper und Verstand, Geist und Macht. Auf diesen Seiten will ich Ihnen die Sprache der Energie vermitteln, mit der ich arbeite. Indem Sie sich ein aktives Wissen der energetischen Anatomie aneignen, werden Sie sich ein aktives Wissen als einer Manifestation Ihres eigenen Geistes bewußt werden. Sie werden fähig sein, in Ihrem eigenen Körper zu lesen wie in einer heiligen Schrift. Das Verständnis für die Sprache der Energie wird Sie in die Lage versetzen, Ihren Körper als Ausdruck Ihres Geistes zu sehen. Sie werden verstehen, was ihn hervorgebracht hat und was Ihren Körper – und Sie selbst – stark macht. Die Sprache der Energie wird Ihnen eine neue Sicht Ihrer persönlichen Macht ermöglichen. Sie werden außerdem lernen, was Ihre spirituelle und persönliche Macht schwächt, so daß Sie weitere Energieverluste verhindern können. Mit Hilfe der Sprache der Energie und durch das Verständnis des menschlichen Energiesystems werden Sie klare intuitive Eindrücke und konkrete körperliche Hinweise erhalten, die das Gefühl, blind im Nichts nach Informationen zu suchen, nach und nach abbauen.

In diesem Buch beziehe ich mich auf das tiefe und beständige uralte Wissen mehrerer spiritueller Traditionen – der hinduistischen Chakras, der christlichen Sakramente und dem Lebensbaum der Kabbala –, um eine neue Sicht von der Zusammenarbeit zwischen Körper und Geist vorzustellen. Die reiche Lehre des Islam habe ich absichtlich nicht mit eingeschlossen, weil ich mit dieser Tradition nicht so lange gelebt habe wie mit der jüdisch-christlichen, der hinduistischen und der buddhistischen Lehre. Aus diesem Grund sehe ich mich außerstande, über den Islam aussagekräftig schreiben zu können. Indem Sie lernen, Ihren Körper und Ihren Geist auf eine Weise zu sehen, die sich auf diese uralten Wahrheiten stützt, können Sie allmählich Ihre eigene Intuition entwickeln und Ihren eigenen Geist verstehen und lenken.

Ursprünglich wollte ich dieses Buch »einfach« auf das menschliche Energiesystem beschränken, auf die Philosophie und Praxis der Energiediagnose und auf die medizinische Intuition. Doch während des Schreibens erkannte ich, daß ich diese Energievorstellungen ohne ihren spirituellen Rahmen nicht angemessen darstellen konnte. Ich glaube, wir sollen unseren Körper-Geist als individuelle spirituelle Kraft verstehen, die eine größere göttliche Energie zum Ausdruck bringt. Wir sollten sowohl unsere persönliche Macht als auch unseren gemeinsamen Lebenssinn innerhalb eines spirituellen Kontexts entdecken.

Wir alle besitzen den gleichen physischen Körper, der aus denselben Gründen krank wird oder heilt. Wir teilen auch die emotionalen und psychologischen Krisen, die der menschlichen Erfahrung gemeinsam sind. Jeder hat Angst davor, verlassen zu werden, fürchtet Verlust und Betrug; Wut wirkt sich auf einen jüdischen Körper ebenso toxisch aus wie auf einen christlichen oder hinduistischen, und wir alle fühlen uns von der Liebe angezogen. Im Hinblick auf die Gesundheit unseres Geistes und unseres Körpers gibt es keine Unterschiede zwischen uns.

Daher ist der Körper-Geist-Schwerpunkt dieses Buches durchdrungen von der spirituellen Sprache der *symbolischen Einsicht*. Symbolische Einsicht ist ein Weg, sich selbst, andere Menschen und die Ereignisse des Lebens mittels universeller archetypischer Muster zu sehen und zu verstehen. Symbolische Einsicht zu entwickeln wird Ihre intuitiven Fähigkeiten vergrößern, denn es lehrt Sie eine gesunde Objektivität, die Sie die symbolische Bedeutung von Ereignissen, Menschen und Herausforderungen erkennen läßt und – wichtiger noch – die schmerzliche Herausforderung der Krankheit. Symbolische Einsicht läßt Sie tief in Ihren Geist blicken und Ihr grenzloses Potential für Heilung und Ganzheit erkennen.

Die Menschen, die an meinen Vorlesungen und Workshops teilnehmen, könnten unterschiedlicher nicht sein: Sie kommen aus medizinischen Berufen, haben selbst gesundheitliche Probleme, für die sie Hilfe suchen, oder wollen einfach nur medizinisch intuitiv werden. Doch alle teilen sie den Wunsch, die Macht ihres Geistes zu verstehen. Sie wollen eine innere Klarheit entwickeln, ihre eigene intuitive Stimme. Die Ärzte, von denen meine Workshops voll sind, teilen mit mir ihre Frustration, wenn sie ahnen, daß der Krankheit eines Patienten eine emotionale oder gar spirituelle Ursache zugrunde liegt, sie aber nicht die Freiheit haben, eine spirituelle Diagnose zu stellen, weil spirituellen Vorstellungen in der konventionellen

Wissenschaft kein Gewicht beigemessen wird. Viele Ärzte halten ihre intuitiven Eindrücke zurück, weil – wie es einer formulierte – »Ahnung und Intuition mit den Anforderungsprofilen der Krankenversicherungen noch nicht kompatibel sind«. Ein weiterer Arzt erklärte mir: »Ich brauche keine medizinische Intuition. Davon habe ich genug. Ich will etwas über die familiären Muster und die tieferen spirituellen Fragen meiner Patienten lernen, weil ich weiß, daß das die Informationen sind, die sie zu ihrer Heilung benötigen. Sie brauchen mehr als Medikamente, die ihre Symptome nur vorübergehend kaschieren.« Der Wunsch nach einem spirituellen Kontext und einer spirituellen Interpretation des Lebens ist universell. Ich glaube, daß die Sprache der Energie und die Praxis der symbolischen Einsicht helfen können, die Lücke zwischen der Schulmedizin und der spirituellen Sicht von Gesundheit und Heilung zu schließen.

Als ich jedoch in der ersten Zeit die Anwesenheit von Krankheiten intuitiv wahrnahm, da hatte ich – wie zuvor schon erwähnt – Angst, und mein Mangel an medizinischem und spirituellem Wissen beunruhigte mich nicht wenig. In den ersten beiden Jahren hielt ich daher viele Informationen zurück, die ich spürte. Ich begrenzte meine Hilfe darauf, den Menschen zu helfen, die emotionalen, psychologischen und spirituellen Streßfaktoren zu interpretieren, die der Entwicklung ihrer Krankheit zugrunde lagen. Ich sprach nie über spezifische medizinische Behandlungen oder Operationen, sondern verwies meine Patienten an Ärzte. 1984 traf ich jedoch Dr. C. Norman Shealy. Mit ihm begann ich eine intensive Ausbildung in der Anatomie des menschlichen Körpers. Indem ich mit und durch Norm zu Patienten über ihr Leben und ihre Krankheit sprach, war ich in der Lage, mein Verständnis der Eindrücke, die ich erhielt, zu verfeinern. Das gab mir den Sicherheitspuffer, den ich brauchte, um meine Fähigkeit reifen zu lassen, obwohl ich meine Patienten auch heute nicht behandele und nur versuche, ihnen bei der Interpretation der spirituellen Fragen zu helfen, die an der Wurzel ihrer emotionalen oder körperlichen Krise liegen.

In den Jahren meiner Zusammenarbeit mit Norm, der mein medizinischer Kollege und lieber Freund wurde, habe ich gelernt, daß meine Fähigkeit von größtem Wert ist, *bevor* sich eine körperliche Krankheit herausbildet. Noch ehe der Körper eine physische Krankheit entwickelt, sagen uns Energieindikatoren, beispielsweise langanhaltende Lethargie und Depressionen, daß wir unsere Vitalität verlieren. Menschen, die sich in einer solchen Phase befinden, suchen den Rat ihrer Ärzte, weil sie sich nicht wohl fühlen – sie erkennen die Signale: Ihr Körper verliert Energie. Häufig jedoch lassen die Tests der Mediziner nicht erkennen, daß etwas nicht stimmt, weil sie nicht messen können, was auf der physischen Ebene geschehen ist. Konventionelle medizinische Tests haben keine Möglichkeit, Energieverluste zu messen, und die meisten Ärzte glauben nicht an die Vorstellung einer energetischen Dysfunktion. Doch tauchen unablässig neue, verwirrende Krankheiten auf, bei denen konventionelle medizinische Behandlungsmethoden nicht anschlagen. Einige dieser Krankheiten, wie beispielsweise Aids, können durch die konventionelle medizinische Methodologie diagnostiziert werden, während sich andere als Folge von dem schnellen Tempo unseres unter Hochspannung stehenden Lebens und unseres ständigen Kontakts zur elektromagnetischen Energie von Computern, Satellitenschüsseln, schnurlosen Telefonen und den vielen anderen Geräten, mit denen wir unsere Umgebung überladen, zu entwickeln scheinen. Krankheiten wie das chronische Müdigkeitssyndrom und Umweltstörungen gelten gegenwärtig als »inoffiziell«; laut den konventionellen medizinischen Normen mangelt es ihnen an einer erkennbaren mikrobiellen Ursache. Dennoch handelt es sich innerhalb der Energiedefinition einer gesundheitlichen Dysfunktion unbestritten um »offizielle« Krankheiten, weil ihre Symptome eindeutig darauf hinweisen, daß die Patienten einen Kraftverlust im Energiefeld erfahren.

Medizinische Intuition kann Ärzten, die den menschlichen Körper als physikalisches System *und* als Energiesystem verstehen und die einen spirituellen Kontext haben, dabei helfen, den Energiezustand einer körperlichen Krankheit zu bestimmen und sowohl die zugrundeliegende Ursache als auch die Symptome zu heilen. Die Behandlung im Energiefeld kann eine Vielzahl von Therapien beinhalten, zum Beispiel psychologische Beratung, Akupunktur, Massage und Homöopathie. Der entscheidende Bestandteil für die Energieheilung bleibt jedoch die aktive Beteiligung der Patienten. Gleichgültig, wie dringlich eine medizinisch intuitive Person vor der Wahrscheinlichkeit einer Erkrankung warnt: Warnungen heilen nicht, aktives Tun dagegen um so eher.

Nichts würde mir mehr Freude bereiten, als meine eigenen intuitiven Fertigkeiten unmittelbar durch meine Bücher und Workshops an Sie weitergeben zu können. Aber nur durch jahrelange Übung werden Sie Ihre eigene Intuition voll entwickeln können. Die »intuitive Assistenzzeit«, die ich mit Norm absolvierte, einem in Harvard ausgebildeten Neurochirurgen und ehemaligen Präsidenten der American Holistic Medical Association, ermöglichte es mir, professionell zu arbeiten. Jeder kann aus den in diesem Buch aufgeführten Lehren Nutzen ziehen und die eigene intuitive Klarheit verbessern, aber da eine Assistenzzeit so entscheidend ist, um diese Intuition voll zu entwickeln, beabsichtigen Norm und ich in naher Zukunft, medizinisch intuitive Schüler und Schülerinnen Assistenzprogramme in holistischen Gesundheitszentren in ganz Amerika zu ermöglichen. Norm und ich haben ein Programm über die Wissenschaftlichkeit der Intuition auf seiner Farm in Springfield (Missouri) entwickelt, das darauf abzielt, die Intuition als normalen Teil der menschlichen Wahrnehmung einzusetzen.

Die Vorstellung einer medizinisch intuitiven Assistenzzeit hätte noch vor einem Jahrzehnt unerhört gewirkt, doch als Gesellschaft sind wir seitdem immer offener geworden für medizinische Behandlungen, die das uralte Wissen des Energieflusses in und um den menschlichen Körper mit einbeziehen, einschließlich Akupunktur, Akupressur und Qi Gong, um nur einige zu nennen. Wie Dr. Larry Dossey in seinem Werk *Meaning and Medicine* schreibt, müssen wir eine »Ära III Medizin« ausüben – Therapien, die spirituelle und physikalische, holistische und allopathische Ansätze zur physischen und emotionalen Heilung vereinen. Ich bin der Überzeugung, daß letztendlich die medizinisch Intuitiven essentieller Bestandteil von medizinischen Betreuungsteams werden – sowohl in Amerika als auch auf der ganzen Erde.

Die Welt der Schulmedizin steht kurz davor, die Verbindung zwischen Energie bzw. spirituellen Dysfunktionen und der Herausbildung von Krankheiten zu erkennen. Es ist unvermeidlich, daß sie eines Tages die Trennung zwischen Körper und Geist aufheben wird, aber in der Zwischenzeit können wir uns behelfen, indem wir unsere eigenen Brücken zu unserem Geist bauen und die Sprache der Energie sowie die Fähigkeit der symbolischen Einsicht erlernen. Durch dieses Buch werden Sie – so hoffe ich – imstande sein, von sich selbst in der Sprache der Energie zu denken, und das ebenso lebendig, wie Sie jetzt bereits Ihren stofflichen Körper sehen. Ich hoffe auch, daß Sie für Ihren Geist so bewußt sorgen werden, wie Sie das jetzt schon für Ihren physischen Körper tun.

Einführung
Meine persönliche Geschichte

Wie ich immer zu den Teilnehmern und Teilnehmerinnen an meinen Workshops und Vorlesungen sage: Ich führe Sie in die Welt, die »hinter meinen Augen« existiert. Aber zuerst möchte ich Ihnen von den Weckrufen erzählen, die zu meiner eigenen Sicht der Dinge führten, und Ihnen die vielen verschiedenen Menschen und Ereignisse vorstellen, die mich im Laufe der Jahre zu einer medizinisch Intuitiven werden ließen. Vielleicht wird Ihnen dabei die innere Führung bewußt, die auch in Ihrem eigenen Leben am Werke ist.

Wendepunkte

Alles, was für mich beruflich, persönlich und spirituell wertvoll ist, habe ich durch meine Arbeit als Intuitive auf dem Gebiet der Medizin gelernt. Am College hatte ich allerdings eine ganz andere Richtung eingeschlagen. Mit gewaltigem Ehrgeiz studierte ich Journalismus, und in meinem ersten Jahr beschloß ich, daß ich noch vor dem dreißigsten Lebensjahr den Pulitzerpreis gewinnen würde. Der Plan hatte nur einen Haken: Ich entdeckte während meiner ersten Anstellung bei einer Zeitung, daß mir für eine erfolgreiche Karriere als Reporterin das Talent fehlte.
Ich verließ die Zeitung, konnte aber nicht akzeptieren, daß meine einzige Traumkarriere – nämlich zu schreiben – sich

nicht erfüllen würde. Ich hatte keinen Ersatztraum und verfiel in eine vergiftende, zähe Depression, eine klassische »dunkle Nacht der Seele«. Während der schlimmsten Monate schlief ich bis in den späten Morgen, dann setzte ich mich auf den Boden meines Wohnbüros und starrte auf halbgeschriebene Artikel.

Eines Morgens, ich war gerade aus tiefem Schlaf erwacht und befand mich noch in diesem Zustand zwischen Wachsein und Schlummer, überwältigte mich das Gefühl, ich sei gestorben und würde mich nur an dieses Leben erinnern. Ich war sehr dankbar, daß mein Leben vorüber war. Als ich schließlich meine Augen öffnete und erkannte, daß ich immer noch sehr lebendig war, packten mich Schwindelgefühle, und ich verbrachte den Morgen damit, mich vor lauter Enttäuschung zu übergeben. Erschöpft kehrte ich später ins Bett zurück und versuchte herauszufinden, wo ich mich in meiner Lebensplanung verkalkuliert hatte. An diesem Punkt explodierte plötzlich die Erinnerung an eine Hausarbeit aus der Journalistenschule in meinem Kopf.

Meine Professorin hatte eine Menge Zeit damit verbracht, die Bedeutung der Objektivität für eine ordentliche Zeitungsreportage herauszustellen. Objektivität, sagte sie, bedeute, sich selbst emotional von der Sache zu distanzieren, über die man schreibt, und nur nach den »Fakten« der Situation zu suchen. Sie forderte uns auf, uns ein in Flammen stehendes Gebäude vorzustellen. Vier Reporter, jeder an einer anderen Ecke, berichteten von diesem Brand. Jeder Reporter hätte eine andere Sicht desselben Ereignisses, jeder interviewte ausschließlich die Leute an seiner Ecke. Die Frage, die uns die Lehrerin stellte, lautete: Welcher Reporter hat die wirklichen Fakten und den zutreffenden Standpunkt? Das heißt, welcher Reporter hat die Wahrheit gesehen?

Plötzlich nahm diese einfache Aufgabe, die viele Jahre alt war, eine immense symbolische Bedeutung für mich an. Vielleicht sind »Wahrheit« und »Realität« tatsächlich nur eine Frage der Wahrnehmung, dachte ich. Vielleicht hatte ich mein Leben nur mit einem Auge, das Gebäude nur von einer Ecke gesehen und diese Sicht mit anderen geteilt, denen ebenfalls eine tiefere Wahrnehmung fehlte. Ich erkannte, daß ich mein anderes Auge öffnen und »meine Ecke« verlassen mußte.

Mein erschöpfter, frustrierter Verstand machte noch einen weiteren Sprung in die Vergangenheit. Im Jahr nach dem Collegeabschluß hatte ich meine Heimatstadt Chicago verlassen, um einen Sommer lang in Alaska zu arbeiten. Ich reiste mit guten Freunden quer durch das Land nach Seattle, wo wir eine Fähre bestiegen und drei Tage an der Küste entlang nach Haines fuhren. Keiner von uns hat während dieser Zeit auch nur ein Auge zugetan, daher sahen wir, als wir in Haines ankamen, praktisch alles doppelt.

Am Hafen holte uns ein Mann ab, der uns in seinem Laster von der Fähre in das örtliche Hotel brachte. Wir gingen auf unsere Zimmer, ließen uns auf die Betten fallen, und alle außer mir wurden von einem tiefen Schlaf übermannt. Ich war zu aufgedreht, also verließ ich das Hotel und spazierte durch die Stadt. Der Fahrer des Lasters entdeckte mich, hielt den Wagen an und fragte mich, wohin ich ginge. Ich antwortete, ich wolle spazierengehen. Er sagte, ich sollte aufspringen, was ich auch tat, und dann setzte er mich vor einem alten, zweistöckigen Holzhaus ab. »Gehen Sie in den ersten Stock«, sagte er. »Der Name der Frau, die dort lebt, lautet Rachel. Unterhalten Sie sich eine Weile mit ihr. Ich hole Sie dann wieder ab.«

Heute, wieder in Chicago, würde ein solches Verhalten als ziemlich leichtsinnig und gefährlich gelten, aber damals war meine Vernunft durch meine Erschöpfung und meine Faszination von Alaska ausgeschaltet. Also tat ich, was er sagte – ich stieg die Treppe hoch und klopfte an die Tür. Eine Indianerin Anfang Achtzig, Rachel, öffnete die Tür und sagte: »Hallo,

komm herein. Ich mach' dir einen Tee.« Das war die Höflichkeit Alaskas – freundliche, vertrauensvolle, warme Gastlichkeit. Mein Anblick schien sie nicht zu überraschen, und sie reagierte auch nicht so, als sei es ihr eine unangenehme Pflicht. Für sie war es eine ganz gewöhnliche Erfahrung, daß jemand zum Tee und zur Unterhaltung vorbeikam.
Ich saß verträumt in Rachels Wohnung und hatte das Gefühl, mich zwischen zwei verschiedenen Welten zu befinden. Die eine Hälfte der Wohnung war mit Gegenständen aus der russischen Kultur dekoriert – Ikonen der Schwarzen Madonna, ein Samowar, in dem Rachel Tee bereitete, russische Spitzenvorhänge an den Fenstern. Die andere Hälfte war reines Athabaskeni-Indianertum, einschließlich einem kleinen Totempfahl und einer indianischen Decke an der Wand.
Rachel sah vom Samowar auf und bemerkte, daß ich den Totempfahl ansah. »Weißt du, wie man einen Totempfahl liest?« fragte sie.
»Nein«, erwiderte ich. »Ich wußte gar nicht, daß man ihn überhaupt lesen kann.«
»Aber natürlich. Totempfähle sind eine spirituelle Aussage über die Wächter des Stammes«, sagte Rachel. »Schau ihn dir einmal genau an. Das Tier ganz oben ist der Bär. Das bedeutet, der Geist des Bärs – stark und klug im Verfolgen seiner Beute, der niemals um des Tötens willen tötet, nur zum Schutz, und der lange Schlafphasen braucht, um seine Stärke zu erneuern –, dieser Geist leitet unseren Stamm. Wir müssen diesen Geist nachahmen.«
Als ich diese Worte hörte, wurde ich wach. Ich befand mich in Gegenwart einer guten Lehrerin, und eine gute Lehrerin erregt immer sofort meine Aufmerksamkeit.
Rachel erzählte mir, daß sie halb Russin und halb Athabaskin war und schon in Alaska gelebt hatte, lange bevor es amerikanischer Bundesstaat wurde. Sie teilte mit mir ihre Lebens-

geschichte und brachte mir – wenn auch nur kurz – die spirituellen Traditionen der Athabasken nahe, und damit veränderte sie mein Leben für immer.

»Siehst du die Decke an der Wand? Diese Decke ist etwas ganz Besonderes. In der Zivilisation der Athabasken gilt es als große Ehre, ein Deckenweber oder ein Liedermacher zu sein oder überhaupt eine Beschäftigung zu haben. Du mußt die Erlaubnis eines Liedermachers haben, um seine Lieder zu singen, weil seine Lieder seinen Geist enthalten. Und wenn du ein Deckenmacher bist, darfst du nur dann eine Decke weben, wenn du weißt, daß du lange genug leben wirst, um sie auch zu vollenden. Wenn du feststellst, daß es für dich nötig ist, zu sterben« – achten Sie darauf, sie sagte, *nötig ist*, zu sterben –, »mußt du eine Zeremonie mit jemandem durchführen, der sich bereit erklärt, diese Aufgabe für dich zu Ende zu führen, weil du nicht einen Teil von deiner Arbeit unvollendet lassen kannst, bevor du stirbst. Sonst läßt du einen Teil deines Geistes zurück. Diese Decke war fast vollendet, als der Große Geist in einem Traum zu der Frau kam, die sie machte, und ihr sagte, sie solle sich darauf vorbereiten, die Erde zu verlassen. Sie bat den Geist, noch lange genug zu leben, um die Decke zu vollenden, und der Geist sagte, ja, sie würde genau so viel Zeit bekommen. Sie starb, zwei Tage nachdem sie mit der Decke fertig war. Ihr Geist ist in dieser Decke, und er gibt mir Kraft.

Das Leben ist einfach«, sagte Rachel. »Du wirst in das Leben geboren, um für andere und für die Erde zu sorgen. Dann hörst du, daß sich deine Zeit dem Ende nähert, und du mußt die für deine Abreise angemessenen Vorbereitungen treffen und darfst keine ›unerledigten Angelegenheiten‹ zurücklassen. Du mußt deine Entschuldigungen machen, deine Verantwortung innerhalb des Stammes abgeben und die Dankbarkeit und Liebe des Stammes für deine Zeit mit ihm annehmen. So einfach ist das.«

Rachel legte eine kurze Pause ein, um uns Tee einzuschenken. Dann fuhr sie fort.

»Morgen nacht gehe ich zu einer Potlatchzeremonie, einer feierlichen Geschenkeverteilung. Ein Mann bereitet sich darauf vor, die Erde zu verlassen, und er wird dem Stamm all seine Besitztümer übergeben. Er wird seine Kleider und Werkzeuge in eine lange Schale legen, und der Stamm wird symbolisch seine Besitztümer annehmen, was bedeutet, daß der Mann frei ist von allen Stammesverantwortungen. Dann kann er die Arbeit seines Geistes vollenden und uns verlassen«, erzählte Rachel.

Ich war sprachlos angesichts Rachels Gelassenheit und ihrer nüchternen Einstellung, insbesondere ihrer Ruhe im Hinblick auf den Tod. Wo war all die Furcht, an die ich mich in meiner eigenen Kultur so gewöhnt hatte? Rachel sprengte meine Auffassung der Welt – insbesondere meine Vorstellung von der spirituellen Dimension des Lebens oder Gottes –, und sie tat das so beiläufig, als spreche sie über einen sommerlichen Regenschauer. Ich wollte die Wahrheiten, die sie mir zum Tee anbot, zunächst als primitiven Aberglauben abtun, aber mein innerstes Gefühl sagte mir, daß ihr Gott weitaus realer war als mein eigener.

»Woher weiß dieser Mann, daß er sterben wird? Ist er krank?« fragte ich.

»Ach, er ist zum Medizinmann gegangen«, meinte sie. »Der Medizinmann hat seine Energie angesehen. Seine Energie hat dem Medizinmann gesagt, was mit ihm geschieht.«

»Woher weiß der Medizinmann diese Dinge?«

Sie schien entsetzt angesichts meines Unwissens. »Sag mir«, fragte Rachel und sah mir direkt in die Augen, »wie kommt es, daß du nichts von diesen Dingen weißt? Wie kannst du leben, ohne zu wissen, was dein Geist tut und was dein Geist dir sagt?«

Sie fuhr fort: »Jeder geht zum Medizinmann, um zu erfahren, was sein Geist sagt. Vor Jahren sagte der Medizinmann zu mir: ›Du wirst dir bald ein Bein brechen, wenn du nicht besser gehst.‹ Ich wußte, daß er nicht von meinem körperlichen Gang sprach. Er meinte, daß ich nicht ehrlich war, weil ich den Mann einer anderen Frau wollte. Ich durfte diesen Mann nicht länger sehen. Es war schwer für mich, weil ich diesen Mann liebte. Aber mein Geist wurde von der Unehrlichkeit langsam krank. Ich zog eine Weile fort, und als ich wiederkam, ging ich gerade.«

Ich wollte unbedingt noch eine Weile bei Rachel bleiben und mehr von ihr lernen. Ich bot ihr an, ihre Wohnung zu putzen, Einkäufe zu erledigen, alles. Aber als der Fahrer kam, um mich aufzulesen, schickte sie mich fort, und ich sah sie niemals wieder.

In diesem Herbst kehrte mein Körper ohne meinen Geist aus Alaska nach Hause zurück. Ich brauchte Monate, um die beiden wiederzuvereinen. Bevor ich Rachel traf, hatte ich die Kraft unseres Geistes nie so betrachtet, wie sie sie beschrieben hatte. Ich hatte nie darüber nachgedacht, daß wir unseren Geist in alles einweben, was wir tun, und in jeden, den wir treffen. Ich hatte mir auch nie überlegt, daß die Entscheidungen in meinem Leben ein Ausdruck meines Geistes waren und meine Gesundheit beeinflußten.

Heute weiß ich, Rachels Geschichte von emotionaler und körperlicher Heilung ist ein gutes Beispiel, wie wir symbolische Einsicht nutzen können, um unser Leben zu verändern. Obwohl es mir damals nicht klar war, erwies sich mein Nachmittag mit ihr als meine Einführung in die medizinische Intuition. Als ich meine Arbeit auf diesem Gebiet acht Jahre später begann, riß mich die Erinnerung an sie aus meiner Depression und schickte mich in eine neue Richtung. Ich beschloß, Theologie zu studieren, weil ich hoffte, dadurch eine größere Perspektive, ähnlich der von Rachel, zu erlangen und mich endlich von meiner »Straßenecke«, von meinen vorgefaßten Meinungen und geistigen Begrenzungen, zu lösen. Vielleicht war der Gott, den ich zu kennen glaubte, nicht der Gott, der tatsächlich existierte, denn mit Sicherheit hatte er mein Gebet, Schriftstellerin zu werden, nicht beantwortet. Möglicherweise würde sich der Gott, den ich noch nicht kannte, als entgegenkommender erweisen.

Ich kam an der theologischen Fakultät in einem Krisenzustand an, fühlte mich zum ersten Mal in meinem Leben machtlos. Dennoch erlangte ich den Magister über Mystizismus und Schizophrenie – den Wahnsinn, dem man auf dem Weg zu spiritueller Gesundheit begegnet. Später wurde mir klar, daß ebendieses Gefühl der Machtlosigkeit mich dazu gebracht hatte, Macht zu studieren, denn die Lebensgeschichten der Mystiker und Mystikerinnen sind Lektionen in Verlust und Entmachtung, körperlich, emotional und spirituell – gefolgt von einer Neugeburt in eine neue Beziehung zur Macht. Hinter verschlossenen Türen, durch Qualen und Ekstase, erlangen Mystiker Zugang zum Geist, einen Zugang, der so tiefschürfend ist, daß sie in der Lage sind, gewöhnlichen Worten und Taten Energie, gleichsam göttliche Elektrizität, einzuhauchen. Sie erlangen die Fähigkeit, durch Akte aufrichtiger Liebe, Vergebung und Glaubenskraft andere zu heilen.

Einige der bekanntesten Mystiker und Mystikerinnen der christlichen Kultur – der heilige Franz von Assisi, die heilige Klara von Assisi, Julian of Norwich, die heilige Teresa von Ávila, die heilige Katharina von Siena und Padre Pío – sollen angeblich in ständigem innigen Dialog mit Gott gestanden und weit über gewöhnliches Bewußtsein hinaus in Klarheit gelebt haben. Die Welt »hinter ihren Augen« war für sie unendlich realer als die Welt vor ihnen. Die Wahrnehmung der Mystiker von Realität und Macht unterschied sich von derjenigen »normaler« Menschen. In der Sprache des Christentums sind Mystiker »in der Welt, aber nicht von der Welt«, in der Sprache von Buddhismus und Hinduismus sind sie den Illusionen der physischen Welt entrückt; sie können symbolisch klar sehen, weil sie erleuchtet bzw. erwacht sind. (Das Wort »Buddha« bedeutet »der Erwachte«.) Obwohl der spirituelle Weg zu diesem Maß an Bewußtsein und Klarheit anstrengend sein kann, konnte und wollte keiner dieser Mystiker und Mystikerinnen zum normalen Bewußtsein zurückkehren, gleichgültig, wieviel körperliches Elend sie unterwegs erfuhren.

Wenn ich mich meiner Intuition und der symbolischen Einsicht bediene, um anderen Menschen erkennen zu helfen, warum sie erkrankt sind, denke ich oft über das Leben der Mystiker und Mystikerinnen nach, insbesondere über das Thema ihrer individuellen Beziehung zur Macht. Als ich noch nicht soviel Erfahrung mit der Intuition hatte, war mir die Verbindung zwischen Krankheit, Heilung und persönlicher Macht noch nicht klar, aber heute glaube ich, daß Macht die Basis der Gesundheit ist. Meine eigene Objektivität – meine symbolische Sicht des Lebens – hilft mir, die Beziehung der Menschen zur Macht einzuschätzen und wie die Macht ihren Körper und ihren Geist beeinflußt.

Heute bediene ich mich Rachels Sprache, um den Menschen klarzumachen, daß sie ihren Geist in negative Dinge eingewoben haben und daß sie sich eine Weile zurückziehen müssen, wenn sie ihre Gesundheit wiedererlangen wollen, daß sie ihren Geist zu sich rufen und lernen müssen, wieder gerade zu gehen. Wir können solch einfachen Anweisungen folgen, weil unser Geist unser Leben und unsere Lebensentscheidungen enthält. Wir weben tatsächlich unseren Geist in die Ereignisse und Beziehungen unseres Lebens. Das Leben *ist* so einfach.

Meine intuitive Lehrzeit

Wenn ich auf die letzten vierzehn Jahre zurückblicke, kann ich erkennen, daß meiner Ausbildung ein Plan zugrunde lag, der darauf abzielte, mir die Interpretation der Sprache der Energie zur intuitiven Diagnose zu ermöglichen. Von 1983 bis 1989, in meiner Zeit als »Lehrling der Intuition«, lernte ich mit Hilfe außergewöhnlicher Synchronizitäten all das, was ich wissen mußte.

Zuerst fiel mir auf, daß ich »Trauben« von Menschen traf, die alle mit derselben Störung zu tun hatten. Im Laufe einer Woche nahmen drei Leute mit mir Kontakt auf, die an derselben Art von Krebs litten. Einige Wochen später riefen mich drei Menschen an, die allesamt Migränebeschwerden hatten. Schließlich traf ich auf Gruppen von Leuten mit Diabetes, Brustkrebs, Darmerkrankungen, Prostatakrebs, Depressionen und zahlreichen anderen gesundheitlichen Problemen. Vor meiner Entscheidung, meine Intuition anzunehmen, hatten sich die Ratsuchenden nach keinem bestimmten Muster bei mir eingefunden.

Gleichzeitig nahm die Qualität der Informationen, die ich erhielt, zu. Ich lernte, wie der emotionale, psychologische und körperliche Streß im Leben der Patienten zur Entwicklung ihrer Krankheit beigetragen hatte. Zuerst fiel mir einfach nur der Eindruck auf, den ich von jedem Menschen erhielt, und ich dachte gar nicht daran, die Streßmuster des einen mit denen des anderen zu vergleichen. Schließlich erkannte ich jedoch, daß sich keine Krankheit zufällig entwickelt. Ich ging meine früheren Fälle durch, um nach den emotionalen und psychologischen Mustern zu suchen, die den einzelnen Krankheiten vorausgegangen waren. Im Jahr 1988 war ich in der Lage, die emotionalen, psychologischen und körperlichen Streßmuster von fast einhundert verschiedenen Krankheiten zu benennen.

Diese Muster haben sich seitdem als sicher erwiesen und waren vielen Ärzten und anderen im Gesundheitsbereich Tätigen, die ich unterrichtet habe, von Nutzen.

Die Begegnung mit Norman Shealy war ein weiteres außergewöhnliches Ereignis. Norm ist nicht nur Neurochirurg, sondern auch der führende amerikanische Experte in der Schmerzbehandlung. Seit 1972 interessiert er sich darüber hinaus für metaphysische Themen.

Im Frühjahr 1984 wurde ich zu einer recht exklusiven Konferenz im amerikanischen Mittelwesten eingeladen – nicht aufgrund meiner intuitiven Fähigkeiten, sondern in meiner Eigenschaft als Verlegerin von Stillpoint, was immer noch mein Hauptberuf war. Während der Konferenz traf ich einen Psychologen, der mir Norman Shealy zeigte. Aus keinem ersichtlichen Grund sagte er plötzlich: »Sehen Sie den Mann dort drüben? Er ist Arzt und interessiert sich für medizinisch Intuitive.« Ich wurde unglaublich nervös, aber ich beschloß, Dr. Shealy anzusprechen und ihm zu sagen, daß ich eine medizinisch Intuitive war.

Beim Mittagessen an diesem Tag setzte man mich neben ihn, und ich erzählte ihm, daß ich in der Lage war, Menschen über große Entfernungen hinweg zu diagnostizieren. Er schien überhaupt nicht beeindruckt. In aller Gemütsruhe schälte er einen Apfel und fragte mich: »Wie gut sind Sie?« Ich sagte ihm, daß ich mir da nicht sicher sei. Dann fragte er: »Können Sie einen Gehirntumor in einem Patienten erkennen? Können Sie sehen, wie sich eine Krankheit im Körper eines Menschen formt? Ich brauche niemanden, der mir sagt, daß die ›Energie‹ eines Patienten niedrig ist; das sehe ich selbst. Ich brauche jemanden, der einen Menschen wie ein Röntgenapparat durchleuchten kann.«

Ich sagte Norm, ich sei mir meiner Treffsicherheit nicht sicher, da ich erst relativ kurz dabei sei. Er meinte, er würde mich bei

Gelegenheit anrufen, sobald er einen Patienten hätte, der seiner Meinung nach von meiner Fähigkeit profitieren könnte.

Im darauffolgenden Monat – im Mai 1984 – rief er mich bei Stillpoint an. Er habe einen Patienten in seiner Praxis, ließ er mich wissen und nannte mir den Namen des Patienten und dessen Alter. Dann wartete er auf meine Reaktion. Ich erinnere mich an die Einschätzung, die ich damals abgab, sehr genau, weil ich so nervös war. Ich sprach von meinen Eindrücken in Bildern, nicht in physiologischen Fachbegriffen. Ich erklärte Norman, ich hätte das Gefühl, als ob Beton durch den Hals des Patienten lief. Dann kommentierte ich die emotionalen Ursachen, die aus meiner Sicht der Entwicklung dieses körperlichen Zustands vorausgegangen waren. Der Patient, ein Suchtkranker, hatte so viel Angst davor, sich seinen Zustand einzugestehen, daß es ihm unmöglich war, die Wahrheit auszusprechen. Die Worte gefroren ihm förmlich im Hals.

Als ich fertig war, bedankte sich Dr. Shealy und hängte ein. Ich hatte keine Ahnung, ob ich meine Sache gut gemacht hatte. Erst später ließ er mich wissen, daß der Mann an Speiseröhrenkrebs litt.

Das war der Anfang meiner Zusammenarbeit mit Norman Shealy. Seine emotionslosen Reaktionen auf meine Einschätzungen erwiesen sich als gewaltiger Segen. Hätte er sich in jenen Tagen angesichts meiner Fähigkeit begeistert gezeigt, wäre ich wahrscheinlich überheblich geworden und hätte versucht, ihn zu beeindrucken, was meine Treffsicherheit zweifelsohne beeinträchtigt hätte. Wie die Dinge standen, hielt mich seine Distanziertheit objektiv und klar. Ich habe es von meiner Journalistiklehrerin gelernt und bringe es heute anderen bei: Die innere Distanz ist entscheidend, wenn man eine akkurate Einschätzung abgeben will. Nichts führt zu größeren Beeinträchtigungen als der Wunsch, »recht« zu haben oder zu beweisen, daß man eine intuitive Einschätzung abgeben kann.

Im Laufe des folgenden Jahres half Norm mir, die menschliche Anatomie zu studieren. Er rief mich noch mehrmals an und bat mich, Patienten einzuschätzen. Bei jedem Patienten wurden meine Entscheidungen technisch akkurater. Anstatt vage Bilder von Organen zu erhalten, konnte ich bald die genauen Schwingungen einer bestimmten Krankheit und ihren Sitz in der Physiologie eines Menschen erkennen und unterscheiden. Jede Krankheit und jedes Organ, so lernte ich, hatte seine eigene »Frequenz«, sein eigenes Schwingungsmuster.

Damals hätte ich nie gedacht, daß aus Norm und mir eines Tages ein Team werden würde. Ich hatte mich zwar zu größerer Einsicht in meine Fähigkeit verpflichtet, lenkte aber immer noch einen Großteil meiner Energie in den Erfolg von Stillpoint. Doch dann begegnete ich im März 1985 einem jungen Mann, dessen Mut angesichts seiner Krankheit mir selbst den Mut gab, mich meinen Intuitionen auf neue Weise zu öffnen.

Während meiner Arbeit mit Norm hatte ich immer mehr Vertrauen in meine Fähigkeit erlangt, die Krankheiten, die ich spürte, auch beim Namen zu nennen, ebenso wie ihre energetischen Streßfaktoren und Vorboten. Ich vermied es, die Aufmerksamkeit der Patienten auf bestimmte Heilmethoden zu lenken, und überließ das Norm. Das wenige, was ich über Heilung wußte, beschränkte sich auf die Manuskripte, die ich las, und auf Gespräche mit meinen Geschäftspartnern.

An einem Samstagmorgen im März 1985 erhielt ich einen Anruf von einem Mann namens Joe, den ich einmal kurz nach einer Vorlesung in Kansas City getroffen hatte. Er erzählte mir, seiner Meinung nach stimme etwas nicht mit seinem Sohn Peter, und er bat mich, eine Einschätzung vorzunehmen. Weil Peter bereits erwachsen war, bat ich Joe, Kontakt zu ihm aufzunehmen und seine Erlaubnis für diese Einschätzung einzuholen. Innerhalb von zehn Minuten rief der Vater wieder an und erklärte, Peter sei offen für jede Hilfe, die ich ihm geben könne.

Ich fragte nach Peters Alter – und als er es mir sagte, wurde ich sofort von dem Gefühl überwältigt, daß er Leukämie habe. Ich erwähnte das gegenüber Joe nicht, bat vielmehr um Peters Telefonnummer. Ich sagte, ich wolle direkt mit ihm sprechen.

Als ich mir Notizen zu meinen intuitiven Eindrücken machte, wurde mir klar, daß die Schwingung, die ich spürte, überhaupt nicht zu Leukämie paßte. Aber ich konnte die Frequenz nicht einordnen, da sie mir nie zuvor begegnet war. Dann erkannte ich plötzlich, daß Peter HIV-positiv war. Meine anschließende Unterhaltung mit ihm wird mir immer im Gedächtnis haftenbleiben, weil ich wußte, wie merkwürdig es mir selbst vorkommen würde, wenn mich eine völlig fremde Frau vom anderen Ende des Landes anriefe und sagte: »Hallo, ich habe gerade Ihr Energiesystem geprüft, und Sie sind nicht nur HIV-positiv, sondern bereits aidskrank.« Peters Körper zeigte bereits die Symptome einer *Pneumocystis-carinii*-Pneumonie (PCP), der häufigsten Lungenerkrankung in Zusammenhang mit dem HIV-Virus.

An diesem Morgen sagte ich zu ihm: »Peter, ich bin eine Freundin Ihres Vaters. Ich bin eine medizinisch Intuitive.« Ich versuchte, ihm zu erklären, was ich tat. Schließlich meinte ich: »Peter, ich habe Ihre Energie bewertet, und Sie haben Aids.« Darauf antwortete er: »Himmel, Caroline, ich fürchte mich so sehr. Ich hatte zwei Tests, und beide waren HIV-positiv.«

Der Klang seiner Stimme, sein sofortiges Vertrauen, ließ eine Welle der Emotion durch mich hindurchfließen. Wir sprachen darüber, was er als nächstes tun sollte. Peter sagte mir, sein Vater ahne nicht einmal, daß er homosexuell sei, geschweige denn, daß er Aids hatte. Ich versicherte ihm, ich würde seinem Vater nichts sagen, ermutigte ihn aber, ehrlich über sein Leben und seine Gesundheit zu sein. Wir sprachen ungefähr eine halbe Stunde miteinander. Sobald ich aufgelegt hatte, rief sein Vater an und fragte mich nach meinen Schlußfolgerungen. Ich erklärte Joe, daß er mit Peter sprechen müsse und daß ich es nicht für angemessen hielt, ihm den Inhalt meiner Unterredung mit Peter mitzuteilen. Er meinte: »Ich weiß, was mit meinem Sohn nicht stimmt. Er will die juristische Fakultät verlassen, und er hat Angst, mir das zu sagen.« Ich erwiderte nichts, und wir beendeten unser Gespräch.

Zwanzig Minuten später rief Joe wieder an. »Ich habe darüber nachgedacht, was das Schlimmste wäre, was mit meinem Sohn nicht stimmen könnte«, sagte er. »Wenn mein Sohn mich anriefe und sagte: ›Dad, ich habe Aids‹, dann würde ich ihn immer noch lieben. Das ist mir jetzt klargeworden.« Ich erwiderte: »Ich hoffe, Sie meinen das ernst, denn genau das werden Sie zu hören bekommen.«

Weitere dreißig Minuten verstrichen, und Joe rief mich nochmals an, um mir zu sagen, daß Peter auf dem Heimweg sei und sie am Mittag des folgenden Tages beide in meinem Wohnzimmer in New Hampshire sein würden. Ich war niedergeschmettert und rief sofort Norm an.

Norm und ich entwarfen ein Therapieprogramm für Peter, zu dem eine gesunde, fast vegetarische Diät gehörte, aerobische Übungen, der Verzicht auf Zigaretten, Rizinusölpackungen auf seinem Bauch 45 Minuten pro Tag und eine Psychotherapie, damit er offen zu seinem Schwulsein stehen könne. Peter tat, was er tun mußte – ohne sich zu beschweren oder das Gefühl zu haben, daß die Heilung mühsam sei.

Ich möchte an dieser Stelle anmerken, wie viele Menschen ihr Therapieprogramm als eine Art Strafe betrachten. Norm und ich haben seit damals unter anderem mit einer Frau gearbeitet, die an Fettleibigkeit, Diabetes und chronischen Schmerzen litt. Wir sagten ihr, wie sie ihren Zustand sofort ändern könne, indem sie sich auf ein gesundes Ernährungsprogramm umstellte und sich in Maßen körperlich betätigte. Ihre Reaktion darauf? »Nie und nimmer. Das kann ich nicht. Dazu habe ich gar nicht genug Willenskraft. Haben Sie keine anderen Vorschläge?« Peter akzeptierte dagegen seine persönliche Verantwortung für seine Heilung voller Dankbarkeit und bewältigte alle Anforderungen seines Therapieprogramms spielend. Sechs Wochen später war sein Bluttest HIV-negativ. Peter praktiziert mittlerweile als Anwalt, und bis zum heutigen Tag ist er HIV-negativ.

Danach schrieben Norm und ich über diesen Fall in unserem ersten Buch *AIDS: Passageway to Transformation* (Stillpoint 1987). Als Folge der Arbeit mit Peter begannen Norm und ich Workshops für Menschen abzuhalten, die entweder HIV-positiv oder bereits an Aids erkrankt waren – in dem tiefen Glauben, wenn ein Mensch sich heilen konnte, dann können andere das auch.

Vom Hobby zum Beruf

Peters dramatische Heilung von einer Krankheit, die für tödlich gehalten wird, brachte mir die erste von mehreren Einladungen zu Vorlesungen im Ausland über das Thema Aids und über Heilung im allgemeinen. Sein Fall erwies sich für mich als Wendepunkt und führte mich dazu, über die Ursprünge von Krankheiten nachzudenken – insbesondere, wie und warum sich eine Krankheit entwickelt, was erforderlich ist, um eine Krankheit zu heilen, und warum manche Menschen heilen und andere nicht. Ich fragte mich vor allem, was eine ganze Kultur für eine Epidemie anfällig macht. Welche emotionalen und streßbedingten Auslöser in der Gruppenchemie führen zur Krankheit?

Symbolisch betrachtet konnte ich das Auftauchen von Aids als globale Krankheit förmlich sehen. Die *Pneumocystis-carinii*-Form der Lungenentzündung ist das Symbol für die Zerstörung der Regenwälder, aus denen die Erde den größten Anteil ihres

Sauerstoffvorrats zieht. Ähnlich ist das Kaposi-Sarkom, die krebsartigen Hautläsionen, die sich bei vielen Aidspatienten formen, Symbol für die Zerstörung der natürlichen Oberfläche der Erde, am drastischsten vielleicht durch die Atomwaffentests, aber auch durch Giftmüll und andere Formen der Umweltverschmutzung. Und schließlich könnte das menschliche Immunsystem die Ozonschicht der Erde symbolisieren, die jetzt ebenso zerbrechlich ist wie das Immunsystem eines Schwerkranken.

Einige Menschen nannten Peters Fall ein »Wunder« und deuteten damit an, daß er eine besondere Gnade von Gott empfangen hätte, die ihm bei seiner Heilung unterstützte, und daß er sich ohne diese Gnade niemals wieder erholt hätte. Das mag natürlich der Fall sein, aber man muß sich dennoch fragen, was erforderlich ist, damit ein Wunder geschieht. Ich glaube, daß unser aller Zellgewebe die Schwingungsmuster unserer Einstellungen, unserer Überzeugungen und die Anwesenheit bzw. Abwesenheit einer äußerst feinen Energiefrequenz oder »Gnade« enthält, die wir aktivieren können, wenn wir unseren Geist von negativen Bindungen lösen.

Wie es in *Ein Kurs in Wundern* heißt: »Wunder sind etwas Natürliches. Wenn sie nicht eintreten, stimmt etwas nicht.« In Folge von Peters Heilung wollte ich entdecken, womit wir die Energie stören, die Wunder geschehen läßt. Sie können sich beispielsweise vegetarisch ernähren und zehn Kilometer pro Tag laufen, aber wenn Sie in Ihrer Beziehung mißbraucht werden, Ihren Job hassen oder sich täglich mit Ihren Eltern streiten, verlieren Sie Energie – oder Macht – durch ein Verhaltensmuster, das zu Krankheit führen kann oder Ihre Heilung von einer Erkrankung verhindert. Wenn Sie andererseits spirituell zentriert sind und Ihre Energie von negativen Überzeugungen lösen, können Sie sogar Katzenfutter essen und dennoch gesund bleiben.

Bitte verstehen Sie mich nicht falsch: Ich rate Ihnen nicht zu einer ungesunden Ernährungsweise ohne körperliche Betätigung – nur werden diese Faktoren allein Ihre Gesundheit nicht bewahren. Ich sage auch nicht, daß die Verpflichtung zu größerer spiritueller Bewußtheit Ihnen Gesundheit garantiert. Sie wird jedoch Ihr Leben und Ihre Selbsterkenntnis bereichern und den Boden für eine Maximierung der Heilung bereiten, spontan oder schrittweise, körperlich und spirituell.

Je mehr ich die Beziehung zwischen unserer inneren Dynamik und der Qualität unserer Gesundheit – und unseres Lebens im allgemeinen – verstanden habe, desto mehr fühlte ich mich meiner Arbeit als Intuitive verpflichtet.

Norm und ich haben unsere Forschungen gemeinsam fortgesetzt und 1988 unsere Erkenntnisse über die emotionalen und psychologischen Fragen, die der Entwicklung von Krankheiten vorausgehen, in dem Buch *Auch du kannst dich heilen* veröffentlicht.

Der ausschlaggebende Faktor

Kurz nach Fertigstellung dieses Buches wurde ich in einen Unfall verwickelt, bei dem ich beinahe verblutet wäre. Durch das Trauma wurde ein Nasenbluten zu einer massiven Hämorrhagie. Auf dem Weg ins Krankenhaus saß ich im Krankenwagen auf der Trage und blutete in eine riesige Schüssel auf meinem Schoß, weil ich erstickt wäre, wenn ich mich hingelegt hätte. Plötzlich fiel mein Kopf nach vorn, und ich befand mich auf einmal außerhalb des Krankenwagens. Ich schwebte die Autobahn entlang, während ich durch das Fenster des Krankenwagens meinen eigenen Körper und die hektischen Aktivitäten der Rettungssanitäter beobachtete, die versuchten, mein Leben zu retten.

Auf einmal war ich euphorisch, völlig schwerelos und vibrierend lebendig auf eine Weise wie noch nie zuvor. Mir fiel auf, daß ich mich außerhalb meines Körpers befand, vielleicht sogar schon tot war. Ich wartete auf den »Tunnel«, über den ich so viel gehört hatte, aber er erschien nicht. Statt dessen spürte ich, wie ich von der Erde wegtrieb. Ich trat in einen Zustand der Ruhe ein, der so intensiv war, daß er selbst jetzt, wo ich mich an ihn erinnere, eine mächtige Wirkung auf mich hat. Dann sah ich Norm. Er stand auf einer Bühne und bereitete sich auf eine Vorlesung vor, in der Hand ein Exemplar von *Auch du kannst dich heilen*. Ich hörte, wie er sagte: »Ich dachte, dies wäre der Anfang unserer gemeinsamen Arbeit, aber traurigerweise war es das Ende.«
Ich hatte das überwältigende Verlangen, in meinen Körper zurückzukehren und mein körperliches Leben wiederaufzunehmen. Sofort spürte ich, wie ich zu meinem Körper eilte und wieder in ihn fuhr. Nach dieser Erfahrung stellte ich mir nur eine einzige Frage: »Warum habe ich nicht mein Verlagshaus gesehen?« In diesem Moment wurde mir klar, daß ich den Verlag verlassen und den Rest meines Lebens meiner medizinischen Intuition folgen würde.

Als professionelle medizinisch Intuitive habe ich mit bis zu fünfzehn Ärzten aus ganz Amerika gearbeitet, einschließlich Dr. Christiane Northrup, einer Frauenärztin und Geburtshelferin, die zu den Gründerinnen der Frauengesundheitsklinik Women to Women in Yarmouth (Maine) gehört und Autorin des Buches *Frauenkörper, Frauenweisheit* (München 1994) ist. Chris rief mich für eine persönliche Gesundheitseinschätzung im Herbst 1990 an, und nach unserer Sitzung bat sie mich mehrmals telefonisch um eine intuitive Einschätzung von Patientinnen. Die Gelegenheit, mit Chris und anderen Ärzten zu arbeiten, signalisierte meine eigene Volljährigkeit als medizinisch Intuitive. Es zeigte, daß ich durch meine Arbeit mit dem menschlichen Energiesystem Ärzte und Ärztinnen in die Lage versetzen konnte, anderen zu helfen.

Von 1990 bis 1992 erweiterte ich nicht nur meine Zusammenarbeit mit Medizinern, sondern führte auch eine überwältigende Zahl von Workshops durch, sowohl allein als auch mit Norm – in den Vereinigten Staaten, Australien, Europa, Mexiko und Kanada. In diesen frühen Workshops sprach ich erst über das menschliche Energiesystem, und dann führte ich eine intuitive Gesundheitseinschätzung bei jedem durch, der an dem Workshop teilnahm. Manchmal bedeutete dies, daß ich bis zu 120 Einschätzungen im Laufe eines Wochenendes zu bewältigen hatte. Oft war ich am Ende eines Workshops schweißgebadet. Nach jedem Arbeitstag war ich erschöpft, und nach zwei Jahren in diesem Tempo fühlte ich mich völlig ausgebrannt.

Wie es für mich immer geschah, öffnete sich eine neue Tür, gerade als ich am Ende meiner Kräfte angelangt war. Im Februar 1992 hielt ich einen Workshop im Norden New Hampshires. Die Gruppe war eben vom Mittagessen zurückgekehrt, und ich begann die Nachmittagssitzung, indem ich mich neben eine Frau setzte und sie fragte: »Was kann ich heute für Sie tun?« Ich erwartete, daß sie auf ein gesundheitliches Problem zu sprechen kam, wie es die anderen Teilnehmer und Teilnehmerinnen getan hatten. Danach hätte ich sie gewissermaßen abgehakt und könnte mich jemand anderem zuwenden. Statt dessen kreuzte sie die Arme über ihrer Brust, sah mich an, als ob ich eine Hochstaplerin wäre, und erklärte: »Keine Ahnung. Sagen Sie es mir. Ich zahle schließlich dafür.«

Würde ich jetzt sagen, daß ich wütend wurde, dann wäre das, als sagte ich, im Winter frische es in Montana etwas auf. Der Wunsch, diese Frau zu packen und zur Tür zu begleiten, war so stark, daß ich anfing zu hyperventilieren. Ich nahm einen

tiefen Atemzug und sagte: »Wissen Sie, ich werde hier neben Ihnen sitzen, bis ich mir einen Grund ausdenken kann, Ihnen für diese Bemerkung zu danken. Möglicherweise sitzen wir jetzt hier eine sehr, sehr lange Zeit.« Die Atmosphäre im Workshop war angespannt. Keiner rührte sich.
Und dann hatte ich eine Erleuchtung. Ich sprang von meinem Stuhl auf und verkündete: »Ich werde heute keine persönlichen Gesundheitseinschätzungen mehr vornehmen. Statt dessen werde ich Ihnen beibringen, sich selbst einzuschätzen. Ich bin ganz allein, und wenn ich so weitermache, werde ich nicht mehr lange leben. Wenn einer von Ihnen sein Geld zurückwill, dann bitte jetzt. Sonst nehmen Sie Ihre Notizbücher heraus, denn wir werden uns nunmehr an die Arbeit machen, und Sie werden lernen, Ihren Körper so zu sehen, wie ich ihn sehe. Ich helfe Ihnen viel mehr, wenn ich Ihnen beibringen kann, ein Problem in Ihrem eigenen Körper zu benennen, ohne mich dafür zu brauchen.«
Ich sah die jetzt erschüttert wirkende Frau an und sagte: »Ich glaube, Sie haben gerade mein Leben gerettet. Ich danke Ihnen.« Keiner wollte sein Geld zurück, und an diesem Tag begann ich, anderen die »Selbstdiagnose« beizubringen.
Im Herbst 1992 überlegten Norm und ich uns, ein Ausbildungsprogramm in der Wissenschaft der Intuition zu entwickeln. Wir trafen einen Unternehmer aus den Niederlanden, der sich bereit erklärte, die ersten Phasen unseres Trainingsprogramms zu finanzieren, und 1993 begannen wir unsere intensiven Workshops in der Ausbildung medizinischer Intuition, die schließlich dazu führten, daß ich dieses Buch schrieb. Meine Arbeit in den Workshops hat mir das Privileg eingeräumt, die Lebensgeschichten vieler Teilnehmer und Teilnehmerinnen zu hören; einige dieser Fallgeschichten werden in diesem Buch beschrieben. Unter ihnen sind Patienten, die sich – in Energiebegriffen gesprochen – selbst heilten, die tatsächliche Herausbildung ei-

ner körperlichen Krankheit vermieden oder – in physischen Begriffen – eine Krankheit umkehrten bzw. heilten, die sich bereits manifestiert hatte.

Beim inhaltlichen Aufbau dieses Buches habe ich mich nach der Abfolge gerichtet, die sich für mich bei den Workshops zu den technischen Aspekten der medizinischen Intuition und der intuitiven Gesundheitseinschätzungen erfolgreich bewährt hat.
Kapitel 1 führt in die Prinzipien der medizinischen Intuition ein, wie ich sie kennengelernt habe, und bietet Anleitungen, wie man diese Prinzipien selbst anwenden kann.
Kapitel 2 ist eine Einführung in ein ergänzendes und, wie ich glaube, neues Modell des menschlichen Energiesystems, basierend auf der Synthese dreier spiritueller Traditionen: der Hindu-Lehre der Chakras, der symbolischen Bedeutung der sieben christlichen Sakramente und der mystischen Interpretation der zehn Sephiroth – des Lebensbaumes – aus dem Sohar, dem wichtigsten Text der Kabbala, der mystischen Lehre des Judentums. Die sieben Chakras, die sieben christlichen Sakramente und der Lebensbaum symbolisieren die sieben Ebenen des menschlichen Energiesystems und die sieben Phasen der menschlichen Entwicklung oder die sieben entscheidenden Lektionen des universellen spirituellen Weges oder der Reise des Helden, wie Joseph Campbell es genannt hätte. Kapitel 2 ist in vielerlei Hinsicht das Herzstück dieses Buches, weil darin ein spirituell-biologisches Profil des menschlichen Energiesystems dargestellt wird.
Kapitel 2 schließt mit einer ausführlichen Interpretation der spirituellen und energetischen Wahrnehmungen, von denen ich mich heute in meiner Arbeit leiten lasse. Diese Wahrnehmungen sind die Grundlage, auf der Sie aufbauen können, um die Sprache der Energie und der symbolischen Einsicht zu ler-

nen. Das kann Ihnen zu Erkenntnissen bezüglich der energetischen Muster Ihrer eigenen physischen und spirituellen Gesundheit sowie derjenigen Ihrer Lieben verhelfen.

Im zweiten Teil, Kapitel 1 bis 7, zeige ich die Anatomie der sieben Kraftzentren des menschlichen Körpers auf, mit grundlegenden Informationen und Fallstudien aus dem wirklichen Leben, die zeigen, wie wir die Energiedaten in unserer spirituellen Entwicklung einsetzen.

Das Schlußwort »Anleitung für Mystiker von heute« legt Ihnen nahe, wie Sie die symbolische Einsicht für Ihre persönliche Entwicklung und Gesundheit anwenden können.

Wie ich es zu all meinen Schülerinnen und Schülern zu Beginn jedes Workshops sage, rate ich auch Ihnen, nur das mitzunehmen, was sich für Sie stimmig anfühlt und der Wahrheit Ihres eigenen Herzens entspricht.

ERSTER TEIL

Eine neue Sprache des Geistes

KAPITEL 1

Energiemedizin und Intuition

Ich enttäusche manche Menschen, wenn ich über die Intuition spreche, weil ich zutiefst davon überzeugt bin, daß intuitive oder symbolische Einsicht kein Geschenk ist, sondern eine Fertigkeit – eine Fertigkeit, die auf Selbstachtung basiert. Es fällt leichter, diese Fertigkeit – ein gesundes Selbstwertgefühl – zu entwickeln, wenn Sie in den Worten, Vorstellungen und Prinzipien der Energiemedizin denken können. Denken Sie also bei der Lektüre dieses Kapitels daran, die Intuition so zu lernen, als ob Sie die Sprache der Energie interpretieren lernen.

Das menschliche Energiefeld

Alles, was lebt, pulsiert mit Energie, und diese Energie enthält Informationen. Es überrascht nicht, daß die Anhänger von alternativen oder ergänzenden Heilmethoden diese Vorstellung akzeptieren, aber sogar einige Quantenphysiker erkennen die Existenz eines feinen elektromagnetischen Feldes an, das durch körpereigene Prozesse generiert wird. Die Wissenschaftler gehen davon aus, daß der menschliche Körper Energie produziert, weil lebendes Gewebe Energie produziert.
Ihr stofflicher Körper ist von einem Energiefeld umgeben, das sich so weit ausdehnt wie Ihre ausgestreckten Arme und über

die volle Länge Ihres Körpers reicht. Dieses Energiefeld ist sowohl ein Informationszentrum als auch ein höchst sensibles Wahrnehmungssystem. Wir »kommunizieren« durch dieses System ständig mit allem um uns herum – es ist eine Art bewußter Elektrizität, die Botschaften von den Körpern anderer Menschen erhält und an sie überträgt. Diese Botschaften von und aus dem Energiefeld sind das, was Intuitive wahrnehmen.

Anhänger der Energiemedizin glauben, daß das menschliche Energiefeld die Energie jedes einzelnen Menschen beinhaltet und widerspiegelt. Es umgibt uns, und wir tragen dadurch die emotionale Energie mit uns, die von unseren inneren und äußeren Erfahrungen geschaffen wurde – sowohl positiv wie auch negativ. Diese emotionale Kraft beeinflußt den physischen Aufbau unseres Körpers. Dadurch wird Ihre Biographie – das heißt, die Erfahrungen, die Ihr Leben ausmachen – zu Ihrer Biologie.

Zu den Erfahrungen, die emotionale Energie in unser Energiesystem tragen, gehören ehemalige und bestehende Beziehungen privater wie beruflicher Natur, tiefschürfende oder traumatische Erfahrungen und Erinnerungen, sowie alle Einstellungen und Überzeugungen, einschließlich spiritueller und abergläubischer Ansichten. Die Emotionen in Zusammenhang mit diesen Erfahrungen werden in unserem biologischen System verschlüsselt und tragen zur Bildung unseres Zellgewebes bei, das dann wiederum eine Qualität der Energie generiert, die diese Emotionen widerspiegelt. Die Energieeindrücke formen eine energetische Sprache, deren buchstäbliche und symbolische Informationen ein medizinisch intuitiver Mensch »lesen« kann.

Lassen Sie mich ein Beispiel anführen für die Art von Botschaft, die das Energiefeld kommunizieren kann. Nehmen wir an, Sie hatten in der Grundschule Schwierigkeiten beim Rechnen. Das Wissen, daß ein Dutzend aus zwölf Stück besteht, trägt normalerweise keine emotionale Aufladung, die zu einer

Veränderung der Gesundheit des Zellgewebes führt. Wenn Sie allerdings von Ihrem Lehrer gedemütigt wurden, weil Sie das eben nicht wußten, bekommt diese Erfahrung eine emotionale Aufladung, die zu einem zellulären Schaden führt, insbesondere wenn Sie während Ihres Erwachsenenlebens öfter bei dieser Erinnerung verweilen oder sie Ihnen als Meilenstein dient, wie man mit Kritik oder Autoritätsfiguren, Erziehung oder Versagen umgeht. Ein intuitiver Mensch kann buchstäblich das Bild dieses Schlagabtausches mit Ihrem Lehrer aufnehmen oder jedes andere negative Symbol, das mit dieser Erfahrung in Zusammenhang steht.

Positive Bilder und die Energie positiver Erfahrungen werden ebenfalls im Energiefeld aufbewahrt. Denken Sie doch einmal an eine Zeit, als jemand Sie für eine gutgelöste Aufgabe lobte, für eine gute Tat oder für die Hilfe, die Sie jemandem haben angedeihen lassen. Sie spüren eine positive Energie – eine Welle persönlicher Macht in Ihrem Körper. Positive und negative Erfahrungen hinterlassen im Zellgewebe ebenso wie im Energiefeld eine Erinnerung. Wie die Neurobiologin Dr. Candace Pert bewiesen hat, sind Neuropeptide – die von Emotionen ausgelösten chemischen Stoffe – Gedanken, die zu Materie wurden. Unsere Emotionen wohnen physisch in unserem Körper und integrieren mit unseren Zellen und unserem Gewebe. Tatsächlich kann Dr. Pert den Geist nicht länger vom Körper trennen, wie sie sagt, weil dieselbe Art von Zellen, die die emotionale Chemie im Gehirn herstellen und empfangen, im ganzen Körper zu finden sind. Manchmal reagiert der Körper emotional und stellt »emotionale Chemikalien« her, *noch bevor* das Gehirn ein Problem überhaupt erfaßt hat. Denken Sie nur daran, wie schnell Ihr Körper schon auf Lärm reagiert, noch bevor Sie Zeit zum Nachdenken hatten.

Es ist so, wie Dr. Pert in Bill Moyers' *Healing and the Mind* sagt: »Es gibt eindeutig eine weitere Form der Energie, die wir noch nicht verstehen. Beispielsweise gibt es eine Form der Energie, die offensichtlich den Körper verläßt, wenn der Körper stirbt ... Ihr Geist befindet sich in jeder Zelle Ihres Körpers.« Darauf Moyers: »... Wollen Sie damit sagen, daß meine Emotionen in meinem Körper gespeichert werden?« Dr. Pert: »Vollkommen richtig. Wußten Sie das noch nicht? ... Es gibt viele Phänomene, die wir nicht erklären können, wenn wir uns dabei nicht auf die Energie beziehen.«

Das Feld lesen

Ein intuitiver Mensch liest oft nicht nur bestimmte dramatische Kindheitserfahrungen, sondern darüber hinaus auch abergläubische Ansichten, persönliche Gewohnheiten, Verhaltensmuster, moralische Überzeugungen und Vorlieben in Musik und Literatur. Im allgemeinen sind die Energieeindrücke jedoch mehr symbolischer Natur. Von einem Patienten, der an Atemnot litt, erhielt ich immer wieder den symbolischen Eindruck, wie ihm von einem Exekutionskommando ins Herz geschossen wurde. Offenkundig war ihm dies nicht wirklich geschehen, doch obwohl er sich umfangreichen medizinischen Tests unterzogen hatte, ließ sich keine bekannte körperliche Ursache für seinen Zustand finden. Nachdem ich ihm meinen Eindruck mitgeteilt hatte, erzählte er mir, daß seine Ehefrau ihn mehrmals mit anderen Männern betrogen hatte, und »ins Herz geschossen zu werden« beschrieb genau das Gefühl, das er angesichts ihres Verhaltens hatte. Indem er diese Emotionen zugab, die er zuvor zu ignorieren versuchte, war er in der Lage, sowohl seine Eheprobleme als auch seine gesundheitlichen Schwierigkeiten anzugehen.
Unsere emotionale Energie verwandelt sich in einem überaus komplexen Vorgang zu biologischer Materie. Ebenso wie ein

Radiosender auf spezifischen Wellenlängen sendet, ist jedes Organ und System im Körper darauf ausgerichtet, bestimmte emotionale und psychologische Energien zu absorbieren und zu verarbeiten. Das heißt, jeder Bereich des Körpers überträgt Energie auf einer bestimmten, genau festgelegten Frequenz, und wenn wir gesund sind, senden alle auf der »richtigen Wellenlänge«. Ein Bereich des Körpers, der nicht auf seiner normalen Frequenz überträgt, läßt darauf schließen, daß ein Problem vorliegt. Eine Veränderung in der Intensität der Frequenz weist auf einen Wechsel in der Art und der Schwere der Krankheit hin und legt das Streßmuster offen, das zur Entwicklung der Krankheit beigetragen hat.

Diese Art, die Energie des Körpers zu interpretieren, wird gelegentlich »Schwingungsmedizin« genannt. Sie ähnelt den meisten uralten medizinischen Praktiken und Überzeugungen, von der Traditionellen Chinesischen Medizin über die schamanischen Traditionen der Eingeborenenstämme bis hin zu praktisch jeder Volks- oder Alternativtherapie. In Wahrheit ist die Energiemedizin nicht neu, aber ich glaube, daß meine Interpretation der Energiemedizin und wie man mit ihrer Hilfe und in Verbindung mit zeitgenössischen medizinischen Behandlungsmethoden spirituell heilen kann, einzigartig ist. Wenn ein Mensch in der Lage ist, intuitiv zu ahnen, daß er infolge einer streßbeladenen Situation Energie verliert – und daraufhin handelt, um diesen Energieverlust zu korrigieren –, dann wird die Wahrscheinlichkeit, daß der Streß zu einer körperlichen Krise führt, verringert, wenn nicht gar vollständig eliminiert.

Ich kann zwar die Sprache der Energie für Sie analysieren, damit Sie allmählich das menschliche Energiefeld sehen und fühlen, seine entsprechende spirituelle Anatomie verstehen, die Quellen Ihrer persönlichen Macht erfahren und Ihre eigene Intuition entwickeln können, aber es fällt mir schwer, genau zu erklären, wie ich persönlich diese Energieinformationen erhalte. Andere Intuitive scheinen damit dieselben Schwierigkeiten zu haben, aber wir alle nehmen jene Informationen auf, die die stärksten Impulse aussenden – die höchste Intensität aufweisen. Diese Impulse beziehen sich für gewöhnlich direkt auf den Teil des Körpers, der geschwächt oder krank ist. In der Regel übermittelt das Energiesystem eines Menschen nur die Information, die notwendig ist, um die Aufmerksamkeit auf das Ungleichgewicht bzw. die Krankheit zu lenken. Wie das Bild vom »Schuß durchs Herz« kann eine symbolische Information manchmal verstören. Aber diese Intensität ist notwendig, damit die Botschaft des Körpers die gewohnheitsmäßigen mentalen oder emotionalen Muster durchbrechen kann, die überhaupt erst zur Herausbildung der Krankheit geführt haben. Medizinisch intuitive Personen kooperieren mit der Absicht des Körpers, die eigene Gesundheit und den Lebenswillen zu fördern; das heißt, unsere Energie wird immer Gesundheit suchen, trotz allem, was wir uns selbst körperlich antun mögen. Wenn wir beispielsweise eine Lüge erzählen, wird unser Energiefeld dem anderen Menschen oft die »energetische Tatsache« signalisieren, daß wir nicht die Wahrheit sagen. Energie lügt nicht und kann es auch gar nicht.

Halten Sie sich an Ihren ersten Eindruck

Wenn Sie über sich selbst oder den Menschen, den Sie bewerten, einen intuitiven Eindruck erhalten, sollten Sie sich auf das erste Bild konzentrieren, das auftaucht. Die meisten Menschen suchen nach sicheren Intuitionen, nicht nach gesunden, und nach sicheren Eindrücken, nicht nach gesunden, weil sie sich für gewöhnlich einen sicheren Weg in die Zukunft, ins Unbekannte wünschen. Daher fühlen Sie sich möglicherweise versucht, alle Bilder abzutun, die Sie verstören oder die mit Ihren eigenen Wünschen oder jenen des Menschen, den Sie einschätzen, nicht übereinstimmen. Die meisten Klienten, die zu einer Sitzung zu mir kommen, ahnen intuitiv bereits selbst, daß mit Ihnen etwas nicht stimmt, aber sie hoffen, daß ich ihnen eine andere Bedeutung für dieses Gefühl gebe, beispielsweise: »Sie durchlaufen gerade eine völlig natürliche Veränderung, aber körperlich ist mit Ihnen alles in Ordnung.« Es ist jedoch wichtig, den Menschen die Wahrheit zu sagen und nicht das, was sie hören wollen. Immer und immer wieder mußte ich die negativen intuitiven Eindrücke von Menschen bestätigen, die meine Hilfe suchten. Ihre Fähigkeiten sind ebenso exakt wie die meinen; diese Menschen *wissen*, daß sie krank sind. Aber da ich ihre Angst nicht teile, kann ich mit meiner Intuition ihre Daten besser interpretieren, als sie es selbst können.

Die Menschen müssen ihrer Angst ins Gesicht sehen. Im Fall des Mannes, der einen »Herzdurchschuß« hatte, schien es oberflächlich betrachtet sicherer für ihn, wenn er seine Frau nicht mit seinen Verdächtigungen konfrontierte. Anstatt seiner Intuition zu folgen, richtete er seinen Schmerz und seine Wut »in den Untergrund«, in seinen Körper, und schließlich manifestierten sich diese Emotionen als Brustschmerzen. Sein Körper und sein Geist strebten danach, ihn wachzurütteln und die Betrügereien seiner Ehefrau in den Griff zu bekommen, aber wie so viele Menschen hoffte auch er, daß sich das Problem von allein erledigen würde, wenn er sich ihm nicht stellte. Sein Körper offenbarte jedoch, daß dieser »sichere« Ansatz in Wirklichkeit auf Kosten seiner Gesundheit ging. Die Geschichte dieses Mannes zeigt, wie mächtig Intuitionen sind und wie sie selbst die hartnäckigsten Einstellungen durchbrechen können, um uns zur Heilung zu führen.

Das Leben kann bisweilen schmerzhaft sein, und spirituell sollen wir uns den Schmerzen stellen, die das Leben bietet. In der westlichen Welt interpretieren wir jedoch Gottes Plan für uns oft falsch und erwarten, daß unser Leben angenehm und sorgenfrei verläuft. Wir messen Gottes Anwesenheit in unserem Leben an dem Maß unseres persönlichen Wohlbefindens; wir glauben, Gott sei mit uns, wenn unsere Gebete erhört werden. Aber weder Gott noch Buddha oder sonst ein spiritueller Führer bzw. eine spirituelle Überlieferung garantieren oder ermutigen ein schmerzfreies Leben. Die spirituellen Lehren ermutigen uns, an unseren schmerzlichen Erfahrungen zu wachsen: Jede einzelne ist eine spirituelle Lektion. Wenn wir unsere intuitiven Fähigkeiten entwickeln, werden wir die Lektionen lernen, die unseren Erfahrungen innewohnen.

Kultivieren Sie einen meditativen Geisteszustand

Es gibt keine Formel, anhand deren Sie Ihre Intuition entwickeln könnten. Einige Menschen bilden sie durch Meditation, nachdem sie ein bestimmtes Talent erwarben oder eine Sportart gemeistert haben. Ich höre oft, wie Menschen die Ansicht vertreten, intuitive Fähigkeiten seien das Ergebnis eines spirituellen Lebens, aber das stimmt nicht ganz. Intuitive Fähigkeiten sind in jedem Menschen vorhanden, weil es sich bei ihnen um einen Überlebensvorteil handelt, nicht um ein spirituelles Merkmal. Wer jedoch eine besinnliche oder meditative Einstellung kultiviert, erleichtert sich den Zugang zu seinen Intuitionen. Objektivität wird Ihnen helfen, die Eindrücke zu interpretieren, die Sie erhalten, und sie in einen symbolischen spirituellen Kontext zu stellen.

Objektivität ist der Schlüssel

Ich habe durch Erfahrung gelernt, den Unterschied zwischen persönlichen und unpersönlichen Eindrücken zu erkennen, mein Indikator für eine zutreffende Intuition ist der *Mangel* an Emotion. Für mich hat ein klarer Eindruck keinerlei emotionale Energie. Wenn ich spüre, daß mein Eindruck mit einer Emotion verbunden ist, dann ist dieser Eindruck für mich »befleckt«. Der Mensch, dessen Energie Sie bewerten, wird jedoch oft die emotionale Auflagung des Eindrucks, den Sie erhalten, spüren.

Für mich sind die Eindrücke weder auditiv noch visuell. Vielmehr handelt es sich um rasch aufeinanderfolgende mentale Bilder, die einen schwachen elektrischen Strom enthalten. Wenn ich den Körper eines Menschen durchleuchte, konzentriere ich mich auf jedes Energiezentrum und warte auf ein Bild. Nach ungefähr fünf Sekunden beginnt die Abfolge der Bilder, und sie setzt sich so lange fort, bis sie von allein aufhört. Die Dauer unterscheidet sich von Mensch zu Mensch; bei einigen dauert es fast eine Stunde, während es bei anderen in weniger als zehn Minuten erledigt ist.

Hin und wieder begegne ich einem Menschen, von dem ich keine Eindrücke erhalte bzw. dem ich nicht helfen kann. Ich kann über die Gründe hierfür nur spekulieren. Einige Male hatte ich das Gefühl, daß nichts, was ich sagte, für diesen Klienten einen Sinn ergeben würde, und ein anderes Mal gewann ich den Eindruck, der Betreffende suchte nur nach einer ganz bestimmten Antwort, die ich ihm nicht geben konnte, warum beispielsweise seine Ehe gescheitert war. Außerdem bin ich praktisch nutzlos, wenn ich erschöpft oder intensiv mit einem persönlichen Problem beschäftigt bin.

Ihr erster Schritt beim Erlernen des menschlichen Energiesystems besteht darin, die zugrundeliegenden Prinzipien zu erforschen, und der nächste, praktische Erfahrung zu sammeln. Dieses Buch bietet Ihnen den theoretischen Überbau sowie konkrete Hinweise zur Erforschung Ihrer eigenen intuitiven Fähigkeiten. Bei der Entwicklung Ihrer Fertigkeit und dem Versuch, sie in Ihrem eigenen Leben auszuprobieren, müssen Sie jedoch ganz und gar Ihrem »Bauchgefühl« vertrauen – ein Umstand, den ich gar nicht genug betonen kann.

Das erste Prinzip:
Ihre Biographie wird zu Ihrer Biologie

In der Energiemedizin sind wir alle lebende Geschichtsbücher. Unsere Körper enthalten unsere Geschichte: jedes Kapitel, jede Zeile und jeder Vers aus jedem Ereignis und jeder Beziehung in unserem Leben. Im Laufe unseres Lebens wird unsere biologische Gesundheit zu einer lebenden, atmenden, biographischen Aussage, die unsere Stärken, Schwächen, Hoffnungen und Ängste übermittelt.
Jeder Gedanke, den Sie jemals hatten, wandert durch Ihr biologisches System und löst physiologische Reaktionen aus. Einige Gedanken ähneln starken Aufladungen und verursachen eine Reaktion im gesamten Organismus. Ein tiefes Angstgefühl aktiviert beispielsweise jedes System Ihres Körpers: Ihr Magen verkrampft sich, Ihr Herz schlägt schneller, und Sie brechen möglicherweise in Schweiß aus. Ein liebevoller Gedanke kann dagegen Ihren ganzen Körper entspannen. Einige Gedanken sind subtiler und wieder andere unbewußt. Viele sind bedeutungslos, laufen durch den Körper, wie der Wind durch ein Fliegennetz streicht, und erfordern keine bewußte Aufmerksamkeit; ihr Einfluß auf unsere Gesundheit ist minimal. Dennoch führt jeder bewußte Gedanke – und viele unbewußte – zu einer physiologischen Reaktion.

All unsere Gedanken treten, ungeachtet ihres Inhalts, zuerst als Energie in unser System ein. Gedanken, die emotionale, mentale, psychische oder spirituelle Energie in sich tragen, lösen biologische Reaktionen aus, die dann in unserer Zellerinnerung gespeichert werden. Auf diese Weise wird unsere Biographie in unser biologisches System eingewebt, Schritt für Schritt, langsam, jeden Tag.

Die Geschichte eines jungen Patienten von Norm ist ein gutes Beispiel dafür, wie dieser Vorgang funktioniert. Norm konsultierte mich telefonisch wegen dieses Patienten: ein Zahnarzt, der ein allgemeines Unwohlsein verspürte und zunehmend unter Erschöpfung litt. Er hatte akute Schmerzen auf der rechten Seite seines Bauches und war außerdem schwer depressiv.

Zunehmende, anhaltende Erschöpfungszustände, die die mentale und emotionale Klarheit verschwimmen lassen, sind ein Energiesymptom; sie weisen darauf hin, daß etwas im Körper nicht stimmt. Die meisten Menschen halten diese Zustände nicht für ein Krankheitssymptom, weil sie keine konkreten Schmerzen verursachen. Aber wenn die Erschöpfung auch dann noch andauert, nachdem der Betreffende mehr geschlafen hat, versucht der Körper zu kommunizieren, daß dieser Mensch »energetisch krank« ist. Reagiert man angemessen auf diese Botschaft auf der Energieebene, so kann häufig verhindert werden, daß sich eine Krankheit herausbildet.

Depressionen sind ein weiteres Symptom dafür, daß »etwas nicht stimmt«. Vertreter der Schulmedizin halten diese Stimmungen im allgemeinen für eine emotionale und mentale Störung. Aber eine langanhaltende Niedergeschlagenheit geht oft der Entwicklung einer körperlichen Krankheit voraus. Energetisch gesehen handelt es sich bei einer Depression buchstäblich um das unbewußte Austreten von Energie – der Lebenskraft, wenn Sie so wollen. Würde man die Energie mit Geld vergleichen, so wäre eine Depression wie das Öffnen Ihrer Geldbörse mit der Ankündigung: »Es ist mir egal, wer mein Geld nimmt oder wie es auf den Kopf gehauen wird.« Andauernde Niedergeschlagenheit führt unweigerlich zu chronischer Erschöpfung. Wenn es Ihnen egal ist, wer Ihr Geld verbrät oder wieviel davon, werden Sie unweigerlich pleite gehen. Mit der Energie ist es ebenso: Ohne Energie können Sie sich Ihre Gesundheit nicht bewahren.

Als Norm seinen Patienten, den Zahnarzt, untersuchte, hatte er das Gefühl, daß der Mann eine Krankheit ausbrütete. Wegen der Bauchschmerzen vermutete Norm Krebs der Bauchspeicheldrüse und führte einige Tests durch, aber sie fielen negativ aus. Also rief er mich für eine Konsultation an. Wie es unsere Gewohnheit ist, gab er mir nur den Namen des Patienten sowie dessen Alter und erwähnte weder die Schmerzen noch seine eigenen Vermutungen. In meiner Einschätzung sah ich, daß die rechte Körperseite des Patienten, um die Bauchspeicheldrüse herum, eine giftige Energie produzierte. Ich erklärte Norm, dieser Mann stehe unter der Last einer gewaltigen Verantwortung und dies sei ein ständiger Quell der Pein für ihn geworden. Er fühlte ganz intensiv, daß er nicht in der Lage war, so zu leben, wie er wollte, und sein Verweilen auf diesem Gefühl schloß alle anderen Emotionen aus. (Natürlich haben wir alle negative Gefühle, aber nicht jede Negativität führt zu einer ernsten körperlichen Krankheit. Erst wenn die Negativität zur dominierenden Emotion wird, wie es bei diesem jungen Zahnarzt der Fall war, bildet sich eine Krankheit heraus.)

Nachdem ich Norm meine Einschätzung mitgeteilt hatte, sagte ich ihm, der Patient leide an Bauchspeicheldrüsenkrebs. Norm räumte ein, er habe dieses Krankheitsbild bereits vermutet, aber den Untersuchungen zufolge sei alles in bester Ordnung. Er legte auf und kehrte zu seinem Patienten zurück. Norm empfahl dem Zahnarzt, einmal darüber nachzudenken, wie zuträglich sein Broterwerb für ihn sei. Es sei mehr als wahrscheinlich, erklärte Norm, daß er einige Veränderungen durchführen müsse, um das zu bekommen, was er wollte. Der Patient gab zu, er würde den Zahnarztberuf nur zu gern an den Nagel hängen, habe aber das Gefühl, das nicht tun zu können – wegen der Auswirkungen auf die Menschen, die von ihm abhängig waren. Norm sagte ihm nicht, daß er die Energiefrequenz von Bauchspeicheldrüsenkrebs hatte, aber er sprach mit ihm über seine Frustration im Beruf und versuchte, ihm bei einer Verlagerung seiner negativen Einstellung zu helfen. Leider sah sich der Patient nicht in der Lage, gemäß Norms Ratschlag zu handeln. Er definierte Verantwortung als die Verpflichtung, sich unter Ausschluß der eigenen Interessen um andere zu sorgen, und er war unfähig, sich ein Leben vorzustellen, zu dem die Sorge um das eigene Ich und Selbsterfüllung gehörten.

Zwei Wochen später wiederholte der Hausarzt des jungen Mannes die Tests auf Bauchspeicheldrüsenkrebs, und diesmal erwiesen sie sich als positiv. Der Mann wurde sofort operiert, aber er starb innerhalb von vier Monaten nach der Operation. Manchmal bedarf es gemeinsamer Anstrengungen, um seine Einstellungen zu ändern und sich die Heilung zu erlauben. Der Zahnarzt konnte nicht akzeptieren, daß seine berufliche Unzufriedenheit und sein Gefühl, in der Falle zu sitzen, seine körperlichen Funktionen und seine Gesundheit beeinträchtigten; anderen fällt das leichter. Die Vorstellung zu akzeptieren, daß jeder Teil Ihres Lebens – von der Geschichte Ihrer Krankheiten und Unfälle über Ihre Beziehungen bis hin zu jeder Einstellung, Meinung und Überzeugung, die Sie in sich tragen – Ihre biologische Struktur beeinflußt, ist jedoch nur ein Teil des Heilungsprozesses. Sie müssen sich darüber hinaus von der mentalen Ebene auf die physische Ebene, in Ihren Körper hineinbegeben, um diese Wahrheit in den Eingeweiden und allen Zellen zu fühlen und sie ganz zu glauben.

Es ist sehr leicht, etwas Neues zu lernen und das Wissen dann nur oberflächlich anzuwenden. Die Vorstellung, unsere Biographie wird zu unserer Biologie, impliziert, daß wir in gewissem Maße an der Erschaffung unserer Krankheit partizipieren. Aber – und das ist ein entscheidender Punkt – wir dürfen diese Wahrheit nicht mißbrauchen, indem wir uns selbst oder einem Patienten die Schuld für eine Erkrankung geben. Die Menschen sind sich nur selten bewußt, daß sie eine Krankheit selbst verursachen. Vielmehr entwickeln sich Krankheiten als Folge von Verhaltensmustern und Einstellungen, von denen uns nicht klar ist, daß sie uns biologisch vergiften, bis es zu spät ist. Nur wenn eine Krankheit uns zwingt, unsere Einstellungen neu zu überdenken, kommen wir zu der Erkenntnis, daß unsere ängstlichen oder bitteren Alltagseinstellungen tatsächlich biologisch negative Substanzen sind.

Ich wiederhole noch einmal: Wir alle haben negative Gefühle, aber nicht jede negative Einstellung führt gleich zu einer Krankheit. Um eine Krankheit herauszubilden, müssen die negativen Emotionen dominant werden, und dieser Prozeß wird durch unser Wissen beschleunigt, daß negatives Denken zwar toxisch ist, wir ihm aber trotzdem erlauben, in unserem Bewußtsein zu erblühen – wenn Sie beispielsweise wissen, Sie sollten jemandem vergeben, jedoch zu dem Schluß kommen, daß die Wut Ihnen mehr Kraft gibt. Zwanghafte Wut führt mit großer Wahrscheinlichkeit zur Herausbildung einer Krankheit, weil die Energiekonsequenz einer negativen Besessenheit die Machtlosigkeit ist. Energie ist Macht, und wer seine Energie in die Vergangenheit richtet, indem er mit seinen Gedanken auf schmerzlichen Ereignissen verweilt, entzieht seinem Körper in der Gegenwart Macht, und das kann zu Krankheit führen.

Macht ist entscheidend für die Heilung und für die Bewahrung der Gesundheit. Einstellungen, die ein Gefühl der Machtlosigkeit hervorrufen, führen nicht nur zu geringer Selbstachtung, sondern rauben dem stofflichen Körper Energie und schwächen die Gesamtgesundheit. Daher ist das nächste Prinzip, das wir erforschen wollen, die Bedeutung der Macht für die Gesundheit.

Das zweite Prinzip: Gesundheit erfordert persönliche Macht

Eines Tages rief Norm mich an und bat mich um meine Einschätzung einer Frau, die an Depressionen sowie chronischen Nacken- und Rückenschmerzen litt. Norm wollte wissen, ob sie meiner Meinung nach von diversen elektromagnetischen Behandlungsmethoden profitieren würde. Ich sagte: »Bloß nicht. Sie hat nicht genug Macht in ihrem System, um durch diese Geräte einen Nutzen zu haben.«

Das war das erste Mal, daß ich mich in Zusammenhang mit der Heilung auf die Macht eines Menschen bezogen hatte. Norm bat mich, das näher zu erklären, und erst da wurde mir klar, was ich gerade gesagt hatte. Plötzlich hatte ich ein völlig neues Gefühl für das menschliche Energiesystem als Ausdruck persönlicher Macht.

Ich erklärte Norm, daß die Einstellungen dieser Frau zu einem Machtverlust in ihrem Leben geführt hatten. Sie fühle sich unzulänglich, erklärte ich, suche immer nach Bestätigung und habe riesige Angst davor, allein zu sein. Ihre Selbstachtung basiere ausschließlich auf ihrer Fähigkeit, andere zu kontrollieren, in erster Linie ihre Kinder. Ihre Ängste und Unzulänglichkeiten waren wie ein schwarzes Loch, in das sie jeden magnetisch hineinzog, insbesondere ihre Kinder, nur um sie letztendlich zu zerschmettern. Sie kritisierte ihre Kinder ständig in dem Versuch, sie von sich abhängig zu halten, da es schwachen Kindern schwerfällt, das Nest zu verlassen. Sie fand Fehler in allen ihren

Leistungen, ob in der Schule oder beim Sport, weil sie es nicht riskieren konnte, ihre Kinder durch emotionale Unterstützung stark zu machen. Weil die Kontrolle über andere eine ungeheure Investition an Energie erfordert und weil sie niemals wirklich das Gefühl hatte, die Kontrolle zu besitzen, war sie ständig erschöpft. Ihre chronischen Schmerzen waren auch die Folge ihrer Unfähigkeit, andere zu kontrollieren. Als sie in Norms Praxis ankam, sah sie wie ein Häufchen Elend aus.

Diese Frau konnte sich einfach nicht mit der Unvermeidlichkeit abfinden, daß ihre Kinder das Nest verlassen würden, dennoch leugnete sie, nicht im besten Interesse ihrer Kinder zu handeln. In ihren Augen war sie ihren Kindern als Mutter eine große Stütze, weil sie ihnen ein sauberes Zuhause, gesunde Ernährung und anständige Kleidung bot. Doch strebte sie systematisch danach, die emotionale Entwicklung ihrer Kinder zu untergraben – eine Tatsache, die sie einfach nicht zugeben konnte.

Da die schulmedizinischen Behandlungsmethoden ihr nicht hatten helfen können, dachte Norm an einen alternativen Ansatz, zu dem Psychotherapie, Kranialstimulation mittels elektrischer Geräte sowie eine Farb- und Lichttherapie gehörten. Wenn sie diese Techniken eingesetzt hätte, das war mir klar, hätte sie eine Woche oder vielleicht einen Monat Nutzen daraus gezogen, aber sie würde erst dann völlig heilen, wenn sie ihren pathologischen Kampf um Kontrolle aufgab.

An diesem Nachmittag erkannte ich, daß die Patientin ein *inneres* Konzept der Macht haben mußte, damit eine alternative Therapie erfolgreich sein konnte – die Fähigkeit, innere Energie und emotionale Ressourcen zu generieren, wie beispielsweise der Glaube an die eigene Selbstgenügsamkeit. Diese Frau hatte nur eine *äußere* Vorstellung von Macht, die sie aus einer äußeren Quelle – ihren Kindern – zog. Die Patientin konnte zwar psychotherapeutisch behandelt werden, aber wenn sie sich nicht der Wahrheit über sich selbst stellte, würde sie nur jede Woche eine Stunde lang ihre Beschwerden aufzählen. Eine wirkliche Heilung würde nicht eintreten. Wie M. Scott Peck in *Die Lügner* und *Der wunderbare Weg* deutlich machte, ist es für unsere Heilung von entscheidender Bedeutung, daß wir die Wahrheit über uns selbst erkennen und offen zugeben, welche Rolle wir bei der Erschaffung unserer eigenen Probleme und in unserem Umgang mit anderen Menschen spielen.

Durch die Einschätzung dieser Frau gewann ich neue Erkenntnisse zur Rolle der Macht in unserem Leben und in unseren Energiesystemen. Macht liegt an der Wurzel der menschlichen Erfahrung. Unsere Einstellungen und Überzeugungen, ob positiv oder negativ, sind allesamt eine Erweiterung dessen, wie wir Macht definieren, einsetzen oder nicht einsetzen. Niemand von uns ist frei von Machtfragen: Wir versuchen, mit Gefühlen der Unzulänglichkeit oder Machtlosigkeit umzugehen, wir streben danach, die Kontrolle über Menschen oder Situationen zu behalten, die uns unserer Meinung nach stark machen, oder wir versuchen, ein Gefühl der Sicherheit (ein Synonym für Macht) in persönlichen Beziehungen zu bewahren. Viele Menschen, die etwas verlieren, was für sie Macht darstellt – Geld oder einen Job oder ein Spiel –, oder die einen Menschen verlieren, in den sie ihren Selbstwert oder ihre Macht investiert haben – einen Ehepartner oder Liebhaber, ein Elternteil oder Kind –, entwickeln eine Krankheit. Unsere Beziehung zur Macht ist der Kern unserer Gesundheit.

Denken wir einmal über das erste Prinzip – daß die Biographie zur Biologie wird – in Zusammenhang mit dem zweiten Prinzip – daß persönliche Macht für Gesundheit unverzichtbar ist – nach: Macht vermittelt zwischen unseren inneren und äußeren Welten und kommuniziert dabei in der Sprache der Mythen und Symbole. Denken Sie nur an das häufigste Symbol der

Macht – an das Geld. Wenn ein Mensch dies als Symbol der Macht verinnerlicht, wird das Verdienen und Horten von Geld zum Symbol für die Gesundheit des Betreffenden: Sofern er genug verdient, erhält sein biologisches System das Signal, daß Macht in den Körper fließt. Der Geist übermittelt die unbewußte Botschaft: »Ich habe finanzielle Mittel, daher bin ich sicher. Ich habe Macht, und alles ist gut.« Diese positive Botschaft, die in das biologische System übermittelt wird, führt zu Gesundheit.

Viel Geld zu verdienen ist natürlich kein Garantieschein für eine gute Gesundheit, aber Armut, Machtlosigkeit und Krankheit sind zweifelsohne eng miteinander verbunden. Wenn Sie Schwierigkeiten haben, Ihren Lebensunterhalt zu verdienen, oder wenn Sie plötzlich Geld verlieren, kann Ihr biologisches System dadurch geschwächt werden. Ich erinnere mich an einen Mann, der Mitte der achtziger Jahre alles, was er berührte, in Gold zu verwandeln schien. Seine Firma wurde immer erfolgreicher, und er hatte die Energie von zehn Männern. Er arbeitete lange, kam danach bis in die frühen Morgenstunden seinen gesellschaftlichen Verpflichtungen nach und war dennoch stets vor allen anderen am Arbeitsplatz, immer aufgeweckt, fröhlich und obenauf. Dann brach im Oktober 1987 der Börsenmarkt zusammen – und mit ihm seine Firma. Innerhalb von wenigen Monaten ging es mit seiner Gesundheit bergab. Er bekam Migräne, dann Schmerzen im unteren Rückenbereich und schließlich ziemlich ernste Darmstörungen. Er mußte sein Arbeitspensum reduzieren und konnte seinen gesellschaftlichen Verpflichtungen nicht länger nachkommen. Er zog sich von allen Aktivitäten zurück und widmete sich nur noch der Überlebenssicherung seines Finanzimperiums.

Dieser Mann war sich nicht bewußt, daß er seine Gesundheit auf Geldverdienen »eingestellt« hatte. Aber als er erkrankte, sah er die Verbindung sofort. Er erkannte, daß Geld für ihn

Freiheit verkörperte und die Fähigkeit, das Leben zu führen, von dem er immer geträumt hatte. Als er sein Vermögen verlor, verlor er ebenso seine Macht, und wenige Wochen später brach auch seine Biologie zusammen. Natürlich würde sich der Streß, ein Unternehmen zu retten, auf jeden kräftezehrend auswirken, aber dieser Mann hatte ebenso viel Streß gehabt, als die Geschäfte seiner Firma florierten, und diese Art von Streß hatte ihn stark gemacht.

Es gibt zahllose Machtsymbole, und jedes Symbol hat eine biologische Entsprechung. Der Zahnarzt mit dem Bauchspeicheldrüsenkrebs hatte auch ein Sinnbild der Macht – seinen Job. Da er seine Tätigkeit mit der Zeit jedoch verachtete, verlor er Tag für Tag an Macht. Dieser Entzug schuf eine biologische Reaktion, die sich so lange fortsetzte, bis er eine tödliche Erkrankung geschaffen hatte.

Unser Leben baut auf Machtsymbolen auf: Geld, Autorität, Titel, Schönheit, Sicherheit. Die Menschen, die unser Leben füllen, und die Entscheidungen, die wir treffen, sind Ausdruck und Symbol unserer persönlichen Macht. Wir zögern oft, uns einem Menschen entgegenzustellen, der unserer Meinung nach mehr Macht besitzt als wir, und stimmen vielen Dingen nur zu, weil wir glauben, daß wir nicht die Macht haben, uns zu weigern. In unzähligen Situationen und Beziehungen geht es bei der zugrundeliegenden Dynamik um Macht: Wer hat sie, und wie können wir unseren Anteil daran sichern?

Wenn wir die symbolische Sprache der Energie lernen, können wir mit der Zeit die Dynamik der Macht in uns und in anderen einschätzen. Energieinformationen entsprechen immer der Wahrheit. Mag sich jemand in der Öffentlichkeit auch verbal mit etwas einverstanden erklären, sein Energiezustand wird zeigen, was er wirklich denkt, und seine wahren Gefühle werden in einer symbolischen Aussage zutage treten. Unsere biologischen und spirituellen Systeme trachten immer danach, die

Wahrheit auszudrücken, und sie werden auch stets einen Weg finden, das zu tun.

Sie müssen sich dessen, was Ihnen Macht gibt, bewußt werden. Jede Heilung, ungeachtet, von welcher Krankheit, wird erleichtert, wenn Sie Ihre Machtsymbole und Ihre symbolische und physische Beziehung zu diesen Symbolen bestimmen können und wenn Sie jede Botschaft beachten, die Ihnen Ihr Körper und Ihre Intuitionen diesbezüglich senden.

Das dritte Prinzip: Nur Sie allein können sich heilen

Die Energiemedizin ist eine ganzheitliche Philosophie. Sie lehrt: »Ich bin verantwortlich für meine Gesundheit. Ich habe daher, auf einer bestimmten Ebene, an der Schaffung dieser Krankheit Anteil. Ich kann an der Heilung dieser Krankheit teilnehmen, indem ich mich selbst heile, das bedeutet, ich heile gleichzeitig mein emotionales, psychologisches, physisches und spirituelles Selbst.«

Heilung und Heilsein sind nicht immer dasselbe. »Heilung« tritt auf, wenn man das physische Fortschreiten einer Krankheit erfolgreich unter Kontrolle bringt oder beendet. Den Körper von einer Krankheit zu heilen bedeutet jedoch nicht notwendigerweise, auch den emotionalen und psychologischen Streß zu reduzieren, der Teil der Krankheit war. Geschieht das jedoch nicht, ist es möglich und oft auch wahrscheinlich, daß die Krankheit zurückkehrt.

Der Prozeß der Heilung ist passiv; der Patient neigt dazu, seine Autorität auf den Arzt und auf die vorgeschriebene Behandlung zu übertragen, anstatt sich der Krankheit zu stellen und seine Gesundheit einzufordern. Das Heilwerden ist dagegen ein aktiver, innerer Vorgang, bei dem man seine Einstellungen,

Erinnerungen und Überzeugungen mit dem aufrichtigen Wunsch überprüft, alle negativen Muster loszulassen, die der umfassenden emotionalen und spirituellen Genesung im Weg stehen. Diese innere Überprüfung führt unweigerlich dazu, auch die äußeren Umstände einer Prüfung zu unterziehen und das eigene Leben neu zu erschaffen – und das auf eine Weise, die unsere Willenskraft aktiviert: den Willen, die Wahrheit über uns und wie wir unsere Energie einsetzen zu erkennen und zu akzeptieren, und den Willen, mit unserer Energie von nun an Liebe, Selbstachtung und Gesundheit zu schaffen.

Die Sprache der konventionellen Medizin klingt militärischer als die der Energiemedizin: »Der Patient wurde von einem Virus befallen« oder »Eine Substanz kontaminierte das Zellgewebe und führte zu einer bösartigen Wucherung.« Die schulmedizinische Philosophie hält den Patienten für ein unschuldiges – oder praktisch machtloses – Opfer, das unter einem unprovozierten Überfall zu leiden hat.

Bei einer herkömmlichen Behandlung folgt der Patient einem vom Arzt vorgeschriebenen Programm, so daß die Verantwortung für die Heilung beim Arzt liegt. Ob der Patient mit seinem Mediziner kooperiert, bleibt während einer solchen Behandlung zwar nicht unbemerkt, aber seine Einstellung wird als unwichtig für die Heilung eingestuft – Medikamente und Operationen übernehmen den Großteil der Arbeit. Im Gegensatz dazu ist bei ganzheitlichen Therapien die Bereitschaft des Patienten zur Teilnahme an seiner eigenen Heilung entscheidend für den Erfolg.

Die ganzheitliche und die herkömmliche Medizin haben zwei verschiedene Einstellungen zur Macht: eine aktive und eine passive. Die chemischen Behandlungsmethoden der Schulmedizin erfordern keine bewußte Teilnahme seitens des Patienten, aber eine ganzheitliche Methode wie die Visualisierung wird durch einen aktiven, engagierten Patienten um ein Vielfaches verstärkt. Mit anderen Worten, es tritt eine Energieverbindung zwischen dem Bewußtsein des Patienten und der Heilkraft der Therapie bzw. der des Therapeuten auf. Wenn sich ein Betroffener passiv verhält – mit der Einstellung: »Ich lasse es einfach über mich ergehen« –, heilt er nicht voll; er erholt sich möglicherweise, aber er wird nie umfassend mit der Quelle seiner Krankheit ins reine kommen.

Energieerwerber

Die Mutter, die unter Depressionen sowie chronischen Nacken- und Rückenproblemen litt, ist ein gutes Beispiel für einen Menschen mit ausschließlich passiver Energie. Diese Art von abhängiger Person hat das Gefühl, sie müsse sich Macht von ihrer äußeren Umgebung bzw. durch einen anderen Menschen aneignen. Die Person denkt bewußt oder unbewußt: »Allein bin ich nichts« und versucht, sich Macht durch Geld, gesellschaftlichen Status, politische, soziale, militärische oder religiöse Autorität anzueignen sowie durch die Beziehung zu einflußreichen Menschen. Die betreffende Frau drückte beispielsweise nie ihre eigenen Bedürfnisse aus, sondern wurde sehr geschickt darin, unbefriedigende Situationen zu tolerieren oder zu manipulieren.

Innerhalb des menschlichen Energiesystems können wir uns unsere individuellen Interaktionen symbolisch als elektromagnetische Schaltkreise vorstellen. Diese Schaltkreise verlaufen durch unsere Körper und verknüpfen uns mit äußeren Gegenständen oder anderen Menschen. Wir fühlen uns von Gegenständen oder Menschen, die Macht besitzen bzw. von denen Macht ausgeht, sogenannten »Machtzielen«, angezogen und ziehen ihre Kraft in unser System. Unsere Verbindung zu einem solchen Ziel entzieht unserem eigenen Feld jedoch ebenfalls Macht und leitet sie in das Ziel.

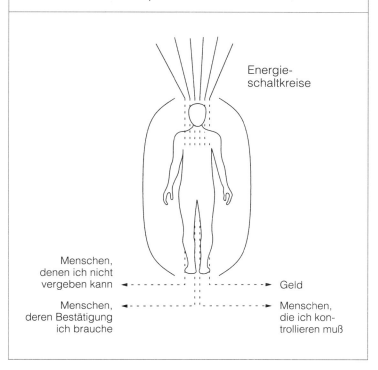

Abbildung 1: Energieschaltkreise verlaufen durch den Körper des Menschen und knüpfen sich an ein Machtziel an

Anfangs hielt ich diese Energieschaltkreise für symbolisch, aber heute bin ich davon überzeugt, daß es sich tatsächlich um reale Energiekanäle handelt. Oft bekomme ich von Menschen zu hören, daß sie sich bei einer Person oder hinsichtlich einer Erfahrung aus ihrer Vergangenheit wie »am Haken« fühlen. Einige Menschen erklären, sie fühlten sich wie »ausgelaugt«, wenn sie sich in Gegenwart einer bestimmten Person oder an einem bestimmten Ort befinden. Diese häufig vorgebrachte Bemerkung kommt der Beschreibung der Interaktionen unseres Energiefeldes mit unserer Umgebung näher, als wir glauben. Wenn Menschen sagen, sie würden bei jemandem oder etwas auf negative Weise »am Haken« hängen oder sich allzusehr mit einem Gegenstand oder einem Besitztum identifizieren, dann führen sie unbewußt eine intuitive Diagnose durch – sie identifizieren, wie sie Macht verlieren. Ich nenne solche Menschen *Erwerber (acquisitioner)*.

Die extremste Art eines Erwerbers ist der Süchtige. Ungeachtet der Art der Sucht, die ein Mensch hat – seien es Drogen, Alkohol oder das Bedürfnis, andere zu kontrollieren –, sind seine Energieschaltkreise so gründlich mit dem Ziel verknüpft, daß er nicht länger die Oberhoheit über seine eigene Vernunft hat. Der nächste Fall illustriert auf tragische Weise die energetischen Konsequenzen einer Sucht. Er weckte meine Aufmerksamkeit während eines Workshops in Dänemark für Menschen, die entweder HIV-positiv waren oder bereits an Aids litten. Eine Frau namens Anna war als Folge ihres Berufs HIV-positiv: Sie arbeitete als Prostituierte. Anna hatte das Auftreten eines kleinen Mädchens und war extrem zierlich. Sie ging leicht gekrümmt, weil ihr ein »Kunde« vier Wochen zuvor mehrere Rippen gebrochen hatte.

An einer Stelle im Workshop sprach ich darüber, was ein Mensch braucht, um von einer ernsten Erkrankung zu heilen. Ich erwähnte, daß Süchte wie die nach Tabak, Drogen und Alkohol vom Heilungsprozeß eines Menschen ablenken. In der Pause kam Anna auf mich zu und meinte: »Aber Caroline, wie schlimm kann es schon sein, nur zwei Zigaretten pro Tag zu rauchen?« Ich sah sie an, und mir wurde eines klar: Wenn ich das Heilmittel für Aids in meiner linken Hand und eine Zigarette in meiner rechten hielte und zu ihr sagte: »Nimm, was du willst«, hätte ihr Verstand das Heilmittel für Aids gewollt, aber all ihre Energieschaltkreise hätten sich direkt zu dieser einen Zigarette ausgestreckt.

Ich kann diesen Punkt gar nicht genug betonen: Die Ziele, mit denen Erwerber ihre Energieschaltkreise verknüpfen, sind Menschen oder Dinge, denen sie ihre Macht übergeben haben – insbesondere die Macht, sie zu kontrollieren. Annas Sucht nach Zigaretten hatte mehr Autorität über sie, als ihr Wunsch zu heilen. Sie war es nicht gewohnt, Entscheidungen zu treffen, die sie stark machten, und war an das Muster gefesselt, ihre Energie in die Hände anderer zu geben – meistens in die Hände ihres Zuhälters oder ihrer Zigaretten, die beiden Machtziele, die sie vollständig kontrollierten. Heilung lag außerhalb ihrer Reichweite, weil ihre Macht nun außerhalb der Grenzen ihres physischen Körpers lag.

Unser Verstand kann nicht so leicht mit unseren emotionalen Bedürfnissen konkurrieren. Anna war sich durchaus bewußt, daß sowohl ihr Beruf als auch ihre Zigarettensucht ihrer Gesundheit abträglich waren. Dennoch sehnte sie sich emotional nach Tabak, weil sie glaubte, er würde sie entspannen, und sie blieb auch bei ihrem Zuhälter, weil sie glaubte, daß er sich um sie kümmerte. Annas Verstand hatte ihre emotionale Bindung rationalisiert und versuchte, über ihren Heilungsprozeß zu verhandeln – mit dem Argument, zwei Zigaretten könnten ja wohl kaum ihrer Gesundheit schaden. Unfähig, sich von ihrer Sucht zu lösen, war Anna nicht in der Lage, ihre Macht zur Heilung wiederzuerlangen.

Nicht der Verstand, sondern unsere emotionalen Bedürfnisse kontrollieren unsere Bindung an unsere Machtziele. Das bekannte Zitat »Das Herz hat seine Gründe, die die Vernunft nicht kennt« (Blaise Pascal) fängt diese Dynamik auf vollkommene Weise ein. Erwerber finden es unweigerlich extrem schwierig, sich ihrer Intuition zu bedienen. Ihre Selbstachtung ist mit der Meinung ihres Machtzieles derart eng verknüpft, daß sie automatisch jede Information verneinen, die ihre eigene Intuition ihnen übermittelt. Klare Intuition erfordert die Fähigkeit, unsere eigenen Eindrücke zu respektieren. Wenn Sie einen anderen Menschen brauchen, der Ihre eigenen Eindrücke bestätigt, beeinträchtigen Sie Ihre Fähigkeit zur Intuition ganz extrem.

Da sich über die Heilung nicht verhandeln läßt, ist für Erwerber Heilung eine größere Herausforderung als für Menschen, die ein Gefühl für aktive Macht haben. Heilung ist vor allem eine Einzelaufgabe. Niemand kann sie einem anderen Menschen abnehmen. Wir können anderen natürlich beistehen, aber niemand kann beispielsweise einem Menschen für einen anderen vergeben, und keiner von uns kann dafür sorgen, daß jemand die schmerzlichen Erinnerungen oder Erfahrungen losläßt, die er loslassen muß, um zu heilen. Weil es eben in der Natur der passiven Macht liegt, sich »Macht durch Bindungen« anzueignen, läuft es der ganzen Biologie des Erwerbers zuwider, jene Ziele loszulassen oder sich von ihnen zu distanzieren, die ihm seine Energie rauben. Erwerber sind für eine konventionelle schulmedizinische Behandlung programmiert. Das ist nicht notwendigerweise negativ; konventionelle Behandlungsmethoden sind die angemessenste Behandlungsform für sie, solange sie passiv bleiben.

Die Macht neu ausrichten

Die meisten Menschen nehmen an meinen Workshops teil, weil ihnen klar ist, daß sie ihr Leben ändern müssen. Einige haben Angst, ihren Partner zu verlassen oder ihren Job aufzugeben, andere versuchen, eine Möglichkeit zu finden, um mit einer Situation zu leben, die mit ihren emotionalen Bedürfnissen nicht kompatibel ist. Ich kann gar nicht mehr nachzählen, wie oft jemand zu mir sagte: »Ich glaube, ich war besser dran, als mir noch nicht klar war, wie unglücklich ich bin.«

Sobald wir uns unsere emotionalen Bedürfnisse einmal bewußtgemacht haben, ist es uns nicht mehr möglich, sie zu vergessen. Wenn wir um die Quelle unseres Unglücks wissen, können wir dieses Bewußtsein nicht auslöschen. Wir müssen eine Entscheidung fällen. Die Fähigkeit, eine Wahl zu treffen, ist eine aktive Macht – und die Empfindung, aktive Macht zu haben, ist sowohl erregend als auch beängstigend, weil wir dadurch jene Bereiche unseres Lebens verändern *wollen*, die für uns nicht länger angemessen sind. Die Veränderung dieser Bereiche inspiriert uns, andere Aspekte unseres Lebens zu hinterfragen, die ebenfalls nicht zufriedenstellend sind.

Unser Leben zu verändern erweist sich aufgrund bereits vorhandener Loyalitäten oft als schwierig. Für gewöhnlich lernen wir Loyalität in unserer Familie und in der Bindung an unsere Familie. Loyalität sich selbst gegenüber ist jedoch eine völlig andere Tugend, und sich auf sie zu berufen kann in einer Familie für gewaltigen Aufruhr sorgen. Falls eine Frau beispielsweise beginnt, sich selbst gegenüber loyal zu sein, erkennt sie unter Umständen, daß sie ihre Ehe nicht länger aufrechterhalten will. Wenn sie diese Information mit ihrem Ehemann teilt, wird sie wohl zu hören bekommen, sie solle »an die Kinder denken«. Dieser Fall ist ein extrem häufiges Beispiel für eine Gruppenloyalität, die mit der Loyalität sich selbst gegenüber im Konflikt steht. Während wir in unserer unbefriedigenden Situation leben, versuchen wir vielleicht eine Zeitlang, den Forderungen der Gruppenloyalität nachzukommen, und wir vermeiden es, über unsere eigenen emotionalen Bedürfnisse nachzudenken. An einem gewissen Punkt jedoch wird unser emotionaler Körper so »stark«, daß der Verstand das Herz nicht länger zum Narren halten kann. Die unglückliche Ehefrau wird entweder in nicht endender innerer Qual in ihrer Ehe dahinvegetieren oder trotz ihrer Schuldgefühle – weil sie sich der Gruppe, ihrer Familie gegenüber nicht loyal verhält – die Scheidung einreichen. In Wahrheit gibt es nicht viele Wege, Ihre persönlichen Bedürfnisse erfolgreich in Umstände einzuführen, die geschaffen wurden, noch bevor Sie erkannten, wie Ihre persönlichen Bedürfnisse überhaupt aussehen.

Julie nahm an einem meiner Workshops teil, weil sie an ernstem Eierstock- und Brustkrebs litt. Ihre Ehe war schon seit mehreren Jahren zerrüttet. Sie wollte ihren Krebs heilen, aber sie lebte mit einem Mann zusammen, der sie mit völliger Verachtung behandelte – ein Muster, das zwei Jahre nach ihrer Eheschließung begonnen hatte. Er ließ Julie regelmäßig wissen, daß ihn allein schon ihr Anblick ekelte, trotz der Tatsache, daß sie eine extrem attraktive Frau war. Um seine Bestätigung zu bekommen, hungerte sie und trieb ständig Sport. Sie beschrieb sich selbst als eine Meisterin der Manipulation, um auf diese Weise mit ihrer Ehe fertig zu werden, aber ihre Manipulationen verschafften ihr nicht das, was sie wollte. Wenn Julie die Aufmerksamkeit ihres Ehemanns suchte, erfand sie interessante Geschichten über Menschen, die sie angeblich beim Einkaufen getroffen hatte. Einmal rief sie ihn sogar im Büro an mit einer erfundenen Geschichte über einen Mann, der beim Joggen versucht habe, sie zu vergewaltigen. Doch gleichgültig, welche Geschichte sie auch fabrizierte, nichts schien seine Sorge oder seinen Respekt zu entzünden.

Geld war ein weiterer Streitpunkt zwischen ihnen. Obwohl Julies Ehemann ein sehr hohes Gehalt bezog, gab er ihr nur wenig Haushaltsgeld und verlangte, daß sie für jeden Cent Rechenschaft ablegte. Trotz dieser Demütigung dachte Julie nie daran, sich eine Arbeit zu suchen, um ihr persönliches Einkommen zu erhöhen, weil sie glaubte, sie hätte nichts anzubieten.

Sexuell lief seit dem zweiten Ehejahr nichts mehr zwischen ihnen. Julies Anstrengungen, diesen Teil ihrer Ehe lebendig zu erhalten, brachten ihr weitere Demütigungen ein. Nach ihrer Krebsdiagnose weigerte sich ihr Ehemann, weiter im selben Bett mit ihr zu schlafen. Ihre Reaktion auf diese Zurückweisung bestand darin, auf dem Boden vor der Tür zu ihrem Schlafzimmer zu nächtigen. Jeden Morgen stieg er auf seinem Weg ins Badezimmer buchstäblich über sie hinweg, gelegentlich spuckte er auf sie, wenn sie zu ihm aufsah und ihn um Hilfe bat.

Auf die Frage, warum sie ihn denn nicht verlasse, erwiderte Julie, sie sei noch nie in der Lage gewesen, emotional oder finanziell für sich selbst zu sorgen, und jetzt brauche sie mehr denn je jemanden, der sich um sie kümmerte. Wann immer sie über ihren Ehemann sprach, legte sich ironischerweise ein gedankenverlorener Blick über ihr Gesicht, fast als ob sie unter einem Zauber stand, und sie sagte, er sei im tiefsten Innern ein sehr fürsorglicher Mann, der geschäftlich einfach unter sehr großem Druck stand. Er liebe sie wirklich, fügte sie hinzu; es sei nur so, daß es ihm schwerfalle, seine Zuneigung zu zeigen.

Als ich Julie vorschlug, sie solle einen Psychotherapeuten zu Rate ziehen, sagte sie, ihr Ehemann halte Therapeuten für Zeitverschwendung, daher könne sie keinen aufsuchen. Ich schlug auch vor, daß mehr Stärke in ihren Körper kehren würde, wenn sie Nahrungsmittel aß, die gut für sie waren, einschließlich einer intensiven Vitaminergänzung zusammen mit einer gesunden Ernährungsweise. Wieder erwiderte Julie, daß sie diese Ratschläge gern annehmen würde, unter der Voraussetzung, daß ihr Ehemann damit einverstanden war.

Energetisch gesehen ist es bedeutsam, daß Julie Krebs in ihren weiblichen Systemen entwickelte – zuerst in ihren Eierstöcken, dann in ihrer Brust. Ihre Krankheit war der symbolische Ausdruck ihrer Gefühle der Zurückweisung als Frau. Wie Sie im nächsten Kapitel sehen werden, enthalten unsere Sexualorgane unsere biographische Energie – die Energie unserer Beziehungen zu anderen Menschen ebenso wie unser Dasein in unserem äußeren Umfeld. Julie war blind dafür, daß sie selbst persönliche Macht besaß, weil sie ihren Ehemann als Quelle ihrer Sicherheit betrachtete; ihre Biologie erhielt ständig »Machtlosigkeitssignale«. Julie starb innerhalb eines Jahres.

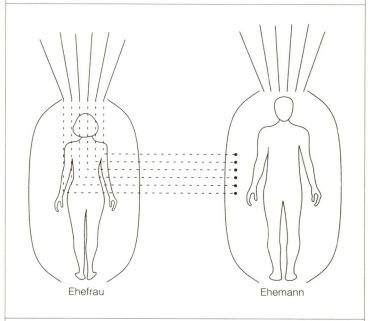

Abbildung 2: Energieschaltkreise, die durch den Körper einer Frau zu ihrem Ehemann laufen

Ehefrau Ehemann

<u>Achtung</u>: Weil diese Frau völlig von ihrem Ehemann abhängig ist, sind all ihre Energieschaltkreise mit seinem Energiefeld verknüpft. Dieses Ungleichgewicht führt dazu, daß sie keinerlei Energie mehr hat, um ihren eigenen Körper gesund zu halten; gleichzeitig ruft sie in ihrem Ehemann das Gefühl hervor, »erdrückt« zu werden.

Aktive Machttypen unterscheiden sich grundlegend von Erwerbern wie Julie. Sie sind »Selbstmotivatoren« – sie glauben, daß die Sorge um sich selbst oberste Priorität besitzt, und ihre Energieschaltkreise sind mit Bewußtsein, Stärke und emotionaler Vitalität verknüpft. Ein Selbstmotivator ist in der Lage,

das zu tun, was erforderlich ist, um das Gleichgewicht von Körper, Verstand und Seele aufrechtzuerhalten.
Wie Julie befand sich auch Joanna in einer dysfunktionalen Ehe und entwickelte Brustkrebs. Obwohl Joannas Ehe keine ganz so emotionale Horrorgeschichte war wie die von Julie, hatte auch sie ihre Probleme. Joannas Ehemann Neal traf sich mit mehreren anderen Frauen. Joanna wußte davon, versuchte aber, es zu übersehen. In ihrem Versuch, mit seinem Ehebruch zu leben, besuchte sie Workshops, in denen Frauen ihre Stärke wiederfinden sollten. Durch diese Workshops erkannte sie schließlich, daß Neals Verhalten ihre emotionalen Grenzen verletzte. Vor diesen Workshops hatte Joanna nie an so etwas wie persönliche emotionale Grenzen gedacht. Sie hatte geheiratet, wie es viele Menschen tun, mit der Vorstellung, daß aus zwei Individuen ein vereintes emotionales System werden würde.

Joanna erkannte bald, daß ihr Brustkrebs – der in dem Bereich des Körpers auftauchte, der mit Geben und Nähren in Verbindung gebracht wird – nur dann heilen würde, wenn sie Schritte unternahm, um sich selbst zu ehren, wenn sie ihre Selbstachtung entwickelte. Zunehmend gewann Joanna ein inneres Bild von sich als starker Person. Indem sie an sich selbst als Individuum dachte, begann sie eine Beziehung mit sich selbst, die sie zuvor nicht für möglich gehalten hatte, da ihre Vorstellung von Identität immer einen Ehepartner erforderte.

Als Joanna ihre eigenen Bedürfnisse erkannte, übte sie sogleich ihre neue innere Autorität aus, indem sie sich Neal stellte und ihn aufforderte, er solle sich an seine Ehegelübde halten. Er versprach, sein Verhalten zu ändern – aber dieses Versprechen währte nicht einmal einen Monat. Joanna erkannte schließlich, daß sie ihn nicht ändern konnte – doch sie selbst hatte sich so sehr verändert, daß sie seine emotionalen Verletzungen nicht länger akzeptieren konnte. Wenn sie ihren Krebs heilen wollte, mußte sie sich von der Situation lösen, die ihre Gesundheit ruinierte. Sie ließ sich von Neal scheiden und erholte sich von ihrem Krebsleiden.

Selbsthilfegruppen für erkrankte Menschen bringen die Mitglieder oft dazu, eine neue Definition ihrer selbst zu finden. Indem sie ihre eigenen Bedürfnisse anerkennen und ihr Leben entsprechend bewerten, geben sie zu, daß ihre gegenwärtigen Umstände weder für den Menschen, zu dem sie sich entwickelt haben, akzeptabel sind noch ihrer Heilung dienen. Sie erkennen, daß sie Schritte unternehmen müssen, um etwas zu ändern. Im Laufe der Heilung lernen sie, sich von den Dingen oder Menschen zu distanzieren, die ihrem Körper die Stärke entziehen.

Die Notwendigkeit der Veränderung macht die Heilung für viele Menschen zu einer beängstigenden Erfahrung. Die Betreffenden wissen, bewußt oder unbewußt, daß das Loslösen ihrer Energieschaltkreise von einem Machtziel dasselbe ist, wie sich für immer von ihm zu verabschieden. Sie treten in einen beunruhigenden Zwischenzustand ein, ziehen den Stöpsel aus ihrem Machtziel und wollen sich gleichzeitig daran festklammern. Einige Menschen versuchen schließlich, gleichzeitig in zwei Welten zu leben: nicht ganz die eine zu bewohnen, die ihnen nicht länger paßt, und doch nicht ganz in die nächste umzuziehen. Daher müssen so viele Menschen, die zur Quelle der Heilung reisen, bei ihrer Ankunft feststellen, daß sie nicht daraus trinken können.

Heilung erfordert aktives Handeln. Sie ist kein passives Ereignis. Wir sollen unsere inneren Ressourcen heranziehen, um die Kraft zu finden, unsere überholten Überzeugungen und Verhaltensweisen hinter uns zu lassen und uns selbst auf neue, gesunde Weise zu sehen – »Stehe auf, nimm dein Bett und gehe hin« (Johannes 5, 8).

Symbolische Einsicht lernen

Wenn ich im zweiten Teil die Machtfragen beschreibe, die in unsere Psyche und unsere Biologie eingewebt sind, dann versuchen Sie einmal, Ihre eigene Beziehung zu jedem der sieben Machtzentren Ihres Körpers zu diagnostizieren. Machen Sie sich zur Versuchsperson Ihrer ersten intuitiven Einschätzung. Dabei werden Sie feststellen, wie Ihnen die außergewöhnliche Welt, die hinter Ihren Augen liegt, immer bewußter wird. Schließlich werden Sie die *symbolische Einsicht* lernen – die Fähigkeit, mit Hilfe Ihrer Intuition die Machtsymbole in Ihrem Leben zu interpretieren.

Die folgenden Anleitungen sollen Ihnen als Starthilfe dienen. Wenn ein Mensch danach strebt, mehr zu sehen, ist Heilung unvermeidlich. Aber Sie brauchen eine innere Methode, um diese Informationen zu absorbieren, um sie für Sie real zu machen.

Richten Sie Ihre Aufmerksamkeit zuallererst darauf, die Herausforderungen Ihres Lebens symbolisch interpretieren zu lernen. Erkennen Sie ihre Bedeutung. Denken und spüren Sie, wie Sie sich mit Ihrer Gesundheit verbinden. Richten Sie Ihre Aufmerksamkeit jeden Tag auf die vor Ihnen liegenden Herausforderungen und wie Ihr Verstand und Ihr Geist auf diese reagieren. Beobachten Sie, wodurch Sie Macht verlieren und wo Sie diesen Verlust spüren. Bewerten Sie die spirituelle und biologische Aktivität, die als Folge davon auftritt.

Zweitens: Denken Sie an sich selbst immer als *energetisches Lebewesen*, nicht nur als physisches. Der Energieteil in Ihnen ist der Sender und Empfänger all Ihrer Gedanken und Interaktionen. Vergessen Sie nie, daß Ihre Biographie zu Ihrer Biologie wird. Entwickeln Sie die Gewohnheit, die Menschen, Erfahrungen und Informationen, die Sie in Ihr Leben lassen, zu bewerten. Die Entwicklung der symbolischen Einsicht beginnt mit der Absicht: Bewerten Sie bewußt und regelmäßig Ihre Interaktionen und deren Einfluß auf Ihre emotionale und physische Macht. Denken Sie daran: Wenn Sie eine private Prioritätenliste haben – das heißt, wenn Sie Dinge auf eine ganz bestimmte Weise sehen wollen –, wird das Ihren Empfang der Energieinformationen stören.

Drittens: Führen Sie jeden Tag eine Selbsteinschätzung Ihrer Energie durch. Wenn Sie darin erst einmal Übung haben, wird diese Selbstdurchleuchtung nur ein paar Augenblicke dauern. Als Übung verwenden Sie das Modell des menschlichen Energiesystems, auf das in Kapitel 2 verwiesen wird. Denken Sie über jedes Machtzentrum ein oder zwei Minuten auf stille, objektive Weise nach. Warten Sie nicht erst, bis Sie erkranken, bevor Sie sich der Gesundheit Ihres Energiesystems widmen. Lernen Sie, den Streß zu fühlen, der sich in Ihrem Energiefeld ansammelt, und ergreifen Sie die notwendigen Schritte, um sich auf der Energieebene zu heilen. Machen Sie sich diese Selbsteinschätzung zur Gewohnheit.

Viertens: Wenn Sie ein Energieleck entdecken, konzentrieren Sie sich nur auf das Wesentliche, das Ihnen helfen kann, Ihre Energie zurückzugewinnen. Stellen Sie immer die Frage: »Warum verliere ich Macht?« Für die Heilung müssen Sie bei jedem Ungleichgewicht, sei es energetisch oder physisch, immer sowohl Ihren Verstand als auch Ihr Herz einsetzen. Streben Sie stets danach, hinter die physischen Komponenten einer Krise zu sehen. Rufen Sie sich jede der sieben heiligen Wahrheiten der Energie (wie sie in Kapitel 2 vorgestellt werden) ins Gedächtnis: Eine oder mehrere dieser Wahrheiten werden auf Ihre Streßsituation zutreffen. Fragen Sie sich selbst, welche dieser Wahrheiten durch Ihre Situation symbolisch dargestellt wird.

Wenn Sie zum Beispiel eine Krise an Ihrem Arbeitsplatz durchleben, ist es möglich, daß Sie sich zu der heiligen Wahrheit

»Ehre dich selbst« hingezogen fühlen. Es kann gut sein, daß diese Wahrheit sich auf jene Punkte bezieht, die in Ihrem Leben zu diesem Zeitpunkt ausgespielt werden müssen. Indem Sie sich auf diese eine Wahrnehmung konzentrieren, stemmen Sie sich aus dem Treibsand der Illusion heraus – Sie gewinnen die spirituelle oder symbolische Höhe, die Sie brauchen, um Ihre Situation unpersönlich zu interpretieren und die Machtlektion zu lernen, die diese Situation für Sie bereithält.

Durch spirituelle Instruktionen lernen wir, uns auf uns selbst zu konzentrieren – nicht auf egozentrische Weise, sondern indem wir unsere Energie und unsere Macht bewußt haushalten. Also besteht Ihre fünfte Aufgabe darin, zu lernen, *was*, nicht *wer* Ihnen Macht entzieht. Begreifen Sie, daß der Mensch, der Ihnen Energie zu entziehen scheint, nur eine Reflexion eines Teils von Ihnen selbst ist. Wenn Sie beispielsweise eifersüchtig auf jemanden sind, ist nicht dieser bestimmte Mensch wichtig für Sie, sondern die Schattenseite Ihrer Natur, die sich in ihm widerspiegelt. Tatsächlich dient er Ihnen als Lehrer. Wenn Sie sich auf den Menschen, auf den Sie eifersüchtig sind, konzentrieren, werden Sie nicht heilen. Sie werden nur immer mehr Lehrer bekommen, jeder intensiver als der vorherige. Ihre Aufgabe ist es, die Lektion zu lernen, die er für Sie hat, nicht den Lehrer selbst abzulehnen.

Wenn Sie fälschlicherweise zu dem Schluß kommen, daß ein bestimmter Mensch die Ursache Ihres Gefühls der Leere ist, dann rutschen Sie in Angst und Schuldzuweisungen ab. Sie müssen sich neu auf Ihr Machtzentrum konzentrieren, bis Sie einen klaren Eindruck bekommen, welche Art von Macht dieser Mensch über Sie hat. Sobald Sie Ihren Blick auf die Lektion richten und nicht auf den Lehrer, haben Sie einen bedeutenden Nutzen aus der symbolischen Einsicht gezogen: Sie erkennen, daß Ihnen durch diese Herausforderung die Wahrheit ermöglicht wird.

Sechstens: Vereinfachen Sie Ihre Anforderungen an die Heilung. Die Anforderungen an die Heilung sind bei jeder Krankheit im wesentlichen dieselben. Stellen Sie sich die Krankheit als Machtstörung vor – fast wie eine technische Fehlfunktion. Sobald Sie herausgefunden haben, welche heilige Wahrheit auf Ihre Situation angewendet werden kann, organisieren Sie Ihren inneren Heilungsprozeß mit der Lektion dieser Wahrheit im Zentrum. Kombinieren Sie Ihre innere Heilung mit jedweder medizinischen Behandlungsmethode, die notwendig ist, und halten Sie sich strikt an Ihr Programm. Nehmen Sie jede Hilfe in Anspruch, die Sie benötigen, und nutzen Sie diese Hilfe entsprechend. Denken Sie daran, daß Ihre Aufgabe darin besteht, sich durch Ihre Wunden hindurchzubewegen, nicht darin zu leben. Verschwenden Sie keine Zeit damit, wie ein Opfer zu denken, zu handeln oder zu beten. Wenn Sie sich wie ein Opfer fühlen, verstärkt das nur Ihre Krankheit, und sollte sich das zu einem Dauerzustand entwickeln, wäre das selbst schon eine Krankheit.

Tun Sie alles, was nötig ist, um Ihren physischen Körper zu unterstützen: Nehmen Sie die entsprechenden Medikamente, treiben Sie täglich Sport, und essen Sie, was Ihnen guttut. Tun Sie gleichzeitig alles, was notwendig ist, damit Heilung stattfinden kann: Meditieren Sie regelmäßig, oder lernen Sie Langlaufski; und wenn die Ursachen Ihres Problems nicht anders behoben werden können, kündigen Sie Ihren streßbeladenen Job, oder lassen Sie sich scheiden. Die Art der Veränderung ist dabei nicht so wichtig wie ihre tatsächliche Durchführung, ohne die Heilung nicht möglich ist.

Gespräche heilen nicht, aktives Handeln schon. Wie auch immer Ihre Krankheit aussieht, ist es zwar entscheidend, an einer positiven Einstellung zu arbeiten, aber Heilung erfordert auch Hingabe und Verpflichtung. Visualisierungsübungen werden nicht funktionieren, wenn Sie sie nur einmal die Woche prak-

tizieren, und ein einziger Besuch im Sportstudio macht keinen Körper fit. Den eigenen Körper zu heilen bzw. die eigenen Lebensherausforderungen zu meistern – oder symbolische Einsicht zu entwickeln – erfordert tägliche Übung und Aufmerksamkeit. Insbesondere die Heilung einer Krankheit kann zu einem Vollzeitjob werden, obwohl Sie die Schritte, die zur Bewältigung dieser Aufgabe nötig sind, vereinfachen können.
Wenn Sie ein komplexes Heilungs-»Paket« einsetzen – das heißt mehrere unterschiedliche Therapien und Therapeuten, mehrere Ärzte, mehrere Kräuter- und Vitaminprogramme –, aber wenig oder keine Fortschritte erzielen, dann blockieren Sie möglicherweise Ihre eigene Heilung. Vielleicht bedroht Sie das Gesundwerden auf gewisse Weise mehr, als Ihnen das klar ist. Möglicherweise sind Sie nicht in der Lage, etwas aus der Vergangenheit loszulassen, oder vielleicht würde die Genesung das Gleichgewicht der Kräfte zwischen Ihnen und einem anderen Menschen verändern. Denken Sie in einem solchen Fall darüber nach, denn zweifelsohne sind einige Krankheiten wirklich ernster als andere, und der Mangel an Heilung signalisiert nicht immer, daß Sie Ihren Heilungsprozeß blockieren. Aber wenn zehn verschiedene Therapien und Therapeuten nicht genug sind, um ein gewisses Maß an Heilung in Ihr Leben zu bringen, dann müssen Sie die Möglichkeit bewußter oder unbewußter Störungen in Betracht ziehen – oder die sehr reale Möglichkeit, daß Sie sich im Rahmen Ihrer Heilung ganz konkret darauf vorbereiten müssen, dieses physische Leben zu verlassen.
Siebtens: Vereinfachen Sie Ihre Spiritualität. All meine irdischen Studien des Himmels haben mich zu der Schlußfolgerung geführt, daß der Himmel kein kompliziertes Gefilde ist. Daher sollte die eigene Theologie auch nicht kompliziert sein. Trachten Sie danach, nur das zu glauben, was der Himmel als essentiell zu erkennen gegeben hat. Beispielsweise:

- Alle Umstände können in einem einzigen Augenblick verändert werden, jede Krankheit kann geheilt werden. Das Göttliche ist nicht durch menschliche Vorstellungen von Zeit, Raum oder physischen Sorgen begrenzt.
- Seien Sie konsequent: Leben Sie das, was Sie glauben.
- Veränderungen finden ununterbrochen statt. Jedes Leben durchläuft nicht nur friedliche Phasen, sondern auch Phasen schwieriger Veränderung. Lernen Sie, mit dem Strom der Veränderung zu schwimmen, anstatt zu versuchen, die Veränderung aufzuhalten.
- Suchen Sie Ihr Glück nie in einem anderen Menschen – Glück ist eine innere Einstellung, eine persönliche Verantwortung.
- Das Leben ist im wesentlichen eine Lernerfahrung. Jede Situation, jede Herausforderung und Beziehung enthält eine Botschaft, die es wert ist, gelernt oder an andere weitergegeben zu werden.
- Positive Energie funktioniert viel effektiver als negative Energie – in ausnahmslos jeder Situation.
- Leben Sie stets im gegenwärtigen Augenblick, und üben Sie, anderen zu vergeben.

Wir gewinnen nichts, wenn wir glauben, der Himmel »denke und agiere« auf komplexe Weise. Es ist viel besser und effizienter, sich die Denkweise des Himmels anzueignen – und der Himmel denkt in einfachen und ewigen Wahrheiten.

Aller Wahrscheinlichkeit nach haben wir unser Leben viel komplexer gestaltet, als es sein müßte. Gesundheit, Glück und ein Energiegleichgewicht zu erreichen läuft letzten Endes auf die Entscheidung hinaus, sich mehr auf das Positive als auf das Negative zu konzentrieren und auf eine Art und Weise zu leben, die spirituell mit dem übereinstimmt, was wir als Wahrheit erkannt haben. Diese beiden Verpflichtungen allein reichen aus, damit die Macht, die in unserem göttlichen biologischen System enthalten ist, den Inhalt und die Richtung unseres Lebens beeinflussen kann.

Wir alle sollen dieselben Wahrheiten lernen und unserer Göttlichkeit erlauben, in und durch uns zu arbeiten; das ist eine einfache Aufgabe, wenn auch keine leichte. Die Umstände und Menschen in unserem Leben sind unterschiedlich, aber die Herausforderungen, die sie für uns darstellen, sind identisch, ebenso wie der Einfluß, den diese Herausforderungen auf unseren Körper und unseren Geist haben. Je mehr wir in der Lage sind, diese Wahrheiten zu erlernen, desto mehr können wir symbolische Einsicht entwickeln – die Fähigkeit, durch unsere physischen Illusionen hindurchzusehen und die Lektionen zu erkennen, die uns durch die Herausforderungen in unserem Leben angeboten werden.

KAPITEL 2

Nach dem Bilde Gottes

Seit meinen allerersten medizinischen Intuitionen ist mir bewußt, daß sie im Grunde den menschlichen Geist betreffen, obwohl sie sich auf körperliche Probleme beziehen und ich energetische Begriffe verwende, um anderen meine Intuitionen verständlich zu machen. »Energie« ist ein neutraler Begriff, der keinerlei religiöse Assoziationen oder tief verwurzelte Ängste über die eigene Beziehung zu Gott hervorruft. Es ist viel einfacher, sich sagen zu lassen: »Ihre Energie ist erschöpft«, als »Ihr Geist ist vergiftet«. Dennoch befinden sich die meisten Menschen, die mich aufsuchen, in Wirklichkeit in einer spirituellen Krise. Ich erklärte ihnen früher, bei ihrer Krise handele es sich um eine Störung der Energie, aber das war nicht so hilfreich, als wenn ich es ihnen auch in spirituellen Begriffen erläutert hätte.

Letztendlich habe ich die spirituelle Sprache in meine Energiebeschreibungen integriert, nachdem ich die Übereinstimmungen der Chakras Asiens und der religiösen Sakramente des Westens erkannt hatte. Es geschah ganz plötzlich auf einem meiner Workshops über die Anatomie der Energie. Während meiner Einführungsrede malte ich sieben vertikal miteinander verbundene Kreise an die Tafel. Sie sollten die Kraftzentren des menschlichen Energiesystems darstellen. Als ich mich umdrehte und diese leeren Kreise ansah, traf mich wie ein Schlag die Erkenntnis, daß ich hier nicht nur die sieben Chakras vor mir hatte, sondern auch die sieben christlichen Sakramente. In diesem Moment verstand ich, daß ihre spirituelle Botschaft dieselbe ist. Später erforschte und untersuchte ich ihre Ähnlichkeiten genauer und erfuhr, daß auch die Kabbala sieben entsprechende Lehren kennt. Die Übereinstimmungen dieser drei uralten Überlieferungen machten mir bewußt, daß Spiritualität viel mehr ist als ein psychologisches und emotionales Bedürfnis: Es ist ein uns innewohnendes biologisches Bedürfnis. Bei unserem Geist, unserer Energie und unserer persönlichen Macht handelt es sich um ein und dieselbe Kraft.

Die sieben heiligen Wahrheiten, die diese Lehren miteinander teilen, bilden den Kern unserer spirituellen Macht. Sie bringen uns bei, wie wir die durch unser System laufende Macht – oder Lebenskraft – lenken können. Tatsächlich verkörpern wir die Wahrheiten in unseren sieben Kraftzentren. Sie sind Teil unseres inneren und spirituellen Leitsystems, und gleichzeitig formen sie ein universelles, äußeres Leitsystem für unser spirituelles Verhalten und den Erhalt unserer Gesundheit. Unsere spirituelle Aufgabe in diesem Leben besteht darin, den Ausgleich der Energien von Körper und Seele, von Denken und Tun, von körperlicher und mentaler Kraft zu lernen. Unser aller Körper enthält eine ihm innewohnende Blaupause zur Heilung.

Im Buch Genesis heißt es, Adams Körper sei »nach dem Abbild Gottes« erschaffen. Die Botschaft in diesem Satz ist sowohl buchstäblich als auch symbolisch zu verstehen. Es bedeutet, daß Menschen Duplikate einer göttlichen Kraft sind – ein System von sieben Primärenergien, deren Wahrheiten wir während der Erfahrung, die wir Leben nennen, erforschen und entwickeln sollen.

Als ich erkannte, daß das menschliche Energiesystem diese sieben Wahrheiten verkörpert, konnte ich mich nicht länger ausschließlich auf ein Vokabular von Energiebegriffen begrenzen, und ich begann, in meine intuitiven Diagnosen spirituelle Ideen zu integrieren. Weil unser biologischer Bauplan auch ein spiritueller Bauplan ist, berührt die Sprache aus Energie und Geist eine Vielzahl von Glaubensrichtungen. Das eröffnet Wege der Kommunikation zwischen den Religionen und erlaubt uns sogar, Menschen – unbelastet durch religiöse Dogmen – zu religiösen Überlieferungen zurückzuführen, die sie zuvor abgelehnt haben. Die Teilnehmer und Teilnehmerinnen an meinen Workshops haben diese Energie-Geist-Sprache bereitwillig angenommen, als es darum ging, damit die Herausforderungen zu bezeichnen, die ihren körperlichen Krankheiten, ihren Streßproblemen oder ihrem emotionalen Leiden zugrunde lagen. Als sie ihr Problem innerhalb eines spirituellen Rahmens sahen, beschleunigte das ihren Heilungsprozeß, weil es ihrer Krise die Dimension von Bedeutung und Sinn hinzufügte. Sie waren in der Lage, sich selbst zur Heilung zu verhelfen; sie hatten Anteil am Erhalt ihrer Gesundheit und erschufen ihr Leben neu. Weil jede menschliche Streßsituation einer spirituellen Krise entspricht und die Gelegenheit zu spirituellem Lernen bietet, können Sie bei fast jeder Krankheit Einblicke in den Gebrauch, Mißbrauch oder die falsche Ausrichtung Ihres Geistes, Ihrer persönlichen Macht gewinnen.

Die Quelle des menschlichen Bewußtseins, des Geistes oder der Macht wird in den meisten Religionen und Kulturkreisen für göttlich gehalten – von den alten Griechen bis hin zu den Chinesen, vom Hinduismus bis zur Mayakultur. Die Mythen der meisten Völker berichten von Interaktionen der Götter mit der Menschheit. In diesen Geschichten vereinen sich die Götter mit den Menschen, um gottähnliche und halbgottähnliche Nachfahren zu zeugen. Diese Nachkommen verkörpern das ganze Spektrum menschlichen Verhaltens – bei ihnen finden sich große Taten wie Schöpfung, Zerstörung und Rache ebenso wie kleine Taten der Eifersucht, Rivalität und Gereiztheit oder transzendente Akte der Metamorphose, Sexualität und Sinnlichkeit. Die frühen Kulturen, die diese göttlichen Mythologien erschufen, erforschten ihr emotionales und psychologisches Wesen und die Kräfte, die dem menschlichen Geist innewohnen. Jede Kultur drückte ihre eigene Sicht der Transformationen und Grenzüberschreitungen auf der universellen, spirituellen Reise aus – auf der Reise des Helden, um mit Joseph Campbell zu sprechen.

Unter den Göttererzählungen ist jedoch die jüdische Tradition einzigartig, weil Jahwe niemals als sexuelles Wesen dargestellt wird. Gott hat eine rechte und eine linke Hand, aber die Beschreibungen seiner Person reichen niemals bis »unter die Gürtellinie«. Im Gegensatz zu anderen spirituellen Traditionen schrieben die Juden Jahwe nur in begrenztem Umfang menschliche Eigenschaften zu und hatten eine distanziertere Beziehung zu ihrem unzugänglichen Göttlichen.

Als das Christentum entstand, statteten seine damals noch jüdischen Anhänger ihren Gott mit einem menschlichen Körper aus und nannten ihn Jesus, den Sohn Gottes. Für die Juden bestand die große Häresie der Christen darin, daß sie die biologische Kluft überwanden und ihre neue Theologie mit einem biospirituellen Ereignis begannen – mit der Verkündigung Mariä. Bei der Verkündigung läßt der Engel Gabriel die Jungfrau Maria wissen, daß sie das Wohlgefallen des Herrn genießt und einen Sohn bekommen wird, den sie Jesus nennen soll. Das impliziert, daß Gott der biologische Vater dieses Kindes ist. Plötzlich vereinte sich das abstrakte, göttliche Prinzip des Judaismus namens Jahwe mit einer menschlichen Frau.

Die Christen machten die Geburt von Jesus zu einer »biologischen Theologie« und sahen in dem Leben von Jesus den Beweis, daß die Menschheit nach dem »Bilde Gottes« erschaffen worden war. Juden und Christen glauben gleichermaßen, daß unser Körper, insbesondere der männliche Körper, Gott ähnlich ist. Heute stellen theologische Schriften diese biologische Ähnlichkeit in Frage und haben sie in eine spirituelle Ähnlichkeit verwandelt, aber die ursprüngliche Idee, daß wir biologisch nach dem Bilde Gottes geschaffen wurden, bleibt trotzdem ein wichtiger buchstäblicher wie auch archetypischer Aspekt der jüdisch-christlichen Tradition.

Der rote Faden, der sich durch alle spirituellen Mythen zieht, ist die Besessenheit der Menschen, ihren Körper mit der Essenz Gottes zu vereinen – das Verlangen nach dem Göttlichen in unseren Knochen, in unserem Blut und in unserem mentalen und emotionalen Aufbau. In allen Glaubenssystemen der Welt spiegeln Vorstellungen vom spirituellen Wesen des Göttlichen die besten menschlichen Eigenschaften und Charakteristika wider. Da wir – im Idealfall – voller Mitgefühl sind, muß Gott voller Mitgefühl für alles Leben sein, da wir fähig zur Vergebung sind, muß Gott alles vergeben können, da wir der Liebe fähig sind, muß Gott aus reiner Liebe bestehen, da wir versuchen, gerecht zu sein, muß göttliche Gerechtigkeit über unsere Bemühungen, Richtiges und Falsches im Gleichgewicht zu halten, den Vorrang haben. In den Überlieferungen des Ostens findet sich die göttliche Gerechtigkeit im Gesetz des Karma; in der christlichen Welt steht sie hinter der Goldenen Regel. Wir haben das Göttliche auf die eine oder andere Weise in alle Aspekte unseres Lebens, unserer Gedanken und unseres Tuns verwoben.

Heute versuchen viele spirituell Suchende, ihr Alltagsleben mit einem erhöhten Bewußtsein für das Heilige zu durchsetzen. Sie streben danach, so zu handeln, als ob jede ihrer Einstellungen ihre spirituelle Essenz ausdrückt. Ein solch bewußtes Leben ist eine Anrufung des Göttlichen, eine Bitte um persönliche, spirituelle Autorität. Das versinnbildlicht die Auflösung der klassischen Eltern-Kind-Beziehung zu Gott in der althergebrachten

Religion und die Bewegung hin zum spirituellen Erwachsenwerden. Spirituelle Reifung beinhaltet nicht nur die Entwicklung der Fähigkeit, die tieferen Botschaften heiliger Texte zu interpretieren, sondern auch die Fähigkeit, die spirituelle Sprache des Körpers lesen zu lernen. Je bewußter wir werden und je mehr wir die Auswirkungen unserer Gedanken und Einstellungen – unseres inneren Lebens – auf unseren physischen Körper und unser äußeres Leben erkennen, desto weniger brauchen wir einen äußeren Vater-Gott, der für uns schöpferisch tätig wird und von dem wir völlig abhängig sind. Als spirituelle Erwachsene akzeptieren wir die Verantwortung, unser Leben und unsere Gesundheit selbst mit zu erschaffen. Mitschöpfung ist die Essenz spirituellen Erwachsenseins: Wir haben die Freiheit der Wahl, und wir akzeptieren die Verantwortung für unsere Wahl.

Die göttliche Herausforderung besteht darin, unsere Kraft der freien Wahl in den Griff zu bekommen – das ist der heilige Vertrag, den wir hier erfüllen sollen. Es beginnt mit der Wahl, wie unsere Gedanken und Einstellungen aussehen. Unter freier Wahl verstand man früher unsere Fähigkeit, auf das zu reagieren, was Gott für uns erschaffen hat; heute bedeutet es, daß wir an dem teilhaben, was wir erfahren – daß wir unseren physischen Körper durch die kreative Kraft unserer Gedanken und Emotionen mit erschaffen. Die sieben heiligen Wahrheiten der Kabbala, die christlichen Sakramente und die Chakras im Hinduismus unterstützen unsere allmähliche Transformation zu wachbewußten spirituellen Erwachsenen. Diese buchstäblichen und symbolischen Lehren definieren spirituelle und biologische Gesundheit neu und verhelfen uns zu der Erkenntnis dessen, was uns gesund hält, was uns krank macht und was zu unserer Heilung beiträgt.

Die sieben heiligen Wahrheiten transzendieren kulturelle Grenzen. Auf der symbolischen Ebene verkörpern sie eine

Landkarte für unsere Lebensreise – ein Straßenverzeichnis, eingeprägt in unseren biologischen Bauplan. Wieder und wieder sagen uns die heiligen Texte, daß der Sinn unseres Lebens darin besteht, die Macht unseres Geistes zu verstehen und zu entwickeln – eine Kraft, die für unser mentales und körperliches Wohlbefinden entscheidend ist. Ein Mißbrauch dieser Macht entleert unseren Geist und entzieht unserem stofflichen Körper die Lebenskraft.

Weil die göttliche Energie unserem biologischen System innewohnt, führt jeder Gedanke, der uns durch den Kopf schießt, jede Überzeugung, die wir nähren, jede Erinnerung, an die wir uns klammern, zu einem positiven oder negativen Befehl an unseren Körper und unseren Geist. Es ist herrlich, uns selbst durch diese Linse zu sehen, aber es schüchtert auch ein, weil kein Teil unseres Lebens oder unserer Gedanken machtlos oder gar privat ist. Wir sind biologische Schöpfungen nach göttlichem Plan. Sobald diese Wahrheit Teil Ihres Bewußtseins ist, können Sie nie wieder ein gewöhnliches Leben führen.

Die symbolische Kraft der sieben Chakras

Die Religionen des Ostens lehren, daß der menschliche Körper sieben Energiezentren besitzt. Jedes dieser Energiezentren enthält eine universelle spirituelle Lektion, die wir erlernen müssen, wenn wir uns zu einem höheren Bewußtsein weiterentwickeln wollen. Erst nachdem ich viele Jahre lang regelmäßig intuitive Diagnosen durchgeführt hatte, wurde mir klar, daß ich mich instinktiv auf diese sieben Energiezentren konzentriert hatte. Das heilige, uralte Bild ist in seiner Darstellung des menschlichen Energiesystems, seiner Gewohnheiten und Neigungen bemerkenswert akkurat.

Das Chakrasystem ist eine archetypische Vorstellung von individueller Reifung in der Abfolge von sieben ausgeprägten Phasen. Die Chakras sind vertikal angeordnet, verlaufen vom Ende der Wirbelsäule bis zum Scheitel und weisen darauf hin, daß wir zum Göttlichen aufsteigen, indem wir die verführerische Verlockung der physischen Welt Schritt für Schritt meistern. In jeder Phase gewinnen wir ein feineres Gespür für unsere persönliche und spirituelle Macht. Jedes Chakra verkörpert eine spirituelle Lektion des Lebens bzw. eine Herausforderung, die allen Menschen gemeinsam ist. Wenn ein Mensch ein Chakra meistert, gewinnt er Kraft und Selbsterkenntnis, die in seinen Geist integriert werden und ihn auf dem Weg zu spirituellem Bewußtsein, auf der klassischen Reise des Helden, weiterführen.
Die spirituellen Lektionen des Lebens, wie sie die sieben Chakras verkörpern (siehe Abbildung 3), lassen sich wie folgt zusammenfassen:

das erste Chakra: Lektionen in bezug auf die materielle Welt,
das zweite Chakra: Lektionen in bezug auf Sexualität, Arbeit und körperliches Verlangen,
das dritte Chakra: Lektionen in bezug auf Ego, Persönlichkeit und Selbstachtung,
das vierte Chakra: Lektionen in bezug auf Liebe, Vergebung und Mitgefühl,
das fünfte Chakra: Lektionen in bezug auf Willenskraft und Selbstausdruck,
das sechste Chakra: Lektionen in bezug auf Geist, Intuition, Erkenntnis und Weisheit,
das siebte Chakra: Lektionen in bezug auf Spiritualität.

Diese sieben spirituellen Lektionen des Lebens führen uns zu größerer Bewußtheit. Wenn wir jedoch unsere Verantwortung ignorieren, statt die sieben spirituellen Lektionen bewußt an-

Abbildung 3: Die sieben Machtzentren bzw. Chakras des Kundalini-Systems

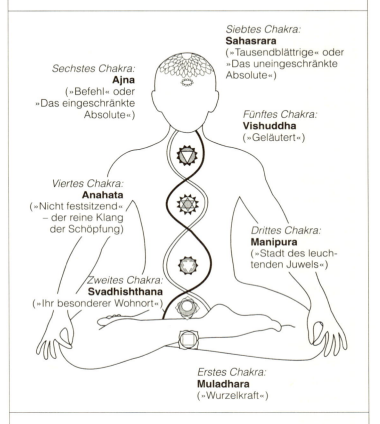

Die Chakras werden als Lotosblüten dargestellt. Die Spiralform weist auf die widersprüchlichen Energien von Psyche und Geist hin. Die wilden Energien bzw. die schwarze Helix stehen im Gegensatz zu den spirituellen Energien bzw. der weißen Helix; alle müssen einem Gleichgewicht zugeführt werden.

Quelle: Joseph Campbell: *The Mythic Image,* Princeton 1974.

zugehen, kann sich ihre Energie in Krankheiten ausdrücken. Viele östliche spirituelle Traditionen verstehen Krankheit als eine Entleerung der inneren Kraft bzw. des Geistes. Die Übereinstimmungen zwischen den wichtigsten spirituellen Überlieferungen der Menschheit unterstreichen die universelle menschliche Erfahrung der Verbindung zwischen Geist und Körper, zwischen Krankheit und Heilung.

Sieht man es symbolisch und nicht buchstäblich, so entsprechen die sieben christlichen Sakramente in ihrer Bedeutung eindeutig den sieben Chakras.

Die symbolische Macht der christlichen Sakramente

Die frühe christliche Kirche führte sieben Sakramente bzw. offiziell anerkannte Rituale ein, die von den ordinierten Führern und Führerinnen der Glaubensgemeinschaft durchgeführt werden sollten. Diese sieben Sakramente waren und sind auch heute noch heilige Zeremonien, die den einzelnen – um es gemäß christlichem Sprachgebrauch auszudrücken – mit bestimmten Eigenschaften der »Gnade oder der göttlichen Energie« versahen. Jede Eigenschaft der Gnade ist mit je einem Sakrament verbunden. Die sieben christlichen Sakramente werden heute zwar in erster Linie mit der römisch-katholischen Kirche in Verbindung gebracht, aber auch andere christliche Religionen haben einige von ihnen beibehalten, beispielsweise die Taufe, die Ehe und die Priesterweihe.

Symbolisch gesehen verkörpert jedes Sakrament auch eine Phase der Ermächtigung, die das Göttliche direkt in den Geist eines Menschen einlädt. Der Begriff »Sakrament« selbst bezeichnet ein Ritual, das die Macht des Heiligen in der Seele des einzelnen hervorruft. Die symbolische Bedeutung der Sakramente transzendiert ihren religiösen Sinn, und wenn ich mich auf sie beziehe, dann sollte das nicht dahin gehend mißinterpretiert werden, daß die Menschen buchstäblich die Sakramente einer christlichen Institution benötigen.

Sie bieten vielmehr symbolische Aufgaben, die spirituelle Reife und Heilung ermöglichen, aber sie sind auch konkret in ihrer Darstellung dessen, was wir in entscheidenden Phasen unseres Lebens tun müssen, um die persönliche Verantwortung zu übernehmen, die mit spiritueller Reife einhergeht. Die Sakramente sind ebenso Akte, die wir aktiv durchführen sollen – neben den Ritualen, die an uns durchgeführt werden. Sie stellen eine Kraft dar, die wir anderen zuteil werden lassen, ebenso wie wir sie von anderen empfangen sollen. Denken Sie beispielsweise an das Sakrament der Taufe, bei der eine Familie physisch und spirituell die Verantwortung für das Kind akzeptiert, das sie in diese Welt gebracht hat. Unsere Herausforderung als spirituelle Erwachsene besteht darin, die Familie, in die wir hineingeboren wurden, symbolisch, umfassend und dankbar zu akzeptieren. Symbolisch gesehen bedeutet die Taufe auch, Ihre Familie und sich selbst zu ehren, indem Sie Ihren Familienangehörigen die Schmerzen vergeben, die sie Ihnen während Ihrer Kindheit angetan haben. Bei der Macht, die in solch einer Vergebung enthalten ist, handelt es sich um ebenjene Macht, die den Körper heilt.

Die sieben Sakramente und ihre symbolische Bedeutung lauten wie folgt:

Taufe: die Gnade empfangen oder zuteil werden lassen, was unsere Dankbarkeit für das Leben in der physischen Welt symbolisiert,
Abendmahl: die Gnade – in Form einer »Hostie« – empfangen oder zuteil werden lassen, die unsere heilige Vereinigung mit Gott und mit den Menschen in unserem Leben verkörpert,

Konfirmation: die Gnade empfangen oder zuteil werden lassen, die unsere Individualität und Selbstachtung vergrößert,
Ehe: einen Segen empfangen oder zuteil werden lassen, der eine Vereinigung heiligt, und letztendlich akzeptieren, daß wir mit jedem Menschen in unserem Leben symbolisch eine heilige Ehe eingehen,
Beichte: die Gnade empfangen oder zuteil werden lassen, unseren Geist von negativen Willensakten zu reinigen,
Ordination: die Gnade empfangen oder zuteil werden lassen, unseren Weg des Dienstes heilig zu beschreiten,
Letzte Ölung: die Gnade empfangen oder zuteil werden lassen, unsere unerledigten Angelegenheiten vor unserem Tode noch zu beenden.

Diese sieben Phasen persönlicher Initiation stellen innewohnende Mächte dar, die wir aktivieren sollen – Mächte, die wir bewußt einzusetzen lernen, indem wir uns allen Herausforderungen stellen, die das Leben bietet.

Die symbolische Macht der zehn Sephiroth

Die zehn Sephiroth – oder der Lebensbaum der Kabbala – umfassen eine komplexe Lehre, die sich im Laufe von Jahrhunderten entwickelte und die der Lehre der Chakras und der Sakramente verblüffend ähnlich ist. In der mittelalterlichen Kabbala beschreiben die zehn Sephiroth die zehn Eigenschaften des göttlichen Wesens. Da drei der zehn Eigenschaften mit weiteren dreien gepaart sind, kann man die zehn Eigenschaften in Wirklichkeit zu *sieben* Ebenen gruppieren, häufig als auf dem Kopf stehender mythischer Lebensbaum dargestellt, dessen Wurzeln im Himmel ruhen. Die zehn Sephiroth gelten laut

Daniel Chanan Matt in *Das Herz der Kabbala* (München 1996) als der göttliche Plan der Lehre, daß der Mensch »nach dem Bilde Gottes geschaffen« ist (Genesis 1, 27). Das Göttliche teilt diese zehn Eigenschaften mit den menschlichen Wesen – es sind spirituelle Kräfte, die wir auf unserem Lebensweg unbedingt entwickeln und verfeinern müssen.

Obwohl das Judentum das abstrakteste Gesicht Gottes zeichnet, kommen die zehn Sephiroth einer Beschreibung der Persönlichkeit Jahwes so nahe, wie es gerade noch erlaubt ist. Anders als bei sonstigen religiösen Traditionen hat das Judentum seine Propheten niemals als direkte Inkarnationen des Göttlichen betrachtet. Im Gegensatz dazu begann der Buddhismus mit einem Mann, Siddharta, der gesalbt war, die Botschaft der Erleuchtung unter die Menschen der Erde zu tragen. Der Buddhismus beschreibt keine menschenähnliche Gotteskraft, aber der Hinduismus kennt viele Götter, die auf die Erde kamen, und das Christentum hat den »Sohn Gottes«, der 33 Jahre lang unter den Menschen lebte.

Die zehn Sephiroth sind die Eigenschaften des Göttlichen, die auch den archetypischen Menschen formen. Diese Eigenschaften werden sowohl als die Essenz Gottes interpretiert wie auch als Wege, auf denen wir zu Gott zurückkehren können. Jede Eigenschaft verkörpert den Übergang zu einer mächtigeren Ebene der »Namen« oder »Gesichter« Gottes. Häufig werden diese zehn Eigenschaften als die Kleider des Königs beschrieben – Gewänder, die uns erlauben, den König, die Quelle des göttlichen Lichts direkt anzusehen, ohne geblendet zu werden. Das andere Bild, der auf dem Kopf stehende Baum, symbolisiert, daß die Wurzeln dieser zehn Eigenschaften tief innerhalb eines göttlichen Wesens ruhen, das uns durch Gebet, Kontemplation und aktives Handeln in den Himmel zieht. Unsere Aufgabe besteht darin, zu unserer göttlichen Quelle aufzusteigen, indem wir diese zehn Eigenschaften in uns entwickeln.

Abbildung 4: Die zehn Sephiroth: Der Baum des Lebens

Kether — Die Energie des Göttlichen, die in physische Manifestationen strömt

Binah — Die Energie der göttlichen Mutter, Symbol für Erkenntnis und die Intelligenz Gottes

Chokmah — Die Energie der Weisheit und die Kontaktstelle zwischen dem göttlichen Verstand und dem menschlichen Denken

Geburah — Die Energie der Urteilskraft

Chesed — Die Energie der Liebe und der Gnade Gottes

Tiphareth — Die Energie des Mitgefühls, der Harmonie und der Schönheit

Hod — Die Energie der Majestät Gottes

Netzach — Die Energie der Dauerhaftigkeit Gottes

Jesod — Die Energie der Zeugungskraft Gottes

Shekinah — Die Energie der mystischen Gemeinschaft Israels, Symbol der mystischen Gemeinschaft der Menschheit

Die Eigenschaften der zehn Sephiroth, der christlichen Sakramente und des Chakrasystems sind praktisch identisch. Der einzige Unterschied liegt darin, wie die Mächte durchgezählt werden. Während die Sakramente und die Chakras mit der Nummer eins unten beginnen und nach oben zählen, beginnen die zehn Sephiroth mit der Nummer eins ganz oben (der Wurzeln des Baumes) und zählen nach unten. Davon abgesehen sind die Eigenschaften, die jeder der sieben Ebenen zugesprochen werden, praktisch identisch.

Die akzeptierte Anordnung der zehn Sephiroth, die am häufigsten gebrauchten Namen und ihre symbolische Bedeutung (siehe Abbildung 4) lauten wie folgt:

1. *Kether:* bisweilen auch Keter Elyon genannt; die höchste Krone Gottes; verkörpert den Teil des Göttlichen, der stoffliche Manifestationen inspiriert. Diese Sephirah ist die am ungenauesten definierte, daher die am wenigsten schlüssige. Es gibt keine Identität, keine Spezifikation an diesem Punkt des Anfangs zwischen Himmel und Erde.
2. *Chokmah:* Weisheit. Diese Sephirah verkörpert die Kontaktstelle zwischen dem göttlichen Verstand und dem menschlichen Denken. Durch ihre Energie formen sich physische Manifestationen; die Form geht dem tatsächlichen Ausdruck voraus. Die Sephirah könnte in der Sprache C. G. Jungs mit der unbewußten Energie namens Animus in Zusammenhang gebracht werden, weil sie eine männliche Färbung hat. Sie ist gepaart mit der dritten Sephirah, Binah.
3. *Binah:* Erkenntnis und die Intelligenz Gottes. Binah ist auch die göttliche Mutter, der Schoß, in dem alles zur Geburt bereitet wird. Es ist die Anima-Entsprechung zu Chokmah.
4. *Chesed:* die Liebe oder Gnade Gottes, auch Größe. Diese Sephirah ist mit der fünften Sephirah gepaart, Geburah.

5. *Geburah:* auch bekannt als Din; Macht Urteil und Bestrafung. Chesed und Geburah werden als der rechte und der linke Arm Gottes betrachtet. Die beiden Eigenschaften bilden ein Gleichgewicht.
6. *Tiphareth:* auch bekannt als Rahamin; Mitgefühl, Harmonie und Schönheit. Diese Sephirah wird als Stamm des Baumes betrachtet oder, um ein vergleichbares Symbol heranzuziehen, als Herz des Baumes.
7. *Netzach:* auch bekannt als Netsah; die Dauerhaftigkeit Gottes. Diese Sephirah ist gepaart mit der achten, Hod, und zusammen verkörpern sie die Beine des Körpers.
8. *Hod:* die Majestät Gottes. Gemeinsam formen Netzach und Hod das rechte und das linke Bein Gottes. Sie sind auch die Quelle aller Prophezeiungen.
9. *Jesod:* der Phallus, die Zeugungskraft Gottes, die Energie zu physischer Form schmelzt. Diese Sephirah ist auch bekannt als die Rechtschaffene und wird in Sprüche 10, 25 der »ewige Grund« genannt.
10. *Shekinah:* auch bekannt als Keneset Yisra'el und Malkhut oder Malkuth; das Feminine, die mythische Gemeinschaft Israels. Ganz Israel ist ihr Gebein (Sohar, 3, 23 lb). Als Gegengewicht zur männlichen Energie von Jesod ist Shekinah weiblich und hat viele weibliche Namen: Erde, Mond, Rose, Garten Eden. Sie ist die festgegründete Lebenskraft, die alles nährt, was lebt.

Wenn Tiphareth (Mitgefühl) und Shekinah (das Weibliche) verschmolzen werden, erwacht die menschliche Seele, und die mythische Reise beginnt. In diesem Augenblick sind die Sephiroth nicht länger nur abstrakt – sie werden zu einer detaillierten Straßenkarte der spirituellen Entwicklung, die den Menschen auf seinem Weg des Aufstiegs anleitet.
Schon auf den ersten Blick sind die archetypischen Bedeutun-

gen der Chakras, der Sakramente und der Sephiroth identisch. Wenn Sie die symbolische Macht fühlen und verstehen können, die in all diesen Traditionen enthalten ist, haben Sie begonnen, sich der Macht der symbolischen Einsicht zu bedienen. Sie können die Theologie als Wissenschaft der Heilung von Körper, Verstand und Geist verstehen.

Die Weisheit des Chakrasystems mit der heiligen Macht zu vereinen, die den christlichen Sakramenten und den göttlichen Eigenschaften innewohnt, wie sie die zehn Sephiroth artikulieren, verschafft uns Einsichten in die Bedürfnisse unseres Geistes und unseres Körpers. Was unserem Geist dient, stärkt unseren Körper. Was unseren Geist entkräftet, schwächt unseren Körper.

Wie die Chakras, die Sakramente und die Sephiroth zusammenarbeiten

Jede der sieben Ebenen der Macht in unserem biologischen System enthält eine einzige heilige Wahrheit. Diese Wahrheit pulsiert ständig in uns und leitet uns zu einem Leben im rechten Gebrauch ihrer Macht an. Wir sind mit dem innewohnenden Wissen um die sieben Wahrheiten auf die Welt gekommen; sie sind in unser Energiesystem eingewoben. Wenn wir diese Wahrheiten verletzen, schwächen wir sowohl unseren Geist als auch unseren stofflichen Körper, wenn wir sie jedoch ehren, vergrößern wir die Kraft unseres Geistes und unseres stofflichen Körpers.

Energie ist Macht, und unser Körper braucht Energie; daher braucht unser Körper auch Macht. Die Chakras, die Sephiroth und die Sakramente sprechen allesamt davon, mit der Macht zu interagieren und die Kontrolle über unsere eigene Macht langsam, aber immer intensiver zu übernehmen. Auf der ersten Ebene lernen wir zum Beispiel, unsere Gruppenidentität und die Macht, die mit der Familie kommt, in den Griff zu bekommen, auf späteren Ebenen bildet sich unsere individuelle Persönlichkeit heraus, und wir handhaben unsere Macht als Erwachsene. Mit der Zeit lernen wir, unseren Verstand, unsere Gedanken und unseren Geist zu lenken. Jede Wahl, die wir treffen, entweder durch Glauben oder Furcht motiviert, leitet unseren Geist an. Wenn der Geist eines Menschen von Furcht getrieben wird, dann kehrt die Furcht zu seinem Energiefeld und zu seinem Körper zurück. Wenn Sie Ihren Geist jedoch im Glauben leiten, dann kehrt er als Gnade zu Ihrem Energiefeld zurück, und Ihr biologisches System erblüht.

Wenn man den eigenen Geist durch Furcht oder negative Einstellungen in die physische Welt entläßt, so ist das bei allen drei Traditionen ein Akt mangelnden Glaubens, bei dem man dem persönlichen Willen Vorrang vor dem Willen des Himmels einräumt. Wie es in der spirituellen Tradition des Ostens heißt: Jedes Tun schafft Karma. Akte der Bewußtheit schaffen gutes Karma; Akte der Furcht oder Negativität schaffen schlechtes Karma, und in diesem Fall muß man den eigenen Geist von der Angst, die die negative Tat motivierte, »zurückrufen«. In der christlichen Tradition des Sakraments der Beichte besteht der Akt der Rückforderung darin, den eigenen Geist von negativen Orten abzuziehen und den Himmel »vollständig« zu betreten. In der Sprache des Judentums ist eine Furcht, die Macht über einen Menschen hat, ein »falscher Gott«. In den Worten meiner Athabaskenlehrerin Rachel ruft man den eigenen Geist von seiner falschen Richtung zurück, damit man wieder gerade gehen kann.

Wir sind gleichzeitig Materie und Geist. Um uns zu verstehen und sowohl an Körper wie an Geist gesund zu sein, müssen wir begreifen, wie Materie und Geist interagieren, was unserem Körper Geist bzw. Lebenskraft entzieht und wie wir unseren Geist von den falschen Göttern der Furcht, der Wut und der

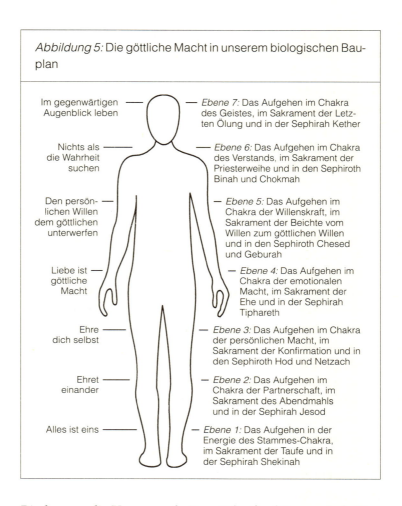

Abbildung 5: Die göttliche Macht in unserem biologischen Bauplan

Im gegenwärtigen Augenblick leben — *Ebene 7:* Das Aufgehen im Chakra des Geistes, im Sakrament der Letzten Ölung und in der Sephirah Kether

Nichts als die Wahrheit suchen — *Ebene 6:* Das Aufgehen im Chakra des Verstands, im Sakrament der Priesterweihe und in den Sephiroth Binah und Chokmah

Den persönlichen Willen dem göttlichen unterwerfen — *Ebene 5:* Das Aufgehen im Chakra der Willenskraft, im Sakrament der Beichte vom Willen zum göttlichen Willen und in den Sephiroth Chesed und Geburah

Liebe ist göttliche Macht — *Ebene 4:* Das Aufgehen im Chakra der emotionalen Macht, im Sakrament der Ehe und in der Sephirah Tiphareth

Ehre dich selbst — *Ebene 3:* Das Aufgehen im Chakra der persönlichen Macht, im Sakrament der Konfirmation und in den Sephiroth Hod und Netzach

Ehret einander — *Ebene 2:* Das Aufgehen im Chakra der Partnerschaft, im Sakrament des Abendmahls und in der Sephirah Jesod

Alles ist eins — *Ebene 1:* Das Aufgehen in der Energie des Stammes-Chakra, im Sakrament der Taufe und in der Sephirah Shekinah

Bindung an die Vergangenheit zurückrufen können. Jede Bindung, an die wir uns aus Furcht klammern, befiehlt einem Schaltkreis unseres Geistes, unser Energiefeld zu verlassen und – um einen biblischen Ausdruck zu verwenden – »unser Leben in die Erde zu hauchen«, Erde, die uns die Gesundheit kostet. Was Ihren Geist auszehrt, zehrt Ihren Körper aus. Was Ihren Geist antreibt, treibt Ihren Körper an. Die Kraft, die unseren

Körper, unseren Verstand und unser Herz zum Laufen bringt, entstammt nicht unserer DNA. Vielmehr wurzelt sie in der Göttlichkeit selbst. So einfach und ewig ist die Wahrheit. Drei Wahrheiten sind diesen spirituellen Traditionen und den Prinzipien der medizinischen Intuition gemeinsam:

1. Wer die Macht seines Geistes in die falsche Richtung lenkt, wird Folgen an Körper und Leben erzeugen.
2. Jeder Mensch wird einer Reihe von Herausforderungen begegnen, die seine Ergebenheit zum Himmel auf die Probe stellen. Im Zuge dieser Tests wird sich die physische Machtbasis auflösen: der unvermeidliche Verlust von Wohlstand, Familie, Gesundheit oder weltlicher Macht. Dieser Verlust wird zu einer Glaubenskrise führen und den Betroffenen zu der Frage zwingen: »An was oder an wen glaube ich?« oder »In wessen Hände habe ich meinen Geist gelegt?«
Abgesehen von derart großen Verlusten ist der Auslöser, der die Menschen dazu bringt, einen tieferen Sinn sowie einen psychologischen und spirituellen »Aufstieg« zu suchen, für gewöhnlich eine körperliche Störung, die persönliche oder berufliche »Erdbeben« hervorruft. Wir neigen alle dazu, nach oben zu schauen, wenn sich der Boden unter den Füßen unserer Kontrolle entzieht.
3. Um sich von einer Fehlausrichtung des Geistes zu heilen, muß ein Mensch bereit sein, seine Vergangenheit loszulassen, seinen Geist zu reinigen und zum gegenwärtigen Augenblick zurückzukehren. »Glaube, als ob es jetzt wahr wäre«, so lautet ein spiritueller Befehl aus dem Buch Daniel, um in der Gegenwart zu visualisieren oder zu beten.

Bei allen drei spirituellen Traditionen dient die stoffliche Welt als Schule für unseren Geist, und die »Prüfungen«, denen wir begegnen, folgen einem wohlgeordneten Muster.

Im Chakrasystem (siehe Abbildung 5) lagert in jedem Energiezentrum eine bestimmte Kraft. Diese Kräfte steigen von der dichtesten physischen Kraft zu der ätherischsten oder spirituellsten auf. Bemerkenswerterweise folgen die Herausforderungen, denen wir uns in unserem Leben gegenübersehen, häufig dieser Ausrichtung. Die Chakras eins, zwei und drei sind auf die Fragen ausgerichtet, die uns in Zusammenhang mit der stofflichen oder äußerlichen Macht beschäftigen. Die Chakras vier, fünf, sechs und sieben sind auf die nichtstoffliche oder innere Macht ausgerichtet. Wenn wir sie mit den Sakramenten zusammenschließen, haben wir nicht nur das Drehbuch für die Entwicklung unseres Bewußtseins, sondern auch eine spirituelle Sprache der Heilung und eine symbolische Lebenskarte von den unvermeidlichen Herausforderungen in unserem Heilungsprozeß.

Die sieben heiligen Wahrheiten

Äußere Macht

Ebene eins: das Aufgehen im ersten Chakra oder dem Stammes-Chakra (Muladhara), im Sakrament der Taufe und in der Sephirah Shekinah.
Die Macht, die von diesen drei archetypischen Kräften geschaffen wird, überträgt in unsere energetischen und biologischen Systeme die heilige Wahrheit »Alles ist eins«. Jeder von uns ist mit allem Leben und wir sind miteinander verbunden. Jeder von uns muß lernen, diese Wahrheit zu ehren. Indem wir uns mit der Energie von einer der drei archetypischen Kräfte verbinden, können wir uns auch mit dieser Wahrheit verbinden. Das Stammes-Chakra bringt unser Bedürfnis zum Schwingen, unsere familiären Bündnisse zu ehren und einem individuellen

Ehrenkodex zu folgen. Sie begegnen der Wahrheit »Alles ist eins« zuerst innerhalb Ihrer biologischen Familie und lernen, die »Blutsbande« zu respektieren. In Ihrer Familie oder Ihrer Kirche bzw. Synagoge lernen Sie möglicherweise auch: »Wir sind alle Teil einer einzigen göttlichen Familie. Alles ist eins.« Ihr Band an Ihre biologische Familie steht symbolisch für Ihre Verbindung mit jedem und allem, was lebt. Wie Thich Nhat Hanh sagt, wir »sind in uns, für uns, mit uns« *(inter-are)*. Wenn wir dieses energetische Band verletzen, weil wir beispielsweise jene, die anders sind als wir, für weniger wert erachten als uns selbst, schaffen wir einen Konflikt innerhalb unseres Geistes und daher in unserem physischen Körper. Die Grundwahrheit »Alles ist Liebe« zu akzeptieren und entsprechend zu handeln ist eine universelle spirituelle Herausforderung.

Heute geht eine Familie mit dem christlichen Sakrament der Taufe eine zweifache Verpflichtung ein: Zum einen akzeptiert sie ihre physische Verantwortung für das neue Leben, das in diese Familie hineingeboren wurde, zum anderen akzeptieren alle Mitglieder ihre Verantwortung, das Kind in spirituelle Prinzipien einzuweisen. Diese Verantwortungen zu erfüllen schafft eine starke Grundlage des Glaubens und der Wahrheit, auf die man sich sein ganzes Leben lang verlassen kann.

Für einen spirituellen Erwachsenen birgt das Sakrament der Taufe symbolisch gesehen zwei weitere Verpflichtungen. Zum einen haben wir das spirituelle Bedürfnis, unsere Ursprungsfamilie als »göttlich gewählt« voll zu akzeptieren, um durch sie die Lektionen zu lernen, die wir in diesem Leben lernen müssen. Zum anderen verpflichten wir uns, die persönliche Verantwortung zu akzeptieren, als Mitglied des menschlichen Stammes ehrenhaft zu leben, anderen nichts zu tun, was wir uns nicht auch für uns selbst wünschen, und alles Leben auf Erden zu respektieren. Indem wir diese beiden Verpflichtungen akzeptieren, taufen wir uns im Grunde selbst und ehren unser eigenes Leben. Werden wir diesen Verpflichtungen dagegen untreu, indem wir beispielsweise die Familie, in die wir hineingeboren wurden, mit negativen Beschreibungen versehen, entzieht das unserem Energiesystem sehr viel Macht, weil es der höheren Wahrheit innerhalb des Energiesystems zuwiderläuft. Aus diesem Grund kann der Schmerz ein Leben lang währen, wenn ein Mensch eine konfliktbeladene Beziehung zu seinem Stamm hat.

Die Sephirah Shekinah, deren Name »göttliche Präsenz« bedeutet, ist das göttliche Bewußtsein, das die mystische Gemeinschaft Israels erschafft und beschützt. In einer symbolischeren und universelleren Perspektive schafft und schützt das göttliche Bewußtsein den gesamten Stamm der menschlichen Spezies.

Shekinah ist darüber hinaus die Pforte zum Göttlichen: »Wer eintritt, muß durch diese Pforte eintreten« (Sohar 1:7b) – eine höchst zutreffende Beschreibung, da Shekinah das erste bzw. das Stammes-Chakra des menschlichen Energiesystems zum Klingen bringt. Um in spirituelle Wahrheiten aufzusteigen, so heißt es da, müssen wir zuerst unsere Familie und die gesamte menschliche Gemeinschaft ehren.

Ebene zwei: das Aufgehen im Chakra der Partnerschaft (Svadhishthana), im Sakrament des Abendmahls und in der Sephirah Jesod.

Die Macht, die von diesen drei archetypischen Kräften geschaffen wird, überträgt in unsere energetischen und biologischen Systeme die heilige Wahrheit »Ehret einander«. Vom Partnerschafts-Chakra empfangen wir die Macht, in all unseren Beziehungen mit Integrität und Ehre zu handeln, von der Ehe über die Freundschaft bis hin zu beruflichen Verbindungen. Diese Energie ist besonders aktiv, weil sie in allen finanziellen und kreativen Aktivitäten zum Klingen kommt. Integrität und Ehre sind notwendig für die Gesundheit. Wenn wir unsere Ehre verletzen oder sie gar aufs Spiel setzen, beflecken wir unseren spirituellen und unseren physischen Körper.

Symbolisch gesehen strahlt das Sakrament des Abendmahls in unser System die Wahrheit, daß jeder Mensch, »mit dem wir eine Verbindung eingehen«, ein Teil unseres Lebens ist. Wenn wir mit jemandem »das Brot brechen«, erkennen wir damit symbolisch an, daß wir alle Teil einer einzigen spirituellen Familie sind, jeder, den wir kennen, nach göttlichem Plan hier ist und wir alle einander brauchen, um unser Leben zu bereichern. Wenn einige dieser »Verbindungen« schmerzlich sind, ist dies eine Notwendigkeit. Jeder Mensch in Ihrem Leben spielt eine Rolle, die für Ihre Entwicklung entscheidend ist. Ihre Herausforderung besteht darin, reif genug zu werden, um diese Wahrheit zu erkennen und entsprechend zu leben. Aus spiritueller Sicht ist es unnatürlich, Menschen als Feinde zu betrachten oder selbst ein Feind zu sein. Negative Beziehungen generieren negative Energie, die unsere symbolische Einsicht blockiert. Wir können den göttlichen Sinn in einer Verbindung, die wir negativ interpretieren wollen, nicht sehen.

Die Sephirah Jesod verkörpert das zweite Chakra oder die Energie der Gemeinschaft. Jesod ist der Phallus, das zeugende Bedürfnis, den Samen des Lebens zu säen, Materie aus Energie zu erschaffen, Form aus Möglichkeit. Innerhalb dieser Sephirah ist die Schöpfung ein gegenseitiger Akt, ein natürlicher Dualismus, aus dem das Leben entspringt. Symbolisch gesehen verkörpert Jesod unser Energiebedürfnis, heilige Verbindungen mit anderen Menschen einzugehen, Vereinigungen, die den Fortbestand des Lebens sichern. Es treibt uns spirituell dazu, uns mit dem Heiligen in anderen Menschen zu verbinden, unsere Seele mit einem Partner zu verschmelzen. Intimität ist an und für sich eine Form der heiligen Vereinigung, und die Sephirah Jesod zieht uns ganz natürlich zu jenen Menschen, mit denen eine heilige Verbindung möglich ist. Wir verletzen unseren eigenen Geist, wenn wir unser Gelübde mit einem anderen Menschen innerhalb einer heiligen Vereinigung nicht ehren oder wenn wir dieses Gelübde unehrenhaft brechen. Das Leben erfordert es bisweilen von uns, unsere Bündnisse neu zu überdenken, und Scheidungen treten in Ehen ebenso auf wie in anderen Verbindungen. Der Akt der Scheidung ist an sich nicht unehrenhaft, aber wir sollen uns der Art und Weise bewußt sein, wie wir uns verhalten, während wir ein Gelübde widerrufen.

Ebene drei: das Aufgehen im Chakra der persönlichen Macht (Manipura), im Sakrament der Konfirmation und in den Sephiroth Hod und Netzach.
Die Macht, die von diesen vier archetypischen Kräften geschaffen wird, überträgt in unsere energetischen und biologischen Systeme die heilige Wahrheit »Ehre dich selbst«. Alle vier archetypischen Kräfte auf dieser Ebene führen uns dazu, Selbstachtung und Selbstrespekt zu entwickeln. Das Chakra enthält unsere »Überlebensintuition«, unseren sechsten Sinn, der uns beschützt, wenn wir uns auf physischer Ebene in Gefahr befinden, und der uns auf die negative Energie und die negativen Handlungen anderer Menschen aufmerksam macht. Wir verletzen diese Energie, wenn wir unser »Bauchgefühl« mißachten.
Die symbolische Bedeutung des Sakraments der Konfirmation ist die Übernahme der Verantwortung für die Qualität des Menschen, zu dem wir uns entwickeln. Ein Teil des Vorgangs, uns selbst bewußt zu werden, ist eine »Initiations«-Erfahrung oder ein »Volljährigkeits«-Zeremoniell. Der Geist braucht eine solche Erfahrung bzw. Zeremonie als Markierung für das Auftauchen in das Erwachsenenleben; wenn diese Markierung fehlt, verwirklicht sich bewußt oder unbewußt ein negativer

Eindruck oder eine Leere in Form einer psychologischen Schwäche. Zu solchen Manifestationen gehören: das ständige Bedürfnis nach der Bestätigung anderer Leute, das zu einer ungesunden Identifizierung mit Gangs, Sekten oder anderen unangemessenen Gruppierungen führen kann, die Unfähigkeit, sich selbst zu schätzen, und die Unfähigkeit, einen gesunden Sinn für sich selbst als Individuum zu entwickeln. Die Fähigkeit, intuitive Führung aus dem eigenen Geist zu gewinnen, ruht auf einem starken Selbstwertgefühl und einem Respekt für dieses Selbst.

Gleichermaßen bedeutsam ist die Rolle der Selbstachtung bei der Heilung und bei der Aufrechterhaltung unserer Gesundheit. Wenn es uns an Selbstrespekt mangelt, sind unsere Beziehungen zu anderen vorübergehender Natur und von zerbrechlicher Intimität. Wir fürchten ständig, verlassen zu werden, weil eine panische Furcht vor dem Alleinsein hinter all unseren Taten steht. Unsere Selbstbestätigung – einen persönlichen Ehrenkodex bewußt zu entwickeln und anzuerkennen – ist entscheidend für Aufbau und Erhalt eines gesunden Körpers. Es gibt keine Gesundheit ohne Ehre.

Die symbolische Bedeutung der Sephirah Netzach ist die Ausdauer – Macht, Stärke und Vitalität jenseits der ausschließlichen Kapazität des physischen Körpers beizubehalten. Diese Macht erwacht, wenn wir unser Leben so akzeptieren, wie es ist. Wir verlieren diese Macht, wenn wir uns auf das konzentrieren, was unserem Leben fehlt, wenn wir das Leben als leer und bedeutungslos empfinden und unsere persönliche Verantwortung an seiner Gestaltung nicht akzeptieren. Die symbolische Bedeutung der Sephirah Hod ist die Majestät oder Integrität, eine Energie, die es uns erlaubt, die Begrenzungen des Selbst zu transzendieren und unsere spirituelle Verbindung mit der göttlichen Autorität zu wecken. Die Energie von Hod wird verstärkt, wenn wir eine Haltung der Wertschätzung und

Dankbarkeit für all das entwickeln, was wir haben, und für das Geschenk des Lebens selbst.

Zusammen bilden Netzach und Hod die symbolischen Beine des menschlichen Körpers. Gemeinsam mit den femininen und maskulinen Energien des dritten Chakras weisen sie auf das Bedürfnis hin, eine spirituelle Vereinigung aus der inneren Dualität zu schaffen – und daß wir ohne Selbstwertgefühl und persönliche Ehre niemals in der Lage sein werden, auf unseren eigenen Beinen zu stehen, weder buchstäblich noch symbolisch.

Innere Macht

Ebene vier: das Aufgehen im Chakra der emotionalen Macht (Anahata), im Sakrament der Ehe und in der Sephirah Tiphareth.

Die Macht, die von diesen drei archetypischen Kräften geschaffen wird, überträgt in unsere energetischen und biologischen Systeme die heilige Wahrheit »Liebe ist göttliche Macht«. Dieses Energiezentrum ist die zentrale Machtstelle innerhalb des menschlichen Energiesystems, die symbolische Pforte zu unserer inneren Welt.

Die Energie dieses Chakras kommuniziert uns das Wissen, daß Liebe die einzig authentische Macht ist. Nicht nur unser Verstand und unser Geist, auch unser physischer Körper braucht Liebe, um zu überleben und zu erblühen. Wir verletzen diese Energie, wenn wir uns anderen gegenüber auf lieblose Weise verhalten. Wenn wir den Mitmenschen oder uns selbst gegenüber negative Emotionen hegen oder wenn wir anderen absichtlich Schmerzen bereiten, vergiften wir unsere eigenen physischen und spirituellen Systeme. Mit Abstand das stärkste Gift für den menschlichen Geist ist die Unfähigkeit, sich selbst oder anderen zu vergeben. Das setzt unsere emotionalen Ressourcen außer Kraft. Die Herausforderung, die diesem Chakra innewohnt, besteht darin, unsere Kapazität zu verfeinern, andere wie uns selbst zu lieben und die Macht der Vergebung zu entwickeln.

Symbolisch gesehen trägt das Sakrament der Ehe das Bedürfnis und die Verantwortung zur Erforschung der Liebe in unser Leben. Zuerst müssen wir uns selbst lieben, und unsere erste Ehe muß eine symbolische sein: die Verpflichtung, uns bewußt unseren eigenen emotionalen Bedürfnissen zu widmen, um in der Lage zu sein, andere bedingungslos zu lieben und zu akzeptieren. Uns selbst lieben zu lernen ist eine Herausforderung für uns alle; keiner von uns liebt sich selbst, wenn er auf die Welt kommt. Wir müssen daran arbeiten. Wenn wir uns selbst emotional vernachlässigen, werden wir nicht nur emotional vergiftet, wir tragen dieses Gift auch in all unsere Beziehungen, insbesondere in unsere wirkliche Ehe.

Die Sephirah Tiphareth, ein Symbol des Herzens und der Sonne im menschlichen Körper, läßt in jedem von uns die Energie von Mitgefühl, Harmonie und Schönheit pulsieren – die heiteren Eigenschaften der Liebe. Die Energie, die Tiphareth ausstrahlt, bringt alle göttlichen Eigenschaften der zehn Sephiroth in ein Gleichgewicht. Wir sind von Natur aus mitfühlende Wesen, die in einer Atmosphäre der Gelassenheit und Harmonie erblühen. Diese Energien sind für die physische Gesundheit ebenso entscheidend wie für die emotionale Entwicklung und »Akte des Herzens«. Wenn das Herz nicht mit den vitalen Energien von Liebe und Harmonie erfüllt ist, können noch soviel Geld oder weltliche Macht es nicht heiter stimmen. Ein leeres Herz schafft ein leeres Leben und führt oftmals zu Krankheit – ein konkreter Ausdruck der Disharmonie, die hoffentlich die Aufmerksamkeit des Verstands erregt. Verletzungen des Herzens müssen korrigiert werden, sonst ist Heilung unmöglich.

Ebene fünf: das Aufgehen in dem Chakra der Willenskraft (Vishuddha), im Sakrament der Beichte und in den Sephiroth Chesed und Geburah.

Die Macht, die von diesen vier archetypischen Kräften geschaffen wird, überträgt in unsere energetischen und biologischen Systeme die heilige Wahrheit »Unterwerfe deinen persönlichen Willen dem Willen des Göttlichen«. Diese Unterwerfung ist der größte Akt, den wir durchführen können, um spirituelle Stabilität in unser Leben zu bringen. Jeder von uns besitzt das Bewußtsein dafür, daß wir zu einem bestimmten Zweck auf die Welt kamen und unser Leben einem göttlichen Plan folgt. Das fünfte Chakra ist das Zentrum dieses Bewußtseins sowie unseres Verlangens, in Kontakt mit dem göttlichen Plan zu treten.

Wenn wir reifer werden, versuchen wir, unser Leben gemäß dem eigenen Willen aufzubauen. Zuerst trennen wir uns von den Eltern; wir etablieren unsere Unabhängigkeit, und wir streben nach einer beruflichen Karriere. Unweigerlich tritt dann ein Ereignis oder eine Krise ein. Vielleicht entfaltet sich unser Berufsweg nicht nach Plan, unsere Ehe funktioniert nicht, oder wir erkranken. Ungeachtet der spezifischen Krise finden wir uns plötzlich in einer Situation wieder, die uns zwingt, uns jenen Grenzen unserer eigenen inneren Ressourcen zu stellen, die uns davon abhalten, unsere Pläne erfolgreich zu verwirklichen. Sobald wir uns in dieser unvermeidbaren Situation befinden, denken wir über folgende Fragen nach: »Was soll ich mit meinem Leben anfangen? Zu welchem Zweck bin ich auf die Welt gekommen?« Diese Fragen bereiten den Boden, um unseren Willen nach dem göttlichen Plan auszurichten – die umwälzendste Wahl, die wir treffen können.

Diese eine Wahl, gläubig und vertrauensvoll getroffen, erlaubt der göttlichen Autorität, in unser Leben zu treten und unsere Kämpfe zu Erfolgen, unsere Wunden zu Stärken zu verwandeln. Ob wir bewußt danach streben, unseren persönlichen

Willen der göttlichen Autorität zu unterwerfen, oder nicht, wir werden zweifelsohne zahllose Gelegenheiten haben, genau das zu tun. Ein Anreiz, diese Wahl zu treffen, liegt in den Lebensgeschichten – und Lebenskämpfen – der Menschen, die nichts als Schmerz und Versagen erfahren haben, bis sie zu Gott sagten: »Übernimm du jetzt.« Außergewöhnliche Vorfälle von Synchronizität füllten daraufhin ihr Leben und neue Beziehungen ihr Herz. Ich muß erst noch dem Menschen begegnen, der es jemals bedauerte, zum Göttlichen gesagt zu haben: »Ich bin ganz dein.«

Symbolisch gesehen kommuniziert das Sakrament der Beichte unseren Systemen das Wissen, daß es gegen unseren natürlichen Plan ist, die Wahrheit zu verzerren. Die Lüge ist eine Verletzung von Körper und Geist, weil das menschliche Energiesystem die Lügen als Gift identifiziert. Geist und Körper brauchen gleichermaßen Ehrlichkeit und Integrität, um zu erblühen. Schon allein deswegen müssen wir uns von allen Verzerrungen befreien, die wir geschaffen haben. Die Beichte ist das Symbol, sich von allem zu läutern, was in uns unehrenhaft ist. Sie heilt den Schaden, den wir durch einen falschen Gebrauch unserer Willenskraft angerichtet haben. Die Reinigung des Geistes ist der wichtigste Schritt im Heilungsprozeß. In psychologisch-spirituellen Heilungsprogrammen wie den »Zwölf Schritten« der Anonymen Alkoholiker sind die Beichte und die Unterwerfung des persönlichen Willens unter »eine Macht, die größer als man selbst ist«, die Grundfesten des Erfolgs. Die Psychotherapie ist eine zeitgenössische, säkularisierte Form der Beichte. Durch die Beichte befreien wir unseren Geist von der Autorität der stofflichen Welt und richten ihn auf die göttliche Welt aus.

Aus der Sephirah Chesed, die »Größe« und »Liebe« verkörpert, erlangen wir den natürlichen Instinkt und die spirituelle Direktive, so zu sprechen, daß wir anderen damit nicht schaden. Eine Kommunikation, die sich dieser Eigenschaft der Energie bedient, ist mühelos; allerdings verletzen wir sie und vergiften uns selbst, wenn wir nicht die Wahrheit sagen. Wir dürfen darüber hinaus anderen unsere Vergehen nicht beichten, wenn wir sie damit nur weiter verletzen. Wir sollen so beichten, daß wir unsere Energie auf positive Taten und Verhaltensweisen neu ausrichten können. Von Natur aus sind wir uns selbst oder anderen gegenüber nicht kritisch veranlagt; wir denken nur aus Furcht schlecht von unseren Mitmenschen. Wer Worte ausspricht, die einen anderen verletzen, vergiftet sowohl diesen Menschen als auch sich selbst, und sein physischer Körper wird ihm für diese Form der Zerstörung die Rechnung vorlegen. (Im Buddhismus spricht man von der »Rechten Rede«.) Unser angeborenes Wissen um unsere Verantwortung generiert das Schuldgefühl, das wir oft angesichts unserer negativen Taten verspüren, und darum sind wir gezwungen, nach Beichte zu streben, wenn wir heilen wollen.

Die Sephirah Geburah, die »Urteil und Macht« bedeutet, überträgt in unsere Energiesysteme das Bewußtsein, daß wir niemals absichtlich einen anderen Menschen oder uns selbst negativ beurteilen sollten – negative Urteile schaffen negative Konsequenzen sowohl in unserem Körper als auch in unserem Umfeld.

Ebene sechs: das Aufgehen im Chakra des Verstands (Ajna), im Sakrament der Priesterweihe und in den Sephiroth Binah und Chokmah.

Die Macht, die von diesen vier archetypischen Kräften geschaffen wird, überträgt in unsere energetischen und biologischen Systeme die heilige Wahrheit »Suche nichts als die Wahrheit«. Vom Chakra des Verstands erhalten wir die Energie, nach den Antworten auf die Geheimnisse zu suchen, denen wir begegnen. Gemäß dem göttlichen Plan fragen wir stets nach dem

Warum und wollen heute mehr wissen als gestern. Die Energie, die ständig aus diesem Chakra pulsiert, führt uns dazu, die Wahrheit und die Integrität unserer Überzeugungen zu bewerten. Wie wir von Geburt an wissen, vergiftet der Glaube an etwas oder jemandem, dem es an Integrität fehlt, unseren Geist und unseren Körper.

Wir alle werden auf Umstände treffen, die uns dazu bringen, unsere Überzeugungen zu verändern und dadurch der Wahrheit näherzukommen. Wir reifen an unseren Überzeugungen, Schritt für Schritt, Erfahrung für Erfahrung. Die Energie aus dem sechsten Chakra drängt uns unablässig dazu, Wahrnehmungen loszulassen, die nicht zutreffen. Wenn wir dieser Energie zuwiderhandeln und tiefere Wahrheiten bewußt daran hindern, in unseren Verstandesbereich einzutreten, dann umwölkt sich unser Wahrnehmungssystem.

Das Sakrament der Ordination, der Priesterweihe, ist im buchstäblichen Sinne der Akt, zum Priester geweiht zu werden und ganz offiziell das Heilige im eigenen Leben zu kanalisieren. Wir alle wollen, daß unser Beitrag zum Leben anderer Menschen wertvoll und bedeutsam ist, wollen die Gewißheit, daß das, was wir tun, heilig ist. (Im Buddhismus spricht man vom »Rechten Leben«.) Unabhängig davon, welche Aufgabe wir mit unserem Leben erfüllen – Heilung, Elternschaft, Wissenschaft, Landwirtschaft, gute Freundschaft –, können wir Gefäße der göttlichen Energie werden. Symbolisch gesehen erlangen wir die Priesterweihe, wenn jene, mit denen wir leben oder arbeiten, erkennen, daß der Beitrag, den wir leisten, ihrem persönlichen oder spirituellen Wachstum von Nutzen ist. Wenn wir danach streben, den Menschen, mit denen wir leben oder arbeiten, vorurteilslos eine Stütze zu sein, schafft das in uns einen Kanal für die göttliche Energie, bei der es sich auch um eine heilende Energie handelt. Menschen, die Beistand und Liebe ausstrahlen, werden zu Recht als Menschen erkannt, die eine geweihte Energie besitzen. Sie sind Gefäße göttlicher Intervention. Jeder von uns hat das Potential, ein solcher Kanal des Göttlichen zu werden und anderen zu dienen, indem er heilige Energie ausstrahlt – so lautet übrigens auch die zeitgenössische Definition der Priesterschaft.

Um zu einem solchen Gefäß göttlicher Energie und Aktivität zu werden, übermittelt die Sephirah Chokmah in unser System den Impuls, die Hilfe der göttlichen Weisheit in unseren Verstandeskräften hervorzurufen, insbesondere immer dann, wenn menschliche Logik ins Nichts zu führen scheint. Chokmah hilft uns, Vernunft und Urteilskraft im Gleichgewicht zu halten, und stimmt uns auf die Wahrheit ein. Sie läßt uns Entscheidungen treffen, die für uns und unsere Umwelt die besten Auswirkungen zeitigen.

Die Sephirah Binah unterstützt die Chokmah-Energie. Sie führt der häufig knallharten Energie der menschlichen Vernunft die weichere, emotionalere Macht göttlichen Verstehens zu. Die Kombination aus Chokmah und Binah soll uns als inneres Leitsystem dienen, uns inspirieren, die Begrenzungen menschlichen Denkens zu transzendieren und wie die biblische Gestalt des Salomo eine geistige Klarheit zu erreichen, die das göttliche Verstehen mit unseren eigenen Denkprozessen verschmelzen läßt.

Je mehr wir unsere angelernte Neigung, Urteile zu fällen, loslassen können, desto mehr öffnen wir unseren Verstand zu einer Qualität der Erkenntnis, die vom Ursprung her göttlich ist. Menschliche Vernunft kann niemals die Rätsel unseres Lebens lösen. Sie kann niemals die Komplexität erklären und nie begreifen, warum die Dinge so geschehen, wie sie es tun. Wir können in unserem Leben nur dann authentischen Seelenfrieden erlangen, wenn wir unser Bedürfnis loslassen, das Warum aller Dinge in menschlichen Denkbegriffen erklären zu wollen, und wenn wir das göttliche Denken annehmen: »Laß mich wissen, was ich wissen kann, und trotz aller Ereignisse, gleichgültig, wie schmerzlich, darauf vertrauen, daß es dafür einen Grund gibt, aus dem Gutes entstehen kann.«

Ebene sieben: das Aufgehen im Chakra des Geistes (Sahasrara), im Sakrament der Letzten Ölung und in der Sephirah Kether. Die Macht, die von diesen drei archetypischen Kräften geschaffen wird, überträgt in unsere energetischen und biologischen Systeme die heilige Wahrheit »Lebe im gegenwärtigen Augenblick«. Weil wir im Grunde spirituelle Wesen sind, haben unsere spirituellen Bedürfnisse eine ebenso entscheidende Bedeutung für unser Wohlbefinden wie unsere körperlichen Bedürfnisse, wenn nicht noch mehr.
Das Chakra des Geistes läßt uns wissen, daß unser Geist ewig existiert. Wir sind mehr als unser stofflicher Körper – diese Wahrheit kann uns während der Lebensphasen trösten, in denen wir an einem Tiefpunkt angelangt sind, die aber zur menschlichen Erfahrung gehören. Die scheinbare Abhängigkeit unseres Körpers von einer chronologischen Zeitabfolge ist nur eine Illusion, und es ist die Aufgabe unseres Geistes, diese Illusion bloßzulegen. Für unseren göttlichen Entwurf ist es unnatürlich, unsere Gedanken zu lange in der Vergangenheit leben zu lassen; ein solches Ungleichgewicht schafft Zeitkrümmungen, die unsere Fähigkeit stören, in der Gegenwart zu leben und uns Tag für Tag spirituell anleiten zu lassen. Diese Anleitung wird keinen Sinn für uns ergeben, wenn wir uns ausschließlich darauf konzentrieren, die Geheimnisse von gestern zu lösen. Wenn wir ganz im gegenwärtigen Augenblick leben, werden sich die Geheimnisse von gestern allmählich von selbst für uns lösen.
Unser Geist fühlt sich »instinktiv« zu dieser heiligen Wahrheit hingezogen. Aus ihr können wir die Inspiration empfangen, die uns in Ekstase versetzt. Wir erblühen – und wir heilen – in

ekstatischen Momenten, in denen unser Geist stärker wird als unser Körper und in denen unser Körper auf die Befehle unseres Geistes reagieren kann.

Das Bedürfnis, im gegenwärtigen Moment zu leben, wird durch das Sakrament der Letzten Ölung unterstützt. Dieses Sakrament wurde ursprünglich geschaffen, um den Menschen zu helfen, ihren Geist vor dem Tode freizugeben. Symbolisch gesehen erkennt dieses Sakrament unser Bedürfnis an, unseren Geist zurückzurufen, um zu unterschiedlichen Zeiten in unserem Leben unerledigte Angelegenheiten zu beenden. Die Energie dieses Sakraments verleiht uns die Fähigkeit, unsere Erfahrungen der Vergangenheit loszulassen, um »die Toten nicht mit uns herumzutragen«. Die Macht und die Symbolik dieses Sakraments beschränken sich daher nicht auf das Ende des Lebens. Biologisch und spirituell müssen wir alle Dinge zu einem Ende bringen, und wir können diese sakramentale Energie anrufen, um uns dabei zu helfen. Nach jeder schmerzlichen und traumatischen Erfahrung empfangen wir innere Anleitung, die uns helfen kann, die Vergangenheit loszulassen und mit unserem Leben fortzufahren. Wenn wir uns dafür entscheiden, die Vergangenheit lebendiger zu erhalten als die Gegenwart, stören wir den Fluß dieser Energie. Wir verzerren die »Gegenwart«, weil wir alles, was »heute« geschieht, mit den Augen der Vergangenheit sehen und auf diese Weise unseren Körper und unseren Geist schwächen. Wir werden krank, weil wir »die Toten zu lange mit uns herumtragen«.

Von der Sephirah Kether, dem Symbol unserer Verbindung mit der Welt des Unendlichen, empfangen wir das Wissen, daß es keinen Tod gibt; es gibt nur das Leben. Wir werden alle, die von uns gegangen sind, wiedertreffen – das ist ein göttliches Versprechen. Im Trost und in der Macht dieser heiligen Wahrheit sollen wir ruhen.

Wir kamen mit dem Wissen um die sieben heiligen Wahrheiten auf die Welt. Tatsächlich ist jeder von uns im Grunde eine »biologische Ausgabe« dieser Wahrheiten. Als Kinder hat man uns ihre Variationen durch die religiösen Praktiken unseres »Stammes« beigebracht. Auch wenn wir uns nicht bewußt daran erinnern können, wie wir sie gelernt haben, erwachen sie ganz automatisch in uns – in unserem Bauch, in unserem Verstand, in unserem Gespür für die natürliche Ordnung des Lebens. Je reifer wir werden, desto mehr verstehen wir im Laufe der Zeit ihren Inhalt mit immer größerer Klarheit und Tiefe, und wir sind zunehmend in der Lage, auf ihre Botschaft zu reagieren, ihre Informationen symbolisch zu interpretieren und ihre archetypische Bedeutung zu erkennen.

Die Wahrheiten, die in den Schriften der verschiedenen religiösen Traditionen enthalten sind, sollen uns vereinen, nicht trennen. Buchstäbliche Interpretationen schaffen Trennung, wohingegen symbolische Auslegungen – wenn wir erkennen, wie alle von ihnen sich auf eine identische Blaupause unseres spirituellen Wesens beziehen – uns zusammenführen. Indem wir unsere Aufmerksamkeit von der äußeren Welt abwenden und auf die innere richten, lernen wir symbolische Einsicht. Innerlich sind wir alle gleich, und die spirituellen Herausforderungen, denen wir uns gegenübersehen, sind ebenfalls dieselben. Unsere äußeren Unterschiede sind illusorisch und vorübergehend, nur physische Ausstaffierung. Je mehr wir nach dem suchen, was in uns allen dasselbe ist, desto mehr gewinnt unsere symbolische Einsicht die Autorität, uns anzuleiten.

Wenn man die spirituellen Traditionen aus Hinduismus, Christentum und Judentum in ein einziges System mit gemeinsamen heiligen Wahrheiten verschmelzt, so erhält man ein machtvolles System der Anleitung, das unseren Verstand und unseren Körper stärken und uns zeigen kann, wie unser Geist in der Welt zu »handhaben« ist.

Im zweiten Teil werden die sieben Chakras im Detail beschrieben – und zwar in Begriffen ihrer innewohnenden Macht und mit besonderer Betonung auf den Ängsten, die uns diese Macht verlieren lassen. Wenn Sie dieses Material sorgfältig studieren, dann tun Sie das mit der Absicht, sich mit dem zu identifizieren, »in dessen Hände Sie Ihren Geist gelegt haben«.

Zweiter Teil
Die sieben heiligen Wahrheiten

Einleitung

Meine Sicht des Chakrasystems entwickelte sich aus meiner Arbeit als medizinisch Intuitive.* Wenn ich meine Arbeit mit Ihnen teile, dann ist das so, als ob ich Sie in meinen Kopf und in mein »Labor« einließe. Nehmen Sie davon nur das mit sich, was sich für Sie in Ihrem Herzen und in Ihrem Geist richtig anfühlt, und messen Sie dem übrigen nicht allzuviel Bedeutung bei.

Im zweiten Teil spreche ich über jedes Chakra einzeln, so daß Sie sich mit seinen speziellen Eigenarten, seiner Bedeutung und seinem Inhalt vertraut machen können. Wenn ich jedoch eine Krankheit hinsichtlich der Energiemedizin analysiere, bewerte ich stets den ganzen Patienten, einschließlich seiner physischen Symptome und mentalen Gewohnheiten, seiner Beziehungen und Ernährungsweise, seiner spirituellen Praxis und seines Berufs. Denken Sie an diese Regel, wenn Sie das menschliche Energiesystem studieren. Eine vollständige Energiebewertung

---

* Es gibt zahlreiche Interpretationen des Chakrasystems; mit manchen davon kann ich mich identifizieren. Joseph Campbells *The Mythic Image* (Princeton 1974) ist die gebräuchlichste. Der Philosoph des Transpersonalen, Dr. W. Brugh Joy, behandelt die Chakras in seinem Buch *A Map for the Transformational Journey* (Tarcher/Putnam 1979) ebenfalls. Barbara Ann Brennan setzt sie in ihrer Praxis der energetischen Heilung ein, nachzulesen in *Licht-Heilung* (München 1994), und Harish Johari legt eine zutiefst spirituelle Interpretation in *Chakras* (München 1992) vor.

muß alle sieben Chakras umfassen, ungeachtet des Sitzes einer physischen Krankheit, und natürlich auch alle Aspekte aus dem Leben des Patienten.

Bei der Lektüre der Abschnitte über die Chakras werden Sie sehen, daß die Fragen, bei denen es sich in den Chakras eins, zwei und drei dreht, diejenigen sind, bei denen die meisten Menschen ihre Energie aufbrauchen. Es ist kein Zufall, daß die meisten Krankheiten aus Energieverlusten in diesen drei Zentren resultieren. Auch wenn sich beispielsweise Herzerkrankungen oder Brustkrebs in der oberen Region des Körpers entwickelten, kann ihr Energieursprung für gewöhnlich auf Streßmuster in den Einflußbereichen der unteren drei Chakras zurückgeführt werden, beispielsweise auf Ehe oder Partnerschaft, Familie oder Beruf. Emotionen wie Wut und Zorn treffen uns physisch unterhalb der Gürtellinie, während eine Emotion wie unterdrückte Traurigkeit in einer Krankheit oberhalb deren ihren Ausdruck findet. So sind die wichtigsten Emotionen, die Knoten in der Brust und Brustkrebs zugrunde liegen, Traurigkeit und unerledigte emotionale Angelegenheiten, für gewöhnlich in Zusammenhang mit geistiger Versorgung. Unsere geistige Versorgung hat jedoch auch mit Beziehungen zu tun, und Beziehungen sind in erster Linie Fragen des ersten und zweiten Chakras. Daher müssen stets mehrere – wenn nicht gar alle – Energiezentren herangezogen werden, um umfassend zu verstehen, warum ein Mensch erkrankt ist.

Achtung! Die hier aufgeführten Probleme und Krankheiten müssen wie folgt verstanden werden: Jeder der unter den einzelnen Chakrabeschreibungen aufgeführten emotionalen Zustände kann in seinem negativen Extrem zur Entwicklung von jeder der aufgeführten Dysfunktionen führen.

Energieanatomie

Chakra	Organe	Mentale, emotionale Punkte	Körperliche Fehlfunktionen
1	Trägersysteme des physischen Körpers; Steißbein; Beine, Knochen; Füße; Rektum; Immunsystem	Sicherheit durch und in Familie und Gruppe; Fähigkeit, sich das Notwendige im Leben zu verdienen; Fähigkeit, auf eigenen Beinen zu stehen; sich zu Hause fühlen; Gerechtigkeit und Ordnung in Gesellschaft und Familie	Chronische Schmerzen im unteren Rücken; Ischiassyndrom; Krampfadern; Rektaltumore/ Krebs; Depressionen; Immunsystemstörungen
2	Sexualorgane; Dickdarm; untere Wirbelsäule; Becken; Blinddarm; Blase; Hüftbereich	Schuldgefühle und Schuldzuweisungen; Geld und Sexualität; Macht und Kontrolle; Kreativität; Moral und Ehre in Beziehungen	Chronische Kreuzschmerzen; Ischiassyndrom; Gynäkologische Probleme; Schmerzen im Beckenbereich und im unteren Rücken; sexuelle Potenz; Probleme im Harntrakt

Chakra	Organe	Mentale, emotionale Punkte	Körperliche Fehlfunktionen
3	Bauch; Magen; vordere Darmabschnitte; Leber, Gallenblase; Nieren, Bauchspeicheldrüse; Nebennieren; Milz; mittlere Wirbelsäule	Vertrauen; Furcht und Einschüchterung; Selbstachtung, Selbstvertrauen und Selbstrespekt; sich um andere und sich selbst kümmern; die Verantwortung, Entscheidungen zu treffen; Empfindsamkeit gegenüber Kritik; persönliche Ehre	Arthritis; Magen- oder Zwölffingerdarmgeschwür; Dickdarmprobleme; Pankreatitis/ Diabetes; Verstopfung, chronische oder akute Anorexie oder Bulimie; Leberdysfunktion; Hepatitis; Niesendysfunktion
4	Herz und Blutkreislauf; Lungen; Schultern und Arme; Rippen/Brüste; Zwerchfell; Thymusdrüse	Liebe und Haß; Groll und Bitterkeit; Trauer und Wut; Selbstzentriertheit; Einsamkeit und Bindung; Vergebung und Mitgefühl; Hoffnung und Vertrauen	Dekompensierte Herzinsuffizienz; Myokardialer Herzinfarkt; Kardiomegalie; Asthma/ Allergien; Lungenkrebs; Bronchopneumonie; oberer Rücken, Schulter; Brustkrebs

Chakra	Organe	Mentale, emotionale Punkte	Körperliche Fehlfunktionen
5	Hals; Schilddrüse; Luftröhre; Nacken; Mund; Zähne und Zahnfleisch; Speiseröhre; Epithelkörperchen; Hypothalamus	Wahlmöglichkeit und Willensstärke; persönlicher Ausdruck; seinen Träumen folgen; die eigene Macht kreativ nutzen; Sucht; Urteil und Kritik; Glauben und Wissen; Fähigkeit, Entscheidungen zu treffen	Rauher Hals; chronisch entzündeter Hals; Mundgeschwüre; Zahnfleischschwund und -entzündung; Probleme mit dem Unterkiefergelenk; Skoliose; Laryngitis; geschwollene Drüsen; Schilddrüsenüberfunktion oder -unterfunktion
6	Gehirn; Nervensystem; Augen, Ohren; Nase; Zirbeldrüse; Hypophyse	Selbsteinschätzung; Wahrheit; intellektuelle Fähigkeiten; Gefühle der Angemessenheit; Offenheit für Ideen anderer; Fähigkeit, aus Erfahrungen anderer zu lernen Emotionale Intelligenz	Gehirntumor, -blutung, -schlag; neurologische Störungen; Blindheit/ Taubheit; ausgeprägte Wirbelsäulenprobleme; Lernschwierigkeiten; Anfälle jeglicher Art

Chakra	Organe	Mentale, emotionale Punkte	Körperliche Fehlfunktionen
7	Muskelsystem; Skelett; Haut	Fähigkeit, dem Leben zu vertrauen; Werte, Moral und Mut; Humanismus; Selbstlosigkeit; Fähigkeit, das größere Muster zu sehen; Glauben und Inspiration; Spiritualität und Hingabe	Energetische Störungen; mystische Depressionen; chronische Erschöpfung, die keine körperlichen Ursachen hat; extreme Empfindlichkeit gegenüber Licht, Geräuschen und anderen Umweltfaktoren

KAPITEL 1

Das erste Chakra: Stammesmacht

Der Energieinhalt des ersten bzw. des Stammes-Chakras ist die *Stammesmacht*. Das Wort »Stamm« ist auch ein Archetypus, und als solcher hat es Nebenbedeutungen, die über die der »sozialen Gruppe« hinausreichen. Archetypisch meint das Wort Gruppenidentität, Gruppenkraft, Willensstärke und die Überzeugungen der Gruppe. All diese Bedeutungen machen den Energieinhalt unseres ersten Chakras aus. Es ist unser fester Grund, unsere Verbindung zu traditionellen Überzeugungen unserer Familie, die die Bildung unserer Identität unterstützen sowie ein Gefühl der Zugehörigkeit zu einer Gruppe von Menschen an einem geographischen Ort.

Um sich mit der Energie Ihres ersten Chakras zu verbinden, konzentrieren Sie Ihre Aufmerksamkeit einige Augenblicke auf eine Stammesassoziation, die eine emotionale Reaktion in Ihnen auslöst. Visualisieren Sie zum Beispiel, wie Sie

- sich die Nationalhymne anhören,
- eine Militärparade beobachten,
- miterleben, wie ein Sportler oder eine Sportlerin aus Ihrem Land eine Goldmedaille bei der Olympiade bekommt,
- Zeuge bei der Eheschließung eines Menschen werden, an dem Ihnen etwas liegt, oder
- erfahren, daß ein Kind nach Ihnen benannt wurde.

Wenn Sie sich auf die gewählte Situation konzentrieren, seien Sie sich bewußt, daß in dem Bereich Ihres Körpers, in dem Ihre Reaktion generiert wird, Ihr Stammes-Chakra sitzt.

Sitz: unterer Teil der Wirbelsäule (beim Steißbein).
Energieverbindung zum physischen Körper: Wirbelsäule, Rektum, Beine, Knochen, Füße und Immunsystem.
Energieverbindung zum emotionalen/mentalen Körper: Das erste Chakra ist die Grundlage der emotionalen und mentalen Gesundheit. Emotionale und psychologische Stabilität haben ihren Ursprung in der Familieneinheit und im frühen sozialen Umfeld. Verschiedene Geisteskrankheiten entstammen familiären Dysfunktionen, einschließlich multipler Persönlichkeiten, Zwangsneurosen, Depressionen und zerstörerischer Muster wie beispielsweise Alkoholismus.
Verbindung zu Symbolik und Wahrnehmung: Die Energie des ersten Chakras manifestiert sich in unserem Bedürfnis nach Logik, Ordnung und Struktur. Diese Energie orientiert uns anhand unserer fünf Sinne in Zeit und Raum. Als Kinder nehmen wir die physische Welt durch unsere fünf Sinne wahr, und mit diesen Sinnen lernen wir auch. Der Energie des ersten Chakras fällt es schwer, unser Leben symbolisch zu interpretieren; unsere fünf Sinne vermitteln uns buchstäbliche Wahrnehmungen und lassen uns die Dinge so nehmen, wie sie auf den ersten Blick scheinen. Erst wenn wir älter werden, sind wir in der Lage, die symbolische Bedeutung von Ereignissen und Beziehungen ausfindig zu machen.
Verbindung zu den Sephiroth und den Sakramenten: Die Sephirah Shekinah bedeutet buchstäblich die mythische Gemeinschaft Israels und ist ein Sinnbild für die spirituelle Gemeinschaft der gesamten Menschheit. Die symbolische Bedeutung des Sakraments der Taufe besteht darin, die bio-

logische Familie als heilig und göttlich erwählt zu ehren, als den uns angemessenen Stamm, aus dem heraus wir unsere Lebensreise antreten können.

Urängste: Angst um das körperliche Überleben, von der Gruppe verlassen zu werden, und vor dem Verlust der physischen Ordnung.

Urstärken: Stammes- und Familienidentität, das Knüpfen von Beziehungen und der Ehrenkodex des Stammes, die Unterstützung und Loyalität, die einem ein Gefühl der Sicherheit und der Verbindung zur physischen Welt gibt.

Heilige Wahrheit: Die heilige Wahrheit, die diesem ersten Chakra innewohnt, lautet: »Alles ist eins.« Wir lernen diese Wahrheit und erforschen ihre kreative Kraft durch unsere Erfahrungen mit der Stammes- oder Gruppendynamik. Sie enthält die Botschaft, daß wir mit allem Leben in Verbindung stehen und daß jede Wahl, die wir treffen, und jede Überzeugung, die wir hegen, einen Einfluß auf alles Leben ausübt. Die symbolische Bedeutung der Sephirah Shekinah lautet, daß wir alle Teil einer spirituellen Gemeinschaft sind. Als Teil unserer spirituellen Entwicklung und unserer biologischen Gesundheit findet diese heilige Wahrheit Ausdruck in Ehre, Loyalität, Gerechtigkeit, Familien- und Gruppenbanden, dem Gefühl der Verwurzelung, unserem Bedürfnis nach einem spirituellen Unterbau und in unserer Fähigkeit, physische Kraft für das Überleben zu generieren.

Innerhalb unseres Stammes oder unserer Familie entdecken wir, daß *alles eins ist*. Teil eines Stammes zu sein ist ein Urbedürfnis, da wir von unserem Stamm für unser Überleben völlig abhängig sind: hinsichtlich Nahrungsmitteln, Schutz und Kleidung. Als Stammeswesen ist es uns energetisch bestimmt, zusammenzuleben, zusammen kreativ zu arbeiten, zusammen zu lernen, zusammenzusein, einander zu brauchen. Jede unserer Stammesumgebungen – von unserem biologischen Stamm bis hin zu den Stämmen, die wir mit Kollegen und Kolleginnen formen, und den Stammesbanden zu unseren Freunden und Freundinnen – bietet ein entscheidendes physisches Umfeld, in dem wir die kreative Kraft dieser Wahrheit erforschen können.

Stammeskultur

Niemand beginnt sein Leben als bewußtes »Individuum« mit bewußter Willenskraft. Diese Identität kommt erst viel später und entwickelt sich phasenweise von der Kindheit bis zum Erwachsenenleben. Wir kommen auf die Welt als Teil eines Stammes. Wir verbinden uns mit dem Stammesbewußtsein und der kollektiven Willenskraft, indem wir ihre Stärken und Schwächen, ihre Überzeugungen, ihren Aberglauben und ihre Ängste in uns aufnehmen.

Durch unsere Interaktionen mit der Familie und anderen Gruppen lernen wir, wie kraftvoll es ist, eine Überzeugung mit anderen Menschen zu teilen. Wir erfahren aber auch, wie schmerzlich es sein kann, von einer Gruppe und ihrer Energie ausgeschlossen zu werden. Wir lernen darüber hinaus die Kraft eines gemeinsamen moralischen und ethischen Regelkatalogs, der von Generation zu Generation weitergegeben wird. Dieser Verhaltenskodex leitet die Kinder des Stammes während der Jahre ihrer Entwicklung an und bietet ein Gefühl für Würde und Zugehörigkeit.

Nicht nur die Stammeserfahrungen verbinden uns energetisch miteinander, sondern auch die Einstellungen des Stammes, seien es so verfeinerte Wahrnehmungen wie »Wir sind alle Brüder und Schwestern« oder abergläubische Ansichten wie »Die Zahl Dreizehn bringt Unglück«.

Die Stammesmacht und alle damit in Zusammenhang stehenden Punkte sind energetisch mit der Gesundheit unseres Immunsystems verbunden, ebenso wie mit unseren Beinen, Knochen, Füßen und unserem Rektum. Symbolisch gesehen tut das Immunsystem für den physischen Körper genau das gleiche, was die Stammesmacht für die Gruppe leistet: Es schützt ihn vor potentiell gefährlichen äußeren Einflüssen. Störungen aufgrund einer Immunschwäche, chronische Schmerzen und andere Schwierigkeiten mit dem Skelett werden energetisch durch Schwächen in persönlichen Stammesfragen aktiviert. Durch schwierige Stammesherausforderungen verlieren wir Macht, in erster Linie aus unserem ersten Chakra, und das macht uns – sollte sich eine Herausforderung zu extremem Streß entwickeln – anfällig für Immunschwächekrankheiten, von der einfachen Erkältung bis zu Lupus.

Das Stammes-Chakra verkörpert unsere Verbindung sowohl zu positiven als auch zu negativen Gruppenerfahrungen. Epidemien sind eine negative Gruppenerfahrung, für die wir energetisch anfällig werden können, wenn die Ängste und Einstellungen unseres eigenen ersten Chakras jenen ähneln, die das gesamte »erste Chakra« unserer Gesellschaft beherbergt. Auf der Ebene der Gesellschaft oder des sozialen Stammes sind virale und andere Epidemien ebenso wie die Gesundheit derzeit ein Thema für das gesamte gesellschaftliche »Immunsystem«. Dieser Punkt ist entscheidend, weil jeder von uns durch die Einstellungen seines ersten Chakras mit unserer Gesellschaft und ihren Einstellungen verbunden ist.

Ein drastisches Beispiel für die Kapazität der gesellschaftlichen Stammesenergie, wenn es darum geht, eine Krankheit zu manifestieren, ist die Polioepidemie in den dreißiger und vierziger Jahren. Im Oktober 1929 brach die amerikanische Wirtschaft zusammen, und die große Weltwirtschaftskrise, die die ganze Nation beeinflußte, nahm ihren Anfang. Auf die Frage, wie sich das amerikanische Volk fühlte, beschrieben sich Journalisten wie Politiker, Geschäftsleute wie Arbeiter, Frauen wie Männer infolge der wirtschaftlichen Katastrophe alle selbst als »verkrüppelt«.

Anfang der dreißiger Jahre trat eine Polioepidemie auf – symbolisch verkörperte sie den verkrüppelten Geist der Nation als Gemeinschaft. Jene, die sich am meisten wie Behinderte gefühlt hatten, entweder durch die tatsächliche Erfahrung oder durch die Angst davor, waren energetisch für das Poliovirus am anfälligsten. Weil Kinder die Energie ihres Stammes absorbieren, waren die amerikanischen Kinder ebenso anfällig für die Viruskrankheit wie für das wirtschaftliche Un-Wohlsein. »Alles ist eins«: Wenn ein ganzer Stamm mit Angst infiziert wird, weitet sich diese Energie auf seine Kinder aus.

Das Gefühl, verkrüppelt zu sein, wurde so schnell in die Stammespsyche verwoben, daß die amerikanischen Wähler sogar einen behinderten Präsidenten wählten, Franklin D. Roosevelt, ein lebendes Symbol sowohl der physischen Schwäche als auch der Unverwüstlichkeit. Erst die Erfahrung physischer Stärke und die durch den Zweiten Weltkrieg entwickelte Stammesenergie heilten den amerikanischen Stammesgeist. Das Gefühl von »Heldentum« und »Einheit«, unterstützt von dem plötzlichen Anstieg an Arbeitsplätzen, gab jedem Mitglied der Gemeinschaft »Stolz« und »Ehre« zurück.

Am Ende des Krieges hatte die amerikanische Nation wieder die globale Führungsrolle inne: Die Vereinigten Staaten übernahmen sogar die Führung der gesamten freien Welt, weil sie die Atomwaffe entwickelt hatten – eine Position, die in das kulturelle Stammes-Chakra enorm viel Stolz und Macht brachte. Die Erholung spiegelte sich auch in der Sprache der Stammesvertreter wider, die ihre neu geheilte Kultur als wirtschaftlich »wieder auf den Beinen« beschrieben. Zeitgleich mit diesem Bewußtseinswandel, der einen geheilten Stammesgeist widerspiegelte, konnte das Poliovirus besiegt werden. Der Geist

und die Einstellung des Stammes waren letztendlich stärker als der Krankheitserreger. Es ist kein Zufall, daß Jonas Salk die Polioschutzimpfung Anfang der fünfziger Jahre entdeckte.
Ein neueres Beispiel derselben Dynamik ist das HIV-Virus. In den Vereinigten Staaten kommt es am häufigsten unter Drogenabhängigen, Prostituierten und Homosexuellen vor. In anderen Ländern wie Rußland und zahlreichen afrikanischen Ländern gedeiht es unter jenen, deren Lebensqualität kaum das Existenzminimum erreicht. In Lateinamerika blüht es unter den Frauen der Mittelschicht, deren Ehemänner untreu sind. Diese Herren sind nicht schwul, aber sie haben Sex mit anderen Männern als »Macho«-Beweis. Alle, die sich dieses Virus zuziehen, gleichgültig, auf welche Weise, teilen das Gefühl, Opfer ihrer Stammeskultur zu sein.
Obwohl jeder schon einmal von jemandem oder etwas zum Opfer gemacht wurde, spiegelt ein Opferbewußtsein ein Gefühl der Machtlosigkeit innerhalb der Stammeskultur wider, sei es aufgrund der sexuellen Vorliebe oder einem Mangel an Geld bzw. an gesellschaftlichem Status. Die Frauen in Mittel- und Südamerika glauben, sie hätten keine Möglichkeit, sich selbst zu schützen. HIV-positive Lateinamerikanerinnen, auch jene, die mit erfolgreichen Männern verheiratet sind, können das Verhalten ihrer Gatten nicht kritisieren, weil ihre Kultur die Stimme der Frauen unterdrückt. Das HIV-Virus tauchte in der amerikanischen Kultur auf, als gerade allenthalben Opfer und Aufopferung ein vielbeachtetes Thema waren. Die kulturelle Energie der USA wird durch das Bedürfnis entleert, daß sich einige auf Kosten anderer, die als weniger wert gelten, stark fühlen müssen. Herausforderungen an unsere biologische Immunität werden die entsprechende Folge sein.
Die Gesundheit unseres individuellen ersten Chakras hängt davon ab, wie wir unsere persönlichen Stammesfragen angehen. Wenn wir uns beispielsweise als Opfer der Gesellschaft fühlen,

sollten wir diese negative Wahrnehmung angehen, damit wir durch sie keine Energie verlieren. Wir können beispielsweise therapeutische Hilfe in Anspruch nehmen, uns in unserem Beruf weiter qualifizieren, eine symbolischere Sicht unserer Situation anstreben oder politisch aktiv werden, um die Einstellung der Gesellschaft zu verändern. Wenn wir Bitterkeit gegenüber unserem kulturellen Stamm nähren, zerstreut das unsere Energie in einem ständigen inneren Konflikt, und der Zugang zu der heilenden Kraft von »Alles ist eins« wird blockiert.

Unsere Stämme führen uns ins Leben »in der Welt« ein. Sie lehren uns, daß die Erde entweder sicher oder gefährlich ist, voller Fülle oder von Armut geplagt, gebildet oder ungebildet, ein Ort, von dem man nimmt oder dem man gibt. Und sie vermitteln ihre Wahrnehmungen über die Natur der Wirklichkeit – beispielsweise, daß das Leben nur eines von vielen ist oder daß es nur dieses eine Leben gibt. Unsere Stämme »aktivieren« unsere Denkprozesse. Nicht zuletzt lehren sie uns ihre Einstellung gegenüber anderen Religionen, Volksgruppen und Rassen.

Jeder hat schon Verallgemeinerungen in bezug auf Volksgruppen gehört, etwa »Alle Deutschen sind sehr organisiert« oder »Die Iren können großartig Geschichten erzählen«. Wir haben eine Sicht Gottes oder der unsichtbaren Welt mitbekommen und wie sie mit uns interagiert, beispielsweise »Wünsche niemandem etwas Schlechtes, weil es auf dich zurückfällt und dich verfolgt« oder »Lache niemals jemanden aus, Gott könnte dich dafür strafen«. Wir absorbieren auch zahllose Wahrnehmungen in Zusammenhang mit den beiden Geschlechtern, beispielsweise »Männer sind klüger als Frauen« oder »Alle kleinen Jungs treiben gerne Sport, und alle kleinen Mädchen spielen gern mit Puppen«.

Die Überzeugungen unseres Stammes, die wir erben, sind eine Kombination aus Wahrheit und Fiktion. Viele von ihnen, wie

»Mord ist verboten«, sind von ewigem Wert. Anderen fehlt die Eigenschaft der ewigen Wahrheit, und sie sind auf engstirnige Weise nur dazu gedacht, einen Stamm vom anderen abzuheben, wodurch die heilige Wahrheit »Alles ist eins« verletzt wird. Der Prozeß der spirituellen Entwicklung fordert uns auf, die positiven Stammeseinflüsse zu verinnerlichen und all jene zu verwerfen, die negativ sind.

Unsere spirituelle Macht wächst, wenn wir in der Lage sind, über die Widersprüche hinauszusehen, die den Stammeslehren innewohnen, und eine tiefere Ebene der Wahrheit anzustreben. Jedesmal wenn wir uns in Richtung symbolisches Bewußtsein bewegen, beeinflussen wir auf positive Weise unsere Energie und unsere biologischen Systeme. Wir tragen auch dazu bei, dem kollektiven Lebenskörper – dem globalen Stamm – positive Energie zukommen zu lassen. Betrachten Sie diesen Prozeß der spirituellen Reifung als »spirituelle Homöopathie«.

Die energetischen Folgen unserer Überzeugungen

Ungeachtet der »Wahrheit« vertrauter Überzeugungen richtet jede einzelne Auffassung ein gewisses Maß an Energie in einen Akt der Schöpfung. Jede Überzeugung, jede Tat, hat eine direkte Konsequenz. Wenn wir mit einer Gruppe von Menschen bestimmte Glaubensinhalte teilen, dann nehmen wir an den energetischen und physischen Ereignissen teil, die von dieser Gruppe geschaffen werden. Das ist ein kreativer, symbolischer Ausdruck der heiligen Wahrheit »Alles ist eins«. Wenn wir einen Kandidaten unterstützen, der sich um ein politisches Amt bewirbt, und dieser Kandidat gewinnt, haben wir das Gefühl, unsere Energie und unsere physische Unterstützung hätten geholfen; außerdem spüren wir irgendwie, daß er unsere

Sorgen ernst nimmt – und das ist eine Möglichkeit, die Macht der Einheit in der Wahrheit »Alles ist eins« physisch zu erfahren.
C. G. Jung hat einmal gesagt, der Gruppengeist sei die »unterste« Form des Bewußtseins, weil die Individuen, die an einer negativen Gruppenaktion teilnehmen, nur selten, wenn überhaupt, die Verantwortung für ihre persönliche Rolle bei dieser Tat akzeptieren. Diese Wirklichkeit ist die Schattenseite der Wahrheit »Alles ist eins«. Tatsächlich besagt das ungeschriebene Stammesgesetz, daß die Führer die Verantwortung auf sich nehmen, nicht die Anhänger. Die Nürnberger Prozesse nach dem Zweiten Weltkrieg sind ein klassisches Beispiel für die Begrenzung der Stammesverantwortung. Die meisten der Nazi-Angeklagten, die sich für die Planung und Durchführung des Völkermords an elf Millionen Menschen verantworten mußten, gaben an, sie hätten nur »Befehle befolgt«. Zweifelsohne waren sie zu jener Zeit stolz auf ihre Fähigkeit, ihrer Stammesverantwortung nachzukommen, aber sie waren völlig unfähig, auch nur die geringste persönliche Konsequenz bei der Verhandlung zu akzeptieren.

Angesichts der Macht gemeinsamer Überzeugungen – ob falsch oder richtig – ist es schwierig, eine andere Meinung als die des Stammes zu vertreten. Man hat uns gelehrt, unsere Wahl stets so zu treffen, daß sie die Bestätigung des Stammes findet, seine gesellschaftlichen Tugenden, seine Kleiderordnung und seine Einstellungen annimmt. Symbolisch gesehen spiegelt diese Adaption die Vereinigung von individuellem Willen und der Willenskraft der Gruppe wider. Es ist ein machtvolles Gefühl, sich inmitten einer Gruppe von Menschen oder Familienangehörigen zu befinden, in der man sich spirituell, emotional und physisch wohl fühlt. Eine solche Vereinigung gibt uns Kraft und verstärkt energetisch unsere persönli-

che Macht sowie unsere kreative Stärke – und das so lange, wie wir eine Wahl treffen, die mit derjenigen der Gruppe in Einklang steht. Wir vereinen uns, um schöpferisch zu sein.
Gleichzeitig haben wir in uns den unablässigen angeborenen Wunsch, unsere eigenen kreativen Fähigkeiten zu erforschen, unsere individuelle Macht und Autorität zu entwickeln. Dieser Wunsch ist die Triebfeder hinter unserem Streben, bewußter zu werden. Die universelle menschliche Reise zielt dahin, sich unserer Macht bewußt zu werden und wie wir diese Macht nutzen können. Um die Verantwortung zu wissen, die in der Macht der Wahl liegt, ist der Kern dieser Reise.
Es erfordert Durchhaltevermögen, um bewußt zu werden. Es ist eine große Herausforderung und oft schmerzlich, die persönlichen Überzeugungen zu bewerten und uns von jenen zu trennen, die unserem Wachstum nicht länger dienlich sind. Aber das Wesen des Lebens selbst besteht aus ständiger Veränderung – nicht nur äußerer, physischer, wir ändern uns auch innerlich, wachsen aus bestimmten Überzeugungen heraus und stärken andere. Die ersten Überzeugungen, die wir herausfordern, sind die des Stammes, weil unsere spirituelle Entwicklung der Struktur unseres Energiesystems folgt; wir reinigen die Ideen von unten nach oben, fangen mit den frühesten und grundlegendsten an.
Unsere Überzeugungen zu bewerten ist eine spirituelle und biologische Notwendigkeit. Physischer Körper, Verstand und Geist erfordern allesamt neue Ideen, um zu gedeihen. Einigen »Stämmen« ist beispielsweise die Bedeutung von Sport und gesunder Ernährung nur wenig bewußt, bis ein Familienmitglied erkrankt. Möglicherweise werden dem Kranken und seinen Verwandten eine neue gesunde Lebensführung und eine angemessenere Ernährungsweise ärztlich empfohlen, und sie erfahren eine völlig andere Wirklichkeit, die ihren Verstand und ihren Körper in eine tiefere Bewußtheit ihrer Bedürfnisse

einführt; sie treffen verantwortungsvollere und bewußtere Entscheidungen in ihrer persönlichen Pflege und lernen beispielsweise die Heilkraft von Ernährung und Sport zu schätzen.

Symbolisch gesehen lassen uns Lebenskrisen wissen, daß wir uns von Überzeugungen losreißen müssen, die nicht länger unserer persönlichen Entwicklung dienen. Unsere größten Herausforderungen erleben wir immer dann, wenn wir uns zwischen Wandel und Stagnation entscheiden müssen. Jede neue Kreuzung bedeutet, daß wir in einen neuen Zyklus der Veränderung treten – sei es, daß wir eine neue, gesunde Lebensweise annehmen oder neue spirituelle Übungen. Veränderung bedeutet unweigerlich auch, vertraute Menschen und Orte loszulassen und sich zu einer neuen Lebensphase weiterzubewegen.

Viele der Menschen, denen ich in meinen Workshops begegne, stecken zwischen zwei Welten fest: der alten Welt, die sie loslassen müssen, und der neuen Welt, vor der sie sich fürchten. Wir fühlen uns davon angezogen, »bewußter« zu werden, aber gleichzeitig ist es für uns beängstigend, denn es bedeutet, daß wir für uns selbst die Verantwortung übernehmen müssen – und für unsere Gesundheit, Karriere, unsere Einstellungen und Gedanken. Sobald wir auch nur in einem einzigen Bereich unseres Lebens die persönliche Verantwortung akzeptieren, können wir niemals wieder die »Stammesargumente« heranziehen, um unser Verhalten zu entschuldigen.

Im Stammesbewußtsein existiert die persönliche Verantwortung nicht in klar umrissenen Begriffen, also fällt es in diesem Milieu viel leichter, die Folgen persönlicher Entscheidungen zu vermeiden. Die Stammesverantwortung reicht nur bis zu den physischen Bereichen unseres Lebens, das heißt, der einzelne ist für seine finanziellen Verhältnisse, gesellschaftlichen Kümmernisse, seine Beziehungen und seinen Beruf weitestgehend selbst verantwortlich. Der Stamm fordert von seinen Mitgliedern jedoch nicht, persönlich die Verantwortung zu übernehmen für die Einstellungen, die sie geerbt haben. Laut der Stammesargumentation ist es akzeptabel, die eigenen Vorurteile zu entschuldigen, indem man sich darauf beruft, daß in der eigenen Familie »alle so denken«. Diese Sicherheitszone, die eine solche Entschuldigung bietet, wird von den meisten nur schwer aufgegeben. Solche Ausflüchte und Sätze wie »Das tun doch alle, warum also ich nicht auch?« und andere mehr sind die primitivste Form der heiligen Wahrheit »Alles ist eins«, und sie werden üblicherweise herangezogen, um sich vor der Verantwortung für alle möglichen unmoralischen Akte zu drücken: von der Steuerhinterziehung über den Ehebruch bis zum Einbehalten von zu hohem Wechselgeld von einem Verkäufer. Spirituell reife Erwachsene können jedoch dieser »Stammesargumentation« nicht länger folgen. Steuerhinterziehung wird zu einem absichtlichen Akt des Betrugs, Ehebruch zu einem bewußten Brechen eines Gelübdes, und das Einbehalten von zu hohem Wechselgeld kommt einem Ladendiebstahl gleich.

Häufig muß man seine Bindungen an die Stammesvorurteile prüfen, bevor eine Heilung einsetzen kann. Ein Mann namens Gerald nahm einmal Kontakt zu mir auf und bat mich um eine Sitzung. Er sagte, er sei erschöpft. Als ich seine Energie durchleuchtete, erhielt ich den Eindruck, daß er einen bösartigen Tumor in seinem Dickdarm hatte. Ich fragte ihn, ob er sich medizinischen Untersuchungen unterzogen hatte; Gerald zögerte einen Moment und erklärte dann, man habe soeben Dickdarmkrebs bei ihm diagnostiziert. Er sagte, er brauche meine Hilfe, damit er glauben könne, daß Heilung wirklich möglich sei. Ein Teil von ihm versuchte, sich von seiner Stammeseinstellung in bezug auf Krebs zu lösen, weil alle seine Familienangehörigen, die jemals an Krebs erkrankt waren, auch daran gestorben waren. Weder er noch seine Familie glaubten, Krebs könne geheilt werden. Wir sprachen über zahlreiche Möglichkeiten, wie er Hilfe bekommen könnte, beispielsweise die vielen Therapien, die Menschen geholfen haben, durch Visualisierung eine positive Einstellung zu bekommen – und wir probierten sie aus. Am wichtigsten war aber, daß Gerald intuitiv bereits erkannt hatte, daß seine Energieverbindung zu seiner Stammeseinstellung ein ebenso ernstes Problem war wie die physische Krankheit selbst.

Die toxische Stammesmacht herausfordern

Von unserem Stamm lernen wir alles über Loyalität, Ehre und Gerechtigkeit – moralische Einstellungen, die für unser Wohlbefinden und unseren Sinn für persönliche Verantwortung und Gruppenverantwortung entscheidend sind. Jede dieser Einstellungen drückt die heilige Wahrheit des ersten Chakras, des ersten Sakraments und der ersten Sephirah aus: »Alles ist eins.« Doch kann jede zerstörerisch oder »toxisch« werden, wenn sie allzu eng interpretiert wird.

Loyalität

Loyalität ist ein Instinkt, ein ungeschriebenes Gesetz, auf das sich Stammesangehörige verlassen können, insbesondere in Krisenzeiten. Daher ist die Loyalität Teil des Stammesmachtsystems und spielt oft noch eine größere Rolle als die Liebe. Sie können sich einem Familienangehörigen gegenüber loyal fühlen, den Sie nicht lieben, und Sie können Loyalität gegenüber Menschen empfinden, die demselben Volk entstammen wie Sie, auch wenn Sie sie persönlich gar nicht kennen. Wenn eine Gruppe Loyalität erwartet, dann übt das eine gewaltige Macht auf den einzelnen aus, insbesondere wenn man sich in einem Treuekonflikt befindet.

Bei einer Sitzung, die ich für einen jungen Mann durchführte, der über chronische Müdigkeit klagte, erhielt ich den Eindruck, seine Beine befänden sich symbolisch in seiner Heimatstadt; sein erstes Chakra übertrug buchstäblich Macht von seiner unteren Körperhälfte und seinem Geist zurück in seine Heimatstadt. Der Rest seines Körpers war gewissermaßen bei ihm, dort, wo er gegenwärtig lebte, und diese Zerrissenheit war die Ursache seiner chronischen Müdigkeit. Als ich ihm meinen Eindruck mitteilte, meinte er, daß er seine Heimatstadt nie wirklich hatte verlassen wollen, weil seine Familie in starkem Maße von ihm abhing, aber er war von seiner Firma versetzt worden. Ich fragte ihn, ob er seine Arbeit mochte. Er antwortete: »Es geht so.« Ich schlug vor, er solle angesichts der Tatsache, daß er in seinen Beruf so wenig investiert hatte, kündigen und nach Hause zurückkehren. Zwei Monate später erhielt ich einen Brief von ihm. Einige Tage nach unserem Gespräch, schrieb er, habe er seine Kündigung eingereicht und sei innerhalb einer Woche nach Hause zurückgekehrt. Seine chronische Müdigkeit sei geheilt, und obwohl er noch keine neue Arbeitsstelle gefunden habe, fühle er sich großartig.
Loyalität ist eine herrliche Stammeseigenschaft, insbesondere wenn sie bewußt gelebt wird – eine Verpflichtung, die dem einzelnen ebenso dient wie der Gruppe. Loyalität im Extrem, die die Fähigkeit zum Selbstschutz schädigt, stellt jedoch eine Fehlhaltung dar, die man überwinden muß. Der folgende Fall handelt von einer elementaren Stammesverletzung und verdeutlicht den symbolischen Sinn des Sakraments der Taufe.
Tony, 32 Jahre alt, ist der Sohn osteuropäischer Einwanderer. Er war fünf Jahre alt und eines von sieben Kindern, als seine Familie in die Vereinigten Staaten zog. In den ersten Jahren, als sie sich in Amerika ein Heim schufen, war es für Tonys Eltern sehr schwierig, die Familie mit dem Nötigsten zu versorgen. Das Geld reichte kaum für die notwendigen Lebensmittel.

Im Alter von acht Jahren bekam Tony einen Job bei einem örtlichen Süßwarenladen und durfte dort kleinere Hilfsarbeiten erledigen.

Seine Familie war zutiefst dankbar für die zusätzlichen zehn Dollar pro Woche. Nach zwei Monaten brachte der Junge fast zwanzig Dollar pro Woche nach Hause, und er war sehr stolz auf sich – er konnte sehen, wie sehr seine Eltern seinen Beitrag zum Familieneinkommen zu schätzen wußten. Doch nach einiger Zeit begann der Eigentümer des Ladens, Tony sexuell zu mißbrauchen. Es fing an als beiläufiger körperlicher Kontakt, führte aber schließlich zu einer Situation, in der dieser Päderast den kleinen Jungen völlig unter seiner Kontrolle hatte. Tony wurde vollkommen vereinnahmt, und er mußte den Ladenbesitzer jeden Abend anrufen, um ihm zu versichern, daß es immer noch »ihr Geheimnis« war.

Mit der Zeit wurde Tonys psychischer Zustand infolge dieses »Doppellebens« natürlich immer bedenklicher. Er wußte, daß seine regelmäßigen Begegnungen mit dem »Candyman« abartig waren, aber seine Familie zählte mittlerweile auf seinen monatlichen Beitrag zum Haushaltsgeld, der fast hundert Dollar betrug. Er fand schließlich den Mut, seiner Mutter zu erzählen, was er tun mußte, um sein monatliches Einkommen zu sichern – wenn auch nicht in allen Einzelheiten. Tragischerweise reagierte sie darauf, indem sie ihm verbot, jemals wieder von »solchen Dingen« zu sprechen. Die Familie rechne fest damit, daß er seinen Arbeitsplatz behalte.

Tony blieb in dem Laden, bis er dreizehn Jahre alt war. Die Auswirkungen des Mißbrauchs währten noch mindestens bis in seine spätere Schulzeit massiv hinein. Er schaffte kaum das erste Jahr an der High-School, und mit fünfzehn stieg er aus. Um seinen Lebensunterhalt zu verdienen, nahm er einen Anlernjob bei einer Baufirma an und begann gleichzeitig zu trinken.

Der Alkohol half Tony, seine alptraumhaften Erfahrungen des sexuellen Mißbrauchs zu unterdrücken und seine Nerven zu beruhigen. Im Laufe der Monate trank er jeden Abend nach der Arbeit. Mit sechzehn war er ein geschickter Straßenkämpfer und galt in der Nachbarschaft als Unruhestifter. Die örtliche Polizei brachte ihn mehrmals nach Hause, weil er Schlägereien begonnen oder in geringem Umfang randaliert hatte. Seine Familie wollte ihn zwingen, mit dem Trinken aufzuhören, aber sie scheiterte. Als Tonys Freunde ihn einmal nach einer Sauftour heimbrachten, brüllte er im Zorn seine Eltern und seine Brüder an, weil sie ihn vor dem »Candyman« nicht gerettet hatten. Er wußte, daß seine Mutter dem Vater von dem Mißbrauch erzählt hatte, denn seine Eltern verboten seinen jüngeren Brüdern, den Laden zu betreten, auch wenn sie Tony niemals baten, mit der Arbeit aufzuhören. Später wurde ihm klar, daß auch seine Brüder verstanden hatten, was geschehen war, es aber nur als Ulk betrachteten und sogar andeuteten, daß es ihm gefallen habe.

Mit 25 eröffnete Tony seine eigene kleine Baufirma; er und sein Team aus vier Männern führten in den Häusern der Nachbarschaft kleinere Reparaturarbeiten durch. Er brachte es fertig, sein Geschäft recht erfolgreich zu führen, bis er 28 wurde. Dann trank er so viel, daß sein Alkoholkonsum paranoide Anfälle auslöste, in denen er glaubte, er sei von Dämonen umgeben, die ihm befahlen, sich selbst zu töten. Mit 29 hatte Tony seine Firma und sein Zuhause verloren. Um damit fertig zu werden, gab er sich gänzlich dem Alkohol hin.

Ich begegnete Tony, einen Monat nachdem er wieder angefangen hatte zu arbeiten. Er war engagiert worden, um Reparaturen an einem Haus in meiner Nachbarschaft durchzuführen, und wir trafen uns rein »zufällig«. Selbst während der Arbeit mit seiner kleinen Mannschaft trank er. Ich gab meinen Kommentar dazu ab, woraufhin er meinte: »Sie würden auch trinken, wenn Sie meine Erinnerungen hätten.« Ich sah ihn an, und beim Anblick seiner Körperhaltung wußte ich sofort, daß er als Kind mißbraucht worden war. Ich fragte ihn, ob er über seine Kindheit sprechen wollte. Aus irgendeinem Grund öffnete er sich, und dieses dunkle Kapitel seines Lebens strömte aus ihm heraus.

Wir trafen uns danach noch einige Male, um über seine Vergangenheit zu sprechen. Während ich ihm zuhörte, erkannte ich: Der Schmerz darüber, daß seine Familie nicht versucht hatte, ihm zu helfen, war größer als der Schmerz des sexuellen Mißbrauchs selbst. Auch zu dem Zeitpunkt hielt seine Familie ihn noch für einen hoffnungslosen Trinker und ging davon aus, er werde in seinem Leben immer wieder scheitern. Der Schmerz über diesen Betrug durch seine Familie zerstörte ihn. Interessanterweise hatte er dem »Candyman« längst vergeben. Seine unbewältigten Angelegenheiten betrafen seine Familie.

Zwei Monate nach unserer ersten Begegnung beschloß Tony von sich aus, auf Alkoholentzug zu gehen. Nach Beendigung des Entzugs nahm er Kontakt zu mir auf und teilte mir die Heilwirkung der Therapiesitzungen mit. Er wußte, daß er jetzt an seinen negativen Gefühlen gegenüber seiner Familie arbeiten mußte.

In therapeutischen Kreisen bedeutet eine Versöhnung meistens, daß man sich den Menschen stellt, mit denen man unerledigte Angelegenheiten teilt, und vor ihnen seine Wunden reinigt. Bestenfalls werden sich die Menschen, die einen verletzt haben, entschuldigen, und es tritt eine Form von Erneuerung oder Ende auf. Tony erkannte jedoch, daß seine Familie niemals in der Lage sein würde, ihren Betrug an ihm zuzugeben. Insbesondere seine Eltern schämten sich viel zu sehr, als daß sie seiner Geschichte auch nur zuhören konnten. Sie waren emotional einfach nicht in der Lage zuzugeben, daß sie vor so vielen Jahren gewußt hatten, was er tun mußte, um sein Geld zu verdienen. Tony dagegen nahm Zuflucht zum Gebet und zu einer langjährigen Psychotherapie.

Nachdem seine Abstinenz und seine Hingabe an das Gebet über ein Jahr anhielten, erzählte er mir, die Wut auf seine Familie sei verraucht. Ich glaubte ihm. Angesichts der Angst seiner Eltern ums Überleben in einem neuen Land mit sehr wenig Geld, sagte er, hatten sie vielleicht die einzige Wahl getroffen, deren sie fähig waren. Er arbeitete daran, seine Familienbande zu erneuern, und als sein Geschäft wuchs, sprach seine Familie voller Stolz von seinem Erfolg. Für ihn kam das einer Entschuldigung für die Ereignisse vor so langer Zeit gleich.

Tony war in der Lage, seine Familie trotz des großen Unrechts zu segnen und sie als die Quelle der Stärke zu sehen, die er in sich selbst entdeckt hatte. Seine Reise von der Ächtung zu Heilung, Liebe und Akzeptanz verkörpert die symbolische Bedeutung des Sakraments der Taufe.

George kam zu einem meiner Workshops, weil seine Ehefrau ihn zur Teilnahme gedrängt hatte.

Er war kein typischer Teilnehmer. Er stellte sich als »Zuschauer« vor und machte uns von Anfang an klar, daß all dieser »Hokuspokus« das Interesse seiner Frau war, nicht seines.

Ich begann den Workshop mit einer Einführung in das menschliche Energiesystem. George löste derweil ein Kreuzworträtsel. Während meines Vortrags über den Zusammenhang von inneren Einstellungen und körperlicher Gesundheit hielt er ein Schläfchen. In der Pause brachte ich George etwas zu trinken. »Kann ich Sie für eine Tasse Kaffee begeistern?« fragte ich in der Hoffnung, er würde den Wink verstehen und begreifen, daß ich es vorziehe, wenn meine Schüler ihre Augen offenhalten.

Nach der Pause ging ich auf das erste Chakra und das Wesen des Stammeseinflusses ein; George stellte die Ohren auf. Zuerst dachte ich, das Koffein zeige Wirkung, aber als ich über den Einfluß dieser frühen Programmierung auf unseren biologischen Aufbau sprach, meinte George: »Wollen Sie damit zum Ausdruck bringen, daß alles, was meine Familie je zu mir sagte, immer noch in meinem Körper herumschwirrt?« Sein Ton grenzte an Sarkasmus, doch etwas an diesem Thema hatte offensichtlich einen Nerv getroffen.

Ich erläuterte, daß vielleicht nicht gerade alles, was seine Eltern je zu ihm gesagt hatten, sich noch in seinem Energiesystem befinde, aber vieles davon zweifelohne. »Welche Erinnerung haben Sie beispielsweise daran, wie Ihre Eltern damit umgingen, älter zu werden?« Ich fragte ihn das, weil George eben sechzig geworden war.

Mucksmäuschenstill warteten alle Workshopteilnehmer auf Georges Antwort. Als ihm klar wurde, daß er ihre ungeteilte Aufmerksamkeit besaß, wurde er fast wieder zum Kind und schien sehr unsicher. »Ich weiß es nicht. Darüber habe ich nie nachgedacht.«

»Tja, dann denken Sie jetzt darüber nach«, meinte ich und wiederholte die Frage. Georges Frau war auf den Stuhlrand vorgerutscht und wollte für ihn antworten. Ich schenkte ihr einen Blick, der besagte: »Denken Sie nicht einmal daran«, und sie rutschte auf ihrem Stuhl wieder zurück.

»Ich weiß nicht, was ich sagen soll. Meine Eltern meinten immer, ich solle hart arbeiten und mein Geld sparen, weil ich in der Lage sein müßte, im Alter für mich selbst zu sorgen.«

»Und wann wollen Sie alt sein?« fragte ich. George konnte diese Frage nicht beantworten, also stellte ich sie neu. »Wann wurden Ihre Eltern alt?«

»In ihren Sechzigern natürlich.«

»Also haben Sie beschlossen, alt zu werden, als Sie sechzig wurden«, meinte ich.

»Jeder wird mit sechzig alt«, meinte George. »So ist das eben.

Darum geht man in seinen Sechzigern ja auch in Rente, weil man alt wird.«

Den ganzen Nachmittag diskutierten wir über Georges Kommentare. George ließ die Gruppe wissen, daß er immer schon geglaubt hatte, das Altsein beginne mit sechzig. Diese Botschaft wurde auch ständig von seinen Eltern verstärkt, die übrigens beide die Siebzig nicht erreichten.

Wir sprachen darüber, was es bedeutet, sich von einer Überzeugung zu lösen, die keinen Wahrheitsgehalt besitzt, aber dennoch »Macht« über einen hat. Zur großen Überraschung aller, einschließlich seiner Frau und mir, begriff George diese Vorstellung sofort. Es war, als ob ihm jemand ein neues Spielzeug in die Hand gedrückt hätte. »Sie meinen, wenn ich mich, wie Sie sagen, von einer Vorstellung löse, dann hat diese Vorstellung in meinem Leben keinerlei Autorität mehr?«

Der großartigste Moment war gekommen, als George seine Frau ansah und erklärte: »Ich will nicht länger alt sein, du etwa?« Seine Frau lachte und weinte gleichzeitig – wie der gesamte Workshop. Ich kann immer noch nicht erklären, warum Georges Erkenntnis so schnell einsetzte. Ich habe selten erlebt, wie jemand so rasch und so tief begriff wie George, als er erkannte, daß der eigentliche Grund, warum er alt wurde, seine Überzeugung war, mit sechzig müsse das eben so sein. George genießt sein Leben, seit er seine ureigenste Überzeugung vom Alter ehrt, anstatt von den Vorstellungen der Gesellschaft beherrscht zu werden.

Ehre

Nicht nur Loyalität, auch Ehre hält einen Stamm zusammen. Ehre ist der gemeinschaftlich festgelegte Kodex aus moralischen, ethischen und sozialen Verhaltensweisen, der eine Richtschnur für die Lebensführung schafft, die die Stammesangehörigen auf machtvolle Weise zusammenhält. Jeder Ehrenkodex eines Stammes ist eine Kombination aus religiösen und kulturellen Traditionen und Ritualen. Rituale wie die Taufe oder andere Stammessegnungen binden neue Mitglieder energetisch an die spirituelle Macht der Gruppe. Ein Gefühl für Ehre strahlt Stärke in uns aus, stimmt uns auf unsere Bluts- und Volksverwandten ein und lehrt uns, wie wichtig es ist, unser Wort zu halten und integer zu handeln.

Obwohl die Ehre für gewöhnlich nicht als Komponente der Gesundheit betrachtet wird, bin ich zu der Ansicht gelangt, daß sie sehr wohl deren wichtigster Faktor sein mag, sogar ebenso wichtig wie die Liebe. Das Gefühl der Ehre trägt überaus kraftvolle und positive Energie in unsere spirituellen und biologischen Systeme, in unser Immunsystem sowie in unsere Knochen und Beine. Ohne Ehre ist es für den einzelnen sehr schwierig, wenn nicht gar unmöglich, mit Stolz und Würde für sich einzustehen, weil ihm für sein Verhalten und für seine Entscheidungen der Bezugsrahmen fehlt und er somit weder sich selbst noch anderen trauen kann.

Ein Gefühl der Ehre gehört auch zu dem, was ein Stamm seine Angehörigen über den fundamentalen Stammesritus der Ehe lehrt. Eine Frau, die das letzte noch lebende Mitglied ihrer Familie war, beschrieb es einmal so: »Mein Vater nahm mir auf seinem Sterbebett das Versprechen ab, ein Kind zu bekommen. Ich sagte ihm, daß ich noch keinen Mann gefunden hätte, den ich heiraten wollte. Seine letzten Worte an mich lauteten: ›Heirate irgendeinen, aber laß die Familie nicht aussterben.‹«

Durch die Art und Weise, wie verheiratete Partner sich verhalten, erlernt die nächste Generation ethische Normen. Ehebruch ist offiziell verboten, doch geben Stammesälteste, die Ehebruch begehen, den Kindern dadurch die Erlaubnis, diese Regel ebenso zu brechen, sobald sie erwachsen sind. Ein Vater ernährt nach traditioneller Auffassung seine Familie; doch ein

Vater, der vor seiner Verantwortung wegläuft, hinterläßt den Kindern eine sehr verzerrte Sicht von Verpflichtung und Verantwortung. Man bringt uns bei, andere mit Respekt zu behandeln; doch Eltern, die diesen Respekt nicht selbst zeigen, ziehen Kinder heran, die respektlose Erwachsene werden. Ohne die moralische Stabilität eines Regelkatalogs aus ehrenhaften Verhaltensweisen werden Kinder groß, ohne ein stabiles Leben für sich selbst erschaffen zu können.

Sie müssen in der Lage sein, Ihr Wort zu geben und es zu halten – sei es sich selbst oder einem anderen Menschen gegenüber. Sie müssen darauf vertrauen können, etwas zu vollenden und Ihre Verpflichtung zu respektieren. Wenn Sie sich selbst nicht vertrauen, werden Sie bei jedem und allem in Ihrer Umgebung glauben, es sei nur provisorisch und nicht von Dauer, denn Sie selbst tragen dieses Gefühl in sich. Ein Mann sagte einmal: »Ich will nicht so leben, wie meine Eltern es taten, immer haben sie sich etwas vorgelogen. Aber ich denke, daß ich diese Charaktereigenschaft irgendwie geerbt habe, und unter den entsprechenden Umständen werde ich mich ebenso verhalten.« Das Fehlen individueller Ehre breitet sich über die Grenzen des persönlichen Stammes hinaus auf die Gesellschaft im allgemeinen aus.

Ich traf Sam in einem Workshop, auf dem er ganz offen seine Lebensgeschichte mit uns teilte. Er war in Armut und ohne eine Vaterfigur aufgewachsen. Er suchte verzweifelt nach einem Vorbild, und sei es auch der Anführer einer Gang. Auf diese Weise bekam er ein Gefühl für Ehre. Als bedeutender Drogendealer verdiente er fast 75 000 Dollar pro Woche. Er hatte eine Gruppe von »Angestellten«, die ihm bei seinen Deals halfen. Es ging um enorme Geldsummen.

Eines Tages schaltete Sam bei seiner Fahrt im Auto das Radio ein. Es lief eine Talk-Show. Als er gerade den Sender wechseln wollte, erwähnte die Gastrednerin die Existenz von Engeln. Sie sagte, jeder Mensch habe einen Schutzengel und dieser Engel wache über uns und all unsere Taten. Später erinnerte sich Sam: »Ich wollte nichts von dem Zeug hören, aber urplötzlich konnte ich nur noch an die Geschichten denken, die mir meine Großmutter, als ich aufwuchs, immer erzählte, darüber, wie mein Engel stets auf mich aufpaßt. Ich hatte alles vergessen, bis ich diese Frau im Radio sprechen hörte.«

Sam war auf seinem Weg zu einer Drogenlieferung, aber nun wurde er von dem Gefühl heimgesucht, sein Engel beobachtete, was er gerade tat. »Ich konnte an diesem Tag nur noch an eines denken: Was, wenn ich sterbe? Wie werde ich erklären, womit ich mir meinen Lebensunterhalt verdient habe?«

Zum ersten Mal in seinem Leben überkam Sam das Gefühl, ein Problem zu haben, für das er keine Lösung wußte. »Ich meine, es gab da eine Menge Jungs, die darauf zählten, daß ich ihnen zu Kohle verhalf. Zu denen konnte ich nicht einfach sagen: ›Hört zu, Leute, wir müssen jetzt alles ändern, weil diese Engel uns zusehen, und wir wollen doch nicht, daß die wütend auf uns werden.‹ Das sind harte Typen, und ich wußte nicht, wie ich aus dieser Situation herauskommen sollte.«

Eines Nachts, nur wenige Tage nach dem Radioprogramm, fuhr Sam mit seinem Wagen gegen einen Laternenpfahl und zog sich ziemlich ernste Verletzungen an den Beinen und im Kreuz zu. Seine »Angestellten« versicherten ihm, sie würden seine Geschäfte fortführen, aber Sam sah den Unfall als Chance, die Richtung seines Lebens zu ändern. Die Ärzte erklärten ihm, daß es sehr lange dauern würde, bis er die Beine wieder gebrauchen könne, und selbst dann würde er möglicherweise für den Rest des Lebens unter chronischen Schmerzen leiden. Sam fing an, Bücher zum Thema Heilung zu lesen – und zum Thema Engel.

»Ich hatte das Gefühl, wenn ich mein Wort gab, nicht auf die Straße zurückzukehren, würde es mir möglich sein, meine Bei-

ne zu heilen. Ich sagte meinen Jungs, daß mir der Druck einfach zu stark sei, und aus irgendeinem Grund glaubten sie mir. Das lag wohl auch daran, weil sie meinen Anteil am Gewinn wollten, und das war mir nur recht. Ich zog aus meinem Viertel weg, sobald ich konnte, und fing mein Leben ganz von vorn an.«
Sam trat schließlich einer anderen Art von »Gang« bei – einer Jugendgruppe, die sich abends in den Räumen des CVJM traf. Er half den Kindern hingebungsvoll, nicht in das Leben abzugleiten, das er früher geführt hatte.
»Im Vergleich zu dem, was ich früher eingenommen habe, verdiene ich dieser Tage kaum Geld, aber glaubt mir, darauf kommt es nicht an. Ich habe mein Auskommen. Wenn ich diese Kinder sehe und sie mir von ihren Träumen erzählen, sage ich ihnen, daß alles möglich ist, weil ich weiß, es stimmt. Ich spreche mit ihnen sogar darüber, wie wichtig es ist, stolz zu sein auf das, was sie tun, und manchmal spreche ich mit ihnen über ihre Engel. Diese Kinder geben mir das Gefühl, daß mein Leben einen Sinn hat. Ich kannte dieses Gefühl früher nicht, und ich muß euch sagen, davon wird man mehr ›high‹ als von jeder Droge, die ich je verkauft habe. Zum ersten Mal in meinem Leben weiß ich, wie es sich anfühlt, bis auf die Seele clean zu sein und stolz zu sein auf den, der man ist.« Er wurde zu einem anderen »Gang-Anführer« und inspirierte in den Kindern, mit denen er arbeitete, ein Gefühl der Ehre.
Sam hinkt heute, aber er kann wieder gehen. Er meinte im Spaß: »Wer hätte je gedacht, daß ich hinkend aufrechter gehe als je zuvor?« Er hat immer noch seine »Schmerztage«, wie er sie nennt, aber seine Einstellung zum Leben ist von endloser Freude geprägt. Er inspiriert jeden, mit dem er in Kontakt kommt, und er strahlt eine Qualität der Selbstachtung aus, die daher stammt, daß er sein Leben wirklich liebt. Ich zweifle nicht daran: Seine Heilung wurde dadurch verstärkt, daß er den Sinn seines Lebens entdeckte.

Gerechtigkeit

Unser Stamm führt uns auch in die Vorstellung von Gerechtigkeit ein: Für gewöhnlich ist es das Gesetz »Auge um Auge« oder »Was du nicht willst, daß man dir tu', das füg auch keinem andern zu« oder das karmische Gesetz »Was du aussendest, das kehrt zu dir zurück«. Die Stammesgerechtigkeit hält die soziale Ordnung aufrecht und kann auf folgende Weise zusammengefaßt werden: Es ist gerecht, Rache für schädliche Taten zu suchen, die nicht selbst provoziert wurden; es ist gerecht, alles zu tun, was notwendig ist, um sich selbst oder seine Familie zu schützen; es ist gerecht, anderen Familienangehörigen in Sachen Schutz oder Rache zu helfen. Es ist ungerecht, ein Familienmitglied aus Profitstreben einem Risiko auszusetzen; es ist ungerecht, einem Stammesbefehl nicht Folge zu leisten; es ist ungerecht, jemandem zu helfen, den der Stamm als Bedrohung eingestuft hat. Das ausdrückliche Gebot, keine Schande über die Familie zu bringen, übt auf jedes Mitglied eine extreme Kontrollkraft aus.

Wenn ein Stammesmitglied etwas für andere Wertvolles erreicht, teilen andere Mitglieder automatisch die »Energiebelohnung«. Es ist keineswegs ungewöhnlich, daß ein Stammesmitglied von der Macht eines anderen Angehörigen, der einen öffentlichen Ruf gewonnen hat, »lebt«. »Was ist ein Name?« (Shakespeare, *Romeo und Julia*, II, 2) fragen wir bisweilen verächtlich. Aber ein Name kann sehr viel sein – die Energie von Stolz oder Scham, die von dem ersten Chakra eines Menschen übermittelt wird. Die Stammesgerechtigkeit zu verletzen kann andererseits einen Machtverlust im Energiesystem des einzelnen hervorrufen – und das so nachhaltig, daß er sich dauerhaft »entwurzelt« fühlt und Schwierigkeiten hat, Beziehungen zu anderen Menschen einzugehen.

Man glaubt für gewöhnlich, daß es einen »menschlich logi-

schen« Grund gibt, warum die Dinge so geschehen, wie sie es tun. Solche Überzeugungen verursachen schreckliche Trauer. Manche Menschen verbringen viele Jahre mit dem vergeblichen Versuch, »den Grund« dafür herauszufinden, warum sie bestimmte schmerzliche Ereignisse erdulden mußten; wenn sie keine zufriedenstellende Ursache finden können, führen sie ein Leben im Nebel – unfähig, sich vorwärtszubewegen, und doch auch nicht in der Lage, die Vergangenheit loszulassen. Obwohl das Stammesgesetz notwendig ist, um die gesellschaftliche Ordnung aufrechtzuerhalten, spiegelt es nicht die Gründe des Himmels wider. Wenn man über die Symbolik des Sakraments der Taufe nachdenkt, kann man einen spirituellen Ausweg aus der Falle der menschlichen Gerechtigkeit finden und in die Natur der göttlichen Vernunft eintauchen. Sobald wir erkennen, daß unsere Stammesumstände »arrangiert« wurden, um unser spirituelles Wachstum zu fördern, nicht für unser körperliches Wohlbefinden, dann sehen wir auch, wie entscheidend schmerzliche Ereignisse für unsere persönliche Entwicklung sind – und keine Strafe für unsere Taten.
Wenn die Stammesgerechtigkeit unsere spirituelle Weiterentwicklung verhindert, müssen wir uns von ihrer Autorität über unsere individuelle Entscheidungsfreiheit befreien. Diese Herausforderung gehört zu den schwierigsten in Zusammenhang mit dem ersten Chakra, weil sie oft die körperliche Trennung von unserer Familie oder von einer Gruppe von Menschen erfordert, mit denen wir enge Bindungen eingegangen sind.

Patrick war ein erstaunlich charmanter Mann. Als er an einem meiner Workshops teilnahm, flirtete er mit jeder Frau im Umkreis von drei Metern. Jeder, der ihn traf, hielt ihn für vergnügt, warm und liebevoll. Er war von Beruf Notfallsanitäter. Als begnadeter Geschichtenerzähler, der im Workshop auch viele Einzelheiten aus seinem Leben mit uns teilte, faszinierte er alle. Nur wenige schienen zu bemerken, daß Patrick auch an chronischen Schmerzen in seinen Beinen und im Kreuz litt. Er konnte nicht für die Dauer einer ganzen Vorlesung sitzen, sondern mußte hin und wieder aufstehen und seinen Körper einige Augenblicke lang strecken. Außerdem hinkte er leicht.

Jeder nahm an, Patrick sei privat ebenso unbeschwert, wie er es in der Öffentlichkeit zu sein schien, obwohl er aus dem für seine endlosen religiösen und wirtschaftlichen Konflikte bekannten Nordirland stammte und er wahrscheinlich mehr als genug an Schußwunden und Opfern von Autobomben in seiner Notaufnahme zu sehen bekommen hatte.

Eines Morgens traf ich Patrick beim Frühstück, und er bat mich um eine Einschätzung seiner Energie, obwohl ihm dabei offensichtlich nicht ganz wohl war. Ich fragte ihn nach seinem Alter. Als ich in diesen schwebenden Zustand eintrat, der eine Einschätzung erlaubt, meinte er nervös: »Was glauben Sie, wieviel Sie sehen können?« Sofort erhielt ich den Eindruck, er gehöre zum Militär und die Schmerzen im Bein seien darauf zurückzuführen, daß er schwer verprügelt worden war, wodurch seine Beine dauerhafte Schäden davongetragen hatten.

»Warum erhalte ich den Eindruck, daß Sie ein Doppelleben führen – halb beim Militär und halb im Krankenhaus? Sind Sie Mitglied in einer militärischen Vereinigung?«

Patricks ganzer Körper und sein Verhalten versteiften sich umgehend. Als er sich von dem warmen und liebevollen Wesen zu einem eiskalten Fremden veränderte, erkannte ich, daß ich soeben eine gefährliche Grenze überschritten hatte.

Patrick antwortete: »In meinem Teil der Welt muß man bereit sein, sich selbst zu schützen.« Offensichtlich bezog er sich dabei auf den schwelenden Konflikt in Nordirland. Doch wußte ich sofort, daß seine Energie nicht auf Selbstverteidigung, sondern auf Aggression zielte. »Ich glaube, der Druck Ihrer Verbindung zu dieser paramilitärischen Organisation ist die Ursache für Ihre Unfähigkeit, die chronischen Schmerzen zu heilen. Meiner Meinung nach müssen Sie Ihre Verbindung zu dieser Gruppe lockern, besser noch ganz auflösen.«

Er erwiderte: »Manche Dinge sind möglich, andere nicht. Ein Mensch kann sich der Macht der Geschichte nicht entziehen, gleichgültig, wie sehr er das möchte. Und kein Mensch kann so einfach die Art und Weise ändern, wie Dinge getan werden. Rache führt zu mehr Rache, in der einen Woche sind es meine Beine, in der nächsten Woche sind es deren Beine. Es ist närrisch, aber wenn man sich erst einmal auf diesem Weg befindet, kommt man nicht mehr herunter.«

Wir saßen einige Augenblicke schweigend nebeneinander, keiner von uns sprach. Dann meinte er: »Ich muß jetzt gehen. Ich habe schon genug gesagt.« Ich dachte, er wolle nur den Frühstückstisch verlassen, aber in Wirklichkeit verließ er den Workshop. Ich habe ihn nie wieder gesehen.

Ich weiß nicht, ob Patrick je gezwungen war, einem Menschen das Leben zu nehmen, aber ich weiß, daß die Last seines Doppellebens der Grund war, warum seine Beine nicht heilen konnten. Er war einfach unfähig, sich von seinem »militärischen Stamm« zu lösen – ungeachtet der Kosten für seine persönliche Gesundheit und des Konflikts zwischen seinem Gefühl für persönliche Gerechtigkeit und der Atmosphäre selbstgerechter Rache, die ihn umgab.

Die höchste Lektion des ersten Chakras besagt, daß die einzige reale Gerechtigkeit göttlich angeordnet ist. Ich begriff die Tiefe dieser Erkenntnis, während ich eine Frau einschätzte, die völlig von Krebs zerfressen war. Als ich ihre Eindrücke erhielt, sah ich das Bild der Kreuzigung. Dieses Bild stand nicht in Verbindung zu ihrer Religion, sondern vielmehr zu ihrem Gefühl, unter einer »Judas«-Erfahrung zu leiden – die Herausforderung, von einem tiefschürfenden Betrug zu heilen.

Als ich über die Bedeutung dieses Bildes nachdachte, erkannte ich, daß die Judas-Erfahrung ein Archetypus ist. Sie übermittelt das Wissen, daß menschliche Argumentation und Gerechtigkeit uns an irgendeinem Punkt immer im Stich lassen und wir nicht die Macht haben, die Ereignisse in unserem Leben neu zu ordnen und alle Dinge so zu gestalten, wie wir sie gern hätten. Die Lektion einer Judas-Erfahrung besagt, es ist ein Fehler, an menschliche Gerechtigkeit zu glauben, und wir müssen unseren Glauben von der menschlichen auf die göttliche Autorität verlagern. Wir müssen darauf vertrauen, daß unser Leben »mit göttlicher Gerechtigkeit« regiert wird, auch wenn wir das nicht sehen können. Wir müssen danach streben, nicht bitter zu werden oder uns an unser Opferdasein zu klammern, wenn wir betrogen wurden oder nicht das bekommen, was wir wollen – wie die Frau, die infolge ihrer Betrugserfahrung Krebs entwickelte. Wir müssen darauf vertrauen, daß wir überhaupt kein Opfer sind und diese schmerzliche Erfahrung für uns die Herausforderung darstellt, neu zu bewerten, auf was wir unseren Glauben setzen. Eriks Geschichte illustriert auf klassische Weise ebendiese Herausforderung.

Ich traf Erik vor mehreren Jahren auf einem Workshop in Belgien. Er saß während der ganzen Sitzung stumm auf seinem Stuhl, und als alles vorüber war, verkündete er, daß man ihn dazu ausersehen hatte, mich nach Amsterdam zu fahren. Ich war erschöpft und wollte schlafen, aber sobald wir uns auf dem Weg befanden, sagte er: »Lassen Sie mich Ihnen alles über mich erzählen.« Zu dem Zeitpunkt fand ich die Aussicht darauf alles andere als ansprechend. Trotzdem meinte ich: »Okay, ich bin ganz Ohr«, und bis zum heutigen Tag bin ich für seine Beharrlichkeit dankbar.
Zehn Jahre zuvor war Eriks Leben zu einem Trümmerhaufen geworden. Zwei Geschäftspartner, mit denen er eine Reihe

von Großprojekten geplant hatte, verkündeten eines Tages, sie wollten nicht mehr mit ihm zusammenarbeiten. Da es zwei gegen einen stand, konnte er nicht viel tun. Sie unterbreiteten ihm ein Ausgleichsangebot: Er konnte entweder umgerechnet 35 000 Dollar in bar bekommen oder alle Aktien an einer Firma, die ihnen gemeinsam gehörte. Diese Aktien waren aber praktisch wertlos.
Verblüfft verließ Erik sein Büro und ging nach Hause. Als er heimkam, meinte er zu seiner Frau: »Ich muß dir etwas sagen«, worauf sie erwiderte: »Auch ich muß dir etwas sagen. Ich will mich scheiden lassen. Ich habe einen anderen getroffen.«
Erik erzählte mir: »Alle drei Partner in meinem Leben trennten sich von mir an einem einzigen Tag. Ich war so überwältigt, daß ich – obwohl ich Atheist war – zu dem Schluß gelangte, nur der Himmel könne in das Leben eines Menschen derart hart eingreifen. In dieser Nacht beschloß ich zu beten. Ich sagte zu Gott: ›Wenn du hinter all dem stehst, dann sprich mit mir. Ich werde jeder Richtung folgen, die du mir zeigst.‹
In dieser Nacht hatte ich einen Traum. In dem Traum fuhr ich während eines furchtbaren Sturms im Auto durch die Alpen. Die Straßen waren tückisch glatt, und ich mußte mich regelrecht in das Lenkrad krallen, damit der Wagen nicht von der Straße abkam. Einmal hätte ich fast die Kontrolle über das Auto verloren und schien schon beinahe in den Abgrund zu stürzen, aber ich tat es nicht. Schließlich schaffte ich es über den Gipfel, und sobald ich die Spitze des Berges hinter mir hatte, legte sich der Sturm, die Sonne schien, und die Straßen waren trocken und sicher. Ich fuhr die Straße entlang zu einem kleinen Dorf, wo eine Kerze für mich in einem Fenster brannte und auf dem Tisch eine warme Mahlzeit auf mich wartete.
Nach diesem Traum traf ich die Entscheidung, auf das Angebot meiner beiden Geschäftspartner einzugehen und die Aktien an dieser wertlosen Firma anzunehmen – denn die Firma stellte

Katzenfutter her, und der Wagen, den ich im Traum gefahren hatte, war ein Jaguar. Meine Partner waren entzückt von meiner Wahl. Sie dachten, sie hätten soeben 35 000 Dollar gespart. Ich wußte – obwohl ich mir nicht sicher war, warum –, daß ich sie und meine Frau ohne Zorn freigeben mußte, wenn ich dieses Angebot annahm. Ich mußte ihnen allen Lebewohl sagen, obschon ironischerweise sie es waren, die mich loswerden wollten. Kurz darauf eröffneten sich mir mehrere Gelegenheiten, dieser kleinen Firma zu helfen, aber wie der Traum es vorhergesagt hatte, waren die ersten Monate dieser neuen Herausforderung ernst und gefährlich. Doch wußte ich aufgrund des Traumes, daß ich es schaffen würde, also hielt ich durch.
Heute gehört mir eine der erfolgreichsten Firmen in Belgien, und ich verbringe viel Zeit mit unternehmerischen Spekulationen. Ich bin zum zweiten Mal verheiratet, mit der wunderbarsten Frau, die in jeder Bedeutung des Wortes eine echte Lebensgefährtin ist. Ich hätte nie auch nur geahnt, einmal da zu stehen, wo ich heute bin – nur Gott hat von diesem Plan wissen können. Jeden Morgen beginne ich meinen Tag mit einem Gebet. Ich danke Gott dafür, daß er mich von meinem früheren Leben trennte, denn ich selbst hätte nie den Mut gehabt, diese drei Menschen von mir aus zu verlassen. Wenn ich heute Leute treffe, deren Leben auf dem Kopf steht, sage ich ihnen: ›Gott steht hinter Ihnen. Sie müssen sich um nichts sorgen. Ich weiß, daß es so ist.‹«

All diese Fälle sind Beispiele für Situationen, in denen wir die heilige Wahrheit »Alles ist eins« erkennen können. Die spirituelle Macht, die in der Sephirah Shekinah und dem Sakrament der Taufe enthalten ist, vereint sich mit der Energie des Stammes-Chakras, um uns die »erste Chakra-Intuition« zu vermitteln, uns zu helfen, ehrenhaft miteinander zu leben und uns über falsche Wahrnehmungen hinauszuentwickeln, die der

Wahrheit »Alles ist eins« zuwiderlaufen. In der nächsten Phase unserer Entwicklung erforschen wir die Thematik des zweiten Chakras und die heilige Wahrheit »Ehret einander«.

Fragen zur Selbstprüfung

1. Welche Überzeugungen haben Sie von Ihrer Familie geerbt?
2. Bei welchen dieser Überzeugungen, die auf Ihr Denken immer noch Autorität ausüben, können Sie erkennen, daß sie nicht länger zutreffen?
3. Welchem Aberglauben hängen Sie an? Welcher Aberglaube übt mehr Autorität auf Sie aus als Ihre eigene Vernunft?
4. Haben Sie einen persönlichen Ehrenkodex? Wie sieht er aus?
5. Sind Sie in Ihrem Ehrgefühl jemals Kompromisse eingegangen? Wenn ja, haben Sie Schritte eingeleitet, um sich davon zu heilen?
6. Haben Sie unerledigte Angelegenheiten mit Familienangehörigen? Wenn ja, führen Sie die Gründe auf, die Sie davon abhalten, Ihre familiären Beziehungen zu heilen.
7. Führen Sie alle Segnungen auf, die Ihrer Meinung nach von Ihrer Familie stammen.
8. Falls Sie heute eine eigene Familie haben, führen Sie die Eigenschaften auf, die Ihre Kinder von Ihnen lernen sollten, wenn es nach Ihnen ginge.
9. Welche Stammestraditionen und -rituale führen Sie für sich selbst und für Ihre Familie fort?
10. Beschreiben Sie die Stammeseigenschaften in Ihnen, die Sie gern stärken und weiterentwickeln würden.

Kapitel 2

Das zweite Chakra: Die Macht der Beziehungen

Das zweite Energiezentrum ist das Partnerschafts-Chakra. Seine Energie beginnt ungefähr im Alter von sieben Jahren zu pulsieren und sich deutlich auszuprägen. In diesem Alter werden Kinder langsam unabhängiger von ihren Eltern und interagieren außerhalb der häuslichen Umgebung mit anderen Kindern und mit Erwachsenen. Durch diese ersten Interaktionen eröffnen sie den Prozeß der Individuation, formen Beziehungen und erforschen ihre Entscheidungsfreiheit. Mit dem zweiten Chakra wandelt sich die Energie vom Gehorsam gegenüber der Stammesautorität zu der Entdeckung anderer Beziehungen, die persönliche und physische Bedürfnisse befriedigen. Obwohl es eine niedere Chakra-Energie ist, die uns dazu drängt, mit äußeren Kräften in Beziehung zu treten, ist sie dennoch eine machtvolle Kraft.

Sitz: Bauch, in der Nähe des Nabels.
Energieverbindung zum physischen Körper: Sexualorgane, die hinteren Darmabschnitte, untere Wirbelsäule, Becken, Hüftbereich, Blinddarm und Blase.
Energieverbindung zum emotionalen/mentalen Körper: Dieses Chakra bringt unser Bedürfnis nach Beziehungen zu anderen Menschen zum Klingen sowie unser Bedürfnis, die Dynamik unserer physischen Umgebung in gewissem Maße zu kon-

trollieren. Alle Bindungen, mit denen wir die Kontrolle über unser äußeres Leben aufrechterhalten – wie Autorität, andere Menschen oder Geld –, sind durch dieses Chakra mit unserem Energiefeld und unserem physischen Körper verbunden. Die Krankheiten, die aus diesem Zentrum stammen, werden von der Furcht aktiviert, die Kontrolle zu verlieren: Prostata- oder Eierstockkrebs, chronische Schmerzen im unteren Rückenbereich und in den Hüften sowie Arthritis sind einige der häufigeren gesundheitlichen Störungen. Probleme mit den Wechseljahren wie Hitzewellen und Depressionen sind Energiedysfunktionen des zweiten Chakras. Fibroide (gutartige Geschwulste in der Gebärmutter) resultieren aus der ungeborenen kreativen Energie dieses Zentrums und von der Lebensenergie, die auf Sackgassen in unseren Beziehungen oder unserem Beruf gerichtet ist.

Verbindung zu Symbolik und Wahrnehmung: Die Energie in diesem Chakra befähigt uns, ein Gefühl der persönlichen Identität sowie schützende psychologische Grenzen zu entwickeln. Wir bewerten ständig unsere persönliche Stärke in Hinblick auf die äußere Welt und ihre physisch verführerischen Gesichter – wie Sex, Geld, Suchtmittel oder andere Menschen. Die Energie des zweiten Chakras befähigt uns zusammen mit einem gesunden physischen Ego, mit dieser Welt zu interagieren, ohne uns selbst in Frage zu stellen oder »verkaufen« zu müssen; das ist die Energie der Selbstgenügsamkeit, ein Überlebensinstinkt.

Verbindung zu den Sephiroth und den Sakramenten: Das zweite Chakra steht in Einklang mit der Sephirah Jesod, die den Phallus darstellt, die männliche Energie der Zeugung. Dieses Partnerschafts-Chakra enthält auch die Energie des »göttlichen Bundes«. Die zeugende Energie ist sowohl biologisch als auch spirituell: Wir sehnen uns danach, Kinder zu schaffen, aber auch danach, unsere kreativen Ideen in eine physische Form zu bringen, was für unsere physische und für unsere spirituelle Gesundheit entscheidend ist. Das Sakrament des Abendmahls schwingt im Rhythmus der Energie dieses Chakras und symbolisiert die Bande, die wir mit Menschen formen. Das Abendmahl hat viele Gesichter und wird durch den Akt des »gemeinsamen Brotbrechens« symbolisiert.

Urängste: Angst vor Kontrollverlust; die Angst, von anderen oder durch die dominierende Macht von Ereignissen oder Umständen wie Sucht, Vergewaltigung, Betrug, Impotenz, finanzielle Verluste, Verlassenwerden von unserem Primärpartner oder von Berufskollegen kontrolliert zu werden; auch die Angst vor dem Verlust der körperlichen Kraft.

Urstärken: Die Fähigkeit und Ausdauer, finanziell und physisch unabhängig zu überleben und sich zu verteidigen und zu schützen, der »Kampf-oder-Flucht«-Instinkt; die Fähigkeit, Risiken einzugehen, Unverwüstlichkeit angesichts von Verlusten, sei es der Verlust von Familienangehörigen, Partnern, Eigentum, Beruf oder Finanzen; die Macht, zu rebellieren und sein Leben neu aufzubauen; und die Fähigkeit sowie das Talent, persönlich und beruflich Entscheidungen zu treffen.

Heilige Wahrheit: Die heilige Wahrheit, die dem zweiten Chakra innewohnt, lautet: »Ehret einander.« Diese Wahrheit trifft auf unsere Interaktionen miteinander ebenso zu wie mit allem Leben. Aus spiritueller Sicht dient jede Beziehung, die wir eingehen, von der oberflächlichsten bis zur intimsten, dem Zweck, uns zu größerer Bewußtheit zu verhelfen. Einige Beziehungen sind notwendigerweise schmerzlich, weil wir nicht gerade mit Begeisterung mehr über uns selbst lernen und unseren eigenen Begrenzungen ins Gesicht sehen. Wir müssen oft spirituell zu solchen Begegnungen »gelockt« werden.

Die archetypischen Energien der Sephirah Jesod und des Sakraments des Abendmahls sowie die physische Energie des zweiten Chakras verkörpern allesamt symbolhaft, daß Beziehungen entscheidende spirituelle Boten sind. Sie bringen in unser Leben – und wir in das Leben der anderen – Offenbarungen über unsere eigenen Stärken und Schwächen. Von Beziehungen innerhalb unserer Familie bis zu denen bei der Arbeit oder in kommunalen bzw. politischen Aktivitäten ist keine Verbindung ohne spirituellen Wert; jede hilft uns, als Individuum zu wachsen. Wir können den symbolischen Wert unserer Beziehungen leichter erkennen, wenn wir unseren inneren Zwang loslassen, ständig zu beurteilen, wer oder was von Wert ist, und uns statt dessen darauf konzentrieren, den Menschen oder die Aufgabe zu ehren, mit denen wir uns gerade beschäftigen.

Die Energie des zweiten Chakras besitzt eine innewohnende Dualität. Die vereinte Energie des ersten, dargestellt durch den Stammesgeist, wird in die Polaritäten des zweiten Energiezentrums aufgeteilt. Die Aufteilung der Kräfte hat viele Namen erhalten: Yin/Yang, Anima/Animus, männlich/weiblich, Sonne/Mond. Wer die Bedeutung dieser Dualität der Gegensätze versteht, besitzt den Schlüssel für die Arbeit mit der Thematik des zweiten Chakras. Die Energien der Sephirah Jesod und des Sakraments des Abendmahls vereinen diese komplementären Energien, um sicherzustellen, daß wir nur die Beziehungen »anziehen«, die uns helfen, uns selbst besser zu verstehen. Bekannte Sprichwörter wie »Gleiches zieht Gleiches an« und »Wenn der Schüler bereit ist, wird der Lehrer erscheinen« erkennen an, daß eine Energie »im Hintergrund« wirkt, die zu organisieren scheint, wann und wo wir bestimmten Menschen begegnen – und das immer zum rechten Zeitpunkt. Die spirituelle Herausforderung des zweiten Chakras besteht nun darin, die bewußte Interaktion mit anderen Menschen zu erlernen:

Bindungen zu den Menschen einzugehen, die unser Wachstum fördern, und solche Beziehungen loszulassen, die unser Wachstum hemmen.

Die Naturwissenschaften wissen um die Energie des zweiten Energiezentrums als Gesetz von Ursache und Wirkung (jede Aktion ruft eine gleich starke, entgegengesetzte Reaktion hervor) und als Gesetz des Magnetismus (gegenpolig aufgeladene Gegenstände ziehen sich an). Auf Beziehungen angewendet, bedeuten diese Grundsätze, daß wir Energiemuster hervorrufen, die jene Menschen anziehen, die auf irgendeine Weise anders gepolt sind und uns etwas beizubringen haben. Nichts geschieht zufällig; vor jeder Beziehung, die wir jemals eingegangen sind, haben wir durch die von uns generierte Energie eine Tür geöffnet. Und ebendieser Umstand macht es so köstlich, mehr über den Dualismus des zweiten Chakras zu lernen; je bewußter wir werden, desto bewußter können wir die Energie dieses Energiezentrums einsetzen.

Die Macht der Wahl

Die Energie des zweiten Chakras hilft uns dabei, uns über die kollektive Stammesenergie hinauszuentwickeln. Erst durch Gegensätze entsteht die Möglichkeit der Wahl, und die Dualität dieses Zentrums drängt uns dazu, in einer Welt der Gegensätze, der positiven und der negativen Energiemuster, unsere Wahl zu treffen. Jede Wahl, die wir treffen, trägt eine subtile Strömung unserer Energie in unser Universum, das seinerseits auf den Einfluß des menschlichen Bewußtseins reagiert.

Die Macht der Entscheidungsfreiheit mit all ihren kreativen und spirituellen Auswirkungen zu meistern ist die *Essenz der menschlichen Erfahrung*. Alle spirituellen Lehren wollen uns zu der Erkenntnis inspirieren, daß die Macht, eine Wahl zu treffen, die Dynamik ist, die unseren Geist in Materie wandelt, unser Wort zu Fleisch macht. Jede Entscheidung ist ein Prozeß der Schöpfung.

Die Tatsache, daß unsere Wahl unseren Geist mit Ereignissen verwebt, ist der Grund, warum sich die wichtigsten spirituellen Traditionen um eine einzige essentielle Lektion herum formen. Treffen Sie Ihre Wahl weise, denn jede Entscheidung, die Sie fällen, ist ein kreativer Akt spiritueller Macht, für den Sie zur Verantwortung gezogen werden. Außerdem hat jede Wahl, die aus dem Glauben heraus getroffen wird, die volle Macht des Himmels hinter sich – darum »kann ein Glaube von der Größe eines Senfkorns einen Berg hinwegheben« (Matthäus 17, 20) –, aber jede Wahl, die wir aus Angst treffen, verletzt unseren Glauben.

Alle Entscheidungen haben jedoch auch einen geheimnisvollen Aspekt, denn wir werden nie sämtliche Folgen einer Wahl, die wir treffen, vorhersehen können. Eine der wichtigsten Lektionen des zweiten Chakras besteht folglich in der paradoxen Natur der Entscheidungsfreiheit: Was richtig scheint, kann sich als falsch erweisen, was gut erscheint, kann böse enden. Gerade wenn alles glattläuft, bricht das Chaos alles auf.

Obwohl die Energie des zweiten Chakras uns zu dem Versuch neigen läßt, unser Leben zu kontrollieren, besteht seine Lektion paradoxerweise darin, daß wir keine Kontrolle haben können. Wir sind physische und energetische Wesen, aber da die Welt nun mal nicht kontrolliert werden kann, liegt unsere Aufgabe darin, unsere inneren Reaktionen auf die äußere Welt, unsere Gedanken und Emotionen zu meistern.

Trotzdem kämpfen wir alle gegen einen scheinbar endlosen Zyklus aus Enttäuschungen, bei dem wir versuchen, unser Leben zu kontrollieren. Wir suchen ohne Ende nach der einen großen Entscheidung, die alles in unserem Leben permanent in Ordnung bringt, die die Bewegung des Wandels lange genug aufhält, um die endgültige Kontrolle über jeden und alles zu etablieren. Handelt es sich bei dieser bahnbrechenden Entscheidung um den richtigen Beruf? Den richtigen Ehepartner? Den richtigen Wohnort? Auf der stetigen Suche nach dieser einen richtigen Entscheidung verleihen wir unserer Angst vor dem wechselnden Rhythmus, der das Leben selbst ist, feste Form. Auf der Suche nach diesem einen Menschen oder dieser einen Sache, die uns für immer Frieden, Stabilität, Liebe und Gesundheit bringt, verwerfen wir die authentischere Macht, die »hinter unseren Augen und nicht vor ihnen« liegt. Die Wahrheit, die in der paradoxen Natur des Dualismus enthalten ist, lautet: Nicht, *wofür* wir uns entscheiden, ist wichtig; unsere Macht, ein Ergebnis zu beeinflussen, liegt *in dem Grund, warum* wir eine bestimmte Wahl treffen.

Die Herausforderung des zweiten Chakras besteht darin, unsere Motivation für eine bestimmte Entscheidung herauszufinden. Wenn wir unseren Beweggrund ermitteln können, lernen wir etwas über den Inhalt unseres Geistes. Sind Sie voller Angst, oder sind Sie voller Glauben? Jede Wahl, die wir treffen, enthält die Energie von Glauben oder Angst, und das Ergebnis jeder Entscheidung spiegelt in gewissem Maße diese Angst bzw. diesen Glauben wider. Die Dynamik der Wahl sorgt dafür, daß wir weder vor uns selbst noch vor unseren Entscheidungen davonlaufen können.

Entscheidungsfreiheit und Beziehungen

Die Energie des zweiten Chakras ist extrem flüchtig, weil sie nach Schöpfung strebt. Sie ist auch mit der Thematik des körperlichen Überlebens verknüpft: Sex, Macht und Geld – die »Zahlungsmittel« unserer Beziehungen. Wenn wir uns daranmachen, unseren Platz in der physischen Welt zu suchen, wird unser innerer Konflikt zwischen Glauben und Angst oft unter den Überlebensfragen begraben, die unser Denken beherrschen: Kann ich meinen Lebensunterhalt verdienen? Kann ich einen Partner finden? Kann ich für mich selbst sorgen?

Die Schattenseite des zweiten Chakras besteht aus unseren vorrangigsten Ängsten: Vergewaltigung, Betrug, finanzielle Verluste und Armut, Preisgegebensein, Isolation, Impotenz und die Unfähigkeit, für uns selbst zu sorgen. Jede dieser Ängste hat die Macht, uns zu kontrollieren und unser Tun für ein ganzes Leben zu bestimmen. In der Sprache der alten Schriften verkörpern diese Ängste »falsche Götter«.

Wir brauchen Beziehungen, um unsere Motivationen kennenzulernen – und unsere ureigensten »falschen Götter« zu entdecken. Um eine Beziehung einzugehen, setzen wir einen Teil unserer Energie oder persönlichen Macht ein. Sobald die Beziehung etabliert worden ist, fragen wir uns häufig unbewußt: Raubt mir diese Beziehung Macht, oder gewinne ich durch sie Macht? Wo ende ich, und wo fängt dieser andere Mensch an? Wie sieht meine Macht aus und wie die Macht des anderen? Gehe ich im Austausch für Sicherheit oder Geld oder Status allzu hohe Kompromisse ein? Obwohl diese Fragen im Grunde gesund sind, führen sie uns in den meisten Beziehungen dazu, psychologisch in trennenden und konflikthervorrufenden Gegensätzen zu denken: ich oder du, mein oder dein, gut oder schlecht, Gewinner oder Verlierer, richtig oder falsch, reich oder arm.

Symbolisch gesehen verkörpern diese Konflikte die Beziehung der meisten Menschen zu Gott: meine Macht oder deine? Bist du auf dieser Erde wirklich bei mir, oder muß ich versuchen, alles allein zu kontrollieren? Und selbst wenn eine göttliche Macht hinter den Kulissen waltet, woher weiß ich, welche Wahl ich zu treffen habe? Dieser entscheidende Glaubenskonflikt durchdringt jede einzelne unserer Beziehungen.

Paradoxerweise besteht die Herausforderung, diese in Konflikt stehenden Energien zu handhaben, darin, sie in dem Bewußtsein des inhärenten Einsseins mit dem Universum aufrechtzuerhalten. Wir beginnen diese Reise, indem wir den Konflikt in Beziehungen erforschen: Beziehungen generieren Konflikt, Konflikt generiert Wahl, Wahl generiert Bewegung, und Bewegung generiert mehr Konflikt. Wir brechen aus diesem Zyklus aus, wenn wir unsere Wahl stets so treffen, daß wir den Dualismus und die von uns empfundene Trennung zwischen uns und anderen sowie zwischen uns und Gott transzendieren. Solange wir uns auf den Versuch konzentrieren, einen anderen Menschen zu kontrollieren, und darüber vergessen, daß dieser Mensch ein Spiegelbild unserer eigenen Eigenschaften ist, halten wir den Konflikt in uns lebendig. Wenn wir jedoch uns und andere in symbolischer Einheit sehen, hilft uns das, für die Unterschiede Platz zu schaffen. Das ist die symbolische Bedeutung des Abendmahls.

Die Herausforderung der kreativen Energie

Die Energien des zweiten Chakras müssen Leben schaffen, um »die Erde zu bewegen«, um einen Eindruck zu hinterlassen oder einen Beitrag zur Fortdauer des Lebens zu leisten. Kreative Energie ist anders als die Inspiration – die Eigenschaft des siebten Chakras: Im wesentlichen ist sie physisch, irdisch oder verwurzelt. Sie ist die Empfindung, körperlich am Leben zu sein. Die Energie des zweiten Chakras verleiht uns unsere grundlegenden Überlebensinstinkte und -intuitionen ebenso wie unseren Wunsch, Musik, Kunst, Lyrik und Architektur zu schaffen, und die Neugier, die Natur durch Wissenschaft und Medizin zu erforschen. Unsere kreative Energie zieht uns in einen inneren Dialog mit den Polaritäten des Selbst und unseren widersprüchlichen Neigungen, und sie zwingt uns, äußere Bindungen einzugehen, um diese Polaritäten aufzulösen.

Kreative Energie reißt uns aus unseren gewohnheitsmäßigen Verhaltensmustern, Denkweisen und Beziehungen heraus. Gewohnheit ist eine Hölle, an die die Menschen sich in dem Versuch klammern, den Fluß der Veränderung aufzuhalten. Aber die kreative Energie trotzt der eingefahrenen Wiederholung. Diese beiden Kräfte, Wiederholung und Kreativität, sind zwei gegensätzliche Pole innerhalb der menschlichen Psyche und nötigen uns, die Zeit zu investieren und das Chaos unserer Welt mit persönlicher Bedeutung neu zu formen.

Die Energie des zweiten Chakras nimmt es mit den alltäglichen Ereignissen unseres Lebens auf, bietet kreative Lösungen für mentale, physische und spirituelle Probleme oder Fragen. Wird diese Energie blockiert, treten Impotenz, Unfruchtbarkeit, Vaginalinfektionen, Endometriose und Depressionen auf. Außerdem stört es unseren spirituellen Reifungsprozeß, so als ob wir sagten: »Ich will nicht länger sehen, ich will kein tiefes Verständnis, ich will nicht mit den Lernvorgängen des Lebens interagieren.« Wenn man der kreativen Energie erlaubt, frei zu fließen, wird das unser Leben fortwährend neu formen, und wir werden ein größeres Verständnis dafür erlangen, warum die Dinge so geschehen, wie sie es tun, als wenn wir allein über sie hätten bestimmen können.

Eine Frau namens Kate nahm Kontakt zu mir auf, nachdem ihr Ehemann mit Anfang Dreißig bei einem Autounfall ums Leben gekommen war. Sie mußte nun zwei Kinder versorgen, obwohl ihre Möglichkeiten, um mit dem Leben fertig zu werden, minimal schienen, da sie weder eine formelle Ausbildung besaß noch über besondere Fertigkeiten verfügte. Kate erzählte mir, sie hätte einfach keine Energie mehr, um »weiterzuleben«.

Für mich war, ebenso wie für Kate, offensichtlich, daß sie unter Depressionen litt. Während der Sitzung bemerkte ich, daß sie eine gutartige Zyste an einem ihrer Eierstöcke hatte, was sie jedoch noch nicht wußte. Wir sprachen darüber, wie wichtig es ist, die Vergangenheit loszulassen und einen Grund zu finden, um weiterzumachen, aber diese Herausforderung schien für Kate allzu erdrückend. Ich sagte ihr, sie solle ihre Ärztin aufsuchen, um die Zyste untersuchen zu lassen, aber auch einige kleinere Aufgaben erledigen, die die Absicht verkörpern müßten, ihr Leben neu aufzubauen. Sie solle visualisieren, wie diese Aufgaben neue Energie in ihr Leben brachten. Daß sie eine Geschwulst im Bereich ihrer Eierstöcke hatte, war keine Überraschung, weil sie nicht nur ihren Partner, sondern auch ihren bisherigen Lebensstil verloren hatte und nun ihre Fähigkeit gefordert war, in sexueller wie auch in finanzieller Hinsicht zu überleben. Das Überleben ist eine wichtige Frage des zweiten Chakras.

Die Aufgabe, die Kate sich als Symbol für ihren Neuanfang aussuchte, bestand darin, Blumen zu pflanzen, die ihr neues Leben verkörperten. Mit jeder Blume, die sie anpflanzte, erklärte sie: »Ich pflanze einen Neuanfang für mich und meine Kinder.« Jeden Tag arbeitete sie bewußt daran, ihre Energie in die Gegenwart zu lenken. Sie weigerte sich, in Gedanken auf dem früheren Leben zu verweilen, das sie mit ihrem Ehemann geführt hatte. Sie suchte auch einen Arzt auf, und er bestätigte ihr, daß sie eine gutartige Zyste am Eierstock hatte. Sie sei in keiner unmittelbaren Gefahr, meinte er, aber diese Zyste müsse regelmäßig überwacht werden. Kate fügte ihrer Gartenarbeit daraufhin noch eine weitere Aufgabe hinzu; wenn sie das Unkraut im Garten jätete, erklärte sie: »Ich ziehe die Zyste aus meinem Körper.«

Nach sechs Wochen entwickelte Kate allmählich eine Vorstellung davon, wie sie für sich ein Einkommen schaffen könnte.

Sie war in Fragen der Haushaltsführung, wie Kochen und Nähen, immer schon gut gewesen, aber sie hatte nie daran gedacht, mit Hilfe dieser Fertigkeiten ihren Lebensunterhalt zu verdienen. Dann rief eines Tages eine Freundin an und erzählte, sie habe sich eben ihr Handgelenk verstaucht, müsse aber die Kostüme für eine örtliche Theaterproduktion nähen. Ob Kate die Aufgabe übernehmen wollte?

Kate nahm an, ging ins Theater, erhielt Anweisungen zu den Kostümen und kehrte mit Stoffen und Maßen nach Hause zurück. Als sie sich die Entwürfe ansah, begann sie, an ihnen herumzumalen und sie mit Anmerkungen zu versehen, wo sie Verbesserungen vornehmen konnte. Sie rief die Person an, die für die Kostüme verantwortlich war, und schlug einige Veränderungen vor, die alle auf Zustimmung stießen. Ihre Kostüme waren ein voller Erfolg. Kurz darauf klingelte Kates Telefon mit Anfragen, bei anderen Theaterprojekten und persönlichen Designarbeiten zu helfen.

Kate hat in der Zwischenzeit ihr eigenes Atelier eröffnet und führt ein blühendes Geschäft. Ihre Eierstockzyste hat sich aufgelöst. Sie hat unzähligen Leuten, die selbst in einer Sackgasse waren und ganz neu anfangen mußten, empfohlen, Blumen in ihrem Garten mit dem Gedanken zu pflanzen: »Ich pflanze jetzt eine kreative Idee für mich.«

Kates Geschichte zeigt, wie die kreative Energie uns auf Wege führen kann, die wir nie geahnt hätten, und die Macht unserer positiven Entscheidungen vergrößern kann. Eine kreative Idee hat ihr eigenes Energiefeld und kann die synchronizistische Beteiligung von Menschen und Umständen generieren, die erforderlich ist, um die Idee durch ihre nächste Lebensphase zu führen. Symbolisch gesehen repräsentiert Kates Geschichte die Anwesenheit der spirituellen Energien der Sephirah Jesod – dem Bedürfnis nach Kreativität – und des Sakraments des Abendmahls – der magnetischen Kraft, die wir ausstrahlen und die immer dann Hilfe für uns anzieht, wenn wir sie am meisten brauchen.

Weil die kreative Energie jedoch so flüchtig und so mächtig ist, besteht eine unserer größten Herausforderungen darin, sie bewußt einzusetzen. Am häufigsten setzen wir unsere Kreativität in der Privatsphäre unserer Gedanken ein, aber auch in unseren Interaktionen mit anderen Menschen. Wir können beispielsweise die Einzelheiten von Geschichten kreativ verändern, die wir anderen erzählen, damit sie unseren eigenen Zwecken dienen; oder wir manipulieren jemanden, etwas für uns zu besorgen. Das sind Akte, wie wir Energie auf negative Weise nützen. Klatsch und Manipulation entziehen dem zweiten Chakra Macht.

Negative Akte und Gedanken entstammen der Angst. In dem Maße, wie beispielsweise die Angst vor Betrug durch einen anderen Menschen, vor einer Verletzung innerhalb einer Beziehung oder finanzieller Ausnutzung in uns selbst Autorität hat, bestimmt sie das Ausmaß, in dem wir uns negativ verhalten. Der Glaube an etwas, sei es positiv oder negativ, führt zu entsprechenden Konsequenzen in unserem Leben. Wenn wir unseren Glauben auf die Angst vor destruktiven Folgen richten, zersetzt das unsere Fähigkeit, zuversichtlich mit unserer Umwelt umzugehen.

Sind wir von Angst motiviert, verführen uns allzuleicht die falschen Götter Sex, Macht und Geld und all das, was sie verkörpern. Einmal verleitet, weicht unsere Kontrolle der verführerischen Autorität: dysfunktionale persönliche Beziehungen, äußere Quellen für Geld oder Sicherheit, die Erfahrung, an die wir uns noch erinnern, lange nachdem sie vergessen sein sollte, oder die Sucht nach Drogen oder Alkohol. Im Bann der Stimme der Angst ist man nicht in der Lage, klar zu denken oder zu handeln, weil die Angst einen regelrecht verseucht. Angst führt zu einem Kurzschluß unserer kreativen Energie und jener

Ideen, die ihre Energie aus dem zweiten Chakra beziehen. Buchstäblich sowie symbolisch verkörpert das zweite Chakra den Geburtskanal. Obwohl neugeborene Ideen ihr eigenes Energiefeld haben und ebenso wie gerade zur Welt gekommene Babys ums Überleben kämpfen werden, kann Angst oft neue Ideen abtreiben. Einige Menschen haben Angst davor, neuen Ideen – oder Beziehungen – den »Raum zum Atmen« zu geben, den sie brauchen, um zu gedeihen. Sie fühlen sich beispielsweise bedroht, wenn eine Idee, die sie haben, einen Punkt erreicht, wo sie zur eigenen Unterstützung das Fachwissen eines anderen brauchen. Oder sie fühlen sich plötzlich als alleiniger »Besitzer« der Idee – weil sie die Idee »geboren« haben, gehört sie ihnen ihrer Meinung nach auch, und daher kontrollieren sie alles und jeden, der mit der Idee in Verbindung steht. Beide Reaktionen führen häufig zu einer »energetischen Erstickung«, der erdrückenden Wirkung eines kontrollierenden ängstlichen Elternteils oder Partners.

Ein Mann namens John nahm an einem meiner Workshops teil, weil er intuitiv eine neue Richtung für seinen Beruf entdecken wollte. Er erzählte, daß er immer davon ausgegangen sei, eines Tages seine eigene Videoproduktionsfirma zu gründen. Als er seinem vierzigsten Geburtstag näher kam, hatte er das Gefühl »jetzt oder nie«. Er fand zwei Partner und gründete eine Firma, von der sie alle hofften, sie würde erfolgreich werden. Zusammen entwickelten die drei einen Unternehmensplan und suchten Investoren. Während der Planungs- bzw. »Traumzeit« des Projekts verstanden die Partner sich glänzend. Ihre Energie und ihr Ehrgeiz tat ihnen gut, und sie hatten das Gefühl, ihnen sei Erfolg bestimmt – ein Glaube, der noch stärker wurde, als sie sich fünf verschiedene Investoren sichern konnten.
Doch die Kapitalspritze brachte sie unerwarteterweise gegeneinander auf. Anstatt sie in die nächste kreative Entwicklungs-

phase zu befördern, veränderte das Geld Johns Einstellung. Unterschwellig ließ er durchblicken, daß die Ideen weitestgehend auf seine Kreativität zurückzuführen seien und man daher eigentlich ihm die Verantwortung für die nächste Entscheidungsphase übertragen sollte. Johns Konkurrenz zu seinen Partnern nahm ihrem kreativen Schwung den Wind aus den Segeln, und sechs Monate später, nachdem sie bereits einen Großteil ihres ursprünglichen Investitionskapitals ausgegeben hatten, konnten sie noch nicht einmal ein einziges Videoprojekt vorweisen. Die drei waren schließlich gezwungen, ihre Partnerschaft zu beenden und Konkurs anzumelden. John gab seinen Partnern die Schuld für ihr Scheitern, er war überzeugt, sie seien nur neidisch auf sein Talent.

Dem Schöpfungspotential des zweiten Chakras wohnt auch das Potential für Konflikt inne. Die heilige Wahrheit und das Thema des zweiten Chakras, »Ehret einander«, birgt enorme spirituelle Macht sowie die Lösung für die Handhabung dieser spirituellen Herausforderung. Wenn wir in Übereinstimmung mit dieser Wahrheit handeln, bringen wir das Beste in uns und in anderen hervor. Symbolisch gesehen sollen die Energie der Sephirah Jesod und des Sakraments des Abendmahls eingesetzt werden, um andere Menschen zu ehren, sei es, daß man intuitiv das Richtige zu jemandem zu sagen weiß oder die gleich starke Bedeutung des anderen Menschen in einer Beziehung anerkennt. Die Schöpfung ist eine Form von Gemeinschaft, und sie vereint die lebengenerierenden Energien der Menschen in Richtung eines gemeinsamen Zieles. Man bezeichnet die Kreativität häufig auch mit der Metapher »Samen säen«, eine Metapher, die die Phallusenergie der Sephirah Jesod verkörpert.

John war nicht in der Lage, die Tatsache anzuerkennen, daß auch seine Geschäftspartner Talent, kreative Ideen und Ehrgeiz hatten. Anstatt sie zu respektieren und mit ihnen zusammenzuarbeiten, fühlte er sich von ihnen bedroht. Ich lud ihn zu einer privaten Sitzung ein in der Hoffnung, ihm die Quelle seiner Angst verständlich zu machen, und erhielt dabei den Eindruck, daß er sich am meisten vor Impotenz fürchtete und sexuelles Versagen mit finanzieller und kreativer Unfähigkeit gleichsetzte. Ebenso fühlte er sich von der Idee angezogen, gemeinsam mit anderen Menschen kreativ zu sein. Obwohl seine Art von Konflikt mit einer Therapie zu lösen war, lehnte John diesen Vorschlag ab. Er sagte, seiner Meinung nach sollte es in jeder Art von Geschäft nur einen geben, der das Sagen hat, und sein Problem wäre gelöst, sobald er eine Gruppe von talentierten Leuten fände, die das verstünden. Eine Therapie, so meinte John, würde seine Gefühle über die Dynamik der Geschäftsführung nicht verändern, und daher sei eine Therapie wertlos. So lange, bis John motiviert genug ist, seine eigenen Überzeugungen in Frage zu stellen, wird er weiter Projekte angehen, die zum Scheitern verurteilt sind. Tatsächlich war er am Ende des Workshops fest entschlossen, ein weiteres Team von Mitarbeitern zu finden, das er anführen konnte.

Energetische und körperliche Abtreibungen, die aus der Angst resultieren, haben emotionale und oft auch körperliche Folgen. Frauen, die Abtreibungen durchführen lassen, weil ihre Ehemänner sie oder das Kind zurückweisen oder weil sie Angst haben, dem Kind kein Heim bieten zu können, entwickeln oft Störungen ihres Reproduktionssystems – beispielsweise Fibroide (gutartige Geschwulste in der Gebärmutter). Einmal rief mich Norm Shealy an, um mich hinsichtlich einer Patientin zu konsultieren, die unter ernsten Vaginalblutungen ohne erkennbare physische Ursache litt. Als ich ihre Energie bewertete, bemerkte ich, daß sie zwei ungewollte Abtreibungen hinter sich hatte. Ich fragte Norm: »Hat sie dir von ihren beiden Abtreibungen erzählt?« Norm erkundigte sich daraufhin bei der

Patientin, wie sie sich angesichts ihrer Abtreibungen fühle, die sie bei den Gesprächen anläßlich der medizinischen Untersuchung nicht erwähnt hatte. Sie wurde von ihren Gefühlen überwältigt und ließ all die Trauer und die Schuldgefühle aus sich herausströmen, die sie jahrelang belastet hatten. Diese Traumata waren die energetische Ursache ihrer Blutungen.

Die Frauen, die ich kenne und die sich aus freier Wahl für eine Abtreibung entschieden hatten, berichteten nach dieser Erfahrung nicht von traumatischen Gefühlen. Vielmehr spielten ihre Ansicht, daß die Zeit für sie nicht richtig war, um Mutter zu werden oder noch ein weiteres Kind zu bekommen, und die Tatsache, daß sie wußten, das Recht auf diese Entscheidung zu haben, eine bedeutende Rolle in ihrer Fähigkeit, mit ihrer Entscheidung problemlos zu leben. Eine Frau erzählte mir, sie habe vor ihrer Abtreibung eine Zeremonie durchgeführt, um dem Geist des Kindes, das sie in sich trug, eine Botschaft zukommen zu lassen. Sie teilte dem Kind mit, sie könne ihm kein stabiles Umfeld bieten. Sie war der Überzeugung, die Botschaft sei angekommen, denn nach der Abtreibung begegnete sie im Traum einem Geist, der zu ihr sagte: »Es ist alles gut.«

Abtreibungen von Energien treten mit viel größerer Häufigkeit auf als physische Abtreibungen, und sie sind ebenso eine männliche wie eine weibliche Erfahrung. Auf die gleiche Weise, wie der Abort eines Fötus zu enormen emotionalen und physischen Narben führen kann, sind auch Energieabtreibungen in der Lage, ihren Stempel zu hinterlassen. Sowohl in Männern wie in Frauen tragen sie zu körperlichen Problemen bei, unter anderem zu Unfruchtbarkeit. Viele Karrierefrauen, die ganz darin aufgehen, ihre berufliche Laufbahn »zu gebären«, haben Schwierigkeiten damit, schwanger zu werden. Einige Männer in dieser Position haben Prostataprobleme und Schwierigkeiten mit ihrer sexuellen Potenz.

Ein Mann erinnerte sich, wie er einen Großteil seiner Zeit,

seiner Energie und seines Geldes in eine neue Geschäftsidee investierte. Da er nicht genug Kapital hatte, suchte er bei mehreren Bekannten finanzielle Hilfe. Angesichts ihrer begeisterten Zusage, ihn zu unterstützen, machte er sich an die Ausarbeitung seiner Pläne. Nach mehreren Monaten, in denen er an den Details gefeilt hatte, ging er seine Partner um das versprochene Geld an. Sie machten alle einen Rückzieher. Seine Schöpfung nahm nie Gestalt an, und er war tief verletzt. Er sagte, er habe seine Idee nicht »auf die Welt bringen können«. Jahrelang trug er den »Tod« seiner Pläne wie eine vollzogene Abtreibung in seinem Körper. Schließlich entwickelte er einen bösartigen Dickdarmtumor, an dem er Jahre später starb. Sein Bedürfnis, Leben auf die Welt zu bringen, das in der männlichen und weiblichen Psyche übrigens gleichermaßen ausgeprägt ist, ließ ihn unter dieser Energieabtreibung leiden.

Ein anderer Mann erzählte mir, seine Frau habe einmal eine Abtreibung durchführen lassen, ohne es ihm zu sagen, weil sie das Gefühl hatte, das sei allein ihre Entscheidung. Als er davon erfuhr, trug er die Energie dieses Aborts – die Wut und die Schuld – in sein körperliches System. Als Folge davon wurde er impotent: Sein Körper weigerte sich, neues Leben zu schaffen.

Die Herausforderung der sexuellen Energie

Sexualität und all unsere diesbezüglichen Einstellungen sind im zweiten Chakra angelegt. Bei der Sexualität handelt es sich um rohe Macht, um die Macht, starke Bande zu knüpfen und eine intime Verbindung zu einem anderen Menschen einzugehen, mit dem wir Leben schaffen und erhalten können. Einen Gefährten zu haben und eine Familie zu gründen, mit oder ohne Kinder, bringt uns als Erwachsenen Stabilität. Dies gilt auch dann, wenn man eine gleichgeschlechtliche Verbindung eingeht. Der allmähliche Niedergang der kulturellen Beschränkungen, welche die Menschen zu äußerst beschränkten Formen des sexuellen Ausdrucks gezwungen haben, erlaubt es dem einzelnen, sich Gefährten gemäß seinen Bedürfnissen zu suchen, und ermöglicht es den Homosexuellen, ihre Reise in Richtung größerer Würde innerhalb einer vorherrschend heterosexuellen Welt zu beginnen.

Das zweite Chakra enthält den Wunsch und die Fähigkeit, Leben zu schaffen. Schwangerschaft und Geburt vereinen die »dualistischen« Kräfte zwischen zwei Menschen greifbarer als jeder andere Ausdruck der Einheit.

Außer dem Lebenschaffen ist die Sexualität auch eine Straße des Selbstausdrucks, ein Mittel, eine Aussage darüber zu treffen, wie wohl wir uns in unseren körperlichen Beziehungen zu der Welt um uns herum fühlen. Sexualität verbindet uns mit dem eigenen Körper und den körperlichen Bedürfnissen ebenso wie mit unserem Potential, unsere erotischen und sinnlichen Aspekte zu erforschen. Sexuelle Erotik ist nicht nur eine Form körperlicher, sondern auch emotionaler Befreiung – aber ebenso spiritueller Befreiung. Warum spirituell? Erotisches Vergnügen ist von Natur aus eine Sache »des Augenblicks«, eine Begegnung, in der wir einen Großteil unserer körperlichen Grenzen fallenlassen, um das volle Maß menschlichen Kontakts zu genießen. Ohne Scham erforscht, kann die erotische Energie Körper und Geist eines Menschen zu Empfindungen der Ekstase erheben, bisweilen sogar zu veränderten Bewußtseinszuständen führen.

Frauen sind das fleischgewordene Beispiel für die fortdauernde Lebensenergie, die durch Schwangerschaft, Wehen und Entbindung zu Materie wird. Der Lebenszyklus der Frau drückt ein natürliches Fortschreiten der sexuellen Energie aus. Bei den meisten Frauen nimmt beispielsweise die Kundalini-Energie bzw. die sexuell-spirituelle Energie im Alter von vierzig Jahren ganz natürlich zu. Wenn diese Energie ansteigt, aktiviert sie auf ihrem Weg durch den Körper die Chakras, die sie passiert. Alle unerledigten Angelegenheiten der unteren Energiezentren werden in den Jahren vor dem Klimakterium und in den Wechseljahren selbst zutage treten. Bei Frauen, die nur ein begrenztes sexuelles Verlangen kennen, manifestieren sich die blockierten Kundalini-Energien, also die ungenützten sexuellen Säfte, wahrscheinlich als Hitzewellen. Ungenutzte kreative Energie oder kreative Konflikte können ebenfalls in Hitzewellen ihren Ausdruck finden.

Bei einer Frau unter vierzig sind Menstruationsprobleme, Krämpfe und PMS (prämenstruelles Syndrom) klassische Hinweise darauf, daß sie auf irgendeine Weise nicht damit klarkommt, eine Frau zu sein, daß sie Schwierigkeiten mit ihrer Rolle im Stamm und mit den Stammeserwartungen an sie hat. Die meisten Probleme mit der Blutung und unregelmäßigen Perioden stammen daher, daß die Betroffene zuviel Emotion und nicht genug mentale und intellektuelle Energie oder Bewußtsein hat. Abnormale Blutungen verschlimmern sich, wenn eine Frau verwirrende Signale von ihrer Familie oder Gesellschaft über ihr eigenes sexuelles Vergnügen und ihre sexuellen Bedürfnisse verinnerlicht. So kann sich eine Frau nach sinnlichem Vergnügen verzehren, sich aber deswegen schuldig fühlen oder nicht in der Lage, direkt darum zu bitten; dabei ist sie sich ihres inneren Konflikts möglicherweise nicht einmal bewußt.

Eileiter- und Fruchtbarkeitsprobleme konzentrieren sich auf das »innere Kind« der Frau, während die Eileiter selbst noch nicht verheilte Kindheitswunden oder ungenützte Energie verkörpern. Der Fluß der Eier kann blockiert sein, weil das innere Wesen der Frau nicht »alt« oder genährt, reif oder heil genug ist, um sich fruchtbar zu fühlen. Dieses Energiemuster kann

Eileiterproblemen zugrunde liegen. Ein Teil der Frau steckt aufgrund ihrer eigenen unbewußten Entscheidungslosigkeit hinsichtlich ihrer Bereitschaft, Leben zu schaffen, noch in der Vorpubertät, weil sie auf irgendeiner Ebene »ihre Eierschalen« selbst noch nicht abgeworfen hat.

Kundalini-Energien sind gegensätzliche Energien in Psyche und Körper. Sie winden sich um die Wirbelsäule vom ersten Chakra beim Steißbein bis hinauf zum Scheitel, und sie durchlaufen dabei spiralförmig alle sieben Chakras. Das Kundalini-Joga lehrt eine Möglichkeit, diese Energie zu lenken und eine Kundalini-Erfahrung herbeizuführen, einen ekstatischen Zustand spiritueller Verzückung, den man erreicht, wenn man auf der Basis dieser spirituellen Tradition des Hinduismus die eigene sexuelle Energie diszipliniert. Anstatt die normale Freisetzung der sexuellen Energie durch den körperlichen Orgasmus zuzulassen, richtet die spirituelle Kundalini-Praxis die sexuelle Energie entlang der Wirbelsäule und kulminiert sie in einer spirituellen Vereinigung mit dem Göttlichen. Zahlreiche Mystiker sollen während tiefer Meditation veränderte Bewußtseinszustände erfahren haben, zu denen auch der Orgasmus gehörte.
Sexuelle Erotik führt normalerweise zum Höhepunkt, und die Freisetzung dieser energetischen Spannung trägt entscheidend zur körperlichen, mentalen und psychologischen Gesundheit bei. Der Orgasmus ist eine Möglichkeit, den »energetischen Schutt« loszuwerden, der sich durch normale menschliche Kontakte in uns ansammelt. Sport und Kreativität sind weitere Freisetzungskanäle. Wenn ein Mensch jedoch keine »Entladung« erfährt, sammelt sich die Energie in seinem System, und ohne bewußte Handhabung kann sie zu einer Vielzahl von Reaktionen führen, die die ganze Bandbreite der Gefühlsskala umfassen – von der Depression bis hin zur Gewalt. Spontane Kundalini-Erfahrungen treten jedoch auch gelegentlich auf.

Es gab eine Zeit, da hätte ich die Vorstellung einer sexuellen Vereinigung, die gleichzeitig zu einer spirituellen Vereinigung führt, verhöhnt. Aber die tiefen Wahrheiten der Kundalini- und Tantra-Lehren werden in der folgenden Geschichte deutlich.

Ich traf Linda vor mehreren Jahren, als wir beide als Hausgäste bei einer gemeinsamen Freundin weilten. Weil ich prämenstruelle Krämpfe hatte, fragte ich Linda, ob sie ein Aspirin für mich hätte, und ich bemerkte beiläufig: »Du weißt ja, wie es ist.« Sie erwiderte: »Nein, weiß ich nicht. Ich habe in meinem ganzen Leben noch nie menstruiert.« Angesichts meines ungläubigen Blickes meinte sie: »Das war kein Scherz. Du kannst gern meine Energie einschätzen, wenn du möchtest.« Also tat ich es.
Ich erhielt sofort den Eindruck, daß Lindas Gebärmutter entfernt worden war, aber das Bild war überaus merkwürdig, weil ich ein Kind sah, das sich dieser Operation unterzog. Gleichzeitig erspürte ich einen intensiven sexuellen Energiefluß, der auf sehr gesunde Weise durch ihr zweites Chakra strömte – ein Bild, das sich in der Energie einer Frau, die ihre Sexualorgane nicht mehr besitzt, selten findet. Ich teilte Linda meine Eindrücke mit und gab zu, daß sie mich doch sehr verwirrten.
Sie bestätigte lächelnd, daß bei ihr eine Hysterektomie durchgeführt worden war. Was ich sonst noch gesehen hatte, würde einen Sinn ergeben, versicherte sie mir, sobald sie mir ihre Geschichte erzählt hätte.
Linda und ihr Ehemann Steve hatten sich in den frühen Sechzigern an der High-School ineinander verliebt. In jenen Tagen war es bei Teenagern noch seltener als heute, sexuell miteinander Umgang zu pflegen. Linda gab zu, daß sie den Moment gefürchtet hatte, in dem ihre Beziehung zu Steve sexuell werden würde, weil sie mit sechzehn die Diagnose bekommen hatte, ihre Sexualorgane seien unterentwickelt (was erklärte, warum ich später das Bild eines Kindes erhielt). Ein normaler

195

Menstruationszyklus war für sie unmöglich, geschweige denn eine Schwangerschaft. Linda fand ihren Zustand peinlich und hielt ihn vor Steve geheim. Wenn er erfuhr, daß sie keine Kinder bekommen könne, so fürchtete sie, würde er sie nicht heiraten wollen, da sie ja keine »normale« Frau war. Vielleicht würde er sie nicht einmal mehr sexuell anziehend finden. Sie hatte keine Ahnung, ob sie überhaupt eine geschlechtliche Beziehung zu einem Mann haben konnte, aber sie wollte Steve unbedingt heiraten.

In der High-School hatte sie eine Vorliebe für das Hackbrett entwickelt, ein altes amerikanisches Saiteninstrument. Steve hatte ein Hackbrett für sie ausgesucht, und er überreichte es ihr in der Nacht ihres Abschlusses als Geschenk. In dieser Nacht liebten sich Linda und Steve. Sie erzählte ihm ihr Geheimnis nicht, voller Angst, er könne feststellen, daß etwas mit ihr nicht stimmte, irgendeine Abnormalität im Geschlechtsakt, der für sie der erste war.

Während sie sich liebten, fing Linda an, schwer zu atmen – nicht so sehr aus Leidenschaft, sondern aus Angst. Gleichzeitig wiederholte sie innerlich ein Gebet, in dem sie Gott bat, sie den Rest ihres Lebens gemeinsam verbringen zu lassen. Mitten in dieser Kombination aus spirituellem Fieber und sexueller Liebe spürte Linda, wie eine energetische Welle ihren Körper durchlief und in Steve strömte. Sie bekam dadurch das Gefühl, als ob sie und Steve zu einem einzigen Energiesystem würden. In diesem Moment war sie überzeugt davon, daß sie heiraten würden, auch wenn sie keine Kinder bekommen konnte.

Innerhalb einer Woche nach dieser machtvollen Nacht erklärte Steve jedoch, daß er eine Weile allein ausgehen wollte. Die Plötzlichkeit seiner Ankündigung, die mit ihrer neuen körperlichen Intimität zusammenfiel, überzeugte Linda davon, daß er sie verließ, weil mit ihr sexuell etwas nicht stimmte. Sie glaubte, er habe beschlossen, nicht mehr mit ihr gehen zu wollen, und indem er in eine andere Stadt zog, machte er ihr das unmißverständlich klar. Sie trennten sich.

Vier Jahre später heirateten beide andere Menschen, interessanterweise im selben Monat. Obwohl Linda die Absicht hatte, dieser Ehe eine echte Chance zu geben, hatte sie nie aufgehört, Steve zu lieben. Als sie heiratete, war es ihr nicht länger wichtig, ob sie Kinder bekommen oder mit einem Mann ein normales Sexualleben führen konnte, und sei es auch ihr Ehemann. Eineinhalb Jahre nach ihrer Eheschließung ließ Linda dann eine Hysterektomie durchführen, weil es Hinweise gab, daß in ihrer Gebärmutter eine Geschwulst heranwuchs.

Linda und Steve zogen mit ihren jeweiligen Ehepartnern in Städte, die weit von ihrer Heimat entfernt lagen. Beide Ehen dauerten fünf Jahre, und so unglaublich es auch klingen mag, ließen sich Linda und Steve doch innerhalb einer Woche scheiden. Beide kehrten im selben Monat in ihre Heimatstadt zurück. Sie hatten während all dieser Jahre keinen Kontakt miteinander gehabt und auch die Verbindung zu ihren früheren gemeinsamen Freunden und Freundinnen verloren.

Nachdem sie in ihre Heimatstadt zurückgekehrt war, geriet Linda schließlich in einen so schweren finanziellen Engpaß, daß sie all ihre Wertsachen ins Pfandhaus bringen mußte, einschließlich ihres kostbaren Hackbretts, der letzten Verbindung zu Steve. Zwei Stunden nachdem Linda das Pfandleihhaus verlassen hatte, traf Steve dort ein, um einen Teil seines Schmucks zu versetzen. Er entdeckte dabei das Instrument. »Wie lange ist dieses Hackbrett schon hier?« wollte er wissen. Als man ihm sagte, daß die Frau, die es versetzte, den Laden praktisch eben erst verlassen hatte, machte er sich auf, sie zu finden – mit dem Hackbrett in der Hand. An diesem Abend waren Linda und Steve wieder vereint, und seitdem haben sie sich nie wieder getrennt. Als er sein handgefertigtes Instrument sah, hätte die Erinnerung an sie sofort seinen Körper angefüllt, erzählte er ihr später, und er habe sich von Liebe überschwemmt gefühlt. Er wußte, daß sie sich finanziell in einer verzweifelten Lage befinden mußte, weil sie sonst ihr Hackbrett niemals in die Pfandleihe getragen hätte.

An diesem Abend erzählte Linda Steve von ihrer gesundheitlichen Lage, einschließlich ihrer Vermutung, daß er sie verlassen hätte, weil sie kein vollständiges sexuelles Wesen sei. Steve beichtete, warum er sie verlassen hatte: In ihrer Abschlußnacht, als sie sich zum ersten Mal liebten, hatte er gespürt, wie eine energetische Welle durch seinen Körper strömte, etwas, was er noch nie zuvor erlebt hatte. Er hatte das Gefühl, als ob sein ganzes Wesen für immer mit Linda vereint wäre, und in diesem Moment fühlte er sich euphorisch. Aber als er einige Tage später darüber nachdachte, ängstigte ihn die Empfindung, und er hatte nur noch einen Gedanken: wegzulaufen. Linda war sprachlos.

Noch an diesem Abend beschlossen sie zu heiraten – was sie auch innerhalb einer Woche taten. Als sie sich in der Nacht ihrer Wiedervereinigung liebten, kehrte dieselbe Welle an Energie zurück, und nun waren sie sich beide ihrer bewußt. Sie glaubten, die Welle stamme einfach von ihrem Vergnügen, wieder zusammenzusein, aber als sie ihr Sexualleben fortsetzten, erhöhte sich die Energie noch. Steve hatte schon über Kundalini gelesen und brachte Linda die Vorstellung nahe. Von da an nutzten sie bewußt diese Welle der Energie sowohl für ihr körperliches als auch für ihr spirituelles Vergnügen. Diese Geschichte erklärte meinen Eindruck einer gesunden Welle des Energieflusses durch ihr zweites Chakra trotz ihrer Hysterektomie.

Die sexuelle Vereinigung symbolisiert trotz all des körperlichen Vergnügens, das sie bereitet, auch die spirituelle Vereinigung zweier Menschen. Es kann sehr wohl sein, daß die sexuelle Energie einen Strom spiritueller Energie öffnet, der ein transzendentes Band zwischen zwei Menschen formt, die sich bereits tief lieben. Linda und Steve erlangten jenen Bewußtseinszustand, der als Kundalini-Erfahrung bezeichnet wird, der völlige Ausdruck der vereinten Macht der Sephirah Jesod, des Sakraments des Abendmahls und des zweiten bzw. des Partnerschafts-Chakra.

Das Bedürfnis, nach dem »Ehret einander« zu streben, gerät in geschlechtlichen Begegnungen leicht in den Schatten, in erster Linie, weil die sexuelle Energie so oft von Furcht regiert wird. Männer haben Angst, nicht potent oder maskulin genug zu sein, und doch erlauben die meisten Stämme ihren jungen Burschen, sich sexuell außer Rand und Band zu gebärden, bis sie eine gewisse »Reife« erlangt haben. Zu diesem Zeitpunkt setzt angeblich ihre Fähigkeit, sexuell verantwortlich zu handeln, automatisch ein. Eine verbreitete Stammesüberzeugung lautet, daß junge Männer sich »die Hörner abstoßen« müssen, bevor sie seßhaft werden können; deswegen werden promiske Männer weder verurteilt, noch müssen sie für ihr Verhalten Rechenschaft ablegen. Schließlich werden sie ja von biologischen Trieben beherrscht.
Frauen besitzen dagegen immer noch nicht dieselbe Freiheit, ihre sexuelle Natur zu erforschen – trotz drei Jahrzehnten der Frauenbefreiungsbewegung. Sie müssen sich »benehmen« und ihre sexuelle Energie kontrollieren, während Männer die ihre nach wie vor ausleben dürfen. Viele Frauen lernen, sich davor zu fürchten, ihre Kontrolle zu verlieren oder sogar für ein sexuelles Wesen gehalten zu werden. Eine Teilnehmerin an einem meiner Workshops beschrieb, wie ihre Mutter ihr immer das Gefühl vermittelte, »schmutzig« zu sein, wenn sie sich hübsch machte, um mit ihren Freundinnen auszugehen. Die unterschwelligen sexuellen Anspielungen ihrer Mutter gaben ihr das Gefühl, es käme der Prostitution gleich, wenn sie die Aufmerk-

samkeit eines Mannes auf sich zog. Die emotionalen Übergriffe dieser Mutter waren eine Verletzung der Energie ihrer Tochter. Die Sicht der sexuellen Energie als notwendig, aber stets »potentiell außer Kontrolle« trägt enorm zur schizophrenen Stammeseinstellung unserer Gesellschaft im Hinblick auf die Sexualität bei. Die Gesellschaft ermutigt Frauen, sexy auszusehen, sich so zu verhalten und zu kleiden; doch wenn sie infolgedessen angegriffen werden, fällt es der Gesellschaft immer noch schwer, dafür dem Vergewaltiger, Schläger oder Mörder die Schuld zu geben. Vergewaltigte Frauen werden immer noch hochnotpeinlich verhört; man will wissen, wie sie gekleidet waren und wie ihr privates Sexualleben aussieht. Frauen, die von ihren Partnern oder Ehemännern verprügelt oder mißbraucht werden, bekommen zwar Unterstützung von Gruppen, die speziell zu ihrem Schutz gegründet wurden, nicht aber von der Gesellschaft als Ganzes. Man stellt vergewaltigten und mißbrauchten Frauen immer noch Fragen wie: »Wenn er wirklich so schlimm ist, warum verlassen Sie ihn dann nicht einfach?« – was impliziert, daß diese Angriffe durch eine Therapie aus der Welt geschafft würden und für rechtliche Schritte nicht schwerwiegend genug sind. Die geringfügigen Strafen, die Vergewaltiger treffen, führen zu der Stammeseinstellung, daß sexuelle Übergriffe Kavaliersdelikte seien, keine Greueltaten.

Der Dualismus der Energien des zweiten Chakras führt einerseits zu der gesellschaftlichen Sicht der sexuellen Energie als unkontrolliert und andererseits zu dem hohen Stellenwert, den unser Stamm auf die Selbstkontrolle legt. Wir halten die Sexualität für eine fortgesetzte Bedrohung unserer Fähigkeit, uns selbst im Griff zu haben oder andere zu kontrollieren. Beziehungen jeder Art bringen in uns das Bedürfnis hervor, uns zu schützen, aber sexuelle Bande führen zu ganz extremen Ängsten, insbesondere vor dem Betrogenwerden, eine Angst, die so stark ist, daß sie eine intime Beziehung gefährden kann.

Die kulturelle Sicht der Sexualität unterscheidet sich in verschiedenen Gesellschaftsformen. Die puritanische Geschichte der amerikanischen Kultur trägt zusammen mit dem Wert, den wir auf sexuelle Kontrolle legen, ganz entscheidend zu der weitverbreiteten Scham der Menschen bei, die sie angesichts ihres Körpers und ihres sexuellen Wesens haben. Während vieler meiner Workshops ist die Anzahl derer, die ihre persönliche Geschichte eines unerfüllten Sexuallebens mitteilen, ebenso hoch wie die Zahl jener, die zu den Workshops kommen, um ihre Gesundheit zu verbessern. Viele berichten, daß sie jahrelang, sogar jahrzehntelang, mit einem Partner zusammengelebt haben, ohne ein einziges Mal in all der Zeit über ihre persönlichen sexuellen Bedürfnisse gesprochen zu haben. Die angegebenen Gründe reichen vom Gefühl der Peinlichkeit in allen Variationen bis hin zu einem Mangel an Bewußtsein darüber, was es überhaupt bedeutet, persönliche sexuelle Bedürfnisse zu haben.

Diese Scham bezüglich der Sexualität, die in unserem Stammesverband vorherrscht, trägt zu dem Bedürfnis der amerikanischen Gesellschaft bei, Regeln aufzustellen, die angemessenes und unangemessenes sexuelles Verhalten festlegen – ein weiteres Paradox des zweiten Chakras. Da die natürliche Energie dieses Zentrums sich vom Selbst weg und zum »anderen« hinbewegt, produziert ihre charakteristische Furcht das Bedürfnis, sexuelles Verhalten zu kontrollieren. Daher schätzt der Stamm verheiratete und monogame Paare und versucht, allen anderen Schamgefühle einzureden. Einige Staaten halten bestimmte Formen sexuellen Verhaltens nicht einfach nur für unangemessen, sondern sogar für kriminell – ungeachtet der Tatsache, daß die Sexualität zwischen Erwachsenen stattfindet und freiwillig ist. Ganz besonders merkwürdig ist, daß sich diese rechtliche Verurteilung meistens gegen Homosexuelle richtet.

Die Scham über die Sexualität an sich führt zur Scham angesichts sexuell übertragbarer Krankheiten wie Syphilis, Herpes und Aids. Menschen mit einer Geschlechtskrankheit fühlen sich unweigerlich gezwungen, die Geschichte ihrer persönlichen Sexualität auszubreiten, um der Andeutung vorzubeugen, sie hätten sich die Krankheit durch wahllose sexuelle Kontakte zugezogen.

Kriminelle Sexualakte – Vergewaltigung, Inzest und Kindesmißbrauch – sind mehr als körperliche Verletzungen: Es sind auch Energieverletzungen. Man kann das Energiefeld eines Menschen andererseits auch mit verbalem Mißbrauch oder mit zerstörerischen, entmachtenden Einstellungen vergewaltigen. Bill, ein Workshopteilnehmer, hatte eine Beziehung zu seinem Vater, die beispielhaft eine emotionale Verletzung bzw. eine Vergewaltigung der Einstellung darstellt.

Sein Vater demütigte ihn in seiner Jugend ständig. Er pflegte zu sagen, daß Bill es »im Leben nie zu etwas bringen« würde. Er verbrachte Jahre damit, seinem Vater zu beweisen, daß er sich irrte, war darin aber nie erfolgreich. Als sein Vater starb, ohne sein abschätzendes Urteil zurückgenommen zu haben, war Bill emotional wie gelähmt. Er litt an chronischen Depressionen, konnte keinen Job lange halten und wurde impotent. Bills Vater hatte zwar »nur« die Potenz seines Sohnes in der materiellen Welt verhöhnt, nicht in der sexuellen, doch sowohl die finanzielle Produktivität als auch die Sexualität sind Energien des zweiten Chakras und eng miteinander verknüpft.

Vergewaltigung und Inzest eines Energiefeldes werden von dem Verlangen motiviert, die Fähigkeit eines Menschen zu Unabhängigkeit und Erfolg zu verkrüppeln. Der Schaden, der durch diese negativen Überzeugungen und Taten zugefügt wurde, lagert in den Sexualorganen. Zahllose Menschen, die an sexuellen Problemen leiden, von Impotenz über Unfruchtbarkeit bis hin zu Krebs der Reproduktionsorgane, erinnern sich daran, im Hinblick auf ihre beruflichen Fertigkeiten, Leistungen und ihren Ehrgeiz ebenso wie auf ihr körperliches Erscheinungsbild ständig kritisiert worden zu sein. Ihre Eltern »vergewaltigten« sie als Kinder, nahmen ihnen alle persönliche Macht, die sie für Gesundheit und Erfolg brauchten.

Energieverletzungen dieser Art kommen möglicherweise sogar häufiger vor als körperliche Vergewaltigung und Inzest. Wenn Vergewaltigung und Inzest in Energiebegriffen – als Verletzungen der Energie – definiert werden, geben Männer und Frauen in gleich hoher Zahl zu, verletzt worden zu sein. Werfe ich in die Workshoprunde die Frage: »Wie viele von Ihnen hatten je das Gefühl, daß Ihre Würde oder Ihre Selbstachtung an Ihrem Arbeitsplatz oder zu Hause vergewaltigt wurde?«, halten fast alle ihre Hand hoch.

Wenn ich dagegen frage: »Wie viele von Ihnen sind oder waren Energievergewaltiger?«, fällt die Reaktion etwas zurückhaltender aus, was kaum überrascht. Doch wenn die körperlichen Fähigkeiten eines anderen Menschen uns einschüchtern und wir uns entweder eine negative Einstellung über diesen Menschen zulegen oder uns auf einen verbalen Kampf einlassen, dann versuchen wir, diesen Menschen zu vergewaltigen, ihn seiner Macht zu berauben. Unser Körper lagert unsere negativen Absichten in unseren Sexualorganen: Akte der Energievergewaltigung schaden dem Vergewaltiger ebenso wie dem Opfer. Verletzungen eines anderen menschlichen Wesens vergiften das Energiesystem des Täters und verseuchen daher sein biologisches System. Energieverletzungen besitzen die karmische Eigenschaft der inhärenten Gerechtigkeit, die die irdische Gerechtigkeit übersteigt – auch wenn manche Täter mit ihrem kriminellen Verhalten davonzukommen scheinen, insbesondere bei Vergewaltigung oder Inzest, wird der Gerechtigkeit auf der Energieebene immer Genüge getan, ob es jemand bezeugt oder nicht. Spirituelle Lehren betonen den Wert der Vergebung und ermutigen die Menschen, ihr Leben fortzusetzen.

Spirituell gesehen ist die göttliche Ordnung eine Kraft, die ununterbrochen daran arbeitet, das Gleichgewicht in unserem Leben wiederherzustellen, eine Kraft, die verstärkt wird, wenn wir unser Bedürfnis, für ein gerechtes Ergebnis zu sorgen, loslassen. Ob wir zusehen können, wie der Gerechtigkeit Genüge getan wird, oder nicht, ist dabei irrelevant. Diese »spirituelle Tatsache« ist für uns häufig schwer verdaulich.

Sexualität ist eine Form von Austausch und unter bestimmten Umständen sogar ein »Zahlungsmittel«. Viele Menschen nutzen Sex als Mittel zum Zweck, nur um festzustellen, daß sie sich wie Vergewaltigungsopfer fühlen, wenn ihre Bemühungen der Manipulation scheitern. Wer mit Hilfe von sexuellen Kontakten an seinen Wunschjob kommen will oder einem einflußreichen Menschen nahekommen will, behält ein schales Gefühl zurück. Auch wenn der oder die Betreffende diese Art Sex als »fairen Austausch« bezeichnet, hinterläßt sie im Körper die Energieschwingung einer Vergewaltigung.

Die älteste Form der sexuellen Währung ist natürlich die Prostitution, der kraftraubendste Akt, an dem sich ein menschliches Wesen beteiligen kann. Die Prostitution der eigenen Energie kommt häufiger vor als körperliche Prostitution, denn zahllose Frauen und Männer verharren in Situationen, die zwar ihre körperliche Sicherheit gewährleisten, ihnen jedoch das Gefühl vermitteln, einen Teil von sich selbst zu verschachern.

Die Energie des Geldes

In unser aller Psyche existiert ein Element der Prostitution – ein Teil von uns, der durch die richtige Summe möglicherweise korrumpiert werden könnte. Ob unsere innere Prostitution im beruflichen Umfeld oder in persönlichen Beziehungen auftaucht, eines Tages werden wir unweigerlich auf sie stoßen.

Geld ist ebenso wie Energie eine neutrale Substanz, die der Richtung folgt, die die Absicht vorgibt. Ein weitaus faszinierenderer Aspekt des Geldes ist jedoch die Tatsache, daß wir es als Ersatz für die Lebenskraft in die menschliche Psyche einweben können. Wenn Menschen Geld mit ihrer Lebensenergie gleichsetzen – häufig erfolgt dieser Ersatz unbewußt –, sind die Folgen für gewöhnlich negativ, weil jede Mark, die dieser Mensch ausgibt, zu einer unbewußten Energieausgabe wird. Ein Mangel an Geld wird zu einem Mangel an Energie im Körper selbst – wiederum unbewußt.
Die Fehlwahrnehmung von Geld als Lebenskraft zusammen mit einem plötzlichen Verlust an Geld kann eine Vielzahl von gesundheitlichen Krisen aktivieren: Prostatakrebs, Impotenz, Endometriose und Gebärmutterprobleme sowie Kreuzschmerzen und Ischias. Die Tatsache, daß sich so viele körperlichen Probleme, die von finanziellem Streß hervorgerufen werden, in den Sexualorganen manifestieren, ist ein symbolischer Ausdruck der Energie des Phallus, verkörpert in der Sephirah Jesod: Geld wird mit der Sexualkraft gleichgesetzt.
In gewissem Maße vereinen wir alle in unserer Psyche finanzielle Mittel und Lebenskraft. Unsere Herausforderung liegt darin, so es uns möglich ist, eine Beziehung zum Geld zu bekommen, in der wir es von unserer Lebenskraft trennen und es doch mühelos und natürlich mit unserer Energie anziehen. Je unpersönlicher unsere Beziehung zum Geld ist, desto wahrscheinlicher werden wir seine Energie in unser Leben rufen, wenn wir es brauchen. Denn Geld besitzt zweifelsohne Einfluß in der symbolischen bzw. der energetischen Welt. Sprichwörter wie »Eine Handvoll Geld ist schwerer als ein Sack voll Recht und Wahrheit« oder »Geld regiert die Welt« zeugen von der kulturellen Überzeugung, daß das, was Menschen mit ihrem Geld tun, mehr über ihre Motive aussagt als die von ihnen ausgesprochenen Absichten.

Geld ist das Mittel, durch das wir unsere privaten Ziele und Absichten öffentlich machen. Energie geht dem Handeln voraus, und unsere Absichten tragen entscheidend zum Ergebnis unseres Tuns bei.

Unsere Überzeugungen im Hinblick auf das Geld beeinflussen auch unsere spirituelle Einstellung und Praxis. Die Überzeugung, Gott würde jene segnen, die danach streben, Gutes zu tun, indem er sie finanziell belohne, ist weit verbreitet, ebenso wie die Ansicht, wenn man anderen Menschen durch eine Spende an entsprechende Wohltätigkeitsorganisationen hilft, diene das dazu, daß wir selbst vor Armut beschützt würden. Diese und viele andere Ansichten, die in dieselbe Kerbe schlagen, spiegeln die übergeordnete Vorstellung wider, Gott kommuniziere mit uns durch unsere Finanzen – und umgekehrt, wir kommunizierten mit Gott durch das, was wir mit unserem Geld anstellen.

Ob solche Einstellungen auf Mythos oder Wahrheit basieren, ist nicht von Bedeutung. Wir glauben an diese gesellschaftlichen Sprichwörter weit öfter, als wir nicht an sie glauben, und allein aufgrund dieser Tatsache sollten wir schon erkennen, wie eng wir Geld und Glauben miteinander verknüpft haben. Die vernünftigste Beziehung, die wir zum Geld haben können, ist die, es als ein Mittel zu sehen, das der Glaube in unser Leben locken kann.

Wenn wir den Glauben vor das Geld stellen, machen wir das Geld vom Herrn zum Diener – eine viel passendere Position. Der Glaube, der Geld transzendiert, macht den Menschen frei, seiner intuitiven Führung zu folgen, ohne finanziellen Überlegungen unnötig viel Autorität zu verleihen. Solange wir Teil der physischen Welt sind, müssen wir zweifelsohne diesen Kodex von Schuld und Zahlung ehren und aus dem gesunden Menschenverstand heraus ein Verhältnis zum Geld aufbauen, aber mehr Aufmerksamkeit verdient es nicht.

Schon der Entschluß, sich einen solchen Glauben zuzulegen, ist ein Zeichen spiritueller Reifung. Ein spirituell reifer Mensch kann gemäß einer inneren Führung handeln, die einem anderen mit rein finanzieller Motivation als närrisch oder risikoreich erscheinen würde. In vielen spirituellen Mythen nimmt der Himmel Kontakt zu einem Menschen auf, der Glauben hat, und führt dann diesen Menschen, indem er ihn täglich mit »Manna vom Himmel« versorgt, so daß der Betreffende die ihm zugewiesene Aufgabe erfüllen kann. Solche Mythen vermitteln die symbolische Bedeutung der Sephirah Jesod. Zu diesem Manna gehört unter anderem auch finanzielle Energie. Nirgends wird in den heiligen Schriften, soweit ich weiß, auch nur an einer einzigen Stelle davon berichtet, daß es jemand bedauert hätte, der göttlichen Führung gefolgt zu sein.

Andrew, 27, nahm Kontakt zu mir auf infolge eines Traumes, den er immer wieder hatte und den er sich von mir interpretieren lassen wollte. In seinem Traum zog Andrew in eine Stadt in Montana. Er hatte dort keine Arbeitsstelle, keine Wohnung und keine Freunde oder Bekannte, da er noch nie in Montana gewesen war. Er versuchte, den Traum abzutun, als ob er nichts weiter als eine Szene aus einem Kinofilm wäre, die sich in sein Unterbewußtsein eingegraben hätte. Aber allmählich führte der Traum zu der Empfindung, daß der einzige Grund, warum er seinen gegenwärtigen Job behielt, im finanziellen Vorteil läge. Er fragte mich, was der Traum meiner Meinung nach aussage, und ich erklärte: »Ich würde mir an Ihrer Stelle ernsthaft überlegen, nach Montana zu ziehen.«
Andrew sagte, er sei noch nie in Montana gewesen und hätte auch keine Lust, dorthin zu ziehen. Vielleicht sollte er einfach mal einen Urlaub in Montana verbringen, nur um zu sehen, wie er sich dort fühle, erwiderte ich. Er meinte, daß er darüber nachdenken wolle und mir Bescheid geben würde.

Ungefähr sechs Monate später hörte ich wieder von Andrew. Der Traum war wiedergekehrt, nur hatte Andrew diesmal angesichts der finanziellen Vorzüge das Gefühl, sich wie ein Stricher zu verhalten. Er hielt sich selbst für einen Ehrenmann, und als sein Traum durchblicken ließ, daß er hinsichtlich seiner Ehre Kompromisse einging, fiel es ihm schwer, den Tag durchzustehen. Ich ermutigte ihn erneut, Montana einen Besuch abzustatten, nur riet ich ihm diesmal, die Reise baldmöglichst anzutreten. Er sagte, er würde ernsthaft darüber nachdenken.
Am nächsten Morgen rief Andrew mich an und erzählte mir, daß er gekündigt habe. Sobald er an diesem Tag sein Büro betreten habe, so berichtete er, sei ein Gefühl über ihn gekommen, dem er einfach habe folgen müssen. Als er verkündete, daß er nach Montana ziehen wolle, dachten seine Kollegen, er habe dort einen tollen neuen Job gefunden. Er sagte ihnen, daß er nicht nur keinen Job und auch keine Aussichten auf einen Job habe, sondern vielmehr einem Traum folge.
Innerhalb eines Monats nach seiner Kündigung zog Andrew nach Montana. Er mietete ein Zimmer im Haus eines Paares, das eine Ranch besaß. Da sie Hilfe brauchten, stellten sie ihn ein. Eins führte zum anderen, und im Laufe der Monate arbeitete Andrew mehr mit seinen Händen als mit seinem Kopf – eine völlig neue Erfahrung für ihn. Als die Ferienzeit kam, beschloß Andrew, bei seinen neugefundenen Freunden zu bleiben und nicht nach Hause in den Osten zu fahren. Die Rancher hatten eine Tochter, die über Weihnachten zu Besuch kam. Schon im darauffolgenden Sommer heiratete Andrew die Tochter, und in den nächsten fünf Jahren lernte er, wie man die große Ranch führt, die er und seine Frau eines Tages erben werden.
Indem er seinem Traum folgte, erklärte Andrew sich zu einem freieren Mann, ob ihm das klar wurde oder nicht. Seine Taten waren eine Aussage vor dem Himmel, daß es ihm wichtiger

war, sich dem Unbekannten zu stellen, als seine Ehre für die finanzielle Sicherheit aufs Spiel zu setzen. Dafür erhielt er weit mehr, als er je für möglich gehalten hätte.

Angesichts der zahllosen negativen sexuellen Botschaften, die Teil unserer Kultur sind, ist es nicht leicht, ein gesundes Sexualleben zu entwickeln, wie die folgende Geschichte zeigt.

Allen, 28, suchte mich auf und erklärte, er habe furchtbare Angst vor Frauen und brauche Hilfe, um zu verstehen, warum das so war. Während der Sitzung erkannte ich, daß er impotent war, und ich erhielt den überaus starken Eindruck, daß Allen sich selbst als sexuell pervers betrachtete, doch hatte ich nicht das Gefühl, daß er tatsächlich jemanden mißbraucht hatte. Er hatte auch nicht die Energie eines Menschen, der als Kind mißbraucht worden war, daher verwirrte mich dieses Bild. Im Laufe unserer Unterhaltung teilte ich ihm meine Eindrücke mit und fragte, warum er sich selbst als sexuell pervers einschätzte. Er erzählte, als er ein Teenager war, hätten er und eine Gruppe anderer Jungen gemeinsam masturbiert. Die Mutter eines der Jungen trat unerwartet in den Raum und schrie, sie seien alle pervers und sollten sich schämen. Sie rief die Mütter aller Jungen an und erzählte ihnen von dem Vorfall. Dann rief sie den Direktor der Schule an, erzählte es auch ihm und fügte noch hinzu, daß man diese Jungen nicht in die Nähe der Mädchen und kleinen Kinder der Stadt lassen dürfe. Der Klatsch verbreitete sich rasch durch die ganze Stadt, und den Rest ihrer Zeit an der High-School wurden alle Jungen gesellschaftlich geächtet. Sobald Allen seinen Abschluß in der Tasche hatte, zog er fort, aber da glaubte er schon, er sei abartig veranlagt.
Allen gab zu, daß er impotent war, und räumte ein, noch nie eine Verabredung gehabt zu haben. Ich merkte an, gemeinsames Masturbieren sei in Wirklichkeit recht häufig, so häufig,

daß man es fast schon als Initiationsritus für pubertäre Jungen betrachten könne. »Das glaube ich nicht«, erwiderte Allen. Wir kamen überein, daß er einen Therapeuten aufsuchen würde, um an seinem Problem zu arbeiten und selbst zu lernen, daß seine Erfahrung kein Hinweis auf eine sexuelle Perversion war.

Ungefähr ein Jahr später erhielt ich einen Brief von Allen, in dem er mir seine Fortschritte in der Therapie mitteilte. Er schrieb, er fühle sich langsam »gesellschaftlich normal«, eine für ihn völlig neue Empfindung. Er habe jetzt eine Beziehung zu einer Frau, in deren Gegenwart er sich so wohl fühle, daß er ihr sogar schon seine traumatische Erfahrung beichten konnte. Sie habe voller Mitgefühl reagiert und sich dadurch keineswegs abgestoßen gefühlt. Allen war optimistisch, bald ganz geheilt zu sein.

Die Energien des zweiten Chakras bringen subtile Erinnerungen hoch, die freigesetzt werden müssen und die uns ständig mit dem Wunsch konfrontieren, zu handeln, um an Körper und Geist »rund« zu werden.

Moralische Energie

Das zweite Chakra ist das moralische Zentrum unseres Körpers. Gesetze sind mit dem ersten Chakra verbunden, persönliche Ethik und Moral wohnen dagegen im zweiten Chakra. Die Energie der Sephirah Jesod und des Sakraments des Abendmahls drängen uns spirituell dazu, uns an einen starken persönlichen Ehrenkodex zu halten und uns zu monogamen Beziehungen hingezogen zu fühlen. Sie warnen uns intuitiv vor den Gefahren für unseren Ehrenkodex.

Die Organe des zweiten Chakras »zeichnen« all unsere Interaktionen auf, bei denen wir anderen Menschen »unser Wort geben«, Versprechungen tätigen und Verpflichtungen eingehen oder die Versprechen anderer annehmen. Ein starker persönlicher Ehrenkodex strahlt eine wahrnehmbare Energie aus. Dieser Teil unserer Biologie verzeichnet auch die Versprechen, die wir uns selbst gegenüber geben, beispielsweise die guten Vorsätze für das neue Jahr oder andere Entscheidungen, bestimmte Verhaltensweisen in unserem Leben »neu zu formen«.

Die physische Ordnung, über die das erste Chakra das Sagen hat, gibt uns ein Gefühl der Sicherheit, und ihre Gesetze vermitteln uns das Gefühl, daß es in unserer Welt Kontrolle gibt. Die ethischen und moralischen Grundsätze des zweiten Chakras liefern uns die Sprache, mit der wir kommunizieren können, was für uns in menschlichen Beziehungen akzeptabel ist und was nicht. Die Moral besitzt eine enorme Bindungskraft: Wir suchen die Gesellschaft jener, die dasselbe Gefühl für richtig und falsch haben wie wir, und wenn Menschen von ihrem ethischen oder moralischen Charakter abweichen, kommen sie für uns als Intimpartner oft nicht mehr in Frage. Wir wollen auch, daß unser Gott ein ordnender Gott ist, und wir versuchen ohne Ende, den göttlichen Code für richtig und falsch und für Belohnung und Bestrafung zu knacken, versuchen zu begründen, warum »guten Menschen schlimme Dinge« passieren. Es tut uns wohl zu glauben, daß die menschliche Gerechtigkeit vielleicht scheitern mag, aber die göttliche Gerechtigkeit dafür sorgen wird, daß alle das bekommen, was sie »gerechterweise verdienen«.

Weil das zweite Chakra all unsere individuellen Überlebensängste beherbergt, haben wir ein äußeres Rechtssystem geschaffen, das eine entfernte Ähnlichkeit zum Fair play besitzt und für unser Wohlbefinden entscheidend ist. Von Rechts wegen Macht auszuüben oder auch nur ein Rechtsvokabular zu benutzen bietet gewissermaßen ein Ventil für den Druck, der sich im zweiten Chakra aufbaut. Unser Rechtssystem ist zumindest in der Theorie ein Mittel, den Schuldigen zu bestimmen und Verletzungen zu bestrafen; häufig wird ein Urteil zu-

gunsten des »Unschuldigen« als Ehrensache betrachtet, und die finanzielle Regelung, die das Opfer erhält, gibt ihm in gewissem Maß seine Würde wieder. Diese Dynamik ist die gesellschaftliche Version der heiligen Wahrheit »Ehret einander«.
Das Bedürfnis nach Fair play sowie nach Recht und Ordnung sitzt tief in unserer Biologie, wo wir auch die physischen Gesetze der Gesundheit beachten, wie Sport, ausgewogene Ernährung, die bewußte Regulierung von Streß und ein gewisses Maß an Beständigkeit und Ordnung. Diese Gesetze signalisieren unserer Physiologie, daß wir körperlich sicher sind und unserer Umgebung vertrauen. Instabilität dagegen hält unseren Adrenalinausstoß hoch und unseren »Flucht-oder-Kampf«-Mechanismus in ständiger Bereitschaft. Unser stofflicher Körper kann nicht über längere Zeiträume hinweg Streß aushalten, ohne nicht negative biologische Reaktionen hervorzubringen. Magengeschwüre und Migräne sind zwei der häufigeren Hinweise darauf, daß das Chaos im Leben eines Menschen unerträglich wurde.

Paul, 42, ist Anwalt und suchte mich auf, weil der Streß seiner Arbeit ihn langsam fertigmache, wie er sagte. Während der Sitzung erhielt ich den Eindruck, daß eine toxische Energie versuchte, sein zweites Chakra zu durchdringen, als ob jemand oder etwas danach trachtete, ihn zu kontrollieren. Dann wurde mir klar, daß Paul unter chronischen Schmerzen litt, von Migräne bis zu Verspannungen im Nacken und Schmerzen in den Schultern.
Als ich ihm meine Eindrücke mitteilte, bestätigte Paul sie und sagte, er habe in den letzten zehn Jahren in unterschiedlichem Maße ständig Schmerzen erlitten. Er hatte es mit Psychotherapie versucht, aber das habe nicht geholfen. Er schluckte Schmerzkiller wie andere Leute Süßigkeiten, was meinen Eindruck erklärte, daß etwas versuchte, ihn zu kontrollieren: Er

hatte schreckliche Angst, süchtig nach seinen Schmerzmedikamenten zu werden. Die Quelle seiner Pein, darauf wies ich ihn hin, war sein zwanghafter Wunsch, daß alles gemäß seinen Plänen zu verlaufen habe. Als Teil seines Kontrollzwangs mußte er gewinnen, gleichgültig, was er tat – sei es vor Gericht, im Sport, beim Kartenspiel oder auch nur der Triumph, irgendwo als Erster anzukommen. Er war getrieben von seinem Kontrollzwang, und nun, da er Schmerzmittel nahm, quälte ihn der Gedanke, etwas anderes könne ihn kontrollieren. Für Paul bedeutete eine solche Entwicklung, sein Ehrgefühl zu verlieren. Er glaubte, wenn er von etwas oder jemandem beherrscht würde, wäre er nur wenige Zentimeter davon entfernt, seine Integrität aufs Spiel zu setzen; das war sein persönlicher Ehrenkodex.

Da Paul Anwalt war, schlug ich vor, er solle mit sich selbst einen Vertrag abschließen, durch den er Schritt für Schritt sein Leben neu ordnete. Er könnte seinen kontrollierenden, aber ehrenhaften Charakter für sich arbeiten lassen, indem er ganz allmählich sein Bedürfnis veränderte, Ergebnisse kontrollieren zu wollen. Mit jedem Erfolg, sagte ich ihm, würde die Energie, die zu seinen Erfolgen führte, seinen Schmerz wahrscheinlich verringern. Er liebte diese Vorstellung – zweifelsohne deshalb, weil er den Inhalt des Vertrages kontrollieren konnte. Er sagte, er würde sofort einen Entwurf anfertigen und mir eine Kopie faxen, was er auch tat – schon am nächsten Tag.

Drei Monate später schickte mir Paul eine Notiz mit dem Kommentar, daß seine Heilung Fortschritte gemacht habe, seit er sich »vertraglich« zur Heilung verpflichtet hatte. Als Methode, sein ständiges Bedürfnis, Gewinner zu sein, zu schlagen, verbot er sich strikt, auf irgend etwas eine Wette abzuschließen. Er ließ seinen Zwang zu gewinnen nur in rechtlichen Dingen bestehen, wo er auch angemessen war. Ihm war nie klargeworden, sagte er, daß jeder, der ihn kannte, sein Bedürfnis zu gewinnen als »unangenehmes konkurrierendes Naturell« empfunden hatte. Seine Schmerzen ließen nach, seine Migräne trat immer seltener auf, und seine Rückenschmerzen besserten sich so sehr, daß er sogar wieder Sport treiben konnte.

Pauls Geschichte verdeutlicht die symbolische Bedeutung, mit sich selbst das heilige Abendmahl zu halten; das heißt, mit sich selbst übereinzukommen, sich wieder »rund« und ausgeglichen zu machen. Solange der dysfunktionale Teil Ihres Wesens den Rest Ihres Systems negativ beeinflußt, wird Ihre Energie entleert, gegen sich selbst aufgehetzt. Paul war in der Lage, erfolgreich einen Vertrag mit sich abzuschließen und zu heilen.

Weil Menschen von Natur aus dazu veranlagt sind, Recht und Ordnung zu suchen, fallen wir leicht Leuten zum Opfer, die Autorität ausstrahlen und die Kontrolle an sich reißen wollen. Unser Instinkt, den Menschen zu vertrauen, mit denen wir leben und arbeiten, ist eine Erweiterung der Energie des Grundsatzes »Ehret einander«. Das Gefühl, ständig über Ihre Schulter schauen zu müssen, mit anderen zusammen kreativ zu sein, ist unnatürlich. Trotzdem setzen viele Leute die Macht, zu kontrollieren, gegen andere ein, anstatt sie zu unterstützen.

Innerhalb von persönlichen Beziehungen ist es normal, einen Regelkatalog zu erstellen, dem beide Parteien folgen: keine außerehelichen Affären, kein Glücksspiel, keine größeren Anschaffungen ohne beiderseitiges Einverständnis usw. Regeln aufzustellen, um damit das emotionale, mentale, psychologische oder spirituelle Wachstum des anderen zu kontrollieren, ist jedoch in energetischer Hinsicht zerstörerisch. Wenn ein Paar seine ursprünglichen Regeln und Grenzen nicht erweitern kann, um für persönliches Wachstum Platz zu schaffen, löst sich die Beziehung im allgemeinen auf. Eltern verletzen bisweilen spirituell und emotional ihre Kinder, indem sie rigide Regeln aufstellen, um ihre vermeintliche elterliche Autorität zu untermauern.

Persönliche Rache ist ein weiterer falscher Einsatz der Energie des zweiten Chakras. Es ist unser Zentrum der Selbstverteidigung. Obwohl die Zeitungen heutzutage voll sind mit Artikeln von Menschen, die Gerechtigkeit mit Kugeln durchzusetzen suchen, geht es bei den meisten Vorfällen, bei denen jemand »das Gesetz in die eigenen Hände nimmt«, um persönliche, psychologische und emotionale Ehrengesetze wie den Wunsch, mit jemandem »quitt zu werden«, der sie auf irgendeine Weise verletzt hat. Die Energie der Rache ist einer der stärksten emotionalen Giftstoffe für unser biologisches System, das zu Dysfunktionen von Impotenz bis zu Krebs im Genitalbereich führen kann.

Die persönliche Macht des zweiten Chakras

Obwohl Kreativität, Sexualität, Moral und Geld allesamt Formen der Machtenergie des zweiten Chakras sind, muß auch über das Verlangen nach persönlicher Macht gesprochen werden. Macht ist eine Manifestation der Lebenskraft. Wir brauchen Macht, um zu leben, zu gedeihen, zu funktionieren. So sind zum Beispiel Krankheiten der natürliche Gefährte machtloser Menschen. Alles in unserem Leben dreht sich um unsere Beziehung zu dieser Energie namens Macht.
Auf der Ebene des ersten Chakras glauben wir mächtig zu sein, wenn wir mit einer Gruppe von Menschen zusammen sind, mit denen uns auf irgendeine Weise ein Band verbindet. Die Begeisterung von Fußballfans oder Teilnehmern einer politischen Großveranstaltung – wo Menschen in einem Team oder für eine Sache vereint sind – verdeutlicht dies beispielhaft. Die Eigenschaft der Macht im zweiten Chakra drückt jedoch diese Energie in physischer Form aus, zum Beispiel in Materialismus,

Autorität, Kontrolle, Besitzertum, sexuellem Magnetismus, Sinnlichkeit, Erotizismus und Sucht. Jede körperlich verführerische Form, die diese Macht einnehmen kann, ist energetisch mit dem zweiten Chakra verbunden. Anders als der Gruppencharakter der Macht des ersten Chakra, hat das zweite Chakra eine individuelle Natur. Jeder von uns muß seine Beziehung zur körperlichen Macht als Individuum erforschen. Wir müssen lernen, wie und wann wir von äußeren Mächten kontrolliert werden und für welche Art von Macht wir am anfälligsten sind.

Macht ist Lebenskraft, und mit diesem Wissen werden wir geboren. Von früher Kindheit an testen wir uns selbst und erlernen die Fähigkeit, zu erkennen, was oder wer Macht hat, wie man sie anzieht und wie man sie einsetzt. Durch diese Übungen der Kindheit entdecken wir, ob wir das haben, was man braucht, um selbst Macht anzuziehen. Wenn ja, beginnen wir davon zu träumen, was wir als Erwachsene gern erreichen würden. Kommen wir allerdings zu dem Schluß, daß wir nicht in der Lage sind, die Lebenskraft anzuziehen, leben wir in einer Art von »Macht-Schuld«. Wir bilden uns ein, wir könnten nur durch die Energie anderer Menschen überleben, nicht durch unsere eigene.

Bei Menschen, die auf ihre Fähigkeit, Macht anzuziehen, allzusehr vertrauen, können sich gewöhnliche Träume zu Machtphantasien entwickeln. Im schlimmsten Fall füllen sie ihren Geist mit größenwahnsinnigen Vorstellungen. Dann wird die Vernunft durch das Verlangen ausgeschaltet, das die Parameter akzeptablen Verhaltens aufstellt und sie allmählich erweitert, bis alle Mittel erlaubt sind, um dieses Ziel zu erreichen. Der Machthunger kann zu einer Sucht werden, die den Willen Gottes herausfordert. Die Sehnsucht nach Macht um der Macht willen ist Thema zahlloser heiliger Schriften und alter Mythen, in denen das menschliche Ego letztendlich durch den göttlichen Plan an seinen Platz verwiesen wird.

Die Herausforderung besteht für uns alle jedoch nicht darin, »uns keusch der Macht« zu enthalten, sondern genügend innere Stärke zu erlangen, um angemessen mit der physischen Macht zu interagieren, ohne dabei in spiritueller Hinsicht Zugeständnisse zu machen. Das bedeutet es, »in der Welt, aber nicht von der Welt« zu sein. Wir sind fasziniert von Menschen, die für die Verführungen der physischen Welt immun sind; sie werden zu unseren gesellschaftlichen und spirituellen Helden und Heldinnen.

Gandhi hatte eine gesunde Beziehung zur Macht. Seinem Wunsch, das Leben der Menschen in Indien zu verbessern, lag eine eher transpersonale als persönliche Motivation zugrunde. Innerhalb seines Privatlebens litt er natürlich große Qualen in Fragen der Macht, ganz besonders in Hinblick auf Sex. Aber sein persönliches Leiden verleiht seinen globalen Leistungen um so mehr Glaubwürdigkeit: Er erkannte seine eigene Unvollkommenheit an und versuchte ganz bewußt, seine eigene Schwäche von seiner gesellschaftlichen Arbeit zu trennen, während er sie gleichzeitig nutzte, um sich spirituell weiterzuentwickeln.

Die Filmfigur Forrest Gump gewann die Herzen von Millionen – in erster Linie aufgrund ihres ethischen Verhaltens angesichts von Macht in der physischen Welt. Interessanterweise war Gump nicht offen spirituell, und er lehnte weder Sex noch Macht oder Geld ab. Vielmehr erlangte er all diese Ziele des zweiten Chakras durch seine Unschuld und seine Unzugänglichkeit für die Verseuchungen durch das Geschäft des Lebens. Er machte nie spirituelle Zugeständnisse, ungeachtet seiner Ängste oder seiner Einsamkeit.

Wenn ich bei meinen Workshops die Runde darum bitte, daß alle ihre Beziehung zur Macht beschreiben sollen, verändert sich die Atmosphäre im Raum für gewöhnlich schlagartig. Die Spannung veranlaßt mich nur, diese Frage weiterzuverfolgen:

Die meisten Menschen rutschen auf ihren Stühlen hin und her, um irgendwie ihr zweites Chakra zu bedecken. Sie kreuzen beispielsweise die Beine oder lehnen sich über ihr zweites Chakra, legen die Ellbogen auf die Schenkel und stützen ihren Kopf auf die Hände. Sie sehen mich auf eine Weise an, die besagt: »Herrje, was für eine faszinierende Frage, aber komm mir jetzt bloß nicht näher.«

Zuerst rufen unweigerlich alle im Chor, Macht sei die Fähigkeit, seine Umgebung zu kontrollieren, oder ein Mittel, damit Dinge für einen erledigt würden. Der zweite Chor beschreibt Macht als die innere Stärke, sich selbst zu kontrollieren. Unter allen Antworten sticht am auffälligsten hervor, daß die Mehrheit Macht so definiert, als ob sie ein Objekt besäße und als ob dieses Objekt etwas in der äußeren Welt oder das Selbst sei. Obwohl die innere Macht unbestritten als Ideal anerkannt wird, ist sie in der Praxis nicht so beliebt wie die äußere, zum einen weil letztere so viel praktischer ist, zum anderen weil die innere Macht es in gewisser Hinsicht erforderlich macht, unsere Beziehung zur physischen Welt aufzugeben.

An diesem Punkt unserer Evolution – sowohl als Kultur wie auch als Individuen – können wir erkennen, daß äußere oder physische Macht für die Gesundheit notwendig ist. Gesundheit ist eine direkte Folge der spirituellen und therapeutischen Prinzipien, die wir in unser Alltagsleben integrieren. Sowohl die zeitgenössische Spiritualität als auch die Psychotherapie betonen, daß persönliche Macht für materiellen Erfolg und spirituelle Ausgeglichenheit von fundamentaler Bedeutung ist. Sie ist direkt an der Erschaffung unserer persönlichen Welt und unserer Gesundheit beteiligt.

David Chetlahe Paladin (sein wahrer Name) teilte 1985 seine ganz persönliche Geschichte mit mir; er starb 1986. Seine Geschichte legt Zeugnis ab für das menschliche Potential, eine

Qualität innerer Macht zu erreichen, die die Begrenzungen der stofflichen Welt weit übersteigt. Als ich ihn traf, strahlte er eine Stärke aus, die man nur äußerst selten findet, und ich mußte einfach erfahren, wie er erlangt hatte, was so viele Menschen zu erlangen suchten. Er war einer meiner besten Lehrer, ein Mensch, der die heilige Wahrheit »Ehret einander« gemeistert hatte und anderen die Energie der Sephirah Jesod und des Sakraments des Abendmahls in aller Fülle übermittelte.

David war ein Indianer vom Stamm der Navajo und wuchs in den zwanziger und dreißiger Jahren in einem Reservat auf. Schon mit elf war er Alkoholiker. Er verließ das Reservat mit Mitte Zwanzig, wanderte einige Monate in der Welt herum und bekam dann einen Job auf einem Schiff der Handelsmarine. Er war erst fünfzehn, gab sich aber für sechzehn aus.

An Bord freundete er sich mit einem jungen Deutschen und einem weiteren Indianer an. Zusammen reisten sie zu Anlaufhäfen im ganzen Pazifischen Ozean. Als Hobby fing David an zu zeichnen. Ein Motiv, das er sehr oft malte, waren die Bunker, die die Japaner auf den verschiedenen Inseln in der Südsee bauten. Man schrieb das Jahr 1941.

Davids Bunkerzeichnungen fielen schließlich in die Hände des amerikanischen Militärs. Als er zum Militär eingezogen wurde, nahm er an, er könne seine Arbeit als Künstler fortsetzen. Statt dessen wurde er Teil einer Geheimoperation gegen die Nazis. Die Armee hatte Navajos und andere Indianer für ihre Geheimdienstarbeit rekrutiert. Die Männer wurden hinter die feindlichen Linien geschickt, um Informationen zur Hauptbasis der militärischen Operationen in Europa zu übermitteln. Weil alle Funkverbindungen von den Nazis abgehört wurden, setzte man die Sprachen der Indianer ein, um zu gewährleisten, daß abgehörte Botschaften nicht entschlüsselt werden konnten.

Eines Tages wurde David hinter den feindlichen Linien von einer Gruppe Nazi-Soldaten gefaßt. Die Nazis folterten ihn, indem sie unter anderem seine Füße an den Boden nagelten und ihn dann tagelang zwangen, unbeweglich stehenzubleiben. Nachdem er diese Tortur überlebt hatte, wurde David in ein Vernichtungslager geschickt, weil er einer »minderwertigen Rasse« angehörte. Während er in den Zugwaggon gestoßen wurde, fühlte er ein Gewehr in den Rippen und hörte den Befehl, schneller zu gehen. Er drehte sich um und sah den Nazi-Soldaten an. Es war der Deutsche, mit dem sich David an Bord des Handelsschiffes angefreundet hatte.

Davids deutscher Freund sorgte dafür, daß er in ein Kriegsgefangenenlager kam, wo er die restlichen Kriegsjahre verbrachte. Als die Lager befreit wurden, fanden amerikanische Soldaten David bewußtlos und im Sterben liegend. Sie brachten ihn in die Vereinigten Staaten, wo er zweieinhalb Jahre in einem Militärkrankenhaus in Battle Creek, Michigan, im Koma verbrachte. Als er schließlich aus seinem Koma erwachte, war sein Körper von den Erfahrungen im Gefangenenlager so geschwächt, daß er nicht mehr laufen konnte. Man legte ihm schwere Beinschienen an, und mit Hilfe von Krücken konnte er sich daraufhin über kurze Distanzen schleppen.

David beschloß, in sein Reservat zurückzukehren, um sich wenigstens von seinem Volk zu verabschieden. Danach wollte er in ein Krankenhaus für Veteranen und dort den Rest seines Lebens verbringen. Als er im Reservat ankam, waren seine Familie und Freunde entsetzt, als sie sahen, was aus ihm geworden war. Sie versammelten sich und hielten Rat, um herauszufinden, wie man ihm helfen könnte. Danach traten die Ältesten auf David zu, rissen ihm die Schienen von den Beinen, banden ein Seil um seine Taille und warfen ihn in tiefes Wasser. »David, ruf deinen Geist zurück«, befahlen sie. »Dein Geist ist nicht länger in deinem Körper. Wenn du deinen Geist nicht zurückrufen kannst, werden wir dich gehen lassen. Niemand kann ohne seinen Geist leben. Dein Geist ist deine Macht.«

»Seinen Geist zurückzurufen«, so erzählte mir David, sei die schwierigste Aufgabe gewesen, die er je auf sich genommen hatte. »Es war schwieriger, als mit den Füßen an den Boden genagelt zu werden. Ich sah die Gesichter jener Nazi-Soldaten. Ich durchlebte all diese Monate im Gefangenenlager. Ich wußte, ich mußte meinen Zorn und meinen Haß loslassen. Ich konnte mich kaum über Wasser halten, aber ich betete, den Zorn aus meinem Körper zu lassen. Das ist alles, worum ich betete, und meine Gebete wurden beantwortet.«
David konnte seine Beine bald wieder voll gebrauchen und machte sich daran, Schamane, christlicher Priester und Heiler zu werden. Er fing wieder an zu zeichnen und genoß einen Ruf als hochtalentierter Künstler.
David Chetlahe Paladin strahlte eine Seite der Macht aus, die sich wie die Gnade selbst anfühlte. Nachdem er seine Konfrontation mit der dunkelsten Seite der Macht überlebt hatte, transzendierte er diese Dunkelheit und verbrachte den Rest seines Lebens damit, Menschen zu heilen und sie zu inspirieren, »ihre Macht zurückzurufen« von jenen Erfahrungen, die die Lebenskraft aus ihrem Körper zogen.

Bei der Vereinigung der dualistischen Energien unserer Beziehungen müssen wir vor allem das »Ehret einander« lernen. Mittels der Energie des zweiten Chakras, der kreativen Kraft der Sephirah Jesod und der symbolischen Sicht des Sakraments des Abendmahls können wir lernen, die heilige Vereinigung zu ehren, die wir jeden Tag unseres Lebens mit anderen formen.
Wie wir auf äußere Herausforderungen reagieren, wird meistens davon bestimmt, wie wir auf uns selbst reagieren. Außer den Beziehungen zu anderen Menschen müssen wir auch eine gesunde und liebevolle Beziehung zu uns selbst aufbauen – eine Aufgabe, die zur Energie des dritten Chakras gehört.

Fragen zur Selbstprüfung

1. Wie definieren Sie Kreativität? Halten Sie sich für einen kreativen Menschen? Verfolgen Sie Ihre kreativen Ideen weiter?
2. Wie oft drücken Sie Ihre kreative Energie auf negative Weise aus? Übertreiben oder schmücken Sie »Fakten« aus, um Ihre Meinung zu unterstützen?
3. Fühlen Sie sich mit Ihrer Sexualität wohl? Wenn nicht, sind Sie in der Lage, auf eine Heilung Ihres sexuellen Ungleichgewichts hinzuarbeiten? Nutzen Sie andere Menschen für Ihr sexuelles Vergnügen aus, oder fühlen Sie sich benutzt? Sind Sie stark genug, um Ihre sexuellen Grenzen zu ehren?
4. Halten Sie Ihr Wort? Wie sieht Ihr persönlicher Ehrenkodex aus? Ihr Moralkodex? Machen Sie – je nach den Umständen – Zugeständnisse in Ihrer Moral?
5. Sehen Sie Gott als Kraft, die in Ihrem Leben Gerechtigkeit ausübt?
6. Sind Sie ein kontrollierender Mensch? Spielen Sie in Ihren Beziehungen Machtspielchen? Können Sie klar einschätzen, wie Sie zu Macht und Geld stehen?
7. Übt Geld Autorität über Sie aus? Gehen Sie zum Wohle Ihrer finanziellen Absicherung Kompromisse ein, die Ihr inneres Selbst verletzen?
8. Wie oft diktieren Überlebensängste Ihre Entscheidungen?
9. Sind Sie stark genug, um Ihre Ängste hinsichtlich Ihres finanziellen und physischen Überlebens zu meistern, oder kontrollieren diese Ängste Sie und Ihre Einstellungen?
10. Welche Ihrer Ziele für sich selbst müssen Sie noch verfolgen? Was steht einer aktiven Verfolgung dieser Ziele im Weg?

KAPITEL 3

Das dritte Chakra: Persönliche Macht

Die Energie des Chakras der persönlichen Macht wird während der Pubertät zur vorherrschenden Schwingung in unserer Entwicklung. Sie hilft uns bei unserem Prozeß der Individuation, ein »Selbst«, ein Ego und eine Persönlichkeit zu formen, das von unserer ererbten Identität unabhängig ist. Dieses Energiezentrum enthält auch die meisten Fragen in bezug auf die Entwicklung unserer persönlichen Macht und unserer Selbstachtung.

Das dritte Chakra vervollständigt die physische Trilogie des menschlichen Energiesystems. Wie bei den Chakras eins und zwei bezieht es sich in erster Linie auf eine physische Form der Macht. Wo das erste zur Gruppen- oder Stammesmacht schwingt und das zweite zum Fluß der Macht zwischen dem Selbst und anderen, bezieht sich das dritte Chakra auf unsere persönliche Macht in Zusammenhang mit der äußeren Welt.

Sitz: Solarplexus.
Energieverbindung zum physischen Körper: Magen, Bauchspeicheldrüse, Nebennieren, vordere Darmabschnitte, Gallenblase, Leber und der mittlere Teil der Wirbelsäule, direkt hinter dem Solarplexus.
Energieverbindung zum emotionalen/mentalen Körper: Das dritte oder Solarplexus-Chakra ist unser persönliches Macht-

zentrum, der magnetische Kern von Persönlichkeit und Ego. Die Krankheiten, die hier ihren Ursprung haben, werden durch Themen wie Selbstverantwortung, Selbstachtung, Angst vor Zurückweisung und einer Überempfindlichkeit gegenüber Kritik aktiviert.

Verbindung zu Symbolik und Wahrnehmung: Das Energiezentrum vermittelt zwischen den Äußerlichkeiten (dem Charakteristikum des ersten und zweiten Chakras) und der Verinnerlichung des Bewußtseins. Das erste Zentrum hat ein äußeres Schwerkraftzentrum und sitzt immer innerhalb eines Gruppengeistes. Auch das zweite hat ein äußeres Gravitationszentrum, konzentriert sich jedoch auf unsere Beziehungen und ihre Auswirkungen auf uns. Im dritten Chakra dagegen wird das Schwerkraftzentrum teilweise verinnerlicht, weil sich unsere Aufmerksamkeit verlagert: Wir konzentrieren uns nicht länger darauf, wie die Menschen um uns herum mit uns umgehen, sondern darauf, wie wir uns selbst verstehen und mit uns umgehen.

Verbindung zu den Sephiroth und den Sakramenten: Die Sephirah Netzach verkörpert die göttliche Eigenschaft der *Ausdauer,* und Hod symbolisiert die *Herrlichkeit* (oder Integrität) des Göttlichen. Im Chakra-System gehen diese beiden Eigenschaften Hand in Hand, und innerhalb der kabbalistischen Tradition verkörpern beide das, was wir brauchen, um als Individuen »auf eigenen Beinen zu stehen«. Daher werden Netzach und Hod symbolisch als die Beine des Körpers dargestellt. Sie werden auch als Quelle der Prophezeiungen und als Zentrum der symbolischen Einsicht betrachtet. Die Symbolik von Netzach und Hod formt ein mächtiges spirituelles Band mit der Konfirmation. Dieses Sakrament verkörpert das Auftauchen des »bewußten Selbst« oder den Teil der menschlichen Persönlichkeit, der ewig und ganz von selbst auf das Heilige ausgerichtet ist.

Urängste: Angst vor Zurückweisung und Kritik, Angst davor, sich zum Narren zu machen oder an der eigenen Verantwortung zu scheitern; alle Ängste in bezug auf das körperliche Erscheinungsbild wie die Angst vor Fettleibigkeit, einer Glatze oder dem Altern; die Angst davor, andere könnten unsere Geheimnisse entdecken.

Urstärken: Selbstachtung, Selbstrespekt und Selbstdisziplin; Ehrgeiz, die Fähigkeit zum Handeln und die Fähigkeit, eine Krise in den Griff zu bekommen; der Mut, Risiken einzugehen; Großzügigkeit, moralische Grundsätze und Charakterstärke.

Heilige Wahrheit: Die heilige Wahrheit des dritten Chakra lautet »Ehre dich selbst«, ein Thema, das von den spirituellen Energien der Sephiroth Netzach (Ausdauer) und Hod (Herrlichkeit) und der symbolischen Bedeutung des Sakraments der Konfirmation ebenso unterstützt wird wie durch die Macht, die dem Energiezentrum innewohnt. Die Energien, die in diesem Chakra zusammenkommen, haben nur ein einziges spirituelles Ziel: Sie wollen uns helfen, in unserem Selbstverständnis zu reifen – in der Beziehung, die wir zu uns selbst haben, wie wir auf unseren eigenen Beinen stehen und uns um uns selbst kümmern können. Die spirituelle Eigenschaft, welche die Konfirmation übermittelt, ist der Selbstrespekt. Dieses Sakrament symbolisiert auch den Übergang von der Kindheit ins Erwachsenenleben. Wir standen alle schon einmal vor Erfahrungen – oder werden es noch tun –, welche uns die eigenen inneren Stärken und Schwächen offenbarten, unabhängig vom Einfluß unserer Vorfahren. Die spirituelle Eigenschaft, die dem dritten Chakra innewohnt, zwingt uns, eine Identität zu schaffen, die von unserem Stammesselbst losgelöst ist.

Selbstachtung entwickeln

Alle drei spirituellen Strömungen verschmelzen zur Stimme der Intuition, die aus unserem Solarplexus kommt. Während wir unser Selbstgefühl entwickeln, wird unsere Stimme der Intuition zu einer natürlichen und beständigen Quelle der Anleitung und Führung.
Welche Gefühle wir über uns haben, ob wir uns selbst respektieren, bestimmt die Qualität unseres Lebens, unsere Fähigkeit, im Beruf, in Beziehungen, bei der Heilung und in intuitiven Fertigkeiten erfolgreich zu sein. Selbstverständnis und Selbstannahme – das Band, das wir mit uns selbst formen – sind in vielerlei Hinsicht die entscheidendste spirituelle Herausforderung, der wir uns gegenübersehen. Wenn wir uns selbst nicht mögen, werden wir unfähig sein, gesunde Entscheidungen zu treffen. Statt dessen werden wir die ganze persönliche Macht unserer Entscheidungsfreiheit in die Hände anderer legen; jemandes, den wir beeindrucken wollen, oder jemandes, dem gegenüber wir unserer Meinung nach schwach sein müssen, um physische Sicherheit zu erlangen. Menschen mit geringer Selbstachtung ziehen Anstellungsverhältnisse und Beziehungen an, die diese Schwäche widerspiegeln und verstärken.
Ein Mann erzählte mir einmal, er hätte nie erwartet, in seiner Ehe geliebt zu werden. Er hatte nur geheiratet, um nicht länger allein zu sein, und glaubte, Liebe sei etwas, was anderen Menschen geschehe, aber niemals solchen wie ihm. Niemand kommt mit einer gesunden Selbstachtung auf die Welt. Wir müssen uns diese Eigenschaft im Prozeß des Lebens aneignen, während wir uns einer Herausforderung nach der anderen stellen.
Insbesondere das dritte Chakra schwingt mit den Grenzen des physischen Körpers. Sind wir körperlich stark oder schwach? Sportlich oder behindert? Schön oder vernarbt? Zu groß oder

zu klein? Aus spiritueller Sicht sind ausnahmslos alle körperlichen Merkmale und Grenzen illusorisch, bloße »Ausstaffierungen des Lebens«. Doch unsere Akzeptanz oder Ablehnung ihnen gegenüber ist entscheidend, um ins spirituelle Erwachsenenleben einzutreten. Aus spiritueller Sicht ist die gesamte materielle Welt nichts weiter als unser »Klassenzimmer«, aber für jeden von uns lautet die Herausforderung in diesem Klassenzimmer wie folgt: Werden Sie angesichts Ihres Körpers, so, wie er ist, angesichts Ihrer Umwelt und Ihren Überzeugungen Entscheidungen treffen, die Ihren Geist stärken, oder Entscheidungen, die Ihnen Ihre Macht entziehen und in die physische Illusion in Ihrem Umfeld leiten? Wieder und wieder werden die Herausforderungen des dritten Chakras Sie dazu führen, Ihr Gefühl für Macht und Selbst im Hinblick auf die äußere Welt zu bewerten.

Denken wir einmal über diese Herausforderungen für eine Frau im Rollstuhl nach. Die Tatsache, daß die physische Welt eine Illusion ist, bedeutet nicht, daß der Rollstuhl nicht existiert oder daß ihre körperlichen Probleme nicht real sind. Vielmehr bedeutet es, daß nichts in der physischen Welt die Macht des menschlichen Geistes zügeln oder begrenzen kann. Die Frau mag nie wieder gehen können, aber sie hat immer noch die Macht zu entscheiden, ob der Rollstuhl ihren Geist behindern wird. Wenn sie sich dafür entscheidet, aus ihrem Leben im Rollstuhl das Beste zu machen, so ist das weit mehr als eine gesunde psychologische Entscheidung: Sie trifft eine spirituelle Entscheidung, die die ganze Energie der Sephiroth Netzach und Hod beteiligt.

Während ich einen siebentägigen Workshop in Mexiko durchführte, traf ich eine Frau namens Ruth. Sie wohnte im selben Hotel, war allerdings keine Teilnehmerin der Veranstaltung. Aufgrund einer schweren Arthritis war sie an den Rollstuhl gefesselt, der schwerste Fall von Arthritis, den ich je gesehen hatte.

Eines Morgens stand ich untypisch früh auf und ging mit einer Tasse Kaffee auf die Veranda, um mir Notizen für meinen Vortrag an diesem Tag zu machen. Ich bemerkte, daß Ruth für sich allein saß und klassische Musik von einem alten Tonbandgerät hörte. Ich hatte sie am Tag zuvor getroffen, aber an diesem Morgen konnte ich meine Augen einfach nicht von ihr abwenden, obwohl ich nicht glaubte, daß sie es bemerkte, weil sie mit dem Rücken zu mir saß. Ich fragte mich, wie sie mit ihrem furchtbar verkrüppelten Körper fertig wurde, der außerdem extrem übergewichtig geworden war, weil sie sich nicht bewegen konnte. Plötzlich drehte sie ihren Kopf, lächelte und meinte: »Sie fragen sich gerade, wie ich es fertigbringe, in diesem Körper zu leben, nicht wahr?«

Ich war so verblüfft, daß mir keine Ausflüchte einfielen. »Sie haben mich erwischt, Ruth«, sagte ich. »Genau das habe ich eben gedacht.«

»Tja, kommen Sie doch zu mir herüber, dann erzähle ich es Ihnen.«

Ich stellte meinen Stuhl neben sie, dann fragte mich diese 75jährige Frau: »Mögen Sie New-Age-Musik?«

Ich nickte, und sie meinte: »Gut. Ich werde dieses Band auflegen, während ich Ihnen etwas über mich erzähle.«

Während Kitaro im Hintergrund spielte, erzählte mir diese bemerkenswerte Jüdin ihre Geschichte. »Mit 38 Jahren wurde ich Witwe. Ich mußte zwei Töchter versorgen und wußte kaum, wie. Ich wurde zu der manipulierendsten Frau, die Sie sich vorstellen können. Ich habe noch nie etwas gestohlen, aber damals war ich nahe dran.

Als meine ältere Tochter 22 wurde, trat sie einer buddhistischen Gemeinschaft bei. Ich habe meine Mädchen in einem traditionellen jüdischen Heim in New York erzogen – und sie

tritt einer buddhistischen Gemeinschaft bei! Jedesmal, wenn sie zu Besuch kam, fragte ich sie: ›Wie konntest du mir das antun? Nach allem, was ich für dich aufgegeben habe, wie konntest du nur?‹ Wir haben diese Unterhaltung wohl hundertmal geführt. Eines Tages sah sie mich an und sagte: ›Mom, sind meine Kleider verdreckt? Bin ich auf irgendeine Weise unsauber? Tue ich überhaupt etwas, was dich beleidigt?‹
Ich sagte: ›Du nimmst bestimmt Drogen. Das ist es – sie setzen dich unter Drogen.‹ Sie erwiderte: ›Ja, ich habe Drogen ausprobiert.‹ Wissen Sie, was ich daraufhin zu ihr sagte? Ich sagte: ›Besorg mir welche‹, und sie tat es. Sie brachte mir etwas LSD. Ich war 55 Jahre alt und ging auf einen LSD-Trip.«
Ich wäre fast vom Stuhl gefallen. Ich konnte mir nur schwer vorstellen, wie diese Frau LSD nahm.
Sie fragte mich: »Glauben Sie an Engel?«
»Ja, natürlich«, antwortete ich.
»Gut, denn genau das geschah mir als nächstes. Ich nahm das LSD und hatte eine außerkörperliche Erfahrung. Ich schwebte über meinem Körper, leichter als die Luft. Und ich traf dieses herrliche Wesen, das zu mir sagte, es sei mein Engel. Es beschwerte sich: ›Ruthie, Ruthie, weißt du eigentlich, wie schwer es ist, dein Engel zu sein?‹
Ich sagte, ich hätte nie darüber nachgedacht, und mein Engel meinte: ›Laß mich dir zeigen, wie du für mich aussiehst.‹ Und dann wies mein Engel auf meine Doppelgängerin – nur daß meine Doppelgängerin mit Tausenden von Gummibändern gefesselt war. Mein Engel sagte: ›So siehst du für mich aus. Jedes dieser Gummibänder ist eine Angst, die dich kontrolliert. Du hast so viele Ängste, daß du nie hörst, wenn ich mit dir spreche, um dir zu sagen, daß ich alles unter Kontrolle habe.‹
Dann sagte mein Engel: ›Hier hast du eine Schere. Warum schneidest du nicht all diese Gummibänder durch und befreist dich?‹ Und genau das habe ich getan. Ich habe jedes einzelne

durchschnitten, und mit jedem Schnitt spürte ich, wie diese unglaubliche Energiewelle in meinen Körper strömte. Dann fragte mein Engel: ›Na, fühlst du dich jetzt nicht besser?‹ Ich sagte ihr, daß ich mich leichter als Luft fühle und glücklicher als je zuvor in meinem Leben. Ich konnte nicht aufhören zu lachen. Mein Engel meinte: ›Du mußt jetzt zurück in deinen Körper, aber bevor du gehst, muß ich dir noch etwas zeigen.‹ Sie zeigte mir die Zukunft, und ich sah mich von Arthritis verkrüppelt. Sie konnte mir nicht sagen, warum ich das erdulden mußte, nur daß es mir bestimmt war. Aber sie sagte, sie würde auf jedem Schritt dieses Weges bei mir sein. Dann führte sie mich in meinen Körper zurück. Ich erzählte meiner Tochter alles, was geschehen war, und wir beide lachten fast ununterbrochen zwei Monate lang. Sie und ich stehen uns seit dieser Erfahrung sehr nahe. Als vor zehn Jahren die Arthritis einsetzte, dachte ich, ach, so verkrüppelt bin ich gar nicht. Ich war viel verkrüppelter, als ich noch gehen konnte: Ich hatte mich immer so vor dem Alleinsein gefürchtet, davor, mich ohne die Hilfe anderer um mich kümmern zu müssen, daß ich meine Töchter stets in meiner Nähe wollte, damit ich nie für mich allein sorgen müßte. Aber nach dieser Erfahrung hatte ich nie wieder Angst. Ich glaube, daß mein körperlicher Zustand mich daran erinnern soll, daß ich nie Angst haben muß. Heute spreche ich jeden Tag mit meinem Engel, und ich lache immer noch jeden Tag mehr als je zuvor.«

Ich wünschte, ich könnte Ruth mit mir nehmen, wohin immer ich gehe, damit sie den Teilnehmern und Teilnehmerinnen meiner Workshops ihre Geschichte erzählen kann. Für mich sind Ruth und ihr Engel Zwillinge. Ihre Geschichte verkörpert die bewußte Entscheidung für die Überzeugung, daß die nichtstoffliche Welt der göttlichen Energie mehr Autorität hat als die stoffliche Welt aus Form und Materie. Diese Entscheidung führte dazu, daß etwas, was eine Behinderung hätte sein können, langsam zu einer Quelle der Inspiration wurde. Ihre Begrenzungen wurden zu ihrem Aktivposten. Das ist der Einfluß der Sephiroth Netzach und Hod, unserer spirituellen »Beine«.

Die innere Macht vergrößern

Wir ordnen unser Leben »neu«, wenn wir uns für den Geist entscheiden und gegen die Illusionen unserer physischen Umstände. Mit jeder Wahl, die wir treffen, verankern wir uns entweder fester in der illusorischen, stofflichen Welt oder investieren Energie in die Macht des Geistes. Jedes der sieben Chakras verkörpert eine andere Version oder Manifestation dieser einen entscheidenden Lektion. Jedesmal, wenn wir uns dafür entscheiden, unsere innere Macht zu erhöhen, schränken wir die Autorität, die die physische Welt über unser Leben, unseren Körper, unsere Gesundheit, unseren Verstand und unseren Geist ausübt, weiter ein. Vom energetischen Standpunkt kräftigt jede Entscheidung, mit der wir unseren Geist stärken, unser Energiefeld; und je ausgeprägter unser Energiefeld, desto seltener kommen wir mit negativen Menschen und Erfahrungen in Kontakt.

Ich traf Penny auf einem Workshop. Sie hatte bereits aktiv damit begonnen, ihr Leben neu aufzubauen. Penny war achtzehn Jahre lang mit einem Mann verheiratet gewesen, der auch geschäftlich ihr Partner war. Man könnte sie als »das Hirn« ihrer Unternehmungen bezeichnen. Sie war außerdem Alkoholikerin – ein Umstand, der ihrem Ehemann sehr zupaß kam, weil auch er an dieser Sucht litt. Er wollte, daß sie trank, denn wenn er Penny nur halb bei Bewußtsein hielt, hatte er mehr Kontrolle über ihre Ehe und ihr Geschäft.
An einem völlig normalen Tag ihrer Beziehung pflegte Penny

von der Arbeit nach Hause zu kommen und die Hunde und den Haushalt zu versorgen. Ihr Ehemann goß ihr ein Glas Wein ein und sagte dann stets: »Ruh dich jetzt ein wenig aus. Ich kümmere mich ums Abendessen.« Bis das Abendessen fertig war, hatte sie bereits »zu tief ins Glas geschaut«.

Nach ungefähr siebzehn Jahren erkannte Penny, daß sie ein Problem hatte. Erst dachte sie daran, einem Treffen der Anonymen Alkoholiker beizuwohnen, aber dann schlug sie sich die Idee aus dem Kopf. »Wir lebten in einer Kleinstadt«, erklärte sie. »Wenn mich die Leute bei so einem Treffen sähen, wäre das im Nu überall bekannt.« Also fuhr sie am Versammlungsort vorbei, ging aber nie hinein. Dann erreichte Penny den absoluten Tiefpunkt. Anstatt sich an ihren Ehemann zu wenden, rief sie eine Freundin an und meinte: »Hilf mir! Ich brauche Hilfe.« Die Freundin brachte Penny zu ihrem ersten Treffen der Anonymen Alkoholiker.

Die Nüchternheit veränderte ihr Leben. Als sie wieder zu Sinnen kam, erkannte sie, daß nichts in ihrer Welt funktionierte, am wenigsten ihre Ehe. Sosehr sie sich davor fürchtete, ihre Ehe zu beenden – was auch bedeutete, ihre Arbeit zu verlieren –, tat sie genau das, Schritt für Schritt. Sie zog in einen anderen Landesteil, besuchte weiterhin Treffen der Anonymen Alkoholiker, und ging auf Seminare zur Persönlichkeitsentwicklung. Auf einem solchen Kurs trafen wir uns. Sie veränderte ihre Frisur und ihr ganzes Erscheinungsbild und nahm zwanzig Pfund ab. Kurz gesagt, das Leben hatte sie wieder. Sie beschloß, sich von ihrem Ehemann scheiden zu lassen, obwohl sie dadurch finanziell auf wackeligen Beinen stehen würde, denn »mein Geist brauchte das, um frei zu sein«. Nach jedem Schritt besprachen Penny und ich den nächsten und wie ihr Leben und ihr Wohlbefinden dadurch beeinflußt würden. Obwohl die Scheidung ihre finanzelle Situation veränderte, mußte sie für sich herausfinden, ob sie allein ihren Lebens-

unterhalt verdienen konnte. Sie ließ sich zur NLP-Trainerin ausbilden (neurolinguistische Programmierung). Schließlich traf sie James, einen wundervollen Mann, der ihren mittlerweilen hohen Ansprüchen an Gesundheit und persönlicher Entwicklung entsprach. Sie heirateten und führen heute Seminare zur Persönlichkeitsentwicklung in ganz Europa durch.
Pennys Geschichte zeugt von dem unbegrenzten Potential jedes Menschen, sein Leben zu verwandeln – Entschlossenheit und ein starkes Gefühl für persönliche Verantwortung vorausgesetzt. Diese Eigenschaften der Macht wohnen dem dritten Chakra inne. Pennys Verpflichtung gegenüber ihrer eigenen Heilung ist die symbolische Bedeutung des Sakraments der Konfirmation. Sie löste sich von den negativen Menschen und Umständen, rief ihren eigenen Geist zurück und entdeckte, daß sie unendliche Ausdauer (Netzach) und Würde (Hod) besaß, mit deren Hilfe sie ihr Leben neu aufbauen konnte. Weil Penny in der Lage war, sich ihren Ängsten zu stellen, war sie auch in der Lage, diese loszulassen und stark, gesund und erfolgreich zu werden.

Je stärker unser Geist wird, desto weniger Autorität übt *die lineare Zeit* in unserem Leben aus. Bis zu einem gewissen Grad ist die lineare Zeit eine Illusion der materiellen Welt, gebunden an die physische Energie der ersten drei Chakras. Für physische Aufgaben brauchen wir diese Energie; wenn wir beispielsweise eine Inspiration von Gedanken zur Form bringen wollen, lassen wir sie lineare Schritte durchlaufen. Aber wenn es um den Glauben an unsere Fähigkeit zu heilen geht, sollte die Vorstellung von Zeit neu überdacht werden.
Die Illusion, daß Heilung eine »lange Zeit« dauert, ist in unserer Gesellschaft von beträchtlichem Gewicht. Wenn man es glaubt, wird es wahr. Im Buch Genesis blies Jahwe den »Odem des Lebens in seine Nase. Und so ward der Mensch ein leben-

diges Wesen« (Genesis 2, 7). Wenn wir uns dafür entscheiden, etwas zu glauben, atmen wir den Odem des Lebens in diesen Glauben und verleihen ihm Autorität. Man ist weithin davon überzeugt, daß die Heilung schmerzlicher Kindheitserinnerungen eine jahrelange Psychotherapie erfordert, aber das muß nicht sein. Wenn man daran glaubt, kann die Heilung schmerzlicher Erinnerungen und die Loslösung von ihrer Autorität in unserem Leben sehr rasch vonstatten gehen.

Die Dauer des Heilungsprozesses richtet sich nach der Zeit, die der Stammesgeist dafür vorsieht. Der Gruppengeist glaubt im Moment beispielsweise, daß bestimmte Krebsformen uns innerhalb von sechs Monaten töten, Aidskranke sechs bis acht Jahre überleben können, die Trauer um einen Lebenspartner mindestens ein Jahr erfordert und die um den Tod eines Kindes niemals endet. Wenn wir diesen Aussagen Glauben schenken, geben wir dem Stammesgeist Macht über unser Leben, anstatt unsere persönliche Macht auszuüben. Wenn Ihr Geist stark genug ist, sich von der Autorität einer Gruppenüberzeugung zu lösen, ist er möglicherweise auch stark genug, Ihr Leben zu ändern, wie es Margarets herrliche Geschichte bezeugt.

Ich traf Margaret auf einem Workshop, den ich in New Hampshire abhielt. Sie beschrieb ihre Kindheit als »einfach, normal und streng«. Ihre Eltern prüften alles, was sie las, und bestimmten, mit wem sie befreundet sein durfte. Margaret durfte nie an öffentlichen Veranstaltungen teilnehmen, die nach Meinung ihrer Eltern zu »radikal« waren. Bisweilen mußte sie heimlich die Zeitung lesen. Sie verbrachte ihre Kindheit unter der Kontrolle der Angst ihrer Eltern vor dem Unbekannten. Als sie zur Schule ging, sagten ihre Eltern, daß ihr als Frau im Grunde nur zwei Berufe offenstanden: Lehrerin oder Krankenschwester. Margaret beschloß, Krankenschwester zu werden. Kurz nach ihrem Abschluß von der Krankenpflegeschule heiratete sie einen Mann, der ihren Worten nach »einfach, normal und streng war. Ich duplizierte meine Eltern.«

Sie zog mit ihrem Mann in eine Kleinstadt, in der sie sich der ambulanten Pflege widmete. Die Stadt war eine typisch beschauliche Gemeinde und hatte ihre Exzentriker, insbesondere eine Frau namens Ollie. Ollie hatte irgendwie den Ruf erworben, »gefährlich« zu sein. Niemand wollte mit ihr sprechen, und niemand lud sie zu gesellschaftlichen Ereignissen ein. Und die Kinder quälten sie seit zehn Jahren an jedem Halloweenfest.

Es kam der Tag, als Ollie im Büro der ambulanten Pflege anrief und um Hilfe bat. Die Schwestern weigerten sich alle, zu ihr zu fahren – außer Margaret. Sie hatte einige Bedenken, als sie sich Ollies Haus näherte, aber sobald sie drin war, traf sie, in Margarets Worten, eine »einsame, harmlose fünfzigjährige Frau, die nach Zuneigung hungerte«.

Margaret pflegte Ollie, und es entwickelte sich eine Freundschaft. Als Margaret sich in ihrer Gesellschaft wohl genug fühlte, erkundigte sie sich bei Ollie danach, wie sie zu ihrem Ruf gekommen war. Ollie dachte kurz nach, dann sagte sie ihr, daß eine »Macht urplötzlich über sie gekommen sei«, als sie noch ein Kind war. Diese Macht konnte Menschen heilen. Ollies Vater begann, ihre Heilkräfte an Menschen in Not zu verkaufen. So verdiente Ollies Vater eine Menge Geld – bis die Macht »eines Tages einfach zu versiegen schien«. Ihr Vater glaubte, sie wäre nur dickköpfig, also versuchte er, sie so lang zu prügeln, bis ihre Macht zurückkäme – aber das tat sie nicht.

Als sie alt genug war, verließ Ollie ihr Zuhause und zog in eine Stadt, in der sie niemand kannte. Sie arbeitete als Putzfrau und heiratete mit 32. Sie und ihr Ehemann hatten zwei Kinder. Als ihr jüngster Sohn fünf Jahre alt war, erkrankte er lebensgefährlich an Leukämie. Der Arzt bat Ollie und ihren Mann, sich auf den Tod des Kleinen vorzubereiten, der unvermeidbar sei. Erst da erzählte Ollie ihrem Ehemann von der Macht, die sie als Kind besessen hatte, und sie bat ihn, mit ihr zusammen zu beten und Gott zu bitten, ihr diese Fähigkeit wiederzugeben, damit sie ihren Sohn heilen könne. Ollie kniete neben dem Bett ihres Sohnes, betete und legte ihm dann die Hände auf. Innerhalb von zwei Tagen zeigte er Anzeichen der Besserung, und nach einer Woche war er auf dem Weg der Genesung. Zwei Monate später war er völlig geheilt.

Der Arzt wollte von Ollie und ihrem Ehemann wissen, was sie getan hätten, welche Behandlung sie ihrem Sohn hatten angedeihen lassen. Ollie bat ihren Mann, nichts zu sagen, aber der erzählte brühwarm und in allen Einzelheiten, was geschehen war. Der Arzt hielt Ollie daraufhin für »gefährlich« und riet Ollies Ehemann, »in Gegenwart dieser Frau vorsichtig zu sein. Schließlich könnte sie eine Hexe oder so etwas sein.«

Als Ollie fünf Monate später nach Hause kam, fand sie das Haus leer vor: Ihr Mann hatte die Kinder mitgenommen und sie verlassen. Die Scheidung wurde ihm aufgrund ihrer »Geistesschwäche« gewährt. Ollie war erschüttert, und sie erzählte Margaret, wie sie mehrmals vergeblich versucht hatte, ihre Kinder zu finden. Sie hatte sie seitdem nie wieder gesehen.

Das Band zwischen Margaret und Ollie wurde mit jedem Besuch stärker. Ollies »Macht« inspirierte sie, Bücher über Heilung und Spiritualität zu lesen. Ollie hatte ihr eine völlig neue Welt gezeigt. Je mehr sie lernte, desto mehr dachte sie an ihre Eltern, an deren Angst vor neuen Ideen und die Bemühungen sicherzustellen, daß sie nur »gewöhnliche Dinge lernte, im Einklang mit ihrem gewöhnlichen Lebensstil«.

Margaret versuchte, mit ihrem Ehemann all das zu teilen, was sie lernte, in der Hoffnung, er würde diese Informationen ebenso inspirierend finden wie sie. Aber er fühlte sich von Ollie und diesen neuen Ideen bedroht, und schließlich kam der Tag, an dem er ihr verbot, Ollie jemals wiederzusehen.

Doch Margaret mußte mittlerweile Ollie einfach sehen, nicht nur, weil sie ihr am Herzen lag, sondern auch weil Ollie ihr eine Macht der Heilung nahebrachte, die die Energie der Liebe aus einer göttlichen Quelle verkörperte. Diesmal wollte sie sich nicht von der Angst eines anderen kontrollieren lassen.

Margaret trat in die dunkelste Krise ihres Lebens, zum einen wegen Ollie, zum anderen weil sie »zwischen zwei Denkwelten« stand. Sie wußte, daß sie niemals zu ihren früheren Vorstellungen über Heilung und Spiritualität zurückkehren konnte, ob sie Ollie nun wiedersah oder nicht. Sie wollte weiterlernen, und schließlich ließ sie ihren Ehemann wissen, daß sie mit der ambulanten Pflege bei Ollie fortfahren würde, gleichgültig, was er davon hielt.

Margarets Ehemann sagte immer öfter Dinge wie »Diese Frau hat dich mit einem Zauberbann geschlagen« und »Ich frage mich, was sonst noch so zwischen euch beiden läuft«. Die Atmosphäre in Margarets Heim wurde schließlich unerträglich, und sie zog in eine eigene Wohnung. Sie hoffte, eine vorübergehende Trennung würde ihre Ehe heilen lassen.

Margarets Kolleginnen, aber auch ihre Freundinnen, stellten sich auf die Seite ihres Ehemannes. Margaret opfere ihre Ehe für eine sterbende, verrückte Frau, warfen sie ihr vor. Niemand verstand ihre Beweggründe. Sie »betete um ein Wunder, ohne Einschränkungen«, was bedeutete, daß ihr egal war, wie Gott ihre Krise löste – sie wollte nur, daß sie endlich aufhörte.

Ungefähr vier Monate später bekam Margaret eine Nachricht von ihrem Ehemann mit dem Inhalt, daß sie sich unbedingt treffen müßten. Sie glaubte, er wolle sie um die Scheidung bitten, aber statt dessen erzählte er ihr, daß man soeben Dickdarmkrebs bei ihm diagnostiziert hatte. Er habe Angst, sagte er – und dann kam das Wunder. Ob Ollie ihm wohl helfen könne, fragte er. Margaret zitterte vor Emotion. Sie gingen sofort zu Ollie.

Ollie sagte Margarets Ehemann, daß ihre Macht von Gott komme und daß er seine Aufmerksamkeit darauf richten müsse. Sie legte ihm die Hände auf, was nicht länger als zehn Minuten dauerte. Der Mann erholte sich innerhalb von drei Monaten von seinem Dickdarmkrebs. Er sorgte leidenschaftlich für Ollie, so sehr, daß er darauf bestand, sie solle in sein Haus ziehen, wo sie dann bis zu ihrem Tod lebte.

»Heute kann mein Mann gar nicht genug für mich oder für andere tun. Wir haben einen Heildienst in unserem Haus, wo wir mit anderen beten und Anweisungen zur Heilung anbieten. Ich hätte nie geglaubt, daß so etwas möglich wäre, und ich kann Ihnen gar nicht sagen, wie oft mein Ehemann zu mir spricht: ›Ich danke Gott jeden Tag in meinen Gebeten, daß du den Mut hattest, mir die Stirn zu bieten und an deinen Überzeugungen festzuhalten. Daß ich heute noch lebe, verdanke ich nur dir.‹«

Zweifelsohne können unsere Kindheitserinnerungen die Quelle großen Schmerzes sein. Doch wie Margaret erhalten wir bisweilen die Gelegenheit, diesen Schmerz zu nutzen, um als Erwachsene eine andere Wahl zu treffen.

Selbstachtung und Intuition

Als ich vor Jahren mit meinen Workshops zu intuitiver Führung begann, gab ich den Teilnehmern und Teilnehmerinnen Versenkungs- und Meditationsübungen an die Hand. Aber die meisten Menschen konnten trotz Meditation keine großen Erfolge bei der Entwicklung ihrer Intuition vermelden. Während eines Workshops wurde mir klar, daß die Herausforderung eigentlich nicht darin bestand, in Berührung mit der Intuition zu kommen. Die Teilnehmer und Teilnehmerinnen waren meistens schon in Berührung mit ihrer Intuition, sie hatten allerdings ein völlig falsches Bild von deren Wesen.

Jeder einzelne in diesem Workshop hatte Intuition mit der Gabe der Prophezeiung verwechselt. Alle dachten, es handele sich um die Fähigkeit, die Zukunft vorherzusagen. Aber die Intuition ist weder die Fähigkeit zur Weissagung noch ein Mittel, finanziellen Verlusten oder schmerzlichen Beziehungen aus dem Weg zu gehen. In Wirklichkeit ist es die Fähigkeit, Energiedaten zu nutzen, um eine Entscheidung im jeweiligen Augenblick zu treffen. Energiedaten sind die emotionalen, psychologischen und spirituellen Komponenten einer gegebenen Situation. Sie sind die »Hier-und-jetzt«-Ingredienzen des Lebens und keine nichtstofflichen Informationen aus der »Zukunft«.

Größtenteils macht sich die der Intuition zugängliche Information über unser Gefühlsleben bemerkbar: Wir fühlen uns unbehaglich, ängstlich oder depressiv – oder im anderen Extrem ziellos und distanziert, als ob wir plötzlich von all unseren Emotionen abgeschnitten wären. In Träumen von intuitiver Natur erhalten wir Symbole der Veränderung oder des Chaos. Solche Träume nehmen häufig während emotionaler Krisen an Intensität zu. Energetische oder intuitive Empfindungen signalisieren uns, daß wir in unserem Leben an einer Kreuzung angekommen sind und durch die Wahl, die wir nun treffen, in gewisser Weise die Richtung unseres Lebens bestimmen.

Die Intuition und die Unabhängigkeit des dritten Chakras verleihen uns die Fähigkeit, Risiken einzugehen, unseren »Bauchgefühlen zu folgen«.

Evan, 28, nahm Kontakt zu mir auf, weil in seinem Dickdarm unzählige Geschwüre wucherten. Während der Sitzung erhielt ich den Eindruck eines Pferdes, das zur Startbox geführt wird, aber nie im Rennen antritt. Evans drittes Chakra war wie ein offenes Loch, aus dem Energie herausflutete. Er schien keine Energie übrig zu haben, um auf eigenen Beinen zu stehen. Tatsächlich schien er vor den Gelegenheiten, die das Leben ihm bot, die Flucht zu ergreifen, weil er sich vor dem Scheitern fürchtete. Er folgte nie auch nur einem einzigen »Bauchgefühl«, um zu sehen, ob es sich bewahrheitete.

Evans Leben bestand nach seinen eigenen Worten aus einer Reihe von Fehlstarts. Er hatte sich alle möglichen geschäftlichen Unterfangen überlegt, aber sich dann gegen sie entschlossen. Er studierte ständig den Aktienmarkt, suchte nach einer Formel, die ihm das ansteigende und abfallende Muster der Aktienpreise verraten würde. Besessen von seinen Daten hatte er sorgfältige Statistiken angelegt. Tatsächlich war er recht gut darin, jene Aktien zu erkennen, die an Wert zunehmen würden. Als ich ihn fragte, warum er nicht einfach einmal in einige dieser Akten investieren wolle, meinte er: »Die Formel ist noch nicht vollkommen. Sie muß vollkommen sein.« Gleichzeitig war er zutiefst verbittert, weil er wußte, daß er sehr viel Geld verdient hätte, wenn er einigen seiner Ahnungen vertraut hätte. Ja, er wäre sogar mittlerweile richtig wohlhabend. Als ich anmerkte, daß er in tatsächlichen Investitionen wahrscheinlich ebenso erfolgreich wäre, wie er das schon auf dem Papier war, erklärte Evan, die Börse sei überaus wechselhaft und er könne nie sicher sein, ob sich seine Ahnungen als akkurat erweisen würden.

Wegen seiner Unfähigkeit, seinen »Bauchgefühlen« zu folgen, entwickelten sich in Evans Dickdarm Geschwüre, die seinen Körper förmlich auseinanderrissen. Er konnte sich nicht dazu aufraffen, etwas Geld in Aktien zu investieren. Seine Angst vor dem Risiko zerstörte buchstäblich seinen Körper, dennoch war er besessen von einem Markt, der ausschließlich aus Risiken besteht. Evan zu erklären, er solle Entspannungstechniken einsetzen, wäre ungefähr so hilfreich wie einem Teenager zu sagen, pünktlich nach Hause zu kommen. Evan mußte sich von seinem computerähnlichen Verstand lösen und sich seinen

Bauchgefühlen zuwenden. Er mißtraute seinen Gefühlen, weil sie ihm keine »Beweise« für ein sicheres Ergebnis lieferten, sondern nur Möglichkeiten andeuteten.

Auch meine Workshoprunde war mit ihren Intuitionen in Kontakt, aber sie nahmen an, Intuition bedeute klare Unterscheidung anstatt intuitive Anleitung. Sie hofften, daß eine einzige gute Intuition ihnen die Macht verleihen würde, ihr Leben zu völliger Harmonie und Glück neu zu ordnen. Aber intuitive Führung bedeutet nicht, einer Stimme ins Gelobte Land zu folgen. Es bedeutet, die *Selbstachtung* zu haben, um zu erkennen, daß das Unbehagen oder die Verwirrung, die ein Mensch fühlt, in Wirklichkeit darauf abzielen, die Kontrolle über sein Leben zu übernehmen, und ihm Wahlmöglichkeiten anzubieten, die ihn aus seiner Stagnation oder seinem Elend herausreißen.
Wenn ein Mensch an mangelnder Selbstachtung leidet, kann er seinen intuitiven Impulsen nicht folgen, weil seine Furcht zu scheitern viel zu groß ist. Intuition kann wie alle meditativen Disziplinen überaus wirksam sein, *wenn – und nur wenn –* man den Mut und die persönliche Macht hat, ihrer Führung zu folgen. Führung erfordert Handeln, garantiert aber keine Sicherheit. Während wir unsere Erfolge in persönlichem Wohlbehagen und in Sicherheit messen, mißt das Universum unsere Erfolge daran, wieviel wir gelernt haben. Solange sich unsere Erfolgskriterien an Wohlbehagen und Sicherheit orientieren, werden wir unsere intuitive Führung fürchten, denn aufgrund ihrer Natur führt sie uns zu neuen Lernzyklen, die bisweilen recht unbequem sein können.

In einem meiner Workshops erklärte eine Frau namens Sandy stolz, sie habe sechs Jahre in einem Ashram in Indien gelebt und ihre Meditationspraxis entwickelt. Jeden Morgen und jeden Abend meditiere sie eine Stunde lang und sei in der Lage, ganz klare spirituelle Führung zu erhalten. Als wir einmal allein waren, fragte sie mich, ob ich einen Eindruck darüber erhalten habe, wo sie leben und wie sie ihren Lebensunterhalt verdienen solle. Ich fragte sie, warum sie diese Art von Information nicht von ihrer Meditation erhalte, und fügte noch hinzu, daß Berufsberatung nicht mein Fachgebiet sei. Sie erwiderte, ihre Führung beziehe sich ausschließlich auf spirituelle Dinge. Aber ihr Beruf sei doch Teil ihres Lebens, hielt ich ihr entgegen, und sei daher auch Teil ihrer Spiritualität. Sie erwiderte, sie könne diese Art von Information eben einfach nicht bekommen. Dann fragte ich sie: »Was wäre die schlimmste Intuition, die Sie in Ihrer Meditation in bezug darauf, wo Sie leben und was Sie arbeiten sollten, erhalten könnten?« Sie antwortete unverzüglich: »Ganz einfach – wieder in der Innenstadt von Detroit unterrichten zu müssen. Davon hatte ich schon Alpträume.« Ich erwiderte: »Wenn ich Sie wäre, würde ich das ernsthaft in Betracht ziehen. Für mich klingt das nach einer guten Führung.«

Ein Jahr später erhielt ich einen Brief von Sandy, in dem sie mir mitteilte, daß sie nach meinem Workshop von dem Gedanken verfolgt wurde, wieder als Lehrerin zu arbeiten. Sie kämpfte so sehr dagegen an, daß sie schließlich unter Migräne und Schlafstörungen zu leiden hatte. In der Zwischenzeit verdiente sie ihren Lebensunterhalt als Buchverkäuferin, was ihr allerdings nicht genügend Geld einbrachte. Als sie daher das Angebot erhielt, als Ersatzlehrerin in ihrem früheren Schuldistrikt auszuhelfen, nahm sie an. Nach zwei Monaten führte sie außerhalb des Lehrplans eine Meditationsklasse für High-School-Schüler(innen) ein, die sich zweimal die Woche nach der Schule traf. Der Unterricht war so erfolgreich, daß er im folgenden Jahr in den regulären Lehrplan aufgenommen wurde, und Sandy unterzeichnete erfreut einen festen Lehrvertrag. Kurz darauf hörten ihre Migräne und ihre Schlafstörungen auf.

Der Glaube an sich selbst ist für die Heilung unabdingbar. Bevor ich die Bedeutung der Selbstachtung bei der Entwicklung intuitiver Fertigkeiten erkannte, hätte ich behauptet, daß der Glaube der wichtigste Faktor bei der Heilung ist. Heute setze ich Glauben mit Selbstachtung und persönlicher Macht gleich, denn eine geringe Selbstachtung spiegelt den Mangel an Glauben an sich selbst und an die Mächte der unsichtbaren Welt wider. Doch zweifelsohne ist der Glaube entscheidend, um die Herausforderungen des Alltagslebens in den Griff zu bekommen.

So nahm beispielsweise eine Frau namens Janice, Ende Zwanzig, Kontakt zu mir auf, weil sie lernen wollte, wie sie ihre Gesundheit wiedererlangen könnte. Janice war schon einer ganzen Reihe ernster gesundheitlicher Probleme gegenübergestanden, aber sie fragte mich nicht, warum sie all das hatte erdulden müssen; sie war nur daran interessiert, ihren Heilungsprozeß in Gang zu setzen.

Als Teenager hatte sich Janice einer Operation unterzogen, weil ihr Dickdarm blockiert war. Als ich sie traf, war sie verheiratet, Mutter eines Kindes und befand sich wegen ihrer siebten Bauchoperation im Krankenhaus. Ein Großteil ihres Darmes war bereits entfernt worden, und sie würde den Rest ihres Lebens mit einem künstlichen Darmausgang leben müssen. Sie konnte nicht länger feste Nahrung zu sich nehmen und mußte mittels eines chirurgisch in ihrem Brustkasten implantierten Katheters mit Flüssignahrung ernährt werden. Auch das würde sie den Rest ihres Lebens begleiten. Sie mußte ihre Flüssignahrung vor dem Schlafengehen einhängen, und im Laufe der Nacht tropfte diese dann in den Körper. Weil diese Flüssignahrung gerade erst entwickelt worden war, zahlte ihre Krankenversicherung keinen Pfennig. Reisen, auch kurze Wochenendtrips, waren nun ein Martyrium, weil Janice unzählige medizinische Ausrüstungsgegenstände mitnehmen mußte. Zusätzlich zu all ihren körperlichen Problemen und natürlich als Folge davon sammelte sich auf den Schultern von Janice und ihrem Ehemann ein gewaltiger Schuldenberg.

Auf meinem Weg ins Krankenhaus erwartete ich, daß Janice von ihren Umständen niedergeschmettert sei und sich vor der Zukunft fürchte. Aber zu meiner großen Überraschung strahlte sie eine positive Einstellung und Energie aus. Sie wollte etwas über meine Energietechniken wie Meditation und Visualisierung lernen, damit sie mit ihrer Hilfe ihre Gesundheit verbessern konnte. Während unserer Unterhaltung meinte sie: »Als man mir das Katheter einsetzte, war ich zugegebenermaßen voller Selbstmitleid, ganz zu schweigen von Schuldgefühlen. Ich hatte das Gefühl, für meinen Mann nur noch eine finanzielle Last zu sein, kaum eine gute Ehefrau. Dann ging ich in den Fluren des Krankenhauses spazieren, und ich sah, mit welchen Bedingungen andere Menschen konfrontiert waren. Ich kam zu dem Schluß, daß meine Lage gar nicht so schlimm war, und ich sagte mir, daß ich damit schon zurechtkommen würde.«

Nach ihrer letzten Operation ging Janice zurück zur Schule und machte ihren Abschluß in Krankenpflege. Gerade als sie ihr Leben wieder im Griff hatte, bat ihr Mann sie um die Scheidung. Sie rief mich an, und wir verabredeten uns. Während unserer Unterhaltung sagte sie: »Ich bin gar nicht so sehr überrascht, daß Howard die Scheidung will. Er hat mir in den letzten zwölf Jahren so viel Unterstützung gegeben, wie er konnte, aber für ihn war das keine besonders gute Ehe. Ich kann es mir nicht leisten, bitter zu sein; ich habe einen Sohn, der mich braucht, und ich glaube von ganzem Herzen, daß eine negative Einstellung meine körperlichen Probleme nur verschlimmert. Aber ich habe Angst – was soll ich jetzt tun? Gibt es eine Visualisierung, die einem von jetzt auf gleich Mut einverleibt? Wir beschlossen, daß ihre oberste Priorität die Scheidung war und daß sie in den kommenden Monaten so viel Unterstützung wie möglich um sich versammeln sollte. In der letzten Phase ihrer Scheidung fand Janice eine Stelle im örtlichen Krankenhaus. Sie und ihr zehnjähriger Sohn zogen in eine neue Wohnung, und sie arbeitete hart daran, neue Freunde zu treffen. Sie machte ihr spirituelles Leben zu ihrer obersten Priorität, und jeden Morgen visualisierten sie und ihr Sohn ein glückliches und volles Leben – eine Vorgehensweise, die spirituelle Energien in Verbindung mit dem dritten Chakra anzapfte: Ausdauer, Vitalität und Selbstrespekt. Sie war entschlossen, ihr Martyrium »auf eigenen Beinen« durchzustehen. Schließlich waren ihre Bemühungen von Erfolg gekrönt. Ihre Gesundheit blieb während dieser Übergangsphase stabil, und ein Jahr nach ihrer Scheidung traf sie einen wundervollen Mann, den sie heiratete.

Ihre Geschichte zeigt sehr anschaulich die Kapazität des menschlichen Geistes, körperliche Begrenzungen und persönliche Herausforderungen zu transzendieren, indem man beschließt, mutig auf sie zu reagieren. Janice hatte natürlich auch ihre schlechten Tage, aber sie erkannte, daß Selbstmitleid ihr mehr schadete als ihre körperliche Lage. Ihre Einstellung und ihre tägliche spirituelle Praxis hielten ihren Körper und ihren Geist im Gleichgewicht und symbolisierten die Energieunterstützung der Sephiroth Netzach und Hod und des Sakramentes der Konfirmation.

Die *symbolische* Bedeutung des Sakraments der Konfirmation besagt, daß wir durch die Entwicklung unserer inneren Stärke auch innerlich »lebendig« werden. Selbstachtung und bewußte persönliche Macht entwickeln sich manchmal in denkwürdigen Momenten unseres Lebens, die eine Initiation in das spirituelle Erwachsensein symbolisieren: Vielleicht haben Sie in einem plötzlichen Blitz der Erkenntnis gesehen, wie Sie eine Aufgabe meistern können, die Ihnen zuvor erdrückend schwer schien.

Vielleicht haben Sie sich als mächtig wahrgenommen und erkannt, daß Sie alle möglichen Ziele anstreben können, von körperlicher Fitneß bis hin zu finanziellem Erfolg.

Selbstvertrauen zu entwickeln, um unsere Ziele zu verfolgen, ist eine Möglichkeit, wie persönliche Macht zu einem Mittler persönlicher Veränderung werden kann. Gleichzeitig kann eine gleichermaßen eindrucksvolle Veränderung im spirituellen oder symbolischen Leben des Betreffenden auftreten. Innerlich stark zu werden verlagert das Schwerkraftzentrum eines Menschen von außen nach innen – dies ist das Zeichen eines spirituellen Übergangs.

Die meisten Kulturen kennen Übergangsriten für junge Menschen, Rituale, die die Volljährigkeit des Geistes verkörpern: beispielsweise die Bar Mitzwah in der jüdischen Kultur oder die Konfirmation bzw. Firmung im Christentum. Bei vielen Indianerstämmen Amerikas wurden zumindest in alter Zeit die jungen Männer eine Zeitlang vom Stamm fortgeschickt, um allein in der Wildnis zu leben. Auf solche Weise erfuhren sie ihre Initiation als Krieger. Diese Zeremonien markieren das symbolische Ende der Abhängigkeit eines jungen Menschen von der schützenden Energie der Stammesmacht. Er akzeptiert nun die Verantwortung für sein physisches und spirituelles Leben. Durch den Ritus erkennt der Stamm die Verlagerung der Verantwortung an. Nach der »Initiation« werden an den jungen Menschen von Freunden und Familienangehörigen höhere Erwartungen gestellt.

Ein stärkeres Selbstwertgefühl kann sich auch im Laufe unseres Lebens, in einer Reihe von »Mini-Initiationen«, entwickeln. Jedesmal wenn unsere Selbstachtung wächst, sei es auch nur ganz geringfügig, müssen wir etwas in unserer äußeren Dynamik verändern. Meistens verabscheuen wir Veränderung, aber die Initiation verkörpert die Notwendigkeit der Veränderung. Möglicherweise müssen wir eine Beziehung verändern, weil wir nun so stark geworden sind, daß wir auch einen stärkeren Partner brauchen. Oder wir kündigen unsere Arbeitsstelle, weil wir aus unserem sicheren und vertrauten Milieu ausbrechen und unsere eigene Kreativität auskundschaften müssen. Zuviel Veränderung in allzu kurzer Zeit kann überwältigend sein, deshalb versuchen wir, unsere eigene Stärkung nur Schritt für Schritt anzugehen. Wenn wir uns einer Herausforderung nach der anderen stellen, formen die Veränderungen, denen wir uns unterziehen, ein Muster auf unserer Reise zur persönlichen Macht.

Die vier Stufen der persönlichen Macht

Selbstachtung wurde in den sechziger Jahren ein beliebter Begriff – ein Jahrzehnt der Revolution, das unsere Sicht von starken Menschen neu definierte. Erst damals wurde die Selbstachtung als entscheidender Bestandteil der Gesamtgesundheit von Männern und Frauen akzeptiert, zu der von da an nicht nur die körperliche, sondern auch die psychologische und spirituelle Gesundheit gehörte.
Jedes der nachfolgenden Jahrzehnte schien diese neue Definition der Selbstachtung weiterzuführen. Symbolisch gesehen spiegeln die gesellschaftlichen Trends zwischen den Sechzigern und Neunzigern die Entwicklungsphasen der Selbststärkung wider, denen wir uns auch als einzelne unterziehen. Nach den revolutionären Sechzigern kamen die Siebziger – ein Jahrzehnt der Vertiefung. Die rohe Energie, die in den Sechzigern freigesetzt wurde und äußere Barrikaden niederriß, führte zu der Aufgabe der Siebziger, die inneren Barrieren zu durchbrechen. In diesem Jahrzehnt wurde die Psychotherapie zum Allgemeingut.

In den Siebzigern wurden zwei neue psychologische Kräfte geschmiedet. Zum einen wurde das extrem machtvolle Wort »selbst« aus seinem puritanischen Gefängnis befreit, in dem ihm nur die Nachsilbe »-süchtig« zugestanden worden war. Allein dieses Wort, selbstsüchtig, war jahrhundertelang stark genug gewesen, um die überwiegende Mehrheit der Menschen davon abzuhalten, auch nur in irgendeiner Form ihre Selbstentwicklung zu betreiben. Die siebziger Jahre des 20. Jahrhunderts machten »selbst« zu einem akzeptierten und allgemeingebräuchlichen Präfix – wie in *selbst*motiviert, *selbst*heilend, *selbst*bewußt. Diese simple Verlagerung ermöglichte jedem von uns den Zugang zu dem Schlüssel für unseren »geheimen Garten«, wo wir mit etwas Hilfe alle entdecken, daß wir tatsächlich auf unseren eigenen Beinen stehen können.

Es überrascht keineswegs, daß diese Faszination mit dem Selbst bis ins Extrem getrieben wurde. Um zu testen, wie weit die Macht unseres neuen »Selbst« reichte, wurde die *Zügellosigkeit* zum Thema der Achtziger: Narzißmus. Die narzißtische Atmosphäre vermittelte uns das Gefühl, als ob wir plötzlich frei wären, um all unsere physischen Wünsche zu befriedigen. Wir waren zügellos bis ins Extrem. Wie schnell konnten wir reich werden? Wie schnell konnten wir Informationen übermitteln? Wie schnell konnten wir unsere Welt zu einem Technoplaneten verwandeln? Wie schnell konnten wir schlank werden? Wie schnell konnten wir heilen? Sogar das Ziel, größere Bewußtheit zu erlangen, früher eine heilige Aufgabe, die ein ganzes Leben der Hingabe erforderte, wurde zu etwas, von dem die Leute glaubten, es ließe sich binnen einer Woche erreichen, wenn sie nur genug dafür bezahlten.

Doch auch die Zügellosigkeit erreichte einen Sättigungspunkt, und als wir in die Neunziger eintraten, schwang das Pendel von der äußeren Welt wieder in die innere und richtete all diese Energiemuster auf die persönliche Evolution – um ein Selbst zu formen, das mächtig genug ist, »in der Welt, aber nicht von der Welt« zu sein, ein Selbst, das sich an der Pracht der stofflichen Welt erfreuen kann, ohne zuzulassen, daß die zahllosen Illusionen der Welt seine Seele leeren.

Revolution, Vertiefung, Narzißmus und Evolution sind die vier Stufen, die wir durchlaufen müssen, um Selbstachtung und spirituelle Reife zu erlangen. Ein spiritueller Erwachsener läßt seine inneren spirituellen Eigenschaften unauffällig in seine Alltagsentscheidungen einfließen. »Spirituelle« Gedanken und Aktivitäten sind von allen anderen Aspekten des Lebens nicht mehr zu trennen: Alles wird eins.

Ein Mensch kann in jeder Phase Jahre verbringen oder nur Monate, aber ungeachtet, wie lange jede Zeitspanne für ihn dauert, er wird unweigerlich mit seinen ganz spezifischen Herausforderungen zu kämpfen haben, die für seinen Charakter, seine ethischen und moralischen Grundsätze und seinen Selbstrespekt typisch sind.

Wir müssen daran arbeiten, uns selbst zu entdecken, zu verstehen, warum wir Geheimnisse haben oder Süchte oder anderen für unsere Fehler die Schuld geben. Wir müssen verstehen lernen, warum es uns schwerfällt, Komplimente zu machen oder anzunehmen, oder warum wir Schamgefühle mit uns herumtragen. Wir müssen Stolz auf unseren Charakter und unsere Leistungen entwickeln. Wir müssen die Parameter unseres Charakters erkennen, welche Kompromisse wir einzugehen bereit sind und wo wir eine Grenze ziehen – oder ob wir überhaupt eine Grenze ziehen. Wir müssen unsere Identität auf der Basis der Selbsterforschung und Selbstentdeckung erschaffen und nicht auf dem Erbe unserer Biologie oder Volksgruppe. Diese erste Stufe der Selbstentdeckung ist die Revolution.

Erste Stufe: Revolution

Selbstachtung zu entwickeln ist ein Akt der Revolution – oder mehrerer »kleiner Revolutionen«. Wir lösen uns vom Gruppendenken und schaffen unser eigenes Gefühl für Autorität. Plötzlich wird uns klar, daß wir eine Meinung haben, die sich möglicherweise von der unserer Familie oder unserer Freunde unterscheidet, aber wie auch immer unser Fall gelagert sein mag, es fällt uns stets schwer, uns von der Gruppenenergie zu befreien, deren Stärke von der Zahl ihrer Mitglieder abhängt und die sich meistens gegen jedweden Ausdruck von Individualität wehrt.

Unsere eigene Stimme zu finden, und sei es auch nur in einer »Mini-Revolution«, ist spirituell von Bedeutung. Spirituelle Reife wird nicht an der Kultiviertheit einer Meinung gemessen, sondern an der Originalität und an dem Mut, der nötig war, diese Meinung auszudrücken und zu ihr zu stehen. Unter Mut verstehe ich nicht die eigensinnige Dickköpfigkeit zweier Menschen, die einander die Krallen zeigen; diese Dynamik gehört zu den Machtspielen des zweiten Chakras. Spirituelle Reife meint vielmehr die Fähigkeit, nicht zu weichen – als Reflexion einer echten inneren Überzeugung.

Jerry nahm Kontakt zu mir auf, weil er an Magengeschwüren litt. Ich erhielt den überaus starken Eindruck, daß er eine Affäre mit einer Frau hatte, die seine moralischen Grundsätze verletzte. Ich spürte, er wollte diese Frau schützen, war aber auch enttäuscht von ihr; und er war gleichermaßen von sich selbst enttäuscht, weil er nicht in der Lage war, ihr seine Gefühle klarzumachen. Als ich Jerry meine Eindrücke mitteilte, erzählte er mir, daß Jane, seine Lebensgefährtin, drogensüchtig sei. Er habe sie getroffen, als sie noch »clean« gewesen sei, und nach einem Monat sei sie bei ihm eingezogen. Zwei weitere Monate lang schien alles gutzugehen, dann veränderte sich

allmählich Janes Verhalten. Er fragte sie, ob sie wieder Drogen nahm, aber sie verneinte und fügte hinzu, sie sei niedergedrückt, weil sie ihre Arbeitsstelle kündigen wollte, aber keine Ahnung hatte, was sie sonst machen sollte. Anfänglich schenkte er ihr Glauben, aber dann fiel ihm auf, daß Geld aus seiner Brieftasche fehlte. Als er Jane danach fragte, erzählte sie ihm, daß sie etwas Geld für Haushaltsvorräte gebraucht habe und entschuldigte sich, daß sie es ihm gegenüber nicht erwähnt hatte. Jerrys Aufzählung von Janes Lügen nahm dreißig Minuten unserer Unterhaltung in Anspruch.
Ich bat ihn, sich die Geschichte selbst zusammenzureimen. Vor seiner Beziehung zu Jane hatte er nie Magengeschwüre gehabt. Sein Problem sei aber nicht Jane, erklärte ich, sondern die Tatsache, wie verzweifelt er ihr unbedingt sagen wolle, daß er ihre Entschuldigungen nicht glaubte. Er dachte kurz nach und meinte dann, er wolle lieber nicht annehmen, seine Magengeschwüre seien wegen Jane entstanden. Er sei ihr gegenüber eine Verpflichtung eingegangen und es sei falsch, einen Menschen in Not zu verlassen. Er fürchtete, wenn er Jane ihre Lügen vorhielt, würde sie ihn verlassen. Ich fragte ihn: »Was möchten Sie lieber verlieren, Jane oder Ihre Gesundheit?« und fügte noch hinzu, daß er sich Jane bereits gestellt hatte – allerdings sprach sein Magengeschwür für ihn.
Zwei Tage später rief Jerry an und erzählte mir, daß er Jane gebeten hatte auszuziehen. Zu seiner großen Überraschung fühlte er sich von dieser Entscheidung erleichtert: »Ich hätte nicht gedacht, dazu fähig zu sein, aber ich konnte so einfach nicht weiterleben. Ich bin lieber allein, als mit einer Lüge zu leben.«
Für Jerry war es eine persönliche Revolution, sich Jane zu stellen. Mit dieser einen Erfahrung hatte er gelernt, daß er seine persönlichen Wertvorstellungen ehren mußte und daß er den Mut hatte, die Entscheidung zu fällen, die er fällen mußte.

Wenn wir diese Art innerer Stärke entwickeln, und sei es auch nur in geringem Umfang, befähigt uns das zu Selbstbeobachtung und Selbstprüfung. Auf diese Weise ersetzen wir allmählich den Einfluß unseres Stammes- oder Gruppengeistes mit unserer eigenen inneren oder intuitiven Führung. Sobald dieser Prozeß eingeleitet wurde, besteht der nächste Schritt in der »Vertiefung«, der Erforschung unseres inneren Selbst.

Zweite Stufe: Vertiefung

Bei jeder neuen Begegnung und jedem neuen Projekt müssen wir unser inneres Selbst fragen: »Was glaube ich sonst noch? Was denke ich außerdem? Ich will mich selbst besser kennenlernen. Dies ist eine Bitte um Information.« In jeder neuen Situation strömen Informationen in unser Inneres. Wir entwickeln Gefühle angesichts neuer Menschen und neuer Umstände. In dieser Phase, der Vertiefung, bewerten wir unsere äußere Welt und wie gut sie unseren Bedürfnissen dient. Häufig führt uns diese Selbstprüfung dazu, daß wir uns auf unsere Beziehung zu Gott und dem Sinn unseres Lebens konzentrieren wollen, aber zuerst müssen wir eine Ebene innerer Ausdauer entwickeln, die uns die Kraft gibt, mit den Folgen des selbstprüfenden Denkens umgehen zu können. Während meiner Workshops haben die Teilnehmer und Teilnehmerinnen mir gegenüber oft zugegeben, daß sie es bei bestimmten selbstreflektierenden Fragen von mir vorziehen, sich innerlich »auszuklinken«, weil sie sich gar nicht so gut kennenlernen wollen. Oder sie erklären: »Ich weiß es nicht. Darüber habe ich nie nachgedacht«, worauf ich stets entgegne: »Dann denken Sie jetzt darüber nach!« Warum begegnet man dieser Reaktion so häufig? Weil das Wissen über sich selbst Entscheidungsfähigkeit und Tatkraft fördert, und viele Menschen fühlen sich für beides noch nicht bereit.

Auf einem meiner Workshops traf ich Emma, eine Frau Ende Fünfzig, die eben eine Chemotherapie wegen Dickdarmkrebs hinter sich hatte. Sie hatte sechs Kinder, die alle schon erwachsen waren. Sie erzählte mir, daß ihr Krebs für sie eine Inspiration gewesen sei. Während ihrer Genesung habe sie erkannt, daß ihre Kinder sie zwar von Herzen liebten, aber am meisten liebten sie den Teil der »Dienerin« an ihr. Zu ihrem großen Bedauern hatten vier ihrer Kinder während ihrer Genesung geklagt, daß sie nun jemand anderes finden mußten, um dieses oder jenes für sie zu erledigen; und wann sie ihrer Meinung nach glaubte, es wieder selbst tun zu können? Emma erkannte, daß sie ihre Rolle im Leben neu bewerten und herausfinden mußte, was sie zu ihrer Heilung brauchte. Ihre Revolution führte sie zu einer Phase der Innenschau, während deren sie viel über Selbstheilung und Selbstbewußtheit las. Sie erkannte schließlich, daß sie für ihre Kinder gelebt hatte, und nun wollte sie für sich selbst leben. Es dauerte ein paar Monate, bis sie den Mut hatte, die Regeln in ihrem Heim zu ändern, aber sie änderte sie – und wie. Sie verkündete ihren Kindern, daß sie nicht länger auf sie zählen konnten, wenn es darum ging, endlos auf die Enkel aufzupassen, daß sie nicht länger die Hauptmahlzeiten zubereiten würde und nicht länger alles stehen- und liegenlassen würde, nur um den Kindern einen Wunsch zu erfüllen. Kurz gesagt, sie forderte für sich das Recht, nein zu sagen. Ihre Kinder waren über ihre Ankündigung so beunruhigt, daß sie tatsächlich einen Familienrat einberiefen (eine Stammesversammlung), um zu besprechen, wie man mit ihr umgehen solle. Emma hielt an ihrer Position fest und ließ ihre Kinder wissen, sie sollten sich lieber an die Tatsache gewöhnen, daß sie ein Mensch mit Bedürfnissen war, nicht nur ihre Mutter, und daß sie sich von ihrer Mutterrolle dauerhaft zurückzog.
Emmas Geschichte zeigt, wie der Phase der Vertiefung die narzißtische Geburt eines neuen Selbstbildes folgt.

Dritte Stufe: Narzißmus

Auch wenn Narzißmus einen negativen Beigeschmack hat, ist er bisweilen eine notwendige Energie für die Entwicklung eines starken Selbstwertgefühls. Legen wir uns ein neues Aussehen zu – eine neue Frisur, andere Kleider, vielleicht sogar eine veränderte Figur durch sportliches Training –, so ist das ein Hinweis darauf, daß auch in uns Veränderungen auftreten. In dieser verletzlichen Phase läßt uns unser Stamm unter Umständen schwere Kritik angedeihen, aber die narzißtische Energie verleiht uns den Mut, uns selbst und unsere Grenzen auch angesichts von Widerständen neu zu schaffen. Die Umwälzungen in dieser Phase bereiten uns auf die wichtigeren inneren Veränderungen vor, die bald folgen werden.

Gary beschrieb diese Phase ganz wunderbar, als er in einem Workshop erklärte, er habe plötzlich begonnen, sich für Konzerte und Theaterstücke formell zu kleiden, obwohl er früher immer Jeans und Sweatshirts getragen hatte. Auch wenn ihm bei dem Gedanken, sich von den Gewohnheiten seiner Freunde zu lösen, der kalte Schweiß ausbrach, hielt er diese Veränderung für einen wichtigen Schritt in seiner Entwicklung, weil er wissen wollte, wie es war, wenn man »neidvoll angestarrt« würde. Er wollte nicht eigentlich beneidet werden, er wollte sich nur von der Gruppenkontrolle seiner Freunde lösen, die sein projiziertes bescheidenes Bild bestimmten. Gary sagte, er sei homosexuell, und als ich ihn fragte, ob er das seiner Familie gegenüber offen eingestanden habe, erwiderte er: »Noch nicht. Ich arbeite daran, Schritt für Schritt neue Ebenen der Selbstachtung zu erlangen. Sobald ich stark genug bin, mich so anzuziehen, wie ich will, werde ich daran arbeiten, so stark zu werden, daß ich der sein kann, der ich bin.«

Der Mensch zu sein, der wir sein wollen, fängt die Bedeutung der vierten Stufe ein: der Evolution.

Vierte Stufe: Evolution

Dieser letzte Schritt der Entwicklung unserer Selbstachtung ist eine innere Stufe. Menschen, die in Übereinstimmung mit ihren Prinzipien, ihrer Würde und ihrem Glauben leben können, ohne Kompromisse einzugehen und ihrem Geist Energie zu entziehen, sind innerlich hoch entwickelt: Es sind Menschen wie Gandhi, Mutter Teresa und Nelson Mandela. Die Welt ist natürlich voller Menschen, die nicht so bekannt sind und die dennoch diese Ebene der Selbstachtung erreicht haben, aber der Geist dieser drei Menschen formte ihre physische Umwelt – und die Umwelt veränderte sich, um der Macht ihres Geistes Platz zu bieten.

Diese drei Menschen hielt man übrigens in einer bestimmten Phase ihrer Entwicklung für narzißtisch. Mutter Teresa wäre in ihren frühen Tagen beispielsweise zweimal beinahe gezwungen worden, religiöse Gemeinschaften zu verlassen, weil ihre Vision des Dienstes an den Armen viel intensiver war, als ihre Schwestern das leben wollten. Während dieser Zeit hielt man sie für egozentrisch und narzißtisch. Sie mußte eine Phase tiefer spiritueller Reflexion durchlaufen, und als die Zeit gekommen war, handelte sie gemäß ihrer intuitiven Führung. Vergleichbar mit Gandhi und Mandela trat sie in eine Phase der Evolution ein, in der ihre Persönlichkeit zum Charakter wurde – zu einer archetypischen Kraft, die Millionen von Menschen inspirierte. Wenn Ihr eigener Geist die Kontrolle übernimmt, wird die Welt auch seiner Kraft weichen.

Die Herausforderungen der Reise

Es ist nichts Simples daran, Selbsterkenntnis, Unabhängigkeit und Selbstrespekt zu entwickeln, auch wenn diese Reise nur aus vier Stufen besteht. Das dritte Chakra ist voll von der Energie unseres persönlichen Ehrgeizes, unseres Verantwortungsbewußtseins und unseres Respekts für unsere Stärken und Schwächen; aber auch von unseren Ängsten und Geheimnissen, denen zu trotzen wir noch nicht bereit sind. Weil wir oft von persönlichen Konflikten zerrissen sind, treffen wir auf die spirituelle Herausforderung, »uns zu leeren, um gefüllt zu werden«, alte Gewohnheiten und Selbstbilder sterben zu lassen, um mit großer Beklommenheit neu geboren zu werden. Doch besteht der Weg zu Unabhängigkeit und Reife aus weit mehr als einem bloßen psychologischen Akt der Gesundheit. Wachsende Erfahrung in dem inneren Prozeß der Selbsterforschung und der symbolischen Einsicht ist eine bedeutende spirituelle Aufgabe, die dazu führt, daß man immer mehr an sich selbst glaubt.

Ich liebe Chucks Geschichte, weil sie die spirituelle Essenz des »Ehre dich selbst« einfängt. Chuck stammte aus einer sehr traditionsbewußten Familie aus Osteuropa. Deren Einfluß war in jeder Hinsicht überaus stark – von den gesellschaftlichen Einstellungen bis hin zu den religiösen Werten. Von den Kindern wurde erwartet, daß sie zu Kopien ihrer Eltern wurden. Chuck war der Außenseiter: Er trieb nicht gern Sport, mochte keine Biergelage und fühlte sich von liberalem Gedankengut und entsprechend eingestellten Freunden angezogen. In der High-School führte er bereits ein Doppelleben und hielt seine Interessen und seine Freunde von seinem Familienleben strikt getrennt. Beim Abschluß an der High-School war ihm klar, daß er schwul war, was sein Doppelleben intensivierte, denn er wußte, seine Familie würde mit seiner Homosexualität nicht zurechtkommen. Chuck verließ sein Zuhause, reiste in fremde Länder und lehrte in anderen Kulturkreisen; schließlich beherrschte er mehrere Sprachen.
Als er sich zu guter Letzt wieder in seiner Heimatstadt niederließ, hatte er eine Reihe von akademischen Ehren erhalten und

war dennoch ständig deprimiert. Ihm war klar, daß er mit seinen äußeren Reisen aufhören und sich in seine Innenwelt wagen mußte. Wir sprachen von seinem Leben in symbolischen Begriffen und erkannten, daß der wahre Beweggrund, warum er im Ausland gelebt hatte, der war, daß er sich als Außenseiter in seiner Familie unwohl gefühlt hatte. Er wünschte sich nichts mehr, als von ihnen akzeptiert zu werden, und doch wußte er, daß er sich zuerst selbst akzeptieren mußte. Es war ihm noch immer unmöglich, offen als Homosexueller zu leben, und das beunruhigte ihn: »Ich glaube nicht, daß ich mein Schwulsein akzeptiert habe, wenn die einzigen Menschen, die davon wissen, meine schwulen Freunde sind. Ich habe allergrößte Angst davor, meine Gefühle zu erforschen, denn was soll ich tun, wenn ich dabei feststellen muß, daß ich mich im Grunde selbst nicht akzeptieren kann?«

Chuck studierte hingebungsvoll den Mystizismus, und zu seiner spirituellen Praxis gehörten Gebet, Meditation und Gottesdienste. Ich schlug vor, er solle eine Pilgerfahrt zu den spirituellen Orten machen, von denen er so gerne las, und seine spirituelle Absicht darauf lenken, sich selbst zu akzeptieren. Er zitierte einen Freund, der zu ihm gesagt hatte: »Pilgerfahrten sind extravertierter Mystizismus, so wie der Mystizismus eine introvertierte Pilgerfahrt ist.«

Im darauffolgenden Sommer reiste Chuck nach Europa und besuchte Fatima, Lourdes und mehrere andere Orte, die für ihn das Heilige verkörperten. An jedem Ort führte er eine spirituelle Zeremonie durch, ließ einen schmerzlichen Teil seiner Vergangenheit los und bat um die Fähigkeit, sich selbst voll zu akzeptieren. Als er nach Hause zurückkehrte, war Chuck ein anderer Mensch. Er war frei und »lebendig« auf eine Art und Weise, wie wir es alle sein sollten. Er hatte seinen Schatten abgeworfen und schien Licht auszustrahlen. Eine seiner ersten Taten nach seiner Rückkehr bestand darin, daß er seine Familie zu sich einlud und ihnen von seiner Homosexualität erzählte. Er war für jede Reaktion gewappnet, aber zu seiner großen Freude akzeptierten sie diese Neuigkeit. Chucks spirituelle Reise hatte ihm die Unabhängigkeit von seiner Vergangenheit und von seinen Ängsten vor dem Morgen gegeben sowie einen tiefen Glauben an sich selbst.

Wir befinden uns gewissermaßen alle auf einer Pilgerfahrt, obwohl es natürlich nicht notwendig ist, körperlich an heilige Orte zu reisen und dort Zeremonien durchzuführen, um unsere Vergangenheit loszulassen. Es ist jedoch notwendig, spirituell zu reisen und die Ängste abzuwerfen, die uns davon abhalten, die Schönheit unseres Lebens zu erkennen und zu einem Ort der Heilung und Selbstannahme zu gelangen. Wir können diese Form der Reise jeden Tag durchführen, in unseren Gebeten und in unserer Meditation.

Die verstorbene Dichterin Dorothy Parker hat einmal gesagt: »Ich hasse das Schreiben. Ich liebe es, geschrieben zu haben.« Dasselbe ließe sich über die Entwicklung der inneren Macht sagen: Sobald wir sie erlangt haben, fühlen wir uns im siebten Himmel, aber die Reise dorthin ist lang und anstrengend. Das Leben führt uns ohne Unterlaß zu der Erkenntnis, wie wichtig die Worte des Polonius sind: »Dies über alles: Sei dir selber treu!« (Shakespeare: *Hamlet* I, 3). Denn ohne persönliche Macht ist das Leben eine beängstigende, schmerzliche Erfahrung.

Die Arbeit mit der Intuition erlaubt es uns nicht, die Herausforderung zu meiden und uns unseren Ängsten nicht zu stellen. Es gibt keine Abkürzung auf dem Weg zur »runden« Persönlichkeit, und intuitive Fähigkeiten sind mit Sicherheit nicht die Antwort; sie sind nur die natürliche Folge der Selbstachtung.

Wir sind biologisch darauf eingestimmt, folgende Lektion zu lernen: Unser Körper gedeiht, wenn unser Geist gedeiht. Das dritte Chakra verkörpert die heilige Wahrheit »Ehre dich selbst« –

eine Wahrheit, die von der symbolischen Bedeutung der Sephiroth Netzach und Hod und von dem Sakrament der Konfirmation unterstützt wird. Wenn wir ein Leben der Selbstachtung führen und dadurch an Stärke und Ausdauer gewinnen, werden unsere intuitiven Fähigkeiten ganz von allein auftauchen.

Fragen zur Selbstprüfung

1. Mögen Sie sich selbst? Wenn nicht, was mögen Sie nicht an sich und warum nicht? Arbeiten Sie aktiv daran, die Dinge an sich zu ändern, die Sie nicht mögen?
2. Sind Sie ehrlich? Interpretieren Sie bisweilen die Wahrheit falsch? Wenn ja, warum?
3. Sind Sie anderen gegenüber sehr kritisch? Müssen Sie anderen die Schuld geben, um sich selbst zu schützen?
4. Sind Sie in der Lage, offen zuzugeben, wenn Sie sich irren? Können Sie sich die Meinung anderer Menschen zu Ihrer Person offen anhören?
5. Brauchen Sie die Zustimmung anderer? Wenn ja, warum?
6. Halten Sie sich für stark oder schwach? Haben Sie Angst davor, für sich selbst sorgen zu müssen?
7. Haben Sie sich selbst jemals erlaubt, die Beziehung zu einem anderen Menschen aufrechtzuerhalten, den Sie nicht wirklich liebten, was Ihnen aber immer noch besser schien, als allein zu sein?
8. Respektieren Sie sich selbst? Können Sie Änderungen in Ihrer Lebensführung beschließen und sich daran halten?
9. Haben Sie Angst vor der Verantwortung? Oder fühlen Sie sich für alles und jeden verantwortlich?
10. Wünschen Sie sich ständig, Ihr Leben möge anders aussehen? Wenn ja, tun Sie etwas, um Ihr Leben zu verändern, oder haben Sie sich einfach in Ihr Schicksal ergeben?

KAPITEL 4

Das vierte Chakra: Emotionale Macht

Das vierte Chakra ist das zentrale Kraftwerk des menschlichen Energiesystems. Als mittleres Zentrum vermittelt es zwischen Körper und Geist und bestimmt deren Gesundheit und Stärke. Seine Energie ist von Natur aus emotional und hilft uns bei unserer emotionalen Entwicklung. Dieses Chakra verkörpert die spirituelle Lektion, die uns lehrt, wie man aus Liebe und Mitgefühl heraus handelt und erkennt, daß die mächtigste Energie, die wir besitzen, die Liebe ist.

Sitz: mitten im Brustraum.
Energieverbindung zum physischen Körper: Herz und Blutkreislauf, Rippen, Brüste, Thymusdrüse, Lungen, Schultern, Arme und Hände, Zwerchfell.
Energieverbindung zum emotionalen/mentalen Körper: Dieses Chakra schwingt im Einklang mit unseren emotionalen Wahrnehmungen, die für die Qualität unseres Lebens weitaus wichtiger sind als unsere mentalen. Kinder reagieren auf Lebensumstände mit einer Vielzahl von Emotionen. Dies können Liebe, Mitgefühl, Neid, Zuversicht, Hoffnung, Verzweiflung, Haß, Eifersucht und Angst sein. Erwachsene müssen ein emotionales Klima und eine Beständigkeit erschaffen, aus denen heraus sie bewußt und voller Mitgefühl handeln können.

Verbindung zu Symbolik und Wahrnehmung: Das vierte Chakra verkörpert mehr noch als die anderen unsere Fähigkeit, »loszulassen und Gott machen zu lassen«. Mit seiner Energie akzeptieren wir unsere persönlichen emotionalen Herausforderungen als Erweiterung eines göttlichen Planes, der uns zu bewußter Evolution führen will. Wenn wir unseren emotionalen Schmerz und unser Bedürfnis loslassen, wissen zu wollen, warum die Dinge so geschehen sind, dann erreichen wir einen Zustand der Gelassenheit. Um jedoch unseren inneren Frieden zu finden, müssen wir die heilende Energie der Vergebung begrüßen und unser unbedeutendes Bedürfnis nach menschlicher, selbstbestimmter Gerechtigkeit loslassen.

Verbindung zu den Sephiroth und den Sakramenten: Das vierte Chakra korrespondiert mit der Sephirah Tiphareth, dem Symbol der Schönheit und des göttlichen Mitgefühls. Diese Energie verkörpert das Herz des Göttlichen – ein endloser Strom nährender Lebenskraft. Das Sakrament der Ehe entspricht der Energie des vierten Chakra. Als *Archetypus* stellt die Ehe das wichtigste Band mit der eigenen Person dar, die innere Verbindung von Selbst und Seele. Die Herausforderung, die dem vierten Chakra innewohnt, ähnelt der des dritten, ist jedoch spirituell ausgereifter. Während der Schwerpunkt des dritten Zentrums auf unseren Gefühlen uns selbst gegenüber in bezug zu unserer physischen Welt liegt, konzentriert sich das vierte Chakra auf unsere Gefühle hinsichtlich unserer inneren Welt – auf unsere emotionale Reaktion auf unsere eigenen Gedanken, Ideen, Einstellungen und Inspirationen – wie auch auf die Aufmerksamkeit, die wir unseren emotionalen Bedürfnissen zukommen lassen. Diese Ebene der Verpflichtung ist *der* entscheidende Faktor in einer gesunden Beziehung zu anderen Menschen.

Urängste: die Angst vor der Einsamkeit, vor Verpflichtung und davor, »seinem Herzen zu folgen«; die Angst vor der Unfähigkeit, sich selbst emotional zu schützen; die Angst vor emotionaler Schwäche und Betrug. Der Verlust der Energie des vierten Chakras kann zu Eifersucht, Bitterkeit, Zorn, Haß und der Unfähigkeit zu vergeben führen.

Urstärken: Liebe, Vergebung, Mitgefühl, Hingabe, Inspiration, Hoffnung, Vertrauen und die Fähigkeit, sich und andere zu heilen.

Heilige Wahrheit: Das vierte Chakra ist das Kraftwerk des menschlichen Energiesystems aufgrund der heiligen Wahrheit »Liebe ist göttliche Macht«. Obwohl Intelligenz oder »mentale Energie« im allgemeinen über die emotionale Energie gestellt werden, ist in Wirklichkeit die emotionale Energie der wahre Motivator von Geist und Körper des Menschen. Liebe in ihrer reinsten Form – bedingungslose Liebe – ist die Substanz des Göttlichen mit seiner unendlichen Fähigkeit, uns zu vergeben und unsere Gebete zu beantworten. Unser eigenes Herz ist dazu angelegt, Schönheit, Mitgefühl, Vergebung und Liebe auszudrücken. Es ist gegen unsere spirituelle Natur, uns anders zu verhalten.

Wenn wir auf die Welt kommen, beherrschen wir die Sprache der Liebe noch nicht – wir müssen sie unser Leben lang lernen. Wir fühlen uns von der Liebe ebenso angezogen, wie sie uns einschüchtert. Sie motiviert, kontrolliert, inspiriert, heilt und zerstört uns. Sie ist der Brennstoff unseres physischen und unseres spirituellen Körpers. Jede Herausforderung des Lebens ist eine Lektion in einem bestimmten Aspekt der Liebe. Wie wir auf diese Herausforderungen reagieren, wird in unserem Zellgewebe aufgezeichnet: Wir leben in den biologischen Folgen unserer biographischen Entscheidungen.

Die Macht der Liebe lernen

Da die Liebe so mächtig ist, erfassen wir ihre Energie nur bruchstückhaft, phasenweise. Jede Phase verkörpert eine Lektion in der Intensität und den Formen der Liebe: Vergebung, Mitgefühl, Großzügigkeit, Güte, für sich und andere sorgen. Die Phasen folgen dem Aufbau unserer Chakras: Wir lernen die Liebe zuerst in unserem Stamm, nehmen die zahllosen Ausdrücke ihrer Energie von unseren Familienangehörigen auf. Stammesliebe kann bedingungslos sein, aber im allgemeinen kommuniziert sie die Erwartung der Loyalität und der Unterstützung des Stammes: Innerhalb des Stammes ist die Liebe eine Energie, die man mit seinesgleichen teilt.

Wenn das zweite Chakra erwacht und wir die Bande der Freundschaft kennenlernen, wächst unsere Liebe und schließt auch »Außenseiter« mit ein. Wir drücken unsere Liebe dadurch aus, daß wir uns anderen, die mit uns nicht blutsverwandt sind, mitteilen und uns um sie kümmern. Wenn unser drittes Chakra erwacht, entdecken wir die Liebe zu äußeren Dingen, die Liebe zu unseren persönlichen, körperlichen und materiellen Bedürfnissen, unter anderem zu: Sport, Wissenschaft, Mode, Verabredungen und Paarbindungen, Beruf und Familie und unserem Körper.

Zu allen drei Chakras gehört die Liebe zur äußeren Welt. In einer gewissen Phase unserer Zivilisation waren diese drei Formen der Liebe alles, was das Leben von uns forderte. Nur wenige Menschen benötigten mehr als die Liebe des Stammes und eines Partners. Mit der Psychotherapie und der spirituellen Bewegung wurde die Liebe jedoch als Kraft erkannt, die unsere biologische Aktivität beeinflußt und sie vielleicht sogar bestimmt. Die Liebe hilft uns, uns selbst und andere zu heilen. Lebenskrisen, bei denen das Thema Liebe im Mittelpunkt steht – Scheidung, Tod eines geliebten Menschen, emotionaler Mißbrauch, Verlassenwerden, Ehebruch –, sind häufig Ursache einer Krankheit und nicht nur ein Ereignis, das die Krankheit zufällig begleitet. Zur körperlichen Heilung gehört, oft notwendigerweise, die Heilung der emotionalen Probleme.

Jack, 47 Jahre alt und Zimmermann, investierte einen beträchtlichen Teil seiner gesamten Ersparnisse in ein geschäftliches Projekt, das sein Cousin Greg entworfen hatte. Jack beschrieb sich selbst als »grün hinter den Ohren in Geschäftsdingen«, aber Greg schien immer genau zu wissen, was er mit den Investitionen anfing, und er versprach, daß diese umfangreiche Investition genug einbringen würde, damit Jack in den vorzeitigen Ruhestand gehen könne. Jacks Ehefrau Lynn war nicht ganz wohl bei dem Gedanken, ihre gesamten Ersparnisse in ein Unternehmen zu stecken, bei dem es keine Gewähr für einen finanziellen Profit gab, aber Jack vertraute seinem Cousin und hatte das sichere Gefühl, alles würde genau so laufen wie erwartet.
Vier Monate später scheiterte ihr Projekt, und Greg löste sich in Luft auf. Zwei Monate später erlitt Jack einen Unfall auf der Baustelle und zog sich eine Verletzung am Kreuz zu. Sein Blutdruck schnellte in die Höhe, und er wurde in sich gekehrt und depressiv. Er besuchte einen meiner Workshops, weil Lynn ihn gezwungen hatte, sie zu begleiten – sie wünschte sich nichts mehr, als ihn aus seiner Erwerbsunfähigkeit zu reißen.
Einige Störungen sind so offensichtlich, daß auch ein Laie sich alles zusammenreimen und den Finger auf die Ursache legen kann. Jacks finanzielle Probleme zusammen mit seinem Gefühl, sein Cousin habe ihn ausgenutzt, wurden zweifelsohne zu einem brennenden Feuer in Jacks Psyche und führten zu einer Schwäche im Bereich des Kreuzes und des Ischiasnervs. Sein Zorn trug zu dem hohen Blutdruck bei, ebenso wie sein ständiges Grübeln über den Kapitalfehler, den Versprechungen

seines Cousins Glauben geschenkt zu haben. Jack war »herzkrank« als Folge von Gregs Betrug und dem Gefühl, seine Frau enttäuscht zu haben.

Als ich in meinem Vortrag auf das Thema Vergebung zu sprechen kam, wurde Jack so gereizt, daß er bat, den Raum verlassen zu dürfen. Ich wollte nicht, daß er ging, weil ich wußte, gerade diese Informationen mußte er sich anhören, aber als ich in sein Gesicht sah, wurde mir klar, daß es zu seiner mißlichen Lage nur noch beitragen würde, wenn er blieb. Lynn sprach mit Jack, als ob die beiden allein im Raum wären, nahm seine Hand und sagte ihm, er bestrafe sich nur für das, was er selbst für eine Riesendummheit hielt, und soweit sie betroffen sei, habe er aus Liebe gehandelt. »Ich werde nie glauben, daß ein Akt der Liebe mit Schmerz bestraft wird«, fuhr sie fort, »ich glaube, wenn du deine Sichtweise änderst und dich an die Wahrheit hältst, daß du jemand unterstützt hast, den du liebst, weil es sich richtig anfühlte, dann wird sich all dies – irgendwie – in Wohlgefallen auflösen. Ich will nicht, daß deine Wut auf deinen Cousin den Rest unseres Lebens ruiniert, also denke ich, wir sollten einfach weitermachen.«

Jack fing an zu weinen, stotterte eine Entschuldigung und drückte seine Dankbarkeit gegenüber seiner Frau aus. Die anderen Teilnehmer und Teilnehmerinnen am Workshop waren ebenfalls zutiefst bewegt, und wir machten eine Pause, um Jack und Lynn Zeit für ihre Privatangelegenheiten zu geben. Als ich den Raum verließ, bat mich Lynn zu bleiben und sagte: »Ich glaube, wir können jetzt gehen. Jack und mir geht es gut.«

Einige Monate später nahm ich Kontakt mit Jack und Lynn auf und erkundigte mich nach ihrem Befinden. Lynn erzählte mir, daß Jack wieder arbeiten ging und sein Rücken ihm zwar noch Probleme bereite, aber längst nicht mehr so sehr schmerze. Sein Blutdruck war wieder normal, und er litt auch nicht länger unter Depressionen. Sie fühlten sich beide durch ihr finanzielles Pech bemerkenswert frei, weil sie von ganzem Herzen vergeben konnten, was geschehen war, und einfach weiterlebten. »Wir haben nicht ein Wort von Greg gehört«, fügte sie hinzu, »aber wir gehen davon aus, daß er öfter über diese schlimme Sache nachdenkt als wir.«

Dieses Paar ist ein Beispiel für die spirituelle Macht der Herzensenergie. Das Mitgefühl, das von Lynns Herz in Jacks Körper strömte, gab ihm die Unterstützung, die er brauchte, um seinem Cousin und sich selbst zu vergeben und sein Leben fortzusetzen.

Selbstliebe als Weg zum Göttlichen

Der Satz »Wenn du dich selbst nicht lieben kannst, kannst du auch sonst niemanden lieben« gehört zum Allgemeingut. Doch bleibt für viele Menschen die Liebe zu sich selbst ein vager Begriff, der oft nur materiell ausgedrückt wird – durch einen Einkaufsbummel oder außergewöhnliche Urlaubsreisen. Wer sich selbst mit Reisen und Spielzeugen belohnt, lebt die Liebe des dritten Chakras – drückt seine Selbstliebe durch physisches Vergnügen aus. Diese Art der Belohnung ist zwar vergnüglich, kann aber unseren Kontakt zu den tieferen emotionalen Bewegungen des Herzens behindern, die immer dann auftauchen, wenn wir eine Beziehung, eine Arbeitsstelle oder einen anderen problembeladenen Umstand bewerten müssen, der unsere Gesundheit beeinträchtigt. Sich selbst zu lieben bedeutet im Sinne des vierten Chakras, den Mut zu haben, auf die emotionalen Botschaften und spirituellen Anleitungen des Herzens zu hören. Der Archetypus, mit dem uns das Herz am häufigsten zur Heilung führt, ist der des »verwundeten Kindes«.

Das »verwundete Kind« in jedem von uns enthält die beschädigten oder gehemmten emotionalen Muster unserer Jugend,

Muster schmerzlicher Erinnerungen, negativer Einstellungen und eines dysfunktionalen Selbstbildes. Ohne es zu wissen, halten wir diese Muster als Erwachsene am Leben, wenn auch in anderer Form. Die Furcht vor dem Verlassenwerden wird beispielsweise zu Eifersucht. Sexueller Mißbrauch wird zu einer dysfunktionalen Sexualität, die oft zu einer Wiederholung derselben Verletzungen mit unseren eigenen Kindern führt. Das negative Selbstbild eines Kindes kann später zur Quelle zahlreicher Fehlfunktionen werden: Es kann ebenso zu Anorexie, Fettleibigkeit, Alkoholismus und anderen Süchten führen wie zu zwanghaften Versagensängsten. Diese Muster können unsere emotionalen Beziehungen, unser privates und unser berufliches Leben sowie unsere Gesundheit nachhaltig stören. Sich selbst zu lieben beginnt damit, sich der archetypischen Kraft in der Psyche zu stellen und die Autorität, die das verwundete Kind über uns ausübt, zurechtzurücken. Wenn diese Wunde nicht heilt, verdammt sie uns zu einem Leben in der Vergangenheit.

Derek, 37, ist Geschäftsmann. Er nahm an einem meiner Workshops teil, weil er einige schmerzliche Kindheitserinnerungen auflösen wollte. Er war als Kind schwer mißbraucht worden. Als Form der Bestrafung hatte man ihn wiederholt geschlagen, ihm Nahrung vorenthalten, wenn er hungrig war, und ihn gezwungen, Schuhe zu tragen, die viel zu klein für ihn waren.
Derek verließ seine Familie nach seinem Abschluß an der High-School, verdiente sich selbst seine College-Ausbildung und ging in den Verkauf. Als ich ihn traf, war er glücklich verheiratet und hatte zwei kleine Kinder. Für ihn war, wie er es formulierte, die Zeit gekommen, seine Kindheitserinnerungen aufzuarbeiten, die er bis zu diesem Tag weit von sich gedrängt hatte – ebenso wie seine Eltern. Dereks Vater war vor kurzem

verstorben, und seiner Mutter lag sehr viel daran, wieder mit ihm in Kontakt zu kommen. Derek erklärte sich mit einem Treffen einverstanden, und bei ihrer ersten Begegnung wollte er von ihr wissen, warum sie und sein Vater ihn in seiner Kindheit so furchtbar behandelt hatten.

Zuerst leugnete Dereks Mutter den Mißbrauch, und schließlich gab sie dem Vater die ganze Schuld an den wenigen Vorfällen, an die sie sich letztendlich zu erinnern vermochte. Sie sagte, wenn sie erkannt hätte, wie unglücklich Derek war, hätte sie etwas dagegen unternommen. Dann wurde sie emotional und fragte Derek, wie er nur so hart zu ihr sein konnte, wo sie doch erst vor kurzem Witwe geworden war. Das ist die typische Reaktion eines mißbrauchenden Elternteils, das von einem erwachsenen Kind mit seinen Taten konfrontiert wird.

Derek hörte meinem Vortrag über individuelle Erinnerungen und Stammeserinnerungen aufmerksam zu. Er hielt seine Eltern nicht für böse Menschen, sagte er mir, nur für sehr ängstliche Leute, und vielleicht erkannten sie gar nicht die Folgen dessen, was sie taten. Am Ende des Workshops sagte Derek, daß er jetzt über vieles nachzudenken habe und dafür sehr dankbar sei.

Ungefähr vier oder fünf Monate nach dem Workshop schickte mir Derek einen kurzen Brief. Er war zu dem Schluß gekommen, daß das Leben zu kurz sei, um schlechte Erinnerungen zu pflegen, und er viel lieber glauben wolle, daß die Rückkehr seiner Mutter in sein Leben die Gelegenheit war, ihr durch seine eigene Ehe und Elternschaft zu zeigen, wie man das Leben liebevoller Eltern führen kann. Er traf sich nun regelmäßig mit seiner Mutter und glaubte, daß eines Tages »alles gut sein würde«.

Dereks Geschichte zeugt von der heilenden Führung, die aus der Sephirah Tiphareth stammt. Durch diese Führung wurde ihm klar, daß er seine emotionalen Erinnerungen neu überdenken mußte, und diese Führung kam, wie sie es stets auch für uns tut, zu einer Zeit, als Derek reif genug war, danach zu handeln. Unserer intuitiven Führung zu folgen ist die höchste Form der Vorsorgemedizin. Die spirituellen Energien aus Dereks Herzen machten ihm bewußt, daß seine negativen Erinnerungen seine körperliche Gesundheit beeinträchtigen konnten. Auf diese Weise arbeitet das intuitive System bei uns allen; nur selten macht es uns die negativen Strömungen, die uns schaden können und werden, nicht bewußt oder versäumt uns zu zeigen, wie wir uns dafür entscheiden können, diese negativen Energien loszulassen, bevor sie sich zu einer körperlichen Krankheit entwickeln.

Heilung wird durch Akte der Vergebung möglich. Im Leben und in der Lehre Jesu ist die Vergebung ein spiritueller Akt der Vollkommenheit, aber auch ein Akt der körperlichen Heilung. Vergebung ist nicht länger ausschließlich eine Möglichkeit, sondern wird zur notwendigen Voraussetzung der Heilung. Jesus heilte immer erst das emotionale Leiden seiner Patienten; die körperliche Heilung folgte daraufhin ganz natürlich. Obwohl die von Jesus durchgeführten Heilungen von vielen Theologen als göttliche Belohnung für die Beichte der Missetaten interpretiert wurde, ist die Vergebung ein entscheidender spiritueller Akt, der vollzogen werden muß, damit man sich überhaupt erst voll der heilenden Macht der Liebe öffnen kann. Die Liebe zu sich selbst bedeutet, daß wir uns selbst wichtig genug sind, um den Menschen aus unserer Vergangenheit zu vergeben, damit die Wunden uns nicht länger schaden können – denn unsere Wunden verletzen nicht die Menschen, die uns verletzt haben, sie verletzen nur uns selbst. Wenn wir diese Wunden loslassen, sind wir in der Lage, die kindliche Beziehung zum Göttlichen aus den ersten drei Chakras zu einer Beziehung zu wandeln, bei der wir am Göttlichen teilhaben und aus der Liebe und dem Mitgefühl des vierten Chakras heraus handeln.

Die Energien des vierten Chakras helfen uns auf unserem Weg zu spiritueller Reife über den Eltern-Kind-Dialog mit dem Göttlichen hinaus, über unsere Gebete, warum die Dinge so geschehen sind, wie sie es taten, und über unsere Angst vor dem Unerwarteten hinaus. Das verwundete Kind hält das Göttliche für ein System aus Belohnung und Bestrafung, bei dem es für alle schmerzlichen Erfahrungen eine menschlich-logische Erklärung gibt. Das verwundete Kind versteht nicht, daß in allen Erfahrungen eine spirituelle Einsicht liegt, gleichgültig, wie schmerzlich eine Erfahrung war. Solange wir wie ein verwundetes Kind denken, werden wir nur zu unseren Bedingungen und mit der großen Angst vor Verlust lieben können.

Unsere Gesellschaft als Ganzes entwickelt sich in Richtung Heilung, weg von der Betonung ihrer Wunden und ihrer Opferhaltung. Wenn wir in die Macht unserer Wunden treten, sehen wir nur schwerlich, wie wir diese negative Kraft loslassen und weitergehen können, um »unverletzt« und stark zu werden. Unsere Gesellschaft ist eine »Kultur des vierten Chakras«, die sich noch nicht aus ihren Wunden heraus- und in das spirituelle Erwachsensein hineinbewegt hat.

Das bewußte Selbst wecken

Wir verlassen das vierte Chakra, indem wir es durchlaufen und seine Lektionen lernen. Wenn wir ins Innere unseres eigenen Herzens eintreten, lassen wir die vertrauten Denkweisen der unteren drei Chakras und insbesondere unser Stammesherz hinter uns. Wir befreien uns von dem Schutz gewohnheitsmäßiger Definitionen wie »Meine oberste Priorität sind die Bedürfnisse meiner Familie« oder »Ich kann meine Arbeitsstelle

nicht wechseln, weil meine Frau das Gefühl der Sicherheit braucht« – und wir werden an der Tür unseres Herzens von einer einzigen Frage begrüßt: »Was ist mit mir?«
Diese Frage ist eine Anrufung, mit deren Hilfe emotionale Daten, die wir jahrelang unterdrückten, aber dennoch gewissenhaft aufzeichneten, nutzbar gemacht werden und uns neue Wege aufzeigen können. Wir versuchen vielleicht, uns wieder unter den Schutz des Stammesgeistes zu flüchten, aber seine frühere Fähigkeit, uns zu trösten, ist nun verschwunden.
Wir machen uns an die schwierige Aufgabe, uns selbst kennenzulernen, indem wir unsere emotionale Natur entdecken – nicht in bezug auf jemanden oder etwas, sondern nur in bezug auf uns selbst. Ob im Leben eines Menschen ein anderer eine vorherrschende Rolle spielt oder nicht, so muß er selbst doch wissen: »Was mag ich? Was liebe ich? Was macht mich glücklich? Was brauche ich für mein inneres Gleichgewicht? Wo liegen meine Stärken? Bin ich für mich selbst verläßlich? Wie sehen meine Schwächen aus? Warum tue ich das, was ich tue? Warum brauche ich die Aufmerksamkeit und Bestätigung anderer? Bin ich stark genug, um einem anderen Menschen nahezustehen und dennoch meine eigenen emotionalen Bedürfnisse zu respektieren?«
Diese Fragen unterscheiden sich von jenen des Stammesgeistes, die von uns wissen wollen: Was mag ich, *was andere auch mögen*? Wie stark kann ich sein, ohne dabei *meine Attraktivität für andere* zu verlieren? Was brauche ich *von* anderen, um glücklich zu sein? Was muß ich an mir ändern, *damit mich jemand lieben kann*?
Wir stellen uns diese Fragen der Selbsterforschung nicht allzugern, weil wir wissen, daß wir durch die Antworten unser Leben ändern müssen. Vor den sechziger Jahren war diese Art der Selbsterforschung nur die Domäne der Randgruppen unserer Gesellschaft – von Mystikern, Künstlern, Philosophen und

anderen genialen Kreativen. Wenn wir unserem »Selbst« begegnen, aktiviert das die Transformation des menschlichen Bewußtseins, und für viele Künstler und Mystiker bedeutete das drastische Erfahrungen mit Depression, Verzweiflung, Halluzinationen, Visionen, Selbstmordversuchen und unkontrollierbaren Emotionen – ebenso wie zutiefst ekstatische Zustände zusammen mit einer physischen und transzendenten Erotik. Man ging allgemein davon aus, daß der Preis für das spirituelle Erwachen für die meisten Menschen zu hoch und zu risikoreich sei und nur einigen wenigen »Auserwählten« zugedacht war.
Aber die revolutionäre Energie der Sechziger ließ Millionen Menschen in den Chor einstimmen: »Was ist mit mir?« Danach drängte die neue Human-Consciousness-Bewegung unsere Gesellschaft durch die archetypische Pforte des vierten Chakras. Diese Bewegung brachte die Geheimnisse unseres Herzens zutage und artikulierte Einzelheiten aus unserer verwundeten Kindheit, die immer noch einen Großteil unserer Persönlichkeit als Erwachsene bestimmen.
Es ist daher keine Überraschung, daß es in unserer Gesellschaft des vierten Chakras einen Anstieg an Scheidungen gibt. Das Öffnen dieses Energiezentrums hat das Urbild der Ehe in einen Archetypus der Partnerschaft verwandelt. Infolgedessen erfordern die meisten Ehen heute ein starkes Gefühl für das »Selbst«, um von Bestand zu sein, und keinen Verzicht auf das »Selbst« wie ehedem. Die symbolische Bedeutung des Sakraments der Ehe besagt, daß man zuerst mit der eigenen Persönlichkeit und dem eigenen Geist eins sein muß. Erst wenn man ein klares Bild von sich selbst hat, kann man erfolgreich eine intime Partnerschaft eingehen. Der Anstieg der Scheidungsrate wurzelt daher direkt in dem Öffnen des vierten Chakras, das die Menschen zum ersten Mal zur Selbstentdeckung führt. Viele schreiben die Zerrüttung ihrer Ehe dem Umstand zu, daß ihr Partner bzw. ihre Partnerin ihren emotionalen, psychologi-

schen und intellektuellen Bedürfnissen keine Unterstützung zukommen ließ, und als Folge davon müßten sie sich wieder auf die Suche nach der wahren Partnerschaft machen.
Das Öffnen des vierten Chakras hat auch unsere Auffassung von Gesundheit, Heilung und Krankheitsursachen verändert. Während man Krankheiten früher im wesentlichen Quellen der unteren Chakras zuschrieb – der Genetik und den Bakterien –, führen wir ihren Ursprung heute auf toxische Mengen von emotionalem Streß zurück. Heilung setzt mit der Ausbesserung emotionaler Schäden ein. Unser gesamtes medizinisches Modell baut auf der Macht des Herzens neu auf.

Die folgende Geschichte verdeutlicht diese Verlagerung. Ich traf Perry, einen Arzt, auf einem meiner Workshops. Er hatte eine überaus große Praxis mit der dafür typischen beruflichen und privaten Belastung. Als sich auch die Ärzteschaft den Informationen über alternative Theorien und Methoden nicht länger verschließen konnte, las er hin und wieder etwas darüber, setzte aber die schulmedizinische Behandlung seiner Patienten fort, weil er über alternative Heilmethoden nicht genug wußte, um sie empfehlen zu können.
Nach ungefähr fünf Jahren beschloß Perry, an einem Seminar über alternative Medizin teilzunehmen. Er war nicht nur von der wissenschaftlichen Beweiskraft des dargestellten Materials sehr beeindruckt, sondern auch von den Fallgeschichten, über die im Kollegenkreis gesprochen wurde. Nach seiner Rückkehr sah er seine Patienten anders und fragte sie bei der Untersuchung stets auch nach ihren persönlichen Problemen. Er las Bücher über ganzheitliche Medizin und besuchte Vorträge und Seminare zu dem Thema, das ihn am meisten faszinierte: der emotionalen Komponente bei Krankheiten. In zunehmendem Maße verlor Perry den Glauben an die traditionelle Schulmedizin. Er wollte mit seinen Kollegen darüber sprechen, aber sie

teilten sein Interesse nicht. Schließlich war er so weit, daß er sich beim Ausstellen von Rezepten unwohl fühlte, aber er hatte noch nicht genug Vertrauen, um seinen Patienten einfach andere Methoden vorzuschlagen. Es kam der Tag, an dem es ihm so sehr davor grauste, in seine Praxis zu fahren, daß er ernsthaft überlegte, den Arztberuf an den Nagel zu hängen.

Eines Tages, als er sich gerade auf einen neuen Patienten vorbereitete, erlitt Perry im Alter von 52 Jahren an seinem Schreibtisch einen Herzinfarkt. Während seiner Genesung traf er sich mit einem Psychotherapeuten und einem spirituellen Berater. Er blieb mehrere Monate in Behandlung und ließ seine Arbeit in der Praxis anschließend eine Zeitlang ruhen, um alternative Heilmethoden zu studieren. Schließlich gründete er ein Behandlungszentrum, in dem außer auf die körperlichen Bedürfnisse der Patienten auch auf ihre emotionalen, psychologischen und spirituellen Bedürfnisse eingegangen wurde.

»Ich hatte einen sehr schweren Infarkt«, erklärte Perry. »Ich bin der festen Überzeugung, daß ich meine Gesundheit nur wiedererlangte, weil ich mich in Therapie begab und mich daher selbst kennenlernte. Mir war nie klar, daß ich aufgrund meiner Praxis ›herz-leidend‹ geworden war, bis mein Herz buchstäblich krank wurde. Was läge mehr auf der Hand? Zu meinem eigenen Wohle muß ich meinen Patienten die Art von bewußter Pflege angedeihen lassen, die ich nun auch selbst brauche. Das ist mir jetzt klar. Ich muß auch für mich selbst anders sorgen, daher arbeite ich zum Beispiel nicht mehr so lange in meiner Praxis wie früher. Mein eigenes Wohl hat für mich jetzt oberste Priorität. Mein ganzes Leben ist gesünder, weil ich krank wurde und ich mich zu der Überzeugung durchgerungen habe, daß mein Herzinfarkt etwas weitaus Bedeutenderes war als ein bloßes elektrisches Problem in meinem Herz-Blut-Kreislauf.«

Über die Sprache der Wunden hinaus

Die Sprache unserer Gesellschaft, einer Kultur des vierten Chakras, basiert auf Wunden. Vor den Sechzigern bestand eine akzeptable Unterhaltung im wesentlichen aus einem Informationsaustausch zu Themen des ersten, zweiten und dritten Chakras: Namen, Herkunft, Arbeit und Hobbys. Selten legte jemand Einzelheiten seiner sexuellen Wünsche oder die Tiefe seiner psychologischen oder emotionalen Qual offen. Unsere Gesellschaft fühlte sich mit dieser Ebene des Gesprächs noch nicht wohl, und uns fehlte dafür das Vokabular.
Seit wir jedoch zu einer Gesellschaft des vierten Chakras wurden, wissen wir uns therapeutisch flüssig auszudrücken. Dabei haben wir eine neue Sprache der Intimität geschaffen, die ich die »Wundologie« nenne. Jetzt ist die Offenlegung und der Austausch unserer Wunden Kern unserer Gespräche, ja sogar das bindende Element unserer Beziehungen. Wir sind darin so gut geworden, daß wir unsere Wunden zu einer Art »Beziehungswährung« verwandelt haben, mit deren Hilfe wir Situationen und Menschen kontrollieren. Die unzähligen Selbsthilfegruppen, die ihren Mitgliedern Mißbrauch, Inzest, Sucht und prügelnde Ehemänner zu überwinden helfen, um nur einige wenige zu nennen, dienen ausschließlich dazu, die »Wundologie« als zeitgenössische Sprache der Intimität zu verbreiten. Innerhalb dieser gutgemeinten Selbsthilfegruppen erhalten die Hilfesuchenden – oft zum ersten Mal – eine dringend benötigte Rechtfertigung für die Wunden, die ihnen zugefügt wurden. Die Mitgefühlsergüsse der aufmerksamen Gruppenmitglieder schmecken wie kühles Mineralwasser an einem heißen, trockenen Tag.

Ich wurde mir vor einigen Jahren des Überhandnehmens der »Wundologie« bewußt, und zwar bei einem Vorfall mit einer Frau, mit der ich mich zum Essen verabredet hatte. Während ich auf sie wartete, trank ich eine Tasse Kaffee mit zwei Männern. Als Mary eintraf, stellte ich ihr Ian und Tom vor. Gleichzeitig trat ein anderer Mann zu uns, der Mary fragte, ob sie am 8. Juni frei sei, weil die Stadt einen besonderen Gast erwartete und er jemanden suchte, der diesem Besucher das Universitätsgelände zeigte. Bitte beachten Sie, daß die Frage an Mary lautete: Sind Sie am 8. Juni frei? Eine Frage, die ein Ja oder Nein als Antwort erfordert.

Statt dessen erwiderte Mary: »Der achte Juni? Sagten Sie, der achte Juni? Ganz und gar nicht. An jedem anderen Tag, aber nicht am achten Juni. Am achten Juni findet mein Workshop für Inzestopfer statt, und den versäumen wir nie. Wir haben uns verpflichtet, einander beizustehen, und gleichgültig, was auch geschieht, füreinander dazusein. An diesem Tag geht es auf gar keinen Fall. Sie müssen jemand anderen finden. Ich werde mein Versprechen dieser Gruppe gegenüber nicht brechen. Wir haben alle in unserer Vergangenheit zu viele gebrochene Versprechen erlebt, und wir haben uns geschworen, einander nicht mit dieser Mißachtung zu behandeln.«

Wayne, der die Frage gestellt hatte, sagte einfach: »Okay, ist gut, danke.« Dann ging er. Ich war dagegen wie gebannt, ebenso Ian und Tom. Mary und ich gingen zum Essen, und als wir zwei allein waren, fragte ich sie: »Mary, ich würde gern wissen, warum Sie Wayne eine so drastische Antwort auf seine Frage gegeben haben, ob Sie am achten Juni frei wären. Ich meine, schon nach zwölf Sekunden Bekanntschaft mit Ian und Tom war es Ihnen offensichtlich extrem wichtig, die beiden wissen zu lassen, daß Sie als Kind mißbraucht wurden und daß Sie darüber immer noch wütend sind. Sie wollten sicherstellen, daß diese Männer das wußten. Aus meiner Sicht war es offensichtlich, daß Sie das Gespräch am Tisch mit Ihrer emotionalen Vergangenheit kontrollieren wollten. Sie wollten, daß diese beiden Männer in Ihrer Gegenwart vorsichtig sind, und Sie wollten Anerkennung als verwundete Person. Sie haben all diese Informationen übermittelt, obwohl Wayne nur gefragt hatte, ob Sie am achten Juni frei sind – Sie hätten doch nur nein sagen müssen. Warum haben Sie allen von Ihrer persönlichen Vergangenheit als Inzestopfer erzählt?«

Mary sah mich an, als ob ich sie gerade verraten hätte, und meinte: »Weil ich ein Inzestopfer *bin*.«

»Das weiß ich, Mary. Meine Frage an Sie lautet, warum wollten Sie das die anderen wissen lassen?«

Mary sagte, ich hätte offensichtlich keine Ahnung von emotionaler Unterstützung, insbesondere für Inzestopfer. Ich erklärte Mary, daß mir durchaus klar sei, wie furchtbar schmerzlich ihre Kindheit war, aber Heilung bedeute, den Schmerz zu überwinden, nicht ihn zu »vermarkten«. Als Freundin müsse ich ihr einfach sagen, daß sie ihren Wunden Autorität verleihe, anstatt sie tatsächlich zu heilen. Sie meinte daraufhin, daß sie unsere Freundschaft noch einmal überdenken müsse, und als wir an diesem Tag das Restaurant verließen, endete unsere Freundschaft.

Doch was ich dort miterlebt hatte, hielt mich gefangen. Mary hat mir nie eine Antwort auf meine Frage gegeben. Sie ging völlig in ihren Wunden auf, so sehr, daß sie sie zu einer Art »gesellschaftlicher Währung« umgewandelt hatte. Ihrer Meinung nach schuldete man ihr aufgrund ihrer schmerzlichen Kindheit bestimmte Sonderrechte: das Privileg, sich bei der Arbeit krank zu melden, wann immer sie eine »Erinnerung« verarbeiten mußte, finanzielle Zuwendungen von ihrem Vater wegen dem, was er ihr angetan hatte, und endlose emotionale Unterstützung von all ihren »Freunden«. Laut Mary handelte es sich bei wahren Freunden um Menschen, die ihre Schwierigkeiten verstanden und die Verantwortung für sie übernahmen, wann immer sie für Mary selbst zu erdrückend wurden.

Merkwürdigerweise sollte ich am nächsten Tag eine Vorlesung in dieser Stadt halten. Ich kam zu früh und setzte mich neben eine Frau, die sich meinen Vortrag anhören wollte. Ich sagte: »Hallo, wie heißen Sie?« Sie schaute mich nicht einmal an, als sie erwiderte: »Ich bin 56 Jahre alt und Inzestopfer. Natürlich bin ich mittlerweile darüber hinweg, weil ich einer Selbsthilfegruppe angehöre und wir einander unterstützen. Mein Leben ist dank dieser Menschen erfüllt.« Ich war entsetzt, nicht nur, weil dies eine Wiederholung meiner Erlebnisse mit Mary war, sondern weil ich sie nur nach ihrem Namen gefragt hatte.
Wunden haben als Sprache der Intimität innerhalb unserer Beziehungen wie auch in Selbsthilfegruppen eine Ausdrucksplattform gefunden. Es ist keine Übertreibung, wenn ich sage, daß unsere heutigen romantischen Bindungsrituale eine Wunde als »Initialzündung« praktisch erforderlich machen. Ein typisches Bindungsritual sieht ungefähr so aus: Zwei Menschen begegnen einander zum ersten Mal. Sie tauschen ihre Namen aus, woher sie kommen, und möglicherweise auch einige Informationen zu ihrer Nationalität oder ihrer Religion (Daten des ersten Chakras). Dann bewegt sich das Gespräch zu Themen des zweiten Chakras: Beruf, frühere Beziehungen einschließlich Ehen, Scheidungen und Kinder und vielleicht noch die Finanzen. Als nächstes teilen sie Informationen des dritten Chakras, für gewöhnlich persönliche Vorlieben beim Essen, Lieblingssportarten, Freizeitaktivitäten und vielleicht noch, was sie für ihr persönliches Wachstum tun. Wenn sie eine intime Beziehung eingehen wollen, kommt daraufhin die Energie des vierten Chakras zum Zuge: Einer von beiden offenbart eine Wunde, die er noch »verarbeitet«. Sollte der andere auf eine »verbindende« Weise reagieren wollen, wird er dieser Wunde etwas von demselben Ausmaß entgegenhalten. Wenn die beiden ihre Wunden gepaart haben, sind sie »Wundpartner«. Ihre Vereinigung wird die folgenden unausgesprochenen Vereinbarungen enthalten:

1. Wir werden einander durch alle schwierigen Erinnerungen helfen, die mit dieser Wunde in Zusammenhang stehen.
2. Zu dieser Unterstützung gehört, daß wir jeden Aspekt unseres gesellschaftlichen Lebens oder gar unseres Berufslebens um die Bedürfnisse unseres verwundeten Partners herum neu aufbauen.
3. Wenn nötig, werden wir die Verantwortung unseres verwundeten Partners übernehmen, um zu zeigen, wie ernst wir es mit dieser Unterstützung meinen.
4. Wir werden unseren Partner stets ermutigen, mit uns zusammen an seinen Wunden zu arbeiten und sich so viel Zeit zur Genesung zu nehmen, wie erforderlich ist.
5. Wir werden, mit minimaler Reibung, alle Schwächen und Mängel akzeptieren, die ihre Wurzeln in dieser Wunde haben, da ihre Akzeptanz für eine Heilung von entscheidender Bedeutung ist.

Kurz gesagt, eine Verbindung, die auf der Intimität der Wunden basiert, impliziert die Gewähr, daß die schwachen Partner einander immer brauchen werden und sie auf ewig Zugang zum Inneren des anderen haben. Kommunikationstechnisch gesehen stellt ein solches Band eine völlig neue Dimension der Liebe dar, eine, die sich an therapeutischer Unterstützung und der Festigung des gegenseitigen Versprechens zur Heilung orientiert. Hinsichtlich der Macht hatten die Partner nie zuvor einen so mühelosen Zugang zu den gegenseitigen Verwundbarkeiten oder so viel offene Akzeptanz dafür, mittels ihrer Wunden ihre enge Beziehung zu regeln und zu kontrollieren. Die »Wundologie« hat die Parameter der Intimität völlig neu definiert.

Die Intimität der Wunden findet unter der Anhängerschaft der ganzheitlichen Heilung eine enorme Unterstützung, insbesondere in der Literatur über die Beziehung zwischen emotionalem Schmerz und Krankheit und der Heilung emotionaler Traumata sowie der Wiederherstellung der Gesundheit. Zu jedem nur möglichen emotionalen Trauma wurden Selbsthilfegruppen gegründet, vom Inzest über Kindesmißbrauch und häuslicher Gewalt bis hin zur Trauer über die Haftstrafe eines Familienangehörigen. Die Talk-Shows im Fernsehen florieren, weil die Menschen ihre Wunden in allen Einzelheiten öffentlich machen wollen. (Wir leben heutzutage nicht nur in unseren Wunden, wir lassen uns auch von den Wunden anderer unterhalten.) Das Rechtssystem hat gelernt, wie man Wunden in eine wirtschaftliche Macht verwandelt: Die Fernsehwerbung in den USA ermutigt die Zuschauer, Klagen vor Gericht als mögliche Verarbeitung ihrer Wunden in Betracht zu ziehen.

Vor den sechziger Jahren lautete die Definition von Reife und Stärke, seinen Schmerz und seine Verwundbarkeit für sich zu behalten. Zu unserer heutigen Definition gehört die Fähigkeit, anderen Menschen unsere inneren Schwächen präsentieren zu können. Ursprünglich war es die Absicht dieser Selbsthilfegruppen, den Menschen zu einer nährenden, mitfühlenden Reaktion auf ihre persönliche Krise zu verhelfen; niemand erwartete von ihnen, die Betroffenen bis zu ihrer endgültigen Heilung von ihren Schwierigkeiten zu begleiten, geschweige denn als Mittler dieser Heilung zu fungieren. Sie sollten lediglich eine Fähre über den Fluß der Übergangsphase sein.
Aber nur wenige Mitglieder der Gruppe wollten ihr Rettungsboot am anderen Ufer verlassen. Statt dessen machten sie aus dieser Übergangsphase eine Ganztagsbeschäftigung auf Lebenszeit. Sobald sie die Sprache der »Wundologie« erlernt hatten, fiel es ihnen extrem schwer, die Privilegien aufzugeben, die in unserer Gesellschaft des vierten Chakras einem verwundeten Menschen zustehen.
Ohne einen Plan zur Heilung laufen wir Gefahr, nach dem

süchtig zu werden, was wir für Unterstützung und Mitgefühl halten; eines Tages müssen wir feststellen, daß wir immer mehr Zeit brauchen, um unsere Wunden »zu verarbeiten«. Weil sie das Gefühl haben, als ob diese unterstützende Reaktion lange überfällig wäre, klammern sich die Mitglieder von Selbsthilfegruppen mit einer Leidenschaft an ihre Gruppe, die besagt: »Ich werde nie von hier weggehen, weil dies der einzige Ort ist, an dem mir je Unterstützung zuteil wurde. In meiner normalen Welt finde ich keine Unterstützung. Daher werde ich weiter ›an mir arbeiten‹, und das unter Menschen, die verstehen, was ich mitgemacht habe.«
Das Problem dieses Unterstützungssystems liegt in der Schwierigkeit, einem Betroffenen zu sagen, daß er genug Unterstützung bekommen hat und jetzt mit seinem eigentlichen Leben fortfahren muß. In vielerlei Hinsicht spiegelt dieses Problem unser schräges Verständnis von Mitgefühl wider. Mitgefühl ist eine Emotion des vierten Chakras und gehört zu den spirituellen Energien der Sephirah Tiphareth. Im Mitgefühl liegt die Stärke, unser jeweiliges Leiden anzuerkennen und gleichzeitig dem eigenen Leben wieder Macht zuzuführen. Da unsere Gesellschaft so lange keine Zeit dafür einräumte, das Herz zu heilen, und nicht einmal das Bedürfnis nach Heilung erkannte, haben wir dieses frühere Scheitern kompensiert, indem wir nun dem Heilungsprozeß keinerlei zeitliche Grenzen auferlegten. Wir müssen erst noch das Modell einer gesunden Intimität finden, die stark ist und doch verletzlich. Zur Zeit definieren wir »geheilt« als Gegenteil von »bedürftig«. Daher heißt geheilt sein, völlig unabhängig zu sein, immer optimistisch, immer glücklich, immer selbstsicher und nie einen anderen Menschen zu brauchen. Kein Wunder, daß sich nur wenige von uns für »geheilt« halten.

Der Weg zu einem starken Herzen

Heilung ist einfach, aber nicht leicht. Sie erfordert nur wenige Schritte und doch große Anstrengung:

1. *Schritt:* Verpflichten Sie sich, bis zur Quelle des Schmerzes zu heilen. Das bedeutet, sich nach innen zu wenden und Ihre Wunden kennenzulernen.
2. *Schritt:* Identifizieren Sie Ihre Wunden, sobald Sie »innen« angekommen sind. Hat sich in Ihrem Leben eine Art »Macht der Wunden« entwickelt? Wenn Sie Ihre Wunden zu einer eigenständigen Kraft verwandelt haben, dann stellen Sie sich der Frage, warum Sie sich vor der Heilung fürchten. Wenn Sie die Wunden identifiziert haben, suchen Sie sich für diese Wunden und ihren Einfluß auf Ihre Entwicklung einen »Zeugen«. Sie brauchen mindestens einen Menschen, einen Therapeuten oder Freund, der in der Lage ist, mit Ihnen auf diese Weise zu arbeiten.
3. *Schritt:* Sobald Sie Ihre Wunden in Worte gefaßt haben, beobachten Sie, wie Sie sie einsetzen, um die Menschen Ihrer Umgebung und sich selbst zu beeinflussen oder gar zu kontrollieren. Haben Sie beispielsweise jemals gesagt, Sie würden sich nicht wohl fühlen, um eine Verabredung abzusagen, die Ihnen unangenehm war, obwohl Sie sich in Wirklichkeit prächtig fühlten? Haben Sie jemals einen anderen Menschen kontrolliert, indem Sie erklärten, sein Verhalten würde Sie an Ihre Eltern erinnern? Befürchten Sie, daß Sie Ihre intimen Beziehungen zu bestimmten Menschen in Ihrem Leben verlieren werden, wenn Sie heilen? Fürchten Sie, Sie müßten notwendigerweise einen Teil Ihres Familienlebens oder sogar alles hinter sich lassen, wenn Sie heilen? Diesen Fragen müssen Sie sich ehrlich stellen, weil sie die wichtigsten Gründe darstellen, warum sich Menschen

vor einer völligen Heilung fürchten. Wenn Sie sich im Laufe des Tages beobachten, achten Sie sorgfältig auf Ihre Wortwahl, Ihren Gebrauch des therapeutischen Wortschatzes und wie gewandt Sie sich in der Sprache der »Wundologie« auszudrücken vermögen. Formen Sie dann neue Interaktionsmuster mit anderen, die nicht auf der Macht Ihrer Wunden basieren. Verändern Sie Ihr Vokabular, einschließlich Ihrer Selbstgespräche. Sollte es sich als schwierig erweisen, diese Muster zu verändern, dann machen Sie sich klar, daß es oftmals viel mühsamer ist, die Macht, die Sie aus Ihren Wunden beziehen, als die Erinnerung an eine schmerzliche Erfahrung loszulassen. Ein Mensch, der sich von der Macht seiner Wunden nicht lösen kann, ist wundsüchtig, und wie bei allen Süchten fällt auch bei der Wundsucht der Entzug schwer. Haben Sie keine Angst, therapeutische Hilfe in Anspruch zu nehmen – weder bei diesem Schritt noch bei den anderen.

4. Schritt: Identifizieren Sie das Gute, das aus Ihren Wunden kommen kann und auch kommt. Leben Sie ab sofort mit Wertschätzung und Dankbarkeit – falls es nötig sein sollte, »tun Sie so, als ob«, bis es Wirklichkeit wird. Beginnen Sie mit spirituellen Übungen, und halten Sie sie durch. Nehmen Sie Ihre spirituelle Disziplin ernst.

5. Schritt: Sobald Sie sich ein Bewußtsein der Wertschätzung angeeignet haben, können Sie sich der Herausforderung der Vergebung stellen. So ansprechend die Vergebung in der Theorie auch sein mag, so extrem unattraktiv ist für die meisten Menschen eine aktive Tat – in erster Linie weil das wahre Wesen der Vergebung mißverstanden bleibt. Vergebung ist nicht dasselbe, wie dem Menschen, der Sie verletzt hat, zu sagen: »Es ist okay.« Genau das verstehen aber die meisten mehr oder weniger unter Vergebung. Sie ist dagegen ein komplexer Akt der Bewußtheit, einer, der Psyche und Seele von dem Bedürfnis nach persönlicher Rache befreit. Außerdem nimmt man sich nicht länger als Opfer wahr. Vergebung bedeutet mehr, als den Menschen, die Sie verletzt haben, die Schuld zu nehmen; sie bedeutet, uns nicht länger als Opfer zu fühlen und die Kontrolle, die dieses Gefühl über unsere Psyche ausübt, aufzulösen. Das Gefühl der Befreiung, das die Vergebung hervorruft, erscheint in Form eines Übergangs zu einem höheren Bewußtseinszustand – nicht nur theoretisch, sondern energetisch und biologisch. Die Folgen einer ehrlichen Vergebung grenzen an ein Wunder. Meiner Meinung nach enthält die Vergebung die Energie, die zu Wundern führt.

Überlegen Sie, was Sie tun müssen, um anderen zu vergeben – und sich selbst, falls das nötig sein sollte. Wenn Sie Kontakt zu einem Menschen aufnehmen müssen, um ein abschließendes Gespräch zu führen, dann setzen Sie auf Ihre Liste der Gesprächspunkte nicht die Botschaft der Schuld. Wenn Sie das tun, sind Sie noch nicht wirklich bereit, loszulassen und weiterzuziehen. Sollten Sie Ihre abschließenden Gedanken in einem Brief an diesen Menschen niederlegen müssen, dann tun Sie das, aber auch hier liegt Ihre Absicht nicht darin, eine weitere Botschaft des Zorns zu versenden, sondern vielmehr Ihren Geist vom Gestern zu lösen.

Führen Sie zu guter Letzt eine offizielle Zeremonie für sich selbst durch, in der Sie Ihren Geist aus der Vergangenheit zurückrufen und den negativen Einfluß all Ihrer Wunden loslassen. Ob Sie ein Ritual bevorzugen oder einen privaten Gebetskreis, machen Sie Ihre Botschaft der Vergebung »offiziell«, um damit einen Neuanfang zu markieren.

6. *Schritt:* Denken Sie Liebe. Leben Sie in Wertschätzung und Dankbarkeit. Laden Sie die Veränderung in Ihr Leben ein, und sei es nur durch Ihre Einstellung. Erinnern Sie sich ständig an die Botschaft aller spirituellen Meister, die etwas

taugen: den Geist auf die Gegenwart zu richten. In der Sprache Jesu: »Laß die Toten ihre Toten begraben!« (Matthäus 8, 22). Oder wie Buddha lehrte: »Es gibt nur das Jetzt.«

Das interessante an der Heilung ist, daß Sie – je nachdem, mit wem Sie sich unterhalten – zu der Überzeugung gelangen können, nichts sei leichter oder nichts sei schwerer.
Das vierte Chakra ist das Zentrum des menschlichen Energiesystems. Alles in und an unserem Leben wird durch den Brennstoff unserer Herzen angetrieben. Wir alle mußten schon Erfahrungen machen, die uns »das Herz gebrochen haben« – die nicht nur eine Narbe hinterließen, sondern unser Herz in zwei Hälften rissen. Ungeachtet dessen, wie sehr Ihr Herz gebrochen ist, so ist doch Ihre Wahl stets dieselbe: Was machen Sie mit Ihrem Schmerz? Dient er Ihnen als Entschuldigung, wodurch die Furcht Macht über Sie erlangt, oder können Sie die Autorität der physischen Welt über Sie durch einen Akt der Vergebung auflösen? Die Frage, die im vierten Chakra steckt, wird Ihnen in Ihrem Leben immer wieder begegnen – so lange, bis Ihre Antwort zu Ihrer eigenen Befreiung beiträgt.
Die unterschwelligen Energien der Sephirah Tiphareth und des Sakraments der Ehe fordern uns unablässig zu Selbsterforschung und Selbstliebe auf. Diese Liebe ist der entscheidende Schlüssel für unser Glück, das unserer Meinung nach außerhalb von uns selbst liegt, das jedoch laut den spirituellen Schriften nur in uns zu finden ist. Allzu viele Menschen fürchten sich davor, sich selbst kennenzulernen. Sie sind davon überzeugt, daß Selbsterkenntnis zu Einsamkeit führt und sie ihrer derzeitigen Freunde und Partner beraubt. Natürlich können die unmittelbaren Folgen der Selbsterkenntnis zu Veränderungen führen, aber auf lange Sicht – getrieben von Bewußtheit, nicht Angst – wird das Leben erfüllender. Es ergibt keinen Sinn, intuitives Bewußtsein anzustreben und dann daran zu arbeiten,

daß dieses Bewußtsein auch ja keine Unruhe in unser Leben bringt. Der einzige Weg zu spiritueller Bewußtheit führt durch das Herz. Diese Wahrheit läßt keine Zugeständnisse zu, gleichgültig, mit welcher spirituellen Tradition man das Göttliche erfahren möchte. *Liebe ist göttliche Macht.*

Fragen zur Selbstprüfung

1. Welche emotionalen Erinnerungen müssen bei Ihnen noch heilen?
2. Welche Beziehungen in Ihrem Leben erfordern eine Heilung?
3. Haben Sie Menschen oder Situationen je mit Hilfe Ihrer emotionalen Wunden kontrolliert? Wenn ja, beschreiben Sie sie.
4. Haben Sie jemals zugelassen, von den Wunden eines anderen Menschen kontrolliert zu werden? Wie stehen Sie dazu, sollte das noch einmal geschehen? Welche Schritte würden Sie unternehmen, damit Sie nicht noch einmal auf solche Weise kontrolliert werden?
5. Welche Ängste haben Sie davor, emotional heil zu werden?
6. Verbinden Sie emotionale Gesundheit damit, nicht länger intime Beziehungen zu brauchen?
7. Was verstehen Sie unter Vergebung?
8. Welchen Menschen müssen Sie vergeben, und was hält Sie davon ab, den Schmerz, den Sie mit ihnen in Verbindung bringen, loszulassen?
9. Welche Ihrer Taten schreit nach Vergebung? Wer arbeitet gerade daran, Ihnen zu vergeben?
10. Was verstehen Sie unter einer gesunden, intimen Beziehung? Sind Sie bereit, sich nicht länger Ihrer Wunden zu bedienen, um sich einer solchen Beziehung zu öffnen?

KAPITEL 5

Das fünfte Chakra: Die Macht des Willens

Das fünfte Chakra verkörpert die Herausforderung, die eigene Willenskraft und den eigenen Geist dem Willen Gottes zu unterwerfen. Aus spiritueller Sicht besteht unser höchstes Ziel darin, unseren individuellen Willen ganz in die »Hände des Göttlichen« zu legen. Jesus und Buddha stellen ebenso wie andere große Lehrer die Meisterschaft in diesem Bewußtseinszustand dar: die völlige Vereinigung mit dem göttlichen Willen.

Sitz: im Hals.

Energieverbindung zum physischen Körper: Hals, Schilddrüse, Luftröhre, Speiseröhre, Epithelkörperchen, Hypothalamus, Nackenwirbel, Mund, Kiefer und Zähne.

Energieverbindung zum emotionalen/mentalen Körper: Das fünfte Chakra schwingt zu den zahlreichen emotionalen und mentalen Kämpfen, die wir ausfechten müssen, wollen wir die Macht der Entscheidungsfreiheit erlernen. *Jede* Krankheit steht in Verbindung mit dem fünften Chakra, weil es bei jedem Detail unseres Lebens und daher auch in all unseren Erkrankungen um Entscheidungen geht.

Verbindung zu Symbolik und Wahrnehmung: Die symbolische Herausforderung des Chakras der Willenskraft liegt darin, den Reifeprozeß des Willens zu durchlaufen: von der Stammeswahrnehmung, daß jeder und alles um Sie herum Autorität über Sie ausübt, über die Wahrnehmung, daß Sie allein über sich Autorität ausüben, bis hin zu der endgültigen Wahrnehmung, daß wahre Autorität nur dann kommt, wenn Sie sich mit Gottes Willen in Einklang bringen.

Urängste: Ängste in bezug auf unsere Willenskraft gibt es in allen Chakras – auf das jeweilige Energiezentrum bezogen. Wir fürchten uns davor, in unserem Leben keine Autorität oder Entscheidungsfreiheit zu besitzen, erst in unserem Stamm, dann in den privaten und beruflichen Beziehungen. Wir fürchten außerdem, keine Autorität über uns selbst zu haben und die Kontrolle im Hinblick auf Tabak, Alkohol, Medikamente oder Drogen zu verlieren, auf Macht oder auf die emotionale Kontrolle eines anderen Menschen über unser Wohlbefinden. Schließlich fürchten wir auch den Willen Gottes. Die Vorstellung, unseren Willen der göttlichen Kraft zu unterwerfen bleibt der größte Kampf auf der Suche des einzelnen nach größerer Bewußtheit.

Urstärken: Glaube, Selbsterkenntnis und persönliche Autorität; die Fähigkeit, Entscheidungen zu treffen in dem Wissen, daß wir unser Wort uns und anderen gegenüber halten können, gleichgültig, welche Entscheidung wir auch treffen.

Verbindung zu den Sephiroth und den Sakramenten: Das fünfte Chakra entspricht den Sephiroth Hesed, dem Symbol der Liebe oder Gnade Gottes, und Geburah, dem Symbol des göttlichen Urteils. Diese beiden Sephiroth sind der rechte und der linke Arm Gottes und stellen die Ausgeglichenheit des göttlichen Willens dar. Aus ihnen läßt sich schließen, daß das Göttliche gnädig ist und nur Gott das Recht hat, unsere Entscheidungen zu beurteilen. Hesod erinnert uns daran, auf liebevolle Weise mit anderen zu kommunizieren, und Geburah mahnt uns, mit Ehre und Integrität zu sprechen. Das Sakrament der Beichte steht in Einklang mit dem fünften Chakra und symbolisiert die Tatsache, daß wir alle dafür Rechenschaft ablegen müssen, wie wir unsere Willenskraft einsetzen. Durch das Sakrament der Beichte erhalten wir die Gelegenheit, unseren Geist von den »negativen Botschaften«, die wir als Folge von negativen Gedanken oder Taten ausgesandt haben, zurückzurufen.

Heilige Wahrheit: Das fünfte Chakra ist das Zentrum unserer Entscheidungen und ihrer Konsequenzen sowie des spirituellen Karmas. Jede Entscheidung, die wir treffen, all unsere Gedanken und Gefühle sind ein Akt der Macht mit biologischen, umweltbezogenen, gesellschaftlichen, persönlichen und globalen Folgen. Wir sind überall dort, wo unsere Gedanken sind, und daher fallen auch unsere Energiebeiträge unter unsere persönliche Verantwortung.

Wie würden unsere Entscheidungen aussehen, wenn wir uns ihrer Energiekonsequenzen bewußt wären? Wir können uns dieser Art Vorhersicht nur nähern, wenn wir uns der heiligen Wahrheit fügen und *unseren persönlichen Willen dem göttlichen Willen unterwerfen.* Die spirituellen Lektionen des fünften Chakras zeigen uns, daß Taten, die durch einen persönlichen Willen motiviert wurden, der sich der göttlichen Autorität anvertraut hat, die besten Resultate zeitigen.

Die eigene Einstellung und Denkweise profitiert darüber hinaus davon, wenn man eine höhere Führung akzeptiert. Eine Frau erzählte mir einmal von ihrem Nah-Toderlebnis. Sie weiß heute, daß jede Entscheidung, die sie trifft, eine energetische Auswirkung auf ihr gesamtes Leben hat. Eine Zeitlang befand sie sich in diesem Zustand zwischen stofflichem und nichtstofflichem Leben, und alle Entscheidungen, die sie in ihrem Erdendasein getroffen hatte, zogen an ihr vorüber, ebenso wie die Auswirkungen ihrer Taten auf sich, auf andere Menschen und auf ihr ganzes Leben. Ihr wurde gezeigt, daß die göttliche Führung stets versucht hatte, ihr Wachbewußtsein auf sich aufmerksam zu machen. Ob sie sich ein Kleid aussuchte oder eine Sportart, keine Entscheidung war zu unbedeutend für das Göttliche. Wenn sie ein Kleid kaufte, wurde ihr die sofortige Energiekonsequenz dieses »Kaufs« gezeigt, die ganze lange Kette bis zu den Menschen, die es entworfen und vermarktet hatten. Sie bittet nun vor jeder einzelnen Entscheidung, die sie treffen muß, um Führung.

Wenn wir die energetischen Konsequenzen unserer Gedanken und Überzeugungen ebenso wie unserer Taten verstehen, kann uns das zu einer völlig neuen Ehrlichkeit zwingen. Es sollte außer Frage stehen, weder uns selbst noch andere anzulügen. Umfassende, wirkliche Heilung erfordert Ehrlichkeit sich selbst gegenüber. Die Unfähigkeit, ehrlich zu sein, beeinträchtigt unseren Heilungsprozeß ebenso ernstlich wie die Unfähigkeit zu vergeben. Ehrlichkeit und Vergebung rufen unsere Energie – unseren Geist – von der Energiedimension »der Vergangenheit« zurück. Unser fünftes Chakra und seine spirituellen Lektionen zeigen uns, daß persönliche Macht in unseren Gedanken und Einstellungen liegt.

Die Folgen der Furcht

Die energetisch kostspieligsten Folgen treffen uns dann, wenn wir aus Angst heraus handeln. Auch sofern die Entscheidungen, die wir aus der Furcht treffen, uns das verschaffen, was wir uns wünschen, führen sie im allgemeinen zu ungewollten Nebenwirkungen. Diese Überraschungen lehren uns, daß Entscheidungen aus Furcht unser Vertrauen an die göttliche Führung erschüttern. Wir leben alle, zumindest zeitweise, unter der Illusion, daß wir frei über unser Leben entscheiden können. Wir streben nach Geld oder gesellschaftlichen Positionen, um

noch mehr Freiheit zu haben und nicht den Entscheidungen folgen zu müssen, die andere für uns treffen. Die Vorstellung, daß Bewußtheit von uns erfordert, unseren persönlichen dem göttlichen Willen zu unterwerfen, steht in direktem Gegensatz zu all dem, was wir für das Maß eines starken Menschen halten.
Daher müssen wir möglicherweise den Zyklus aus Furcht/Überraschung/Furcht/Überraschung so lange wiederholen, bis wir betend sagen können: Du entscheidest, und ich folge. Erst nach diesem Gebet kann die göttliche Führung in unser Leben treten, zusammen mit endlosen Vorkommnissen von Synchronizität und »Zufällen« – göttlicher »Einmischung« in ihrer besten Form!

Emily, 35, arbeitet als Grundschullehrerin. Sie hat vor dreizehn Jahren ihr linkes Bein durch eine Krebserkrankung verloren, kurz nach ihrem Collegeabschluß. Während ihrer Rehabilitation kehrte sie in ihr Elternhaus zurück. Ursprünglich dachten alle, sie würde nur ein Jahr bleiben, aber aus dem einen Jahr wurden zehn, weil Emily ihre Unabhängigkeit nicht wiedererlangte, sondern angesichts der Aussicht, wieder für sich selbst sorgen zu müssen, immer depressiver und ängstlicher wurde. Sie minimierte ihre körperlichen Aktivitäten, bis sie maximal einmal um den Häuserblock ging. Mit jedem Jahr zog sie sich mehr in das Haus ihrer Eltern zurück, und schließlich nahm sie nicht einmal mehr an vergnüglichen Ausflügen teil.
Ihre Eltern schlugen eine Therapie vor, aber nichts zeigte Wirkung. Wie ihre Mutter zu mir sagte: »Tag für Tag tat Emily nichts anderes, als die Überzeugung zu hegen, daß der Verlust ihres Beines ihre Chancen ruiniert habe, jemals zu heiraten und eine eigene Familie zu gründen oder auch nur ein eigenes Leben zu führen. Sie fühlte sich von ihrer Krebserkrankung ›gebrandmarkt‹, und manchmal erklärte sie, sie wünschte, der

Krebs würde zurückkehren und ›die Arbeit beenden‹, wie sie es formulierte.«

Infolge der Krankheit ihrer Tochter interessierte sich Emilys Mutter für alternative Heilmethoden. Als wir uns trafen, sammelten sie und ihr Ehemann gerade all ihren Mut, um Emily zu einer eigenen Wohnung zu bewegen. Ihre Tochter mußte lernen, sich wieder um ihre eigenen körperlichen Bedürfnisse zu kümmern und ihren psychologischen Zustand zu heilen. Sie mußte wieder ihrer eigenen Willenskraft vertrauen.

Emilys Eltern mieteten eine Wohnung an und statteten sie mit Möbeln aus. Emily zog ein – wütend und ängstlich. Sie ließ ihre Eltern wissen, daß sie sich von ihnen verraten fühlte. Nach einem Monat traf sie eine Nachbarin, Laura, eine alleinerziehende Mutter mit einem zehnjährigen Sohn namens T. J. Dieser Junge kam von der Schule stets früher nach Hause als seine Mutter von der Arbeit. Emily hörte, wie er in der Wohnung rumorte, fernsah, naschte und fast drei Stunden allein wartete, bis Laura nach Hause kam.

Eines Nachmittags kam Emily vom Einkaufen, als Laura gerade von der Arbeit zurückkehrte. Sie sprachen über T. J., und Laura erwähnte, wie besorgt sie über seine schulischen Leistungen sei und über die viele Zeit, die er nach der Schule allein verbringen mußte. Emily bot spontan an, T. J. nicht nur jeden Nachmittag Gesellschaft zu leisten, sondern ihm auch bei den Hausaufgaben zu helfen. Schließlich hatte sie eine Ausbildung als Lehrerin. Laura stimmte glücklich zu, und schon am nächsten Nachmittag begann Emily mit ihrer Arbeit als Nachhilfelehrerin.

Innerhalb weniger Wochen sprach sich in dem Wohnblock herum, daß eine »wunderbare Lehrerin« für die Nachhilfe und die Betreuung der Kinder nach der Schule zur Verfügung stand. Emily wurde von Anfragen berufstätiger Eltern förmlich überschwemmt. Sie bat den Verwalter des Wohnblocks, ob für drei

Stunden jeden Nachmittag ein Raum zur Verfügung stünde. Es gab tatsächlich einen; man traf finanzielle Vereinbarungen, und Emily fing – drei Monate nachdem sie ihr Elternhaus verlassen hatte – »ein neues Leben« an.

Als sie mir ihre Geschichte erzählte, erwähnte sie mehrmals, wie spontan sie sich angeboten hatte, T. J. Nachhilfeunterricht zu geben. Das Angebot »kam über ihre Lippen«, noch bevor sie Gelegenheit hatte, darüber nachzudenken, sagte sie. Wenn sie es sich überlegt hätte, meinte sie, hätte sie niemals ihre Hilfe angeboten. Weil dieses Vorgehen so absolut untypisch für sie war, kam ihr der Gedanke, daß »der Himmel ihr gesagt« hatte, T. J. Nachhilfe zu geben. Letztendlich gelangte Emily zu der Überzeugung, daß es ihr bestimmt war, T. J. Nachhilfeunterricht zu erteilen, ebenso wie den elf anderen Kindern, um die sie sich kümmerte, bevor sie im darauffolgenden Herbst wieder an die Schule ging.

Aus welchem Grund auch immer genoß Emily die Gnade, die Führung zu erkennen. Sobald sie damit begonnen hatte, sich um andere zu kümmern, verschwand ihre eigene Angst davor, daß niemand für sie sorgen würde. Sie erkannte, daß sie der lebende Beweis dafür war, wie Gott sich um die Bedürfnisse der Menschen kümmerte und ihren eigenen Glauben erneuerte.

Glaube

Die Essenz des fünften Chakras ist der Glaube. An jemanden zu glauben überträgt einen Teil unserer Energie auf diesen Menschen; an eine Idee zu glauben überträgt dieser Idee einen Teil unserer Energie; an eine Angst zu glauben überträgt einen Teil unserer Energie an diese Angst. Infolge unseres Energietransfers werden wir – unser Verstand, unser Herz und unser Leben – in die Konsequenzen verwoben. Unser Glaube und unsere Entscheidungsfreiheit verkörpern die Macht der Schöpfung. Wir sind in diesem Leben die Gefäße, in denen Energie zu Materie wird.

Die spirituelle Prüfung, die unser aller Leben innewohnt, ist die Herausforderung, das zu entdecken, was uns zu unseren Entscheidungen motiviert und ob wir an unsere Ängste oder an das Göttliche glauben. Diesen Fragen müssen wir uns alle stellen, entweder als spirituelles Gedankengut oder infolge einer körperlichen Krankheit. Wir alle kommen einmal an den Punkt, an dem wir uns fragen: Wer hat das Sagen über mein Leben? Warum geschehen die Dinge nicht so, wie ich es gern hätte? Gleichgültig, wie erfolgreich wir sind, irgendwann wird uns bewußt, daß wir uns unvollständig fühlen. Ein ungeplantes Ereignis, eine unverhoffte Beziehung oder eine plötzliche Krankheit werden uns zeigen, daß unsere persönliche Macht unzureichend ist und uns nicht durch die Krise bringt. Wir müssen uns bewußt werden, daß unsere persönliche Macht Grenzen hat. Wir sollen uns fragen, ob eine andere »Kraft« in unserem Leben wirkt, und uns dann an diese Kraft wenden: Warum geschieht das? Was willst du von mir? Was soll ich tun? Was ist der Sinn meines Lebens?

Wenn wir uns unserer Grenzen bewußt werden, so eröffnet uns das Entscheidungsmöglichkeiten, an die wir sonst nicht gedacht hätten. Während der Momente, in denen unser Leben außer Kontrolle scheint, werden wir möglicherweise empfänglich für eine Führung, die wir zuvor nicht angenommen hätten. Dann bewegt sich unser Leben in eine Richtung, die wir nie auch nur vermuteten. Die meisten von uns sagen am Ende: »Ich hätte nie gedacht, daß ich das einmal tun oder daß ich hier leben würde, aber nun ist es so, und alles ist gut.«

Wenn Sie mit Hilfe Ihrer symbolischen Einsicht Ihr Leben als *rein* spirituelle Reise sehen können, hilft Ihnen das unter Umständen, an diesen Punkt der Ergebenheit zu gelangen. Wir alle kennen Menschen, die härteste Bedingungen überstanden haben – und das dem Umstand zuschrieben, daß sie das Steuer ihres Lebens dem Göttlichen übergaben. Jeder dieser Menschen teilte die Erfahrung, wie er zum Göttlichen sagte: »Nicht mein Wille, sondern der deine.« Wenn nur dieses eine Gebet erforderlich ist, warum haben wir dann so viel Angst?

Uns erfüllt die panische Angst, daß wir uns von allem trennen müssen, was uns körperliches Wohlbehagen bringt, sobald wir den göttlichen Willen anerkennen – sobald wir uns einem größeren Willen unterwerfen. Daher kämpfen wir mit unserem Willen gegen die göttliche Führung an: Wir bitten um sie und bemühen uns doch, sie vollständig zu blockieren. Immer wieder treffe ich in meinen Workshops auf Menschen, die sich in diesem Dilemma befinden: Sie suchen intuitive Führung, und doch fürchten sie sich vor dem, was diese Stimme zu ihnen sagen könnte.

Denken Sie daran, daß Ihr körperliches Leben und Ihr spiritueller Weg ein und dasselbe sind. Die Freude an Ihrem körperlichen Leben ist ebenso ein spirituelles Ziel wie das Erlangen eines gesunden Körpers. Beides ist eine natürliche Folge, wenn wir der göttlichen Anleitung bei den Entscheidungen zu unserer Lebensführung folgen und wenn wir aus Glauben und Vertrauen heraus handeln. Sich der göttlichen Autorität zu unterwerfen bedeutet, von physischen Illusionen befreit zu werden, nicht von den Annehmlichkeiten und der Bequemlichkeit des physischen Lebens.

Die spirituellen Energien des fünften Chakras führen uns zu diesem Punkt der Unterwerfung. Die Sephirah Chesed übermittelt in unser fünftes Chakra die göttliche Energie der Größe durch Liebe, die uns dazu bringt, in allen Lebenslagen so liebevoll wie nur möglich zu sein. Manchmal besteht der größte Akt der Liebe darin, kein Urteil über andere oder sich selbst zu fällen. Immer wieder werden wir daran erinnert, daß Kritiksucht ein spiritueller Irrtum ist. Bei der Entwicklung eines disziplinierten Willens müssen wir nicht dem Verlangen folgen, negative Gedanken gegenüber anderen oder uns selbst zum Ausdruck zu bringen. Wenn wir uns mit Kritik zurückhalten, erlangen wir Weisheit und überwinden unsere Ängste. Die Sephirah Geburah lehrt uns, das Bedürfnis loszulassen, aufgrund dessen wir ständig wissen wollen, warum die Dinge so geschehen, wie sie es tun, und darauf zu vertrauen, daß der Grund dafür Teil eines großen spirituellen Planes ist.

Marnie, 44, ist Heilerin, eine wirklich gesalbte Heilerin, die ihre Arbeit nach einer sieben Jahre währenden »dunklen Nacht der Seele« begann, in der sie sich selbst heilen mußte. Mit dreißig war Marnie als Sozialarbeiterin in Schottland tätig, führte ein aktives Leben, hatte viele Freunde und genoß ihren Beruf von ganzem Herzen. Dann diagnostizierte man bei ihr etwas »Undiagnostizierbares«.
Mit jedem Monat, der verstrich, nahmen Marnies Schmerzen zu, manchmal im Rücken, manchmal als heftige Kopfschmerzen, manchmal in ihren Beinen. Schließlich war sie aufgrund der Schmerzen gezwungen, sich von ihrer Arbeit beurlauben zu lassen. Fast zwei Jahre lang ging sie von einem Spezialisten zum anderen. Keiner konnte ihr sagen, warum sie unter chronischen Schmerzen litt und gelegentlich Gleichgewichtsstörungen hatte. Es konnte ihr auch keiner eine wirksame Behandlungsmethode empfehlen.
Marnie geriet in den Strudel der Depression. Ihre Freunde schlugen vor, sie solle die Hilfe alternativ praktizierender Therapeuten suchen, an die sie nie geglaubt hatte. Eines Tages bekam sie Besuch von einer Freundin, die eine ganze Sammlung mit Büchern über alternatives Heilen dabeihatte, darunter auch die Schriften von Sai Baba, einem spirituellen Meister aus Indien. Marnie las die Bücher, tat sie aber als die Art Unsinn

ab, den »nur Menschen glauben können, die eine Neigung zu Geheimkulten haben«.

Nach sechs weiteren Monaten voller Schmerzen nahm sie diese Worte zurück. Sie reiste nach Indien, um eine Privataudienz bei Sai Baba zu erhalten. Sie verbrachte drei Wochen in seinem Ashram, sah ihn aber nie von Angesicht zu Angesicht. Sie kehrte noch niedergeschlagener als zuvor nach Schottland zurück. Doch kurz vor ihrer Heimreise hatte sie eine Reihe von Träumen, in denen sie ständig eine einzige Frage zu hören bekam: Kannst du annehmen, was ich dir gegeben habe?

Zuerst hielt Marnie diese Träume für die Folge ihrer Indienreise und ihrer zahllosen Gespräche über den Willen Gottes für die Menschen. Dann meinte eine Freundin, sie solle die Träume doch einfach so behandeln, als ob ihr wirklich eine spirituelle Frage gestellt worden wäre. Wie Marnie es formulierte: »Ich hatte nichts zu verlieren, also warum nicht?«

Als sie diesen Traum das nächste Mal hatte, stellte sie sich dieser Frage: »Ja, ich werde annehmen, was du mir gegeben hast.« In dem Moment, als sie *ja* sagte, fühlte sie sich in Licht gebadet, und zum ersten Mal seit Jahren war sie schmerzfrei. Als sie aufwachte, hoffte sie, daß ihre Krankheit verschwunden wäre, aber das war sie nicht – im Laufe der kommenden vier Jahre wurde sie sogar noch schlimmer. Sie dachte immer wieder über diesen Traum nach und gelangte schließlich zu der Überzeugung, daß es kein wirklicher Traum war, und doch war sie weiterhin wütend und verzweifelt und hatte bisweilen das Gefühl, Gott würde sie grundlos leiden lassen.

Eines Nachts, sie weinte gerade, kam Marnie ihren Worten nach an den Punkt, wo sie sich »unterwarf«. Sie dachte, sie hätte sich schon seit ihrem Traum in diesem Bewußtheitszustand befunden, aber in dieser Nacht erkannte sie, daß »ich mich nicht unterworfen, sondern nur resigniert hatte. Ich lebte mit der Einstellung: ›Okay, ich tue es, und jetzt belohne mich, indem du mir die Schmerzen nimmst.‹ In dieser Nacht erkannte ich, daß ich vielleicht nie wieder schmerzfrei sein würde, und wenn das der Fall wäre, was wollte ich Gott dann entgegenhalten? Ich unterwarf mich völlig und sagte: ›Was immer du für mich wählst, ist gut. Gib mir einfach nur die Kraft dazu.‹«

Sofort verschwanden Marnies Schmerzen, und ihre Hände wurden heiß – keine gewöhnliche Körperwärme, sondern »spirituelle Wärme«. Sie wußte gleich, daß die Hitzewelle in ihren Händen die Macht hatte, anderen bei ihrer Heilung zu helfen, obwohl sie selbst ironischerweise nicht in der Lage war, »aus diesem Brunnen zu trinken«. Sie lachte sogar über ihren Zustand, weil es »genau wie in den Geschichten über die alten Mystiker war, von denen ich gelesen hatte – aber wer hätte gedacht, daß ich mich einmal für deren Aufgaben qualifizieren würde?«

Marnie ist heute eine heißgeliebte und hochrespektierte Heilerin, und obwohl ihr Körper sich von den nichtdiagnostizierbaren Schmerzen beträchtlich erholt hat, gibt es immer noch schwierige Momente für sie. Aber um es mit Marnies Worten zu sagen: »Ich würde alles noch mal durchleben wollen angesichts des Menschen, der ich heute bin, und des Wissens, das ich heute habe, für das Privileg, anderen so helfen zu können, wie mir das heute möglich ist.« Ihre Geschichte ist für mich aufgrund des tiefen Wissens um den Unterschied zwischen Unterwerfung und Resignation etwas ganz Besonderes – und weil sie den Mythos durchlebt hat, daß in unserem Leben, sobald wir einmal ja zu Gott gesagt haben, sofort alles perfekt wäre. Ja zu unseren Lebensumständen zu sagen ist nur der erste Schritt, ein Akt, der unseren Zustand verändern kann oder auch nicht – ja zu Gottes Zeitplan zu sagen ist der zweite Schritt.

Die Beichte ruft unseren Geist von den Folgen unserer Entscheidungen zurück. Je mehr wir über unser energetisches Naturell lernen, desto mehr erkennen wir, wie stark unser Geist negativen Ereignissen und Gedanken verhaftet bleibt, in Vergangenheit und Gegenwart. Die Beichte ist viel mehr als das öffentliche Anerkennen einer Untat. Energetisch gesehen handelt es sich um die Anerkennung, daß wir uns einer Furcht, die zuvor unseren Geist beherrscht hat, bewußt geworden sind – und daher Macht über sie haben. Symbolisch gesehen befreit die Beichte unseren Geist von den Ängsten und negativen Denkweisen der Vergangenheit. Wenn wir negativen Ereignissen und Überzeugungen verhaftet bleiben, so vergiftet das unseren Verstand, unseren Geist, unser Zellgewebe und unser Leben.

Karma ist die energetische und stoffliche Folge unserer Entscheidungen. Negative Entscheidungen führen zu Situationen, die so lange wiederkehren, bis wir gelernt haben, positive Entscheidungen zu treffen. Sobald wir die Lektion gelernt haben und eine positive Entscheidung fällen, kehrt die Situation nicht wieder, weil unser Geist nicht länger der negativen Entscheidung verhaftet ist, die zu der Lektion führte. Im westlichen Kulturkreis kennt man diese Art der karmischen Lektion durch Sprichwörter wie »Was du aussendest, kehrt zu dir zurück« oder »Unrecht Gut gedeiht nicht«. Die Beichte ist ein Symbol dafür, daß uns unsere Verantwortung für das, was wir geschaffen haben, klar wurde und daß wir den Irrtum unserer Entscheidungen anerkennen. Energetisch gesehen befreit dieses Ritual unseren Geist von den schmerzlichen Lernzyklen und führt uns zu den schöpferischen, positiven Lebensenergien.

Die Beichte ist derart wichtig für die Gesundheit unseres Verstandes, unseres Körpers und unseres Geistes, daß wir einfach beichten *müssen*. Das Bedürfnis, unseren Geist von schuldbe-

ladenen Erinnerungen zu läutern, ist sogar stärker als die Notwendigkeit zu schweigen. Wie ein Gefängniswärter einmal zu mir sagte: »Vielen Kriminellen kommt man nur deshalb auf die Spur, weil sie mindestens einem Menschen erzählen mußten, was sie getan haben. Wenn es auch wie reine Angabe wirken mag, ist es dennoch eine Form der Beichte. Ich bezeichne es als Straßenbeichte.«
Psychotherapeuten sind die Beichtväter der Moderne. Mit ihrer Hilfe versuchen wir, unsere psychologischen und emotionalen Kämpfe siegreich zu beenden, indem wir offen die dunklen Seiten und dominierenden Ängste unseres Charakters und unserer Psyche erforschen. Die liebliche Energie der Heilung strömt immer dann in unser Energiesystem, wenn wir die Macht, die eine Furcht über unser Leben hat, zerschlagen und sie mit einem stärkeren Selbstwertgefühl ersetzen. In der Sprache der Beichte sind diese therapeutischen Meilensteine dasselbe wie das Zurückrufen unseres Geistes von den negativen Wegen, auf die wir sie geschickt haben.
Wenn wir also wissen, daß das fünfte Chakra uns lehrt, wie wir unseren Willen einsetzen müssen, und alle Anweisungen aufzeichnet, die wir unserem Geist geben, wie können wir dann die Lektionen aus diesem Chakra bewältigen?

Zwischen Kopf und Herz

Da das Zentrum des Willens zwischen den Energien des Herzens und des Verstandes sitzt, müssen wir lernen, wie wir unsere Reaktion auf ihr Drängen ausgleichen können. Als Kinder werden wir für gewöhnlich dazu erzogen, uns für eine der beiden beherrschenden Energien zu entscheiden: Jungs werden zum Gebrauch ihrer mentalen Energie ermutigt, Mädchen sollen ihrem Herzen folgen.

Mentale Energie treibt die äußere Welt an, während die Energie des Herzens unsere Privatsphäre dominiert. Jahrhundertelang ging man in unserer Kultur davon aus, daß die emotionale Energie unsere Fähigkeit, rasche und notwendige mentale Entscheidungen zu treffen, hemmen würde, während die mentale Energie im emotionalen Bereich praktisch als nutzlos erachtet wurde, obwohl man einräumte, daß die Vernunft nie gegen eine Entscheidung des Herzens gewinnen kann. Bis zu den sechziger Jahren dieses Jahrhunderts wurde diese Trennung über viele Jahrhunderte hinweg akzeptiert. Dann definierte das Jahrzehnt, in dem der Kopf das Herz traf, einen ausgeglichenen Menschen neu: Es war nun ein Mensch, dessen Herz und Verstand im Einklang agierten.

Ein unklarer Dialog zwischen Verstand und Herz bedeutet im Normalfall, daß der eine oder andere unser Leben bestimmt. Wenn unser Verstand das Steuer in der Hand hat, leiden wir emotional, weil wir emotionale Daten zu unserem Feind erklären. Wir versuchen, alle Situationen und Beziehungen unter Kontrolle zu halten und die Macht über unsere Emotionen zu bewahren. Wenn unser Herz regiert, versuchen wir, mentale Klarheit und Einsicht zu umgehen, und schaffen häufig Trugbilder, die vorübergehend die Illusion aufrechterhalten, alles sei in Ordnung. Ob nun der Verstand oder das Herz bestimmt, der Wille wird dabei nicht von dem Gefühl innerer Sicherheit gelenkt, sondern von Angst und dem sinnlosen Wunsch nach Kontrolle.

Dieses Ungleichgewicht von Kopf und Herz macht aus Menschen Süchtige. Energetisch gesehen kann jede Verhaltensweise, die von der Furcht vor innerem Wachstum motiviert wird, als Sucht eingestuft werden. Sogar ein normalerweise gesundes Verhalten – beispielsweise Sport oder Meditation – kann zur Sucht werden, wenn man damit Schmerz oder persönliche Einsicht vermeiden will. Alles kann zu einer absichtlichen Blockade zwischen Bewußtsein und Unterbewußtsein werden und erklären: »Ich will Führung, aber gib mir bloß keine schlechten Nachrichten.« Wir versuchen sogar, ebenjene Führung zu bestimmen, nach der wir suchen. Schließlich enden wir in einem scheinbar endlosen Zyklus, in dem wir zwar mit dem Verstand eine Veränderung herbeisehnen, uns aber emotional ständig davor fürchten.

Die einzige Möglichkeit, dieses Muster zu durchbrechen, besteht darin, Entscheidungen zu treffen, die die Macht von Verstand und Herz vereint. Es ist leicht, in Wartestellung zu verharren und zu behaupten, man wisse nicht, was man als nächstes tun solle. Aber nur selten trifft das zu. Wenn wir uns in einer Warteschleife befinden, dann liegt das meistens daran, daß wir zwar genau wissen, was wir als nächstes tun sollten, davor aber entsetzliche Angst haben. Diese Zykluswiederholung in unserem Leben zu durchbrechen erfordert nichts weiter als die nachdrückliche Entscheidung, sich an das Morgen zu halten, nicht an das Gestern. Entscheidungen wie »Jetzt reicht es – ich werde mich nicht länger so behandeln lassen« oder »Ich halte es hier keinen einzigen Tag länger aus – ich muß hier weg« enthalten die Art von Macht, die sowohl die Energie des Verstands als auch die des Herzens umfaßt. Als Folge der Autorität, die in einer solch intensiven Entscheidung liegt, wird sich unser Leben fast umgehend verändern. Zugegebenermaßen ist es beängstigend, das vertraute Umfeld des Lebens zu verlassen, auch wenn dieses Leben unsagbar traurig war. Aber Veränderung ist immer beängstigend, und wenn wir warten wollen, bis wir uns sicher fühlen, bevor wir den nächsten Schritt wagen, führt das nur zu weiteren inneren Qualen, weil die einzige Möglichkeit, ein Gefühl der Sicherheit zu erlangen, darin besteht, in den Wirbelwind der Veränderung zu treten und am anderen Ende wieder lebendig herauszukommen.

Eileen Caddy, eine der drei Gründer der spirituellen Findhorn-Gemeinde im Norden Schottlands, hat ein interessantes Leben voller Veränderungen und Herausforderungen geführt, während sie versuchte, der göttlichen Führung zu vertrauen und sich ihren Anweisungen zu fügen. Eine Führung, die sie der Stimme »Christi« zuschreibt, wies sie an, ihren ersten Ehemann und ihre fünf Kinder zu verlassen und die Partnerin eines Mannes namens Peter Caddy zu werden. Obwohl sie dieser Führung folgte, verliefen die nächsten Jahre für sie stürmisch, zum Teil auch deshalb, weil Peter zu dieser Zeit ebenfalls noch verheiratet war. Schließlich verließ Peter seine Frau, heiratete Eileen und übernahm die Leitung eines heruntergekommenen Hotels in einer Stadt namens Forres im Norden Schottlands. Sie bekamen drei Kinder, und während Eileen die Führung lieferte, verwandelte Peter das billige Hotel bald schon in ein Vier-Sterne-Haus. In diesen Jahren hatte Eileen kaum Kontakt zu ihren ersten fünf Kindern, obwohl ihre eigene Führung sie wissen ließ, daß sie sich eines Tages mit ihnen aussöhnen würde, was sich später als korrekt erwies. Eileens Führung, das wurde beiden schnell klar, kam von einem zutiefst spirituellen Ort.

Trotz der neuen Blüte des Hotels wurde Peter zu jedermanns Überraschung entlassen. Er und Eileen waren geschockt. Sie hätten nie erwartet, für ihre Geschäftsleitung mit einer Kündigung belohnt zu werden. Aber wieder schaltete sich Eileens Führung ein und wies sie an, einen Wohnwagen auf einem örtlichen Campingplatz namens Findhorn anzumieten. Dann wurden sie angewiesen, dort einen Garten anzulegen – ein scheinbar absurder Vorschlag, angesichts von Klima, Lage und minimalem Sonnenlicht. Trotzdem taten sie wie geheißen, und bald schloß sich ihnen eine Frau namens Dorothy McLean an. Dorothy war ebenso wie Eileen ein Medium, nur daß ihre Führung von »natürlichen Energien« stammte, die ihr erklärten, wie sie mit ihnen auf mitschöpferische Weise zusammenarbeiten konnte. Die natürlichen Energien versprachen, das Wachstum des Gartens genau sieben Jahre lang zu übertreiben, um zu zeigen, was sich erreichen ließ, wenn das Spirituelle, der Mensch und die natürlichen Lebenskräfte Hand in Hand arbeiteten.

Der Garten erblühte genau wie versprochen. Die Vegetation erreichte beispiellose Ausmaße. Gerüchte von diesem »magischen« Garten verbreiteten sich bald auf den Ätherwellen, und Menschen aus aller Welt reisten in diesen abgelegenen Winkel der Erde, um es mit eigenen Augen zu sehen. Niemand wurde enttäuscht; sogar die skeptischen Experten mußten zugeben, daß der Garten spektakulär war. Als Dorothy, Peter und Eileen nach der Quelle dieser Pracht befragt wurden, sagten sie die Wahrheit: »Wir folgen dem Willen des Göttlichen.«

Schließlich bildete sich um diesen Garten herum eine Gemeinschaft. Eileen begann mit ihrer bemerkenswerten Übung, von Mitternacht bis sechs Uhr früh im Gemeinschaftsbadezimmer zu meditieren – der einzige Ort, an dem sie allein sein konnte. In ihrem winzigen Wohnwagen, kaum groß genug für einen, hausten nun sechs Leute. Jeden Morgen tauchte Eileen auf und gab Peter die Instruktionen, die sie im Laufe der Nacht erhalten hatte. Er hielt sich buchstabengetreu an sie und sorgte mit seinen Erfahrungen als Manager außerdem dafür, daß die neuen Mitglieder der Gemeinschaft seine Anordnungen befolgten. Man baute Häuser, errichtete Regeln, und bald schon blühte dort eine lebendige Gemeinschaft.

Nach sieben Jahren verringerte sich die Vegetation, wie versprochen, auf normale Ausmaße. Eileen erhielt die Anweisung, daß Peter keine Führung mehr erhalten würde und daß er nun den Weg zu seiner eigenen Stimme finden müsse. Diese Nachricht belastete ihre Beziehung, und Peter wandte sich an andere Mitglieder der Gemeinschaft um Führung. Bald konkurrierten die Leute darum, Peter zu beeinflussen. Die Folge war ein absolutes Chaos, und Eileen wurde depressiv. Schließlich erklärte ihr Peter, daß er sie und die Gemeinschaft verlassen würde und daß er sie nie wirklich geliebt habe. Emotional am Boden durch Peters Erklärung und die Scheidung, fragte sie sich, ob das ihre Belohnung dafür sei, daß sie der göttlichen Führung gefolgt war.

Heute sagt Eileen, ihre Kämpfe und ihre Verzweiflung, ja sogar ihre Scheidung, seien auf einen »Widerstand gegen Gott« zurückzuführen. Obwohl sie der Führung gefolgt war, die sie erhalten hatte, wollte sie das im tiefsten Innern gar nicht, erklärte sie, und infolgedessen tobten die meiste Zeit Konflikte in ihr. Sie mußte lernen, an ihre Verbindung zum »Christusbewußtsein«, wie sie ihre Führung nennt, zu glauben und darauf zu vertrauen. Das war ihr ganz persönlicher spiritueller Weg.

Eileen ist heute zu der Erkenntnis gelangt, daß die Gotteskraft in ihr eine Realität ist und sie immer lenkt. Sie hat sich ganz dem Weg des Dienstes verpflichtet und hat das Gefühl, daß die Belohnungen zahllos sind. »Ich habe eine Familie im archetypischen Sinn des Wortes. Ich bin von einer Gemeinschaft umgeben, die meine Familie ist. Ich habe ein wunderschönes Heim, eine liebevolle Beziehung zu all meinen Kindern und eine intime Beziehung zu Gott. Ich fühle mich reich gesegnet.«

Eileens Band zu der »Christus«-Energie spiegelt einen zeitgenössischen mystischen Weg wider. In ihrem Leben gab es sowohl den alten wie auch den neuen spirituellen Weg: den alten, auf dem die spirituelle Führerin Härten und Meditation in der Einsamkeit als Mittlerin zwischen anderen und Gott auf sich nahm, und den neuen, auf dem man im Alltag in der spirituellen Gemeinschaft lebt. Eileen lebt mit den Prüfungen, Segnungen und Belohnungen der göttlichen Führung. Ihr Leben ist voller Wunder und regelmäßiger Synchronizitäten.

Den eigenen Willen der göttlichen Führung zu übergeben kann neben großer Einsicht auch zu schwierigen Erfahrungen führen. Man kann beispielsweise das schmerzliche Ende einer Lebensphase erfahren, etwa der Ehe oder des Berufs. Aber ich muß erst noch den Menschen treffen, der das Gefühl hat, das Endergebnis der Vereinigung mit der göttlichen Autorität sei den Preis nicht wert. Keine Geschichte fängt diese Erfahrung besser ein als die ursprüngliche Lektion in Unterwerfung, die Geschichte von Hiob.

Hiob war ein Mann von großer Glaubenskraft und großem Reichtum, und er war stolz auf beides. Satan bat Gott, Hiob auf die Probe stellen zu dürfen, und behauptete, er könne Hiob dazu bringen, seinen Glauben an Gott zu verlieren. Gott war einverstanden. Satan ließ Hiob zuerst all seine Besitztümer und seine Kinder verlieren, aber er blieb Gott treu, weil er glaubte, wenn das Gottes Wille für ihn sei, dann sei es eben so. Als nächstes wurde er mit Krankheit geschlagen, und seine Frau riet ihm, wegen ihres zunehmenden Elends »Gott abzusagen« (Hiob 2, 9). Hiob blieb treu. Seine Frau starb.

Hiob bekam Besuch von seinen Freunden Elifas, Bildad und Zofar, die ihm ihr Mitgefühl ausdrücken wollten. Sie diskutierten über die Natur der göttlichen Gerechtigkeit. Die drei Freunde glaubten, Gott würde niemals einen »gerechten Mann« bestrafen und daß Hiob daher etwas getan haben müsse, was den Himmel erzürnte. Hiob beharrte auf seiner Unschuld und sagte, sein Leiden sei Teil der universellen Erfahrung von Ungerechtigkeit. Als Hiob langsam zu der Ansicht gelangte, daß Gott vielleicht doch ungerecht sei, weil er ihn so leiden ließ, kam ein junger Mann mit Namen Elihu zu ihm und seinen Freunden und schalt sie, weil sie glaubten, sie könnten »Gottes Denken« verstehen, und weil sie der Meinung waren, Gott schulde ihnen für seine Entscheidungen eine Erklärung.

Schließlich sprach Gott mit Hiob und erklärte ihm den Unter-

schied zwischen dem menschlichen und dem göttlichen Willen. Gott fragte Hiob: »Wo warst du, als ich die Erde gründete?« (Hiob 38, 4) und »Hast du zu deiner Zeit dem Morgen geboten und der Morgenröte ihren Ort gezeigt?« (Hiob 38, 12).
Hiob erkannte, wie töricht es war, den Willen Gottes herauszufordern, und er tat Buße. Er klärte seine Freunde über die Wahrheit auf, die er gelernt hatte: daß kein Sterblicher jemals den Ratschluß Gottes verstehen könne, daß der einzig wahre Akt des Glaubens darin besteht, alles anzunehmen, was Gott von uns verlangt, und daß Gott den Sterblichen keine Erklärungen für seine Entscheidungen schuldet. Daraufhin legte Hiob seinen Willen in die Hände Gottes mit den Worten: »Einmal habe ich geredet und will's nicht wieder tun« (Hiob 40, 5). Gott schenkte Hiob eine neue Familie und verdoppelte seine irdischen Güter.
Immer wieder führen uns die Herausforderungen, denen wir uns gegenübersehen, zu der Frage: Wie sieht Gottes Wille für mich aus? Häufig denken wir, Gottes Wille für uns sei eine Aufgabe, ein Beruf, ein Mittel, Macht für uns selbst anzusammeln. Aber in Wirklichkeit führt uns der göttliche Wille in erster Linie dazu, das Wesen Gottes und des Geistes zu erlernen.
Der größte Willensakt, in den wir unseren Geist fließen lassen können, ist es, gemäß den folgenden Regeln zu leben:

1. Fällen Sie keine Urteile.
2. Stellen Sie keine Erwartungen.
3. Verlangen Sie nicht länger zu wissen, warum die Dinge so geschehen, wie sie es tun.
4. Vertrauen Sie darauf, daß die ungeplanten Ereignisse Ihres Lebens eine Art spiritueller Wegweiser sind.
5. Seien Sie so mutig, die Entscheidungen zu treffen, die Sie treffen müssen, das zu akzeptieren, was Sie nicht ändern können, und bitten Sie um die Weisheit, den Unterschied zwischen beidem zu erkennen.

Fragen zur Selbstprüfung

1. Wie definieren Sie einen »starken Willen«?
2. Welche Menschen in Ihrem Leben haben die Kontrolle über Ihre Willenskraft, und warum ist das so?
3. Versuchen Sie, andere zu kontrollieren? Wenn ja, wer sind diese Menschen, und warum müssen Sie sie unbedingt kontrollieren?
4. Sind Sie in der Lage, sich selbst offen und ehrlich auszudrücken, wenn Sie das müssen? Wenn nicht, welches sind Ihre Gründe?
5. Können Sie spüren, wann Sie eine Führung erhalten, der Sie folgen müssen?
6. Vertrauen Sie auch einer Führung, die keinen »Garantieschein« für ihr Ergebnis mitliefert?
7. Welche Ängste hegen Sie in Zusammenhang mit der göttlichen Führung?
8. Beten Sie um Hilfe bei Ihren persönlichen Plänen, oder können Sie sagen: »Ich werde tun, was mir der Himmel sagt«?
9. Was läßt Sie die Kontrolle über Ihre Willenskraft verlieren?
10. Feilschen Sie mit sich in Situationen, in denen Sie zwar wissen, daß Sie etwas verändern müssen, in denen Sie aktive Maßnahmen jedoch ständig hinausschieben? Wenn ja, identifizieren Sie solche Situationen und Ihre Gründe, warum Sie nicht handeln wollen.

KAPITEL 6

Das sechste Chakra: Die Macht des Verstands

Das sechste Chakra betrifft unsere mentalen und vernunftbegabten Fähigkeiten sowie unser psychologisches Vermögen, unsere Überzeugungen und Einstellungen einzuschätzen. Das Chakra des Verstands schwingt mit den Energien unserer Psyche, unseren bewußten und unbewußten psychologischen Kräften. In der spirituellen Literatur des Ostens wird das sechste Chakra auch als »Drittes Auge« bezeichnet, als spiritueller Mittelpunkt, in dem die Interaktion zwischen Verstand und Psyche zu intuitiver Einsicht und Weisheit führen kann. Es ist das Chakra der Weisheit.

Die Herausforderungen des sechsten Chakras lauten: den Geist öffnen, einen unpersönlichen Verstand entwickeln, die eigene Macht von künstlichen und »falschen Wahrheiten« lösen und zurückrufen; gemäß inneren Anweisungen handeln lernen und zwischen Gedanken, die durch Stärke motiviert werden, und von Angst motivierten Gedanken unterscheiden lernen.

Sitz: Stirnmitte.

Energieverbindung zum physischen Körper: das Gehirn und das neurologische System, das Zentralnervensystem, Hypophyse und Zirbeldrüse ebenso wie Augen, Ohren und Nase.

Energieverbindung zum emotionalen/mentalen Körper: Das sechste Chakra verbindet uns mit unserem mentalen Körper, unserer Intelligenz und unseren psychologischen Eigenschaften. Letztere sind eine Kombination aus dem, was wir wissen und was wir für wahr halten, eine einzigartige Kombination aus Fakten, Ängsten, persönlichen Erfahrungen und Erinnerungen, die in unserem mentalen Energiekörper ständig aktiv sind.

Verbindung zu Symbolik und Wahrnehmung: Das sechste Chakra aktiviert Lektionen, die uns zur Weisheit führen. Wir erlangen sowohl durch Lebenserfahrungen als auch dadurch Weisheit, daß wir uns die unterscheidende Wahrnehmungsfähigkeit der Distanziertheit aneignen. Bei der symbolischen Einsicht handelt es sich zum Teil um eine angelernte »Distanziertheit« – einen Geisteszustand, der den Einflüssen des »persönlichen Verstands« oder des »Anfängergeistes« nicht unterliegt und der zu der Macht und Einsicht des »unpersönlichen« oder offenen Geistes führen kann.

Verbindung zu den Sephiroth und den Sakramenten: Die Sephirah Binah, das Symbol der göttlichen *Erkenntnis*, und die Sephirah Chokmah, die die göttliche *Weisheit* verkörpert, stehen in Einklang mit dem sechsten Chakra. Binah ist der Schoß der göttlichen Mutter, die den Samen der Empfängnis von Chokmah, auch »der Anfang« genannt, aufnimmt. Die Vereinigung dieser beiden Kräfte erschafft die unteren Sephiroth. Binah und Chokmah sind das Symbol der universellen Wahrheit, daß der »Gedanke« vor der »Form« kommt und daß die Schöpfung in der Energiedimension beginnt.

Binah und Chokmah erinnern uns daran, uns dessen, was wir erschaffen, bewußt zu werden – vollen Gebrauch von unserem Verstand zu machen, wenn wir Energie zu Materie befehlen. Diese Sicht der Dinge schafft eine Brücke zu dem christlichen Sakrament der Ordination, der Priesterweihe. Symbolisch gesehen stellt die Ordination die Aufgabe dar, sich in den Dienst für andere zu stellen. Aus archetypischer Sicht führt uns die Anerkennung anderer für unsere Einsicht und Weisheit dazu, anderen zu helfen: als Mutter, Heiler, Lehrer, Sportler oder loyaler Freund. Die Priesterschaft ist natürlich die Rolle, die traditionell mit dem eigentlichen Sakrament der Ordination in Verbindung gebracht wird. Symbolisch gesehen ist die Ordination jedoch jede Erfahrung oder Ehre, bei der die Gemeinschaft anerkennt, daß sie von Ihrem von innen kommenden Weg des Dienstes ebensosehr wie Sie profitiert. An diesem Faktor gegenseitigen Nutzens erkennt man Ihre »ordinierte« Berufung. Die Schönheit der symbolischen Bedeutung der Ordination liegt in ihrer Ehrung der Wahrheit, daß jeder Mensch in der Lage ist, tiefe und bemerkenswerte Beiträge im Leben anderer zu leisten – nicht nur durch den Beruf, sondern, wichtiger noch, durch die Art Mensch, die man wird. Das Sakrament der Ordination strebt symbolisch danach, die Beiträge zu erkennen, die unser Geist im Leben anderer leisten kann und die weit über die Beiträge durch unsere Alltagsaufgaben hinausreichen.

Urängste: die mangelnde Bereitschaft, nach innen zu schauen und die eigenen Ängste auszugraben; die Angst vor der Wahrheit, wenn die eigene Vernunft getrübt ist; die Angst vor gesunden, realistischen Urteilen; die Angst, sich auf äußeren Rat zu verlassen, und die Angst vor Disziplin; die Angst vor der eigenen Schattenseite und ihren Eigenschaften.

Urstärken: intellektuelle Fähigkeiten und Fertigkeiten, die Einschätzung bewußter und unbewußter Einsichten; Inspiration erhalten; große Akte der Kreativität und der intuitiven Vernunft – emotionale Intelligenz.

Heilige Wahrheit: Die heilige Wahrheit des sechsten Chakras lautet »Strebe immer nur nach der Wahrheit«. Sie zwingt uns, ständig nach dem Unterschied zwischen Wahrheit und Illusion zu suchen, den beiden Kräften, die in jedem Augenblick gegenwärtig sind. Die Trennung von Wahrheit und Illusion ist mehr eine Aufgabe des Verstandes als des Gehirns. Das Gehirn befehligt das Verhalten unseres physischen Körpers, aber der Verstand befehligt das Verhalten unseres Energiekörpers, unserer Beziehung zu Gedanken und Wahrnehmung. Das Gehirn ist das physische Instrument, mit dessen Hilfe Gedanken zur Tat werden, aber die Wahrnehmung – und alles, was mit der Wahrnehmung in Zusammenhang steht, wie beispielsweise das Erlangen größerer Bewußtheit – ist ein Charakteristikum des Verstands. Mit zunehmender Bewußtheit sind wir immer mehr in der Lage, uns von der subjektiven Wahrnehmung zu *distanzieren* und die Wahrheit bzw. die symbolische Bedeutung einer Situation zu erkennen. Distanziertheit bedeutet nicht, daß einem alles gleichgültig ist. Es bedeutet, die eigenen, von Furcht getriebenen Stimmen zum Schweigen zu bringen. Wer eine innere Haltung der Distanziertheit erlangt hat, besitzt damit ein Selbstwertgefühl, das so vollständig ist, daß äußere Einflüsse auf das Bewußtsein keine Wirkung haben. Eine solche Klarheit des Geistes und des Selbstwertgefühls ist die Essenz der Weisheit, eine der göttlichen Mächte des sechsten Chakras.

Distanziertheit anwenden

Wie wendet man Distanziertheit ganz praktisch im eigenen Leben an? Petes Geschichte zeigt einen praktischen Weg auf, sich dieser Fertigkeit zu bedienen. Pete nahm während einer schweren persönlichen Krise Kontakt zu mir auf. Seine Frau, mit der er siebzehn Jahre verheiratet war, hatte verkündet, daß sie ihn nicht länger liebe und die Scheidung wolle. Verständlicherweise war Pete geschockt, ebenso ihre vier Kinder.

Ich bat ihn, nur einen Augenblick lang zu versuchen, diese Situation aus einer gewissen Distanz heraus zu betrachten. Ich vermutete, daß sich seine Frau neu definierte, über die Rolle der Versorgerin hinaus – eine Rolle, die sie einen Großteil ihres Lebens gespielt hatte. Als Kind mußte sie sich um ihre jüngeren Geschwister kümmern; sie hatte mit siebzehn geheiratet und war mit achtzehn Mutter geworden. Jetzt, im Alter von vierzig Jahren, wachte sie für ihre eigenen Bedürfnisse auf und hatte wahrscheinlich auch eine Affäre. Ich erklärte Pete, daß seine Frau durch das, was sie gerade fühlte, wahrscheinlich selbst verwirrt war, und wenn ihr das therapeutische Vokabular geläufig gewesen wäre, hätte sie die neuen emotionalen Energien, die sie durchliefen, beschreiben können, anstatt in Panik auszubrechen. Ihre Affäre war der Versuch, vor dem wegzulaufen, was in ihr geschah. Wahrscheinlich war ihr der Mann, zu dem sie diese Beziehung hatte, herzlich egal, auch wenn ihr das in dem Moment nicht bewußt war. Sie hatte sich für eine Affäre entschieden, weil ihr keine andere Möglichkeit einfiel, ihren Ehemann und ihre Kinder zu verlassen. Die Alternative, therapeutische Hilfe in Anspruch zu nehmen, war nicht Teil ihrer Kultur oder ihrer Denkweise.

Ich erläuterte Pete, es sei zwar schwer zu akzeptieren, aber dennoch eine Tatsache, daß seine Frau an diesem Punkt ihres Lebens auf jeden Fall so reagiert hätte, gleichgültig, mit wem sie verheiratet gewesen wäre, weil sie einen Prozeß der Selbstentdeckung durchlief, der mit ihm nichts zu tun hatte. Sie wußte selbst nicht, daß sie eine Erfahrung der »dunklen Nacht« erlebte. Pete sollte daran arbeiten, ihre Zurückweisung und ihren Zorn nicht persönlich zu nehmen, denn obwohl er zweifelsohne ein Ziel ihrer emotionalen Wut war, sei sie auf ihre eigene Verwirrung viel wütender als auf ihn.

Er konnte diese Informationen aufnehmen und damit arbeiten. Obwohl er und seine Frau beschlossen, sich scheiden zu lassen, gelang es ihm immer öfter, die Krise unpersönlicher zu sehen, sobald er in Trauer und Schmerz über das Auseinanderbrechen seiner Familie zu versinken drohte. Kurz nach unserem ersten Gespräch fand er heraus, daß seine Frau eine Affäre mit einem seiner Freunde gehabt hatte, die allerdings schon wieder beendet war. Er erkannte, seine Frau liebte diesen anderen Mann nicht, sondern hatte nur versucht, ein Ventil für ihre eigene Verwirrung zu finden. Ich erklärte ihm, sie würde höchstwahrscheinlich weiter versuchen, ihre Krise zu lösen, indem sie sich andere Männer suchte, aber das würde nie funktionieren. Jede neue Beziehung war von vornherein zum Scheitern verurteilt, weil sie – und somit erneut die Rolle der Versorgerin – nicht die Lösung für ihren Schmerz war. Schließlich würde seine Frau gezwungen sein, in sich zu gehen und daran zu arbeiten, die wahre Quelle ihres Schmerzes zu heilen.

Distanziertheit und Bewußtheit bedeuten, eine bestimmte Wahrnehmung von unserem Verstand in unseren Körper zu leiten. Es bedeutet, mit den Wahrnehmungen zu verschmelzen, die die Wahrheit sind, und sie zu leben, damit ihre Macht ein und dasselbe wird wie unsere eigene Energie.
Denken Sie beispielsweise einmal an die Wahrheit »Alles verändert sich ständig«. Mental können wir diese Aussage mühelos erfassen. Doch wenn in unserem Leben eine Veränderung eintritt – wir bemerken, daß wir altern, Menschen aus unserem Bekanntenkreis sterben oder intime und liebevolle Beziehungen auseinanderdriften –, erschreckt uns diese Wahrheit. Wir brauchen oft Jahre, um uns von solchen Veränderungen zu erholen, weil wir gehofft hatten, daß es – was immer »es« war – sich nicht verändern würde. Wir wußten immer schon, es würde sich verändern, aber wir hofften trotzdem, die Ener-

gie der Veränderung an diesem Teil unseres Lebens würde vorüberziehen. Selbst wenn der Satz »Alles verändert sich ständig« einen Feind impliziert, der das Glück aus unserem Leben fegt, wird unsere Zeit der Einsamkeit enden und ein neuer Lebensabschnitt beginnen. Das Versprechen von »Alles verändert sich ständig« besagt, daß einem Ende immer ein neuer Anfang folgt.

Bewußtheit ist die Fähigkeit, das Alte loszulassen und das Neue zu begrüßen in dem Bewußtsein, daß alle Dinge zu der ihnen gemäßen Zeit enden und beginnen. Diese Wahrheit ist schwer zu lernen und zu leben, weil wir Menschen Stabilität suchen – die Abwesenheit der Veränderung. Wenn wir bewußter leben, leben wir mehr im gegenwärtigen Augenblick und wissen, daß keine Situation und kein Mensch morgen noch genau so sein wird wie heute. Sobald eine Veränderung eintritt, arbeiten wir daran, sie als natürlichen Bestandteil des Lebens zu interpretieren und danach zu streben, »mit ihr zu strömen«, wie das Taoteking rät, und nicht dagegen. Der Versuch, die Dinge unveränderlich zu erhalten, ist nicht nur nutzlos, sondern auch unmöglich. Es ist unsere Aufgabe, in jede Situation das Beste unserer Energie zu tragen in dem Wissen, daß wir beeinflussen, jedoch nicht kontrollieren können, was wir morgen erfahren werden.

Wenn ich in meinen Workshops über Distanziertheit spreche, äußern meine Gruppen oft die Ansicht, Distanziertheit sei zu kalt und unpersönlich. Diese Wahrnehmung der Distanziertheit ist jedoch nicht zutreffend. Ich bat einmal alle Teilnehmer, eine Situation zu nennen, die sie als extrem bedrohlich empfinden würden. Ein Mann erklärte, er würde es überaus schwer finden, in sein Büro zu kommen und zu erfahren, daß das Management ihm seinen Verantwortungsbereich entzogen hätte. Ich bat ihn, er solle sich vorstellen, von seiner Bindung an seinen Beruf befreit zu sein und jede Alternative für sich schaffen zu können, die er wolle. Außerdem solle er seinen Beruf nur als Tropfen der Energie visualisieren, nicht als einen Ozean der Energie, und wie eine Fülle kreativer Macht durch ihn ströme. Und dann forderte ich ihn auf, er solle sich vorstellen, wie er in sein Büro ging und erfahren mußte, daß man ihn gefeuert hatte. »Wie würden Sie jetzt reagieren?« wollte ich von ihm wissen. Er lachte und meinte, angesichts des Bildes, das er in diesem Moment innerlich von sich hatte, wäre es ihm vollkommen egal, ob man ihm kündige. Es ginge ihm trotzdem gut, sagte er, weil er in der Lage wäre, eine neue Anstellung in sein Leben zu ziehen.

Genau das bedeutet Distanziertheit: die Erkenntnis, daß kein Mensch und keine Gruppe von Menschen Ihren Lebensweg bestimmen kann. Wenn daher Veränderung in Ihr Leben tritt, dann deswegen, weil eine größere Dynamik Sie vorantreibt. Vielleicht sieht es so aus, als ob eine Reihe von Leuten sich verschworen hätte, um Ihnen Ihren Arbeitsplatz zu rauben – aber das ist eine Illusion. Wenn Sie an diese Illusion glauben, wird sie Sie gefangenhalten, vielleicht sogar ein Leben lang. Aber wenn das für Sie nicht der richtige Augenblick gewesen wäre, um sich weiterzubewegen, dann wäre die »Verschwörung« nicht von Erfolg gekrönt gewesen. Das ist die höhere Wahrheit dieser Lebensveränderung, und die symbolische Einsicht, die mit der Distanziertheit einhergeht, erlaubt Ihnen, das zu erkennen.

Natürlich wacht keiner von uns morgens auf und verkündet: »Ich glaube, ich werde heute bewußter werden.« Wir werden zu dem Wunsch, die Parameter unseres Verstandes zu erweitern, durch die Geheimnisse getrieben, denen wir begegnen. Wir alle erfahren Beziehungen und Ereignisse, die uns veranlassen, unser Verständnis der Wirklichkeit zu überdenken – und das wird auch immer so bleiben. Der Bauplan unseres Verstandes zwingt uns förmlich zu der Frage, warum die Dinge so sind, wie sie sind, und sei es auch nur aus unserer eigenen Verwirrung heraus.

Danny bat mich um Hilfe, weil man Prostatakrebs bei ihm diagnostiziert hatte. Seine einzige Bitte an mich lautete: »Helfen Sie mir einfach nur herauszufinden, was ich nicht länger tun oder denken sollte.«
Als ich Dannys Energie bewertete, erkannte ich, daß er ein professioneller Wohltäter für jeden außer für sich selbst war. Ich fragte ihn, was er am liebsten tun würde, und er antwortete: »Ich würde meinen Job im Verkauf gern aufgeben, aufs Land ziehen, meine eigenen Lebensmittel anbauen und als Zimmermann arbeiten.« Dann sprachen wir über die Konsequenzen eines solchen Lebens: Er hatte Verpflichtungen seiner Firma gegenüber, spielte eine aktive Rolle in mehreren Vereinen, und vor allem fühlte sich seine Familie mit diesem Lebensstil wohl. All diese Beziehungen würden enden. Dann sagte Danny: »Seit ungeheuer langer Zeit habe ich schon diese Vorstellung, daß ich einmal etwas anderes denken möchte. Ich möchte keine Verkaufszahlen im Kopf haben. Ich will über andere Dinge nachdenken, über die Natur zum Beispiel. Natürlich zahlt die Natur keine Rechnungen, also habe ich diese Vision nie richtig verfolgt. Aber ich spüre diesen Ruf, mein Leben anders zu leben. Das spüre ich schon lange, aber jetzt habe ich das Bedürfnis, dieser Empfindung zu folgen.« Ich erwiderte, daß er bereits voller Führung sei. Er sollte darauf hören, und wenn er seinen Gefühlen folgte, würde sich ihm eine völlig neue Welt öffnen, eine, in der seine Gesundheit erblühen würde. Zwei Monate später setzte sich Danny wieder mit mir in Verbindung und erzählte mir, daß seine Familie einem Umzug positiv gegenüberstünde und daß sie im nächsten Sommer in den Südwesten ziehen würden. Er habe sich nie besser gefühlt, fügte er

noch hinzu, und er wisse, daß er nie wieder einen bösartigen Tumor in seinem Körper haben würde.

Danny war bereit und in der Lage, sein Leben als Verkäufer zu beenden und ein neues Leben zu beginnen. Als er seine Selbstwahrnehmung und seinen Beruf aufgab, löste er sich auch von der Vorstellung, daß seine Macht in der physischen Welt begrenzt sei. Indem er seiner inneren Stimme folgte, öffnete er sich für eine Einschätzung seiner inneren Wirklichkeit: Worum geht es im Leben? Was soll ich mit meinem Leben anfangen? Was muß ich unbedingt lernen? Er konnte sagen: »Die äußere Welt hat nicht so viel Macht über mich. Ich entscheide mich dafür, auf meine innere Welt zu hören.«

Auf diese Weise wächst unser Bewußtsein: Ein Geheimnis tut sich auf, wir werden aktiv, und ein weiteres Geheimnis folgt. Sollten wir uns dafür entscheiden, diesen Prozeß zu beenden, treten wir in einen schwebenden Zustand ein, in dem wir immer weiter von der Lebenskraft wegtreiben. Der Übergang vom persönlichen zum distanzierten Geist kann jedoch ganz natürlich und mühelos vonstatten gehen.

Einer Frau namens Karen, Teilnehmerin an einem meiner Workshops, hatte man in weniger als einem Jahr dreimal gekündigt. Sie mußte sich einfach fragen, ob die Quelle des Problems möglicherweise in ihr selbst zu finden war, sagte sie. Und sobald sie diese Frage gestellt hatte, wollte sie auch die Antwort darauf finden. Sie nahm sich etwas Zeit, um sich selbst besser kennenzulernen, und mußte feststellen, daß sie die Probleme tatsächlich selbst hervorgerufen hatte. Sie war an keinem der drei Jobs wirklich interessiert gewesen. In Wirklichkeit wollte sie einen ganz anderen Beruf ergreifen. Das war für sie eine Offenbarung. Karen geht heute verschiedenen Aktivitäten nach und entdeckt immer neue Vorlieben und Abneigungen, neue Ziele und neue Ängste mit jeder neuen Erfahrung. Für sie ist das der natürliche Vorgang eines bewußten Lebens. Wenn sie sich daran erinnert, wie sie war, »bevor ihr ein Licht aufging«, dann wundert sie sich, wie sie ihren Alltag hatte durchstehen können, ohne an die Dinge zu denken, die ihrem Leben Bedeutung gaben. »Das unbewußte Leben ist genau das – unbewußt. Du bist dir nicht einmal bewußt, daß dir nichts bewußt ist. Du denkst nur an die Dinge im Leben, die unbedingt notwendig sind – Essen, Kleidung, Geld. Nie kommt dir die Idee, daß du mal darüber nachdenken könntest, zu welchem Zweck du geschaffen wurdest. Sobald du dir diese Frage stellst, kannst du nicht aufhören, immer weiter zu fragen. Jede Frage führt zu einer neuen Wahrheit.«

Bewußtsein und Heilung

In den vergangenen vier Jahrzehnten hat sich eine gewaltige Menge an Informationen über die Rolle des Geistes bei der Gesundheit angesammelt. Unsere Einstellung spielt eine entscheidende Rolle bei der Erlangung oder Zerstörung unserer körperlichen Gesundheit. Depressionen beeinflussen beispielsweise nicht nur unsere Fähigkeit, gesund zu werden, sondern beeinträchtigen unser Immunsystem auch ganz direkt. Wut, Bitterkeit, Zorn und Groll behindern den Heilungsprozeß, bisweilen *ver*hindern sie ihn sogar. In dem Willen zur Heilung liegt große Macht, und ohne diese innere Macht hat eine Krankheit für gewöhnlich leichtes Spiel mit unserem Körper. Dank all dieser neuen bzw. wiederentdeckten Erkenntnisse hat die Macht der Bewußtheit im medizinischen Modell von Gesundheit und Krankheit einen offiziellen Status erhalten.
Es ist erstaunlich, wie viele Menschen eine Krankheitserfahrung als das ausschlaggebende Moment beschreiben, ihre Auf-

merksamkeit nach innen zu richten und ihre Einstellungen und ihre Lebensweise zu überprüfen. Stets beschreiben sie im wesentlichen denselben Prozeß der Genesung – die Reise vom persönlichen zum unpersönlichen Geist.
Wenn sie von ihrer Diagnose erfahren, sind sie zuerst voller Angst. Aber sobald sie sich wieder im Griff haben, erzählen sie, daß sie bereits geahnt hätten, daß etwas nicht stimmt, dieses Gefühl aber aufgrund ihrer Angst verdrängt hatten. Das ist ein wichtiger Punkt: Unsere intuitive Führung macht uns auf den Machtverlust in unserem Körper aufmerksam. Wenn sich die Angst allmählich setzt, wenden sich die meisten Menschen jedoch nach innen und prüfen ihre Überzeugungen und ihre »emotionalen Daten«. Auf diese Weise beginnt der Prozeß, eine mentale und emotionale Ausgeglichenheit zu erzielen oder sich des Unterschieds zwischen dem, was man denkt, und dem, was man fühlt, bewußt zu werden. Heilung erfordert die Einheit von Kopf und Herz, und im allgemeinen muß unser Kopf an unsere Gefühle angepaßt werden, die wir in unseren täglichen Entscheidungen nur allzuoft nicht respektiert haben.
Daher gibt es eine um die andere Geschichte darüber, wie Menschen Schritte unternommen haben, um ihr Leben neu zu ordnen und ihren Gefühlen in allem, was sie tun, eine kreative Stimme zu verleihen.

Sylvias Geschichte verdeutlicht diese Reise in die Bewußtheit von Kopf und Herz. Bei ihr wurde Brustkrebs diagnostiziert, und man entfernte ihr beide Brüste. Der Krebs hatte sich auch auf einige ihrer Lymphknoten ausgebreitet. Es wäre nur natürlich gewesen, ständig über die Krebserkrankung nachzudenken, aber Sylvia distanzierte sich vom Krebs und lenkte ihre Aufmerksamkeit statt dessen auf den Streß in ihrem Leben, der ihre Energie verseucht hatte. Sie prüfte ihre Ängste und die Kontrolle, die diese Ängste auf ihre Psyche ausübten, und erkannte, daß sie entsetzliche Angst vor dem Alleinsein hatte. Ihr Krebs hatte sich kurz nach ihrer Scheidung entwickelt. Es wäre nur natürlich gewesen, wenn sie sich nun auf das Alleinsein und ihre Bitterkeit angesichts der Scheidung konzentriert hätte, aber statt dessen schwor sie sich, jeden Tag ihres Lebens etwas Wertvolles zu entdecken. Sie weigerte sich nicht nur, über das Gestern nachzugrübeln, sondern lernte ihre schmerzlichen Erfahrungen, einschließlich ihrer Scheidung, loszulassen und all die guten Dinge zu schätzen, die ihr geschahen. Natürlich war sie angesichts ihrer Situation oft traurig, aber sie vergrub sich nicht in dieser Trauer, sondern weinte sie heraus und fuhr dann mit ihrem Leben fort. Später half sie anderen Menschen, sich von Krebserkrankungen zu erholen; das gab ihrem Leben einen neuen Sinn. Symbolisch gesehen war sie »ordiniert« worden – das heißt, die Macht, die sie anderen vermittelte, wurde ihr durch die Anerkennung und Dankbarkeit jener zurückgegeben, denen sie half. Sie hatte ein solches Maß an Selbstwert nie zuvor erfahren. Innerhalb von sechs Monaten war ihr Körper krebsfrei.

Ein Aspekt größerer Bewußtheit ist es, im gegenwärtigen Moment zu leben und jeden neuen Tag zu schätzen. Sylvia war in der Lage, sich von ihrer Vergangenheit zu distanzieren und ein neues Leben zu schaffen, das Sinn und Bedeutung hatte – das ist die Definition der Unpersönlichkeit angesichts einer privaten Krise. Obwohl sie an Krebs erkrankt war, erkannte sie die Wahrheit, daß ein starker Geist einen kranken Körper heilen kann – der unpersönliche Geist ist stärker als die persönliche Erfahrung. Immer wieder konnte ich miterleben, daß es bei der Heilung darum geht, ein größeres Bewußtsein zu erlangen – nicht für die Krankheit, sondern für die Lebenskraft, die die Betreffenden nie zuvor so umfassend gekannt haben.

Bewußtsein und Tod

Soll das bedeuten, daß Menschen, die nicht heilen, an der Erweiterung ihres Bewußtseins gescheitert sind? Keineswegs. Aber die Vorstellung, daß sie gescheitert seien, ist zu einem heftig umstrittenen Aspekt des ganzheitlichen Denkens geworden. Ein bestimmter Mechanismus in unserem Kopf besteht darauf, alle Situationen als Entweder-Oder, Gewinnen-Verlieren, Gut oder Schlecht einzustufen. Wenn der Körper eines Menschen von seiner Krankheit nicht heilt, kommen viele Leute fälschlicherweise zu dem Schluß, der Betreffende habe es einfach nicht intensiv genug versucht.
Der Tod ist nicht das Scheitern der Heilung. Der Tod ist ein unvermeidbarer Bestandteil des Lebens. Es ist vielmehr so, daß sich viele Menschen von ihren emotionalen und psychologischen Qualen gerade durch den Tod heilen.

Jacksons Geschichte zeigt, was es heißt, bewußt zu sterben. Jackson kam zu mir, weil er einen bösartigen Hirntumor hatte. Ständig litt er unter starken Schmerzen. Er sei bereit, alles zu tun, was nötig wäre, meinte er, gleichgültig, ob er leben oder sterben würde. Wir sprachen über alle unerledigten Angelegenheiten, die wir in seinem Leben ausfindig machen konnten – von den Beziehungen, die er beenden mußte, bis hin zu den Ängsten, denen er sich zu stellen hatte. Er dachte sogar an Dankesschreiben, die er hätte versenden müssen. Dann konzentrierte sich Jackson auf Vollendung, aber mit folgender Gewichtung: Er vollendete nicht sein Leben – er vollendete seine unerledigten Angelegenheiten in dieser Bewußtseinsebene. Ständig fragte er sich: »Was soll ich in diesem Leben lernen?« Jedesmal, wenn ihm eine Einsicht oder eine Antwort einfiel, handelte er entsprechend. Ihm wurde beispielsweise klar, daß er seiner früheren Frau niemals erklärt hatte, warum er die

Scheidung eingereicht hatte. Er hatte ihr nur eines Tages gesagt, er habe jetzt genug von der Ehe und betrachte sein Gelübde als aufgelöst. Er wußte, sie war am Boden zerstört und völlig verwirrt, und obwohl sie ihn um eine Erklärung gebeten hatte, gab er ihr in voller Absicht keine.

Jackson erkannte, daß dieses Verhalten ganz typisch für ihn war, denn seine frühere Frau war nur eine von vielen, die er auf diese Weise verletzt hatte. Nur war sie das am schwersten getroffene Opfer. Er gab zu, er habe das Gefühl der Macht genossen angesichts der Verwirrung, die er auslöste, wenn er Menschen einfach stehenließ oder bestimmte Situationen einfach ignorierte. Die Fähigkeit, Chaos zu erschaffen, gab ihm das Gefühl, wichtig zu sein. Nun entschied er sich dafür, Klarheit zu schaffen. Er nahm Kontakt zu jedem Menschen auf, der in seinen Augen Opfer seines Verhaltens geworden war, und schickte ihm eine schriftliche Erklärung seines Verhaltens sowie eine Entschuldigung. Immer wieder erforschte Jackson seine Schattenseite und ergriff alle ihm möglichen Maßnahmen, um seinen Schatten ans Licht zu bringen. Dennoch mußte er sterben. Jackson sagte mir, es sei trotzdem alles in Ordnung, weil er nun der festen Überzeugung sei, er habe die Lektionen seines Lebens vollendet.

Das Ziel, ein bewußter Mensch zu werden, liegt nicht darin, dem Tod ein Schnippchen zu schlagen, auch nicht darin, gegen Krankheiten immun zu werden. Es besteht vielmehr darin, jede einzelne Herausforderung unseres Lebens – und unseres Körpers – in den Griff zu bekommen: furchtlos, nur mit der Absicht, die Botschaft der Wahrheit zu begreifen, die in der Veränderung enthalten ist. Wenn wir die Erweiterung unseres Bewußtseins, beispielsweise mit Hilfe der Meditation, als eine Art Versicherung vor Krankheiten betrachten, deuten wir ihren Zweck falsch. Die Meisterschaft über das Stoffliche ist nicht das Ziel der größeren Bewußtheit; das Ziel ist die Meisterschaft über den Geist. Die stoffliche Welt und unser Körper dienen uns auf unserem Weg nur als Lehrer.

In Anbetracht dieser Wahrnehmung ist die Heilung von der Angst vor dem Tod und vor dem Sterben ein Aspekt der Gelassenheit, zu der der menschliche Geist auf der Reise zu größerer Bewußtheit fähig ist. Wenn Menschen, die es fertiggebracht haben, ihr Bewußtsein über die Brücken zwischen dieser Welt und der nächsten auszudehnen, mit größter Selbstverständlichkeit von der Fortsetzung ihres Lebens sprechen, lösen sich einige unserer Ängste sofort auf.

Mir bot sich diese Gelegenheit, als ich Scott und Helen Nearing traf. Ich füge ihre Geschichte hier ein, weil sie zu meiner eigenen Bewußtheit über das Wesen des menschlichen Bewußtseins und unserer Macht beigetragen hat, Wahrnehmungen zu heilen, die unsere Fähigkeit zu einem Leben in Wahrheit stören.

Scott und Helen Nearing

Scott und Helen Nearing sind für ihre Beiträge zur Umweltbewegung bekannt sowie für ihre Befürwortung eines autarken Lebens. Sie waren in ihrer Jugend als Rebellen verschrien, weil ihre »Zurück-aufs-Land«-Lebensweise in den dreißiger Jahren, als sie ein Team wurden, etwas Unerhörtes war. Sie bauten ihr Haus von eigener Hand und ernährten sich mit dem Obst und dem Gemüse, das sie selbst anbauten. Mehr als sieben Jahrzehnte lang lebten sie in Harmonie mit dem Land, und Helen führte nach dem Tod ihres Mannes diese Lebensweise fort, bis auch sie 1995 starb. Sie brachten eine Vielzahl von philosophischen Artikeln und Vorträgen hervor mit dem Ziel, die Menschen zu dem Respekt ihrer Umwelt und einem autarken Leben zu bewegen, darunter ihr Buch *Ein gutes Leben leben* (Darmstadt 1996), in dem sie die Vorteile einer Lebensweise beschreiben, bei der man die Fülle der Natur ständig zu schätzen weiß. Ihre Ideale und ihr Bewußtsein für einen größeren Zyklus des göttlichen Prinzips von Ursache und Wirkung inspirieren auch heute noch unzählige Menschen. Scott starb Anfang der achtziger Jahre im Alter von hundert Jahren. Ich hatte das große Privileg, Helen auf einem meiner Workshops kennenzulernen, wo sie mir von der Entscheidung ihres Ehemannes, zu sterben, erzählte. Er hatte diese Entscheidung bewußt getroffen, als er spürte, daß er nicht länger in der Lage war, so zu leben, daß es seinem spirituellen Wachstum diente.

»Eines Tages kam Scott mit Holz für den Kamin ins Haus. Er legte das Holz ab und verkündete mir, daß seine Zeit zu sterben gekommen sei. Er sagte, er wisse das, weil er nicht länger in der Lage sei, seine Aufgaben zu erledigen und seiner Verantwortung nachzukommen. Er erklärte, er sei sich tief im Innern ›bewußt‹ geworden, daß es seine Zeit zu sterben sei und er den Tod willkommen heißen würde, indem er nichts mehr zu sich nahm. Drei Wochen lang blieb ich an seiner Seite, während er im Bett lag und sich jeglicher Nahrungsaufnahme enthielt. Ich versuchte nicht, ihm etwas anzubieten oder ihn von seiner Vorgehensweise abzubringen, denn ich verstand die Tiefe von Scotts Entscheidung.«

Scott Nearing starb, drei Wochen nachdem er sich für den Tod entschieden hatte, weil er nicht länger autark und unabhängig leben konnte – das zentrale Thema seiner einhundert langen Lebensjahre. Helen fuhr fort: »Ich beabsichtige, mich genauso zu verhalten, sobald ich merke, daß ich nicht länger für mich sorgen kann. Man muß vor dem Sterben keine Angst haben. Man begrüßt einfach die Zeit, Abschied zu nehmen, und unterstützt sein Sterben, indem man nichts mehr ißt. Man verläßt doch nur seinen Körper. Das ist alles.«

Scott und Helen erreichten eine Ebene der Bewußtheit und der persönlichen Entscheidungsfreiheit, die umstritten ist – aber ihr ganzes Leben war ja umstritten. Die Art des Todes, für die sie sich entschieden, fordert die tiefe Stammesüberzeugung heraus, man dürfe in das Sterben nicht eingreifen, ebenso wie unsere religiöse Überzeugung, daß der Zeitpunkt unseres Todes ausschließlich in Gottes Händen liege. Das mag stimmen, aber soll es uns denn nicht gestattet sein, entsprechende Schritte zu ergreifen, obwohl wir durchaus in der Lage sind, zu erkennen, wann unsere Zeit gekommen ist? Vielleicht hatte Scott, als Folge seines Strebens nach einem fast unpersönlichen Leben – ausgerichtet nach Idealen, die nur Wahrheit kannten –, sich den Segen verdient, »innerlich« gesagt zu bekommen, daß seine Zeit abgelaufen war. Anstatt langsam und qualvoll durch eine Krankheit dahinzuscheiden, arbeitete er mit seiner Intuition zusammen und verließ sein Leben mit vollem Bewußtsein bis zum allerletzten Augenblick. Geht es nicht darum, wenn wir bewußter werden wollen? Bewußtes Sterben ist zweifelsohne eine der vielen Segnungen eines bewußten Lebens.

Während meiner Arbeit an diesem Buch, im September 1995, starb auch Helen. Sie erlitt am Steuer ihres Wagens einen Herzinfarkt. Helen hatte mir erzählt, sie würde dieses Leben nach der Beendigung ihres nächsten Buches verlassen. Sie hielt ihr Wort.

Unsere Angst vor dem Tod reicht so tief, daß er in unserem Stammesgeist höchstwahrscheinlich vom Aberglauben beherrscht wird. Wir sollten uns an Scott und Helen erinnern, weil sie unser Bewußtsein für ein autarkes Leben geschärft haben, aber auch weil es zwei Menschen waren, die absolut von einer Fortsetzung des Lebens über unseren stofflichen Körper hinaus überzeugt waren.

Sogyal Rinpoche

Sogyal Rinpoche ist ein bekannter Lehrer und Autor des Buches *Das tibetische Buch vom Leben und vom Sterben* (München 1996). Er genießt weltweit den Ruf des »lachenden Rinpoche«, weil sein Humor Funken sprüht.

1984 traf ich Sogyal in seiner Pariser Wohnung. Ich war noch nie zuvor in Gegenwart eines Rinpoche gewesen, aber ich hatte eine ganze Menge über die tibetischen Lehrer gelesen und wollte unbedingt herausfinden, ob das, was ich gelesen hatte, auch zutraf. So hatte ich beispielsweise erfahren, daß viele tibetische Meister die gewöhnlichen Gesetze von Zeit und Raum transzendierten und einige die Levitation beherrschen und zu Fuß mit einer Geschwindigkeit von bis zu vierzig Meilen pro Stunde laufen konnten. Ich hatte auch gelesen, daß ein tibetischer Meister, wann immer man ihn ganz direkt nach seiner »Macht« fragt, jedes Interesse an seiner Person »ablenkt« und lieber über andere hochentwickelte Meister spricht.

Auf dem Weg zu Sogyals Wohnung fragte ich mich, was es zum Abendessen geben würde. Da ich keine Ahnung von tibetischen Bräuchen hatte, überlegte ich mir alle möglichen lächerlichen Dinge – würde ich zum Beispiel stundenlang meditieren müssen, bevor es etwas zu essen gab? Es zeigte sich, daß Sogyal sich von einem chinesischen Restaurant etwas zu essen anliefern ließ. Wir saßen auf dem Boden seines Büros und aßen direkt aus den Kartons.

Sobald die gesellige Atmosphäre eine ernsthafte Diskussion erlaubte, fragte ich Sogyal: »Stimmt es, daß Sie die Levitation beherrschen?« Er lachte – hysterisch, wie ich hinzufügen möchte – und meinte dann: »Aber nein, ich doch nicht. Mein Meister allerdings schon.« Dann fragte ich: »Stimmt es, daß Sie aufgrund Ihrer Meditationspraktiken ungewöhnlich schnell laufen können?« Wieder lachte er auf meine Frage hin herzlich und ant-

wortete: »Ich doch nicht. Aber mein Meister.« Seine Antworten entsprachen genau dem, was ich gelesen hatte: daß ein tibetischer Meister im Interview jede Aufmerksamkeit von seiner eigenen Macht zu der eines anderen ablenkt. Dann fiel mir ein: Vielleicht las Sogyal meine Gedanken und wußte genau, was ich gelesen hatte und worin meine Fragen ihren Ursprung nahmen. Schließlich sagte ich: »Ich habe keine Fragen mehr. Gibt es etwas, was Sie mir sagen möchten?«
»Ich würde Ihnen gern erzählen, wie mein Meister gestorben ist«, sagte er. »Er rief seine Astrologen zusammen und bat sie, eine Karte für ihn zu erstellen und den perfekten Zeitpunkt zu benennen, an dem er seinen Geist von den Energien der Erde zurückziehen konnte. Sein Geist war überaus mächtig, und er wollte gehen, ohne größere energetische Konsequenzen zu verursachen. Sie sind sich dieser Dinge vielleicht nicht bewußt, aber wenn ein Geist die Erde verläßt, wird das gesamte Energiefeld beeinflußt. Und wenn ein sehr machtvoller Geist geht, ist die Auswirkung auf die Erde noch drastischer.
Seine Astrologen nannten ihm also einen Tag und eine Zeit, die für seinen körperlichen Tod perfekt geeignet waren. Daraufhin teilte er seinen Schülern mit, daß er sie an diesem Tag und zu dieser Zeit verlassen würde. Und genau das tat er. Er meditierte mit seinen Schülern an diesem Tag, segnete sie, und dann schloß er seine Augen und löste seinen Geist von seinem Körper.«
Ich fragte Sogyal, ob sein Meister den Tod wählte, weil er krank war. Auch diese Frage löste bei Sogyal ein fast unkontrollierbares Gelächter aus, und er sagte: »Krank? Was hat Krankheit damit zu tun? Wir werden alle in dem Moment geboren, der perfekt dafür geeignet ist, daß unsere Energie diese Erde betritt, und einen ebenso vollkommenen Zeitpunkt gibt es, in dem wir diese Erde verlassen. Mein Meister war nicht krank. Er war unversehrt. Wir sollen nicht in Schmerz und Krankheit sterben. Der bewußte Geist ist in der Lage, den Geist vom Kör-

per zu lösen, ohne dabei die Schmerzen des körperlichen Verfalls zu erleiden. Diese Wahl steht jedem offen.«
Sogyal beschrieb den Zustand spiritueller Meisterschaft als Erlangung einer Bewußtseinsebene, die »keinen Konflikt mit dem Göttlichen« kennt, so daß die eigene Entscheidung immer dieselbe ist wie die göttliche Entscheidung. Sein Meister lebte, laut Sogyal, in einem Bewußtseinszustand, in dem das Dilemma der Entscheidung – zu glauben, eine Entscheidung sei besser als die andere – nicht länger existierte. In dem Zustand der Vollkommenheit, den sein Meister erreicht hatte, war jede Entscheidung die korrekte Entscheidung, wie Sogyal es nannte. Sogyal sagte, sein Meister war ein Beispiel für das Leben – und das Sterben – eines erleuchteten Geistes.

Den unpersönlichen Geist und die symbolische Einsicht entwickeln

Die Nearings und Sogyal Rinpoche haben die Macht des unpersönlichen Geistes angezapft. Bewußtheit auf dem Papier zu beschreiben hat jedoch aufgrund der unbeschreiblichen Eigenschaften der Spiritualität seine Grenzen. Wie es in einem Zen-Koan heißt: »Wenn du es benennen kannst, dann ist es das nicht.«
Ich erinnere mich noch deutlich an die Professorin, die mich in das buddhistische und hinduistische Gedankengut einführte. Bei der Abschlußprüfung nahm sie uns fünf Studentinnen übers Wochenende in eine abgelegene Klausurstätte mit und stellte die Regeln auf: Sprechen ist nicht erlaubt, Uhren jeglicher Art sind verboten. Jede Nacht weckte sie uns einzeln nacheinander und bat uns, eine Joga-Position einzunehmen. Dann stellte sie uns Fragen: Wie spricht eine Christin über das Wesen Gottes? Wie spricht eine Buddhistin über das Wesen der Wirklichkeit?

Wie lautet die Wahrheit des ewigen Lebens? Was ist der Sinn dieses Lebens? Die Fragen waren tief und bohrend. Sie bewertete nicht die Qualität unserer Antworten, vielmehr unsere Bindung an eine bestimmte Denklehre. Wenn sie spürte, daß wir einer Wahrheit mehr zuneigten als einer anderen, hatten wir die Lektion ihres Unterrichts nicht gelernt: Alle Wahrheiten sind dieselben auf der Ebene der Wahrheit selbst. Die »Entkulturation« ist eine Illusion. Für sie war das die Essenz eines größeren Bewußtseins: die Wahrheit zu suchen, die der gesellschaftlichen oder kulturellen Hülle entledigt ist. Wenn ich rückblickend ihren Einfluß auf mich bedenke, schreibe ich ihr zugute, daß sie den Boden für meine eigene Fähigkeit der symbolischen Einsicht bereitete.

Wie können wir mit Hilfe unseres eigenen Verstands unser mentales Wahrnehmungssystem verfeinern und geschickt darin werden, Illusionen zu durchdringen? Wie bei allen Zielen, die es wert sind, ist ein gewisses Maß an Disziplin erforderlich, um wesentliche Fortschritte zu verzeichnen. Der folgende Fall verdeutlicht, wie man sich auf falsche Weise an die Aufgabe machen kann, bewußter zu werden.

Oliver war ein sehr erfolgreicher Geschäftsmann, aber er hatte einen Punkt in seinem Leben erreicht, an dem er etwas tun wollte, was bedeutungsvoller war. Also versuchte er, bei verschiedenen Projekten mitzuarbeiten, die sozial wichtige Ziele verfolgten. Bei keinem hatte er ein gutes Gefühl. Er betete um Führung, was er mit seinem Leben anfangen sollte. Schließlich besuchte er einen international berühmten spirituellen Meister. Der Besuch währte ganze zehn Minuten, in denen dieser spirituelle Meister Oliver wissen ließ, daß seine Aufgabe darin bestünde, »zu warten und bereit zu werden«. Also »wartete« er – er wartete in Paris, in Rom und im Orient. Er wartete in Fünf-Sterne-Hotels und während er an der Riviera Cappuccino in kleinen Schlucken trank. Schließlich kam er zu dem Schluß, daß die Anweisung zu »warten« nutzlos sei. Er reiste erneut zu Projekten aller Welt und stellte zu deren Unterstützung Schecks aus, aber sein Herz blieb leer. Meiner Meinung nach gab ihm der spirituelle Meister die eine Anweisung, die er nicht erfüllen konnte, indem er etwas kaufte. Wäre er in der Lage gewesen, im spirituellen Sinne zu »warten«, »in sich zu gehen« und all die bescheidenen Schritte zu akzeptieren, die er hätte machen müssen, dann hätte er seine Antwort erhalten.

In vielerlei Hinsicht leistet die spirituelle Herausforderung des »Wartens«, bei der man zu einer anderen Art von Mensch wird, einen größeren Beitrag für diese Welt als ein Scheck zum Bau eines neuen Krankenhauses. Das mag schwer zu verstehen sein. Wir sind nicht daran gewöhnt, dem einen Wert zuzusprechen, was wir nicht sehen können, und die Macht, die eine gesunde Psyche ausstrahlt, können wir nicht sehen. Daher erscheint uns die Arbeit des »Wartens und Werdens« oft sinnlos.
Aber »warten und werden« ist die symbolische Bedeutung des »Rufs zur Ordination« – das heißt, dem Göttlichen zu erlauben, den Teil des Geistes zu erwecken, der die Essenz dessen enthält, was Sie für andere und auch für sich selbst tun können.

Die Frau, die unter dem Namen Peace Pilgrim bekannt wurde, verkörpert diesen spirituellen Prozeß, bei dem man dem Göttlichen eine Tür öffnet.
Peace Pilgrim, der einzige Name, den diese Frau in den letzten 25 Jahren ihres Lebens verwendete, lebte ein bescheidenes und zutiefst spirituelles Leben. Sie betete, daß ihr der Weg des Dienstes gezeigt werden möge. Im Alter von 52 Jahren hörte sie auf ihre innere Führung, die sie anwies, zum Wohle des Friedens Amerika ohne Unterbrechung zu durchwandern. So lauteten ihre »Ordinations«-Instruktionen. Also begann sie

mit ihrem Marsch. Sie besaß nur »das Hemd, das sie trug, marschierte, bis sie einen Ort zum Ausruhen fand, und aß nur das, was man ihr anbot«. Ihr Leben wurde zu einer Verkündigung der Macht des Vertrauens darauf, daß Gott für unsere Bedürfnisse sorgen wird.

Auf ihrem 25jährigen Pilgermarsch berührte Peace Pilgrim das Leben Hunderttausender Menschen, die von ihrer bemerkenswerten Beziehung zur göttlichen Intervention ergriffen waren. Ich hörte zwei Geschichten von ihr, die mich tief berührten. Einmal ging sie gerade auf einer Landstraße, als die Temperatur plötzlich absackte. Sie war auf diesen Temperatursturz nicht vorbereitet und fror bis auf die Knochen. Es war kein Ort in der Nähe, an dem sie hätte unterschlüpfen können. Da hörte sie, wie eine Stimme zu ihr sagte: »Geh unter die nächste Brücke.« Sie tat wie geheißen und fand eine große Schachtel, groß genug, daß sie hineinkriechen und sich darin ausruhen konnte. In der Schachtel lagen ein Kissen und eine Decke. Als sie diese Geschichte erzählte, setzte sie meine Einsicht dafür voraus, daß Gott diese Dinge dort für sie bereitet hatte.

Peace Pilgrim erzählte mir einmal, wie sie in ihrem Leben viele Lernzyklen zum Thema Konflikte durchlaufen hatte. Sie mußte zuerst äußere Konflikte erfahren, dann innere. Als sie schließlich ihr Leben Gott unterwarf, empfing sie die segensreiche Gabe des konfliktfreien Lernens. Peace Pilgrim wurde zu einer Quelle endloser Weisheit, der Essenz der Sephirah Chokmah, sowie göttlicher Einsicht und Vernunft, der Essenz von Binah. Sie wurde zum Inbegriff eines ordinierten Geistes, beherrschte die symbolische Einsicht und lebte in völliger Harmonie und im Vertrauen mit dem Göttlichen. Ihre Anweisungen an andere waren in Übereinstimmung mit dem Wesen der Wahrheit überaus einfach: »Eßt kein Fast food, und denkt keine ›Fast-food‹-Gedanken.« Was übersetzt soviel heißt wie: Ehre deinen Körper, ehre deinen Verstand, ehre deinen Geist.

Es ist eine lebenslange Aufgabe, den unpersönlichen Geist zu entwickeln – zum Teil, weil es eine derart entscheidende Herausforderung ist, zum Teil, weil es uns in die Abgründe unserer Illusionen und Ängste führt. Wir müssen uns selbst von innen heraus neu aufbauen, ein Prozeß, der stets zu zahlreichen Veränderungen in unserem Leben führt. Ich muß erst noch dem Menschen begegnen, der den Weg des bewußten Erwachens verfolgte und dabei keine Zeit des »Wartens« erlebt hätte, in der sein Inneres neu aufgebaut wurde. Wie bei allen Angelegenheiten des Geistes gibt es keine Umkehr, sobald wir unseren Fuß auf diesen Weg gesetzt haben.

Die folgenden Schritte dienen als Ausgangspunkt für die Entwicklung des unpersönlichen Geistes und die Erlangung symbolischer Einsicht, der Fähigkeit, durch die Illusion hindurch die energetische Macht im Hintergrund wahrzunehmen. Als ich diese Anweisungen aufschrieb, dachte ich dabei an die beiden Sephiroth, die mit dem sechsten Chakra schwingen: Chokmah und Binah. Die Schritte können Ihnen helfen, symbolische Einsicht zu erlangen, und Ihre Fähigkeit vergrößern, die Dimension der göttlichen Vernunft zu erreichen.

- Üben Sie die Innenschau, und arbeiten Sie daran, sich dessen, was Sie glauben und warum Sie es glauben, bewußt zu werden.
- Bewahren Sie sich Ihre Offenheit, und lernen Sie, darauf zu achten, wann Ihr Verstand »die Schotten dichtmacht«.
- Machen Sie sich klar, daß Ihre Verteidigungshaltung den Versuch verkörpert, neue Einsichten am Betreten Ihres mentalen Bereiches zu hindern.
- Suchen Sie in allen Situationen und Beziehungen die symbolische Bedeutung, selbst wenn Sie diese nicht sofort erkennen können.

- Werden Sie offen für die Führung und die Einsicht, die Ihnen Ihre Träume bieten.
- Arbeiten Sie daran, alle Gedanken loszulassen, die Selbstmitleid oder Wut fördern oder bei denen Sie einem anderen Menschen die Schuld für etwas geben, was Ihnen zugestoßen ist.
- Üben Sie die innere Distanz. Treffen Sie Entscheidungen, die auf der weisesten Einschätzung der Lage basieren, die Ihnen in diesem Augenblick möglich ist, anstatt sich zu bemühen, ein ganz bestimmtes Ergebnis zu erzwingen.
- Enthalten Sie sich aller Urteile – nicht nur jener über Menschen oder Situationen, sondern auch jener über Größe oder Bedeutung von Aufgaben. Erinnern Sie sich statt dessen ständig selbst an die höhere Wahrheit, daß Sie unmöglich alle Fakten oder Details einer Situation sehen können, ebensowenig wie die langfristigen Konsequenzen Ihrer Taten.
- Lernen Sie zu erkennen, wann Sie von einem Muster der Furcht beeinflußt werden. Distanzieren Sie sich sofort von dieser Furcht, indem Sie deren Einfluß auf Ihren Verstand und auf Ihre Emotionen beobachten; treffen Sie dann eine Entscheidung, die den Einfluß dieser Furcht schwächt.
- Distanzieren Sie sich von allen Werten, die die Überzeugung unterstützen, Erfolg im Leben bedeute, bestimmte Ziele zu erreichen. Betrachten Sie ein erfolgreiches Leben lieber als den Prozeß, bei dem man Selbstkontrolle erlangt, und als die Fähigkeit, sich durch alle Herausforderungen, die Ihnen das Leben stellt, hindurchzuarbeiten. Visualisieren Sie den Erfolg als Energiekraft, nicht als physische Kraft.
- Handeln Sie gemäß Ihrer inneren Führung, und legen Sie das Bedürfnis ab, für die Authentizität Ihrer inneren Führung einen »Beweis« zu wollen. Je mehr Sie nach Beweisen fragen, desto unwahrscheinlicher wird es, daß Sie sie erhalten.

– Richten Sie Ihre gesamte Aufmerksamkeit auf den gegenwärtigen Augenblick – leben Sie nicht in der Vergangenheit, und sorgen Sie sich nicht über die Zukunft. Lernen Sie, mehr auf das zu vertrauen, was Sie nicht sehen können, als auf das, was sichtbar ist.

Bewußt werden

Es ist keineswegs einfach, bewußt zu werden. Mein eigenes Leben war viel leichter, bevor ich um die tiefere Bedeutung der Entscheidungsfreiheit wußte, die Macht der Wahl, die mit der Verantwortung für unsere Entscheidungen einhergeht. Kurzfristig kann es viel leichter scheinen, die Verantwortung an eine äußere Quelle abzugeben. Sobald Sie es jedoch besser wissen, können Sie sich nicht mehr lange selbst etwas vormachen.
Ich fühle mit den Menschen, die schwer daran arbeiten, ihre negativen Einstellungen und schmerzlichen Erinnerungen loszulassen. »Sagen Sie mir nur, wie ich es anstellen muß, dann tue ich es«, sagen sie zu mir. Wir suchen ständig nach der einfachen Meditation, der einfachen Übung, die uns aus dem Nebel hebt, aber Bewußtheit funktioniert nicht auf diese Weise. Ironischerweise gibt es einen leichten Ausweg: Lassen Sie einfach los. Lassen Sie die Vorstellung los, wie Ihr Leben sein sollte, und begrüßen Sie das Leben, das versucht, seinen Weg in Ihr Bewußtsein zu finden.
Unzählige Menschen kämpfen darum, ihren Weg zu finden, und befinden sich dabei in einem notwendigen, aber verwirrenden Zustand des Wartens. Ein Teil von ihnen würde nur zu gern dem Göttlichen erlauben, ihr Leben anzuleiten, und doch quält sie die Furcht, daß sie alles Wohlbehagen auf der physischen Ebene verlieren würden, sollten sie ihr Leben wirklich in Gottes Hände legen. Daher kreisen sie in einer Warteschleife,

bis sie stark genug sind, diese Furcht loszulassen und die tiefere Wahrheit zu akzeptieren, daß »alles gut sein wird« – möglicherweise nicht »gut« gemäß unserer Definition, aber mit Sicherheit gemäß der Definition Gottes.

Toby nahm Kontakt zu mir auf, weil er an schweren Depressionen, Arthritis und Impotenz litt. Als ich seine Energie bewertete, erhielt ich den Eindruck, daß sich sein Gesundheitszustand fast unmittelbar nach seinem fünfzigsten Geburtstag drastisch verschlechtert hatte. Er glaubte nämlich, daß seine besten Jahre vorüber seien, sobald er fünfzig würde. Als ich ihm meine Eindrücke mitteilte, erwiderte er: »Na ja, sehen Sie sich doch einmal um. Können Sie irgendwelche beruflichen Chancen für Männer meines Alters entdecken? Ich lebe heute in der ständigen Furcht, daß ich meine Stelle an einen Jüngeren verlieren werde. Was soll ich dann tun?«

Ich schlug Toby vor, er solle Sport treiben und sich darauf konzentrieren, seinen Körper erneut aufzubauen. Er mußte etwas tun, um die Rückkehr der Macht in seinen Körper und damit auch in sein Leben zu erfahren. Zu meiner großen Überraschung war er für diesen Vorschlag offen. Er hatte es schon geraume Zeit vor sich hergeschoben, einem Fitneßclub beizutreten, sagte er, aber er war einverstanden, das jetzt zu tun.

Dann bat ich ihn, er solle einige buddhistische Bücher zum Thema Illusion lesen und über Alter und Zeit als Illusionen nachdenken. Das ließ Toby stutzen. »Wie kann die Zeit eine Illusion sein?«

»Sie können die Entscheidung treffen, daß Sie nicht gemäß dem gewöhnlichen Lauf der Zeit altern werden. Sie können beschließen, Ihren Kalender fortzuwerfen und jeden Tag Ihr Bestes zu geben«, erwiderte ich.

Toby fing an zu lachen. »Wenn das funktionierte, wäre mir das nur allzu recht.«

»Dann versuchen Sie es. Sie können ja jederzeit wieder zum alten Mann werden. Diese Alternative steht Ihnen immer offen. Aber versuchen Sie es zuerst einmal.« Aufgrund der Leichtigkeit in Tobys Stimme fragte ich noch: »Haben Sie bemerkt, daß Sie in diesen wenigen Augenblicken eben nicht deprimiert waren?«

Toby hielt kurz inne. »Sie haben recht. Ich war mir meiner Depression überhaupt nicht bewußt.«

»Verursacht Ihnen Ihre Arthritis gerade Schmerzen?« fragte ich.

»Da muß ich nein sagen, im Moment tut sie das nicht. Aber sie kommt und geht sowieso immer.«

»Aber gerade jetzt, wo Sie über die Möglichkeit nachdenken, sich wieder frei und gut zu fühlen, sind Sie weder deprimiert, noch haben Sie Schmerzen, richtig?«

»Das ist richtig«, erwiderte er.

»Lassen Sie uns also annehmen, daß Sie sich um so besser fühlen, je positiver die mentalen Möglichkeiten sind, die Sie sich zugestehen, und je positiver Sie handeln. Sie werden auch Ihre Macht, einschließlich Ihrer sexuellen Energie, wiedererlangen.«

»Okay«, sagte Toby, »aber was ist, wenn ich diese positive Sichtweise nicht beibehalten kann? Dann geht alles wieder den Bach hinunter?«

»Genau.«

»Sie meinen also, daß ich das Sagen über meine Stimmungen und meine Arthritis habe und daß die Depression die Schmerzen erhöht. Also habe ich im Grunde das Sagen über alles.«

»So sieht es aus«, erwiderte ich.

»Sie sollten als Anwältin arbeiten«, meinte Toby. »Sie haben mir eine Menge Stoff zum Nachdenken gegeben. Ich werde mein Bestes tun.«

Vier Monate später erhielt ich eine Postkarte von Toby. Er und seine Frau befanden sich auf einer Kreuzfahrt. Auf der Karte stand: »Erlebe herrliche Zeiten – am Tag und in der Nacht.« Es geschieht nicht oft, daß ein Gespräch das Leben eines Menschen so gründlich verändert, aber Toby war bereit, seine Einstellungen zu überprüfen, und er erkannte, daß er zuviel über Negatives nachgegrübelt hatte. Wenn eine Person so bereitwillig die Energie der Weisheit begrüßt, muß ich mir einfach immer vorstellen, wie die spirituellen Kräfte in unseren Energiefeldern, wie Chokmah, die Sephirah der Weisheit, nur darauf warten, unser Bewußtsein durchdringen zu können.

Carrie, 34, stellte sich mir am Telefon mit den Worten vor: »Mit mir stimmt etwas nicht.«
»Was stimmt denn nicht?« fragte ich.
»Ich bin meiner Arbeit nicht mehr gewachsen. Ich kann nicht mehr denken. Ich kann überhaupt nichts mehr tun.«
Ich durchleuchtete ihre Energie und bemerkte sofort, daß sich ihr Verstand – symbolisch gesehen – nicht mehr »in« ihrem Körper befand. Er war voller Bilder, die nichts mit ihrem gegenwärtigen Leben zu tun hatten, sondern ausschließlich um ein spirituelles Leben in einem entlegenen Winkel des Landes kreisten.
»Was lesen Sie gerade?« wollte ich von ihr wissen.
Carrie führte eine Reihe von Büchern auf, die alle mit Spiritualität zu tun hatten. Dann meinte sie: »Ich denke dauernd, daß ich nach New Mexico gehöre. Ich war letztes Jahr auf einem Retreat dort, und ich hatte dieses wunderbare Gefühl, daß ich nach New Mexico ziehen und dort leben sollte. Ich kenne da überhaupt niemanden, aber diese Vorstellung läßt mich nicht los.«
Wir sprachen über die Intensität ihres Gefühls, und ich erklärte Carrie anhand der symbolischen Bedeutung des Sakraments der Ordination, daß die Menschen bisweilen an bestimmte Or-

te gerufen werden und daß es weise sein könnte, diesem Gefühl zu folgen.
Carrie fing an zu weinen und schluchzte, daß sie schreckliche Angst davor habe zu gehen, aber auch schreckliche Angst zu bleiben. »Ich habe das Gefühl, daß mein Leben hier zu Ende ist und ich mich einfach losreißen muß, aber ich habe doch keine Ahnung, was vor mir liegt.«
Ich fragte sie, warum sie das Retreat damals aufgesucht hatte.
Sie erzählte, wie sie von der Lebensgeschichte einer Frau inspiriert worden war, die zu Gott gesagt hatte: »Zeige mir nur die Wahrheit. Ich will nichts anderes in meinem Leben.« Offensichtlich führte die Frau nach diesem Gebet ein bemerkenswertes Leben. »Ich bin keine Missionarin«, erklärte Carrie. »Aber ich möchte ein authentisches Leben führen. Ich habe nicht das Gefühl, daß ich das hier als Anwältin in Detroit tue. Ich respektiere die Menschen, mit denen ich zusammenarbeite, und ich bin dankbar, daß ich anderen mit meiner Arbeit helfen kann, aber ich fühle mich immer so leer, und das halte ich nicht länger aus.«
»Ich sage den Leuten nie, wo sie leben sollen, aber ich glaube, Sie müssen der Stimme folgen, die Sie hören.«
Carrie zog nach New Mexico. Sie praktizierte nicht länger als Anwältin, und zu ihrer großen Überraschung fühlte sie sich in ihrer neuen Heimat dazu berufen, Hebamme zu werden, ein Beruf, den sie zu ihrer Zeit in Detroit niemals in Betracht gezogen hätte.
Sie schrieb mir noch einige Male, um mich auf dem laufenden zu halten, und jedesmal erwähnte sie explizit, wie immer mehr Leben in ihren Körper strömte. »Ich spüre einen Strom der Energie in mir, wann immer ich mich einer schwangeren Frau nähere. Ich verstehe langsam diese Substanz namens Energie. Als ich noch in Detroit lebte, habe ich das als Phantasie abgetan, aber heute glaube ich, daß es eine bewußte Kraft im Uni-

versum gibt, die das Leben unterstützt, und daß diese Kraft auch durch uns strömt«, schrieb sie in einem Brief.

Aus meiner Sicht hatte Carrie ihren Weg der Ordination gefunden. Ich erschauere in Ehrfurcht vor Menschen, deren Leben so voll von der Präsenz der Führung ist.

Die Reise zu größerer Bewußtheit ist in der Theorie häufig attraktiver als in der Praxis. Wenn wir uns durch Bücher und in Gesprächen theoretisch auf die Spuren größerer Bewußtheit machen, können wir uns durchaus vorstellen, wie wir ins Gelobte Land ziehen, ohne reale Veränderungen in unserem Leben durchzuführen. Sogar der Gedanke, daß es das Gelobte Land wirklich gibt, kann vorübergehend ein sehr gutes Gefühl vermitteln. In gewissem Maße tun »Workshopsüchtige« genau das – sie berauschen sich an Gesprächen, aber wenn sie nach Hause und in ihr Leben zurückkehren, ist alles wie zuvor.

Der britische Autor Graham Greene wartete einmal zweieinhalb Jahre auf eine fünfzehnminütige Verabredung mit dem katholischen Mystiker Padre Pío, der in einem Kloster in Italien lebte. Padre Pío hatte sich aus mehreren Gründen den außergewöhnlichen Ruf erworben, ein »lebender Heiliger« zu sein. Der wichtigste Grund waren die »Stigmata« – die »Wundmale Christi« –, die auf seinem Körper erschienen, als er noch ein junger Priester war. An dem Tag, als Greene den Mystiker treffen sollte, besuchte der Schriftsteller zuerst die Messe, die Padre Pío hielt. Ihre Verabredung sollte direkt nach der Messe stattfinden, statt dessen verließ Greene die Kirche, fuhr zum Flughafen und flog direkt nach London zurück. Als man ihn fragte, warum er die Verabredung nicht eingehalten habe, meinte Greene: »Ich war nicht bereit für die Art und Weise, wie dieser Mann mein Leben hätte ändern können.«

Eines Tages gibt unser Verstand jedoch unter der Last der Informationen nach, und wir können nicht länger gleichzeitig auf zwei Ebenen der Wahrnehmung leben. Sosehr wir es auch versuchen, wir können nicht ewig die Wahrheit »besuchen« und dann zur Illusion zurückkehren. An einem bestimmten Punkt treibt uns die Veränderung vorwärts.

Vor einigen Jahren traf ich einen Mann namens Dan, der ein Seminar zum Thema Bewußtheit und Geschäftspraktiken besuchte. Er erzählte, wie ihn die Präsentation, bei der es schwerpunktmäßig um die Anwendung der Prinzipien der ganzheitlichen Gesundheit auf das Geschäftsleben ging, inspirierte – zu einer positiven Einstellung, bei der die Kraft von Kopf und Herz vereint wurden. Im Anschluß an das Seminar teilte Dan monatelang offen das empfangene Wissen mit seinen Kollegen. Er glaubte, seine Begeisterung wäre ansteckend und jeder wäre nun inspiriert, in seine Arbeit ein größeres Gefühl persönlicher Bewußtheit einfließen zu lassen.
Der erste offizielle Test seiner neuen optimistischen Einstellung kam, als die Firma ein neues Projekt anging. Er bat seine Kollegen, Erfolg und Fülle »zu visualisieren«. Er rief sie sogar am ersten Tag des neuen Projekts zusammen, um gemeinsam zu meditieren. Danach ließ Dans Boß ihn unter vier Augen wissen, wie sehr er es zu schätzen wüßte, wenn Dan seine neugefundene »Magie« ab sofort außerhalb der Firma praktiziere. Als das Projekt nicht den erwünschten Erfolg hatte, wurden Dan – und seine neuen Ideen – Ziel endloser Kritik, und dies in einem solchen Maße, daß er das Unternehmen verließ. Monatelang schwankte er zwischen Verwirrung und Verzweiflung. Eines Tages bat ihn eine frühere Kollegin um ein Treffen. Im Laufe des Gesprächs erzählte sie Dan, daß viele Angestellte gefürchtet hatten, er hätte sich einer Sekte angeschlossen, als er so voller neuer Ideen überschäumte.
In diesem Gespräch wurde Dan klar, daß er die Lage falsch eingeschätzt hatte. Nur weil er bereit war, nach einem neuen

inneren Regelkatalog zu leben, war er davon ausgegangen, daß alle anderen auch dazu bereit wären. Das waren sie aber nicht. Er wollte, daß seine Umgebung sofort ein lebendes Beispiel für die Ideen des Seminars würde – nicht zuletzt deswegen, weil er wußte, daß er mit seinen neuen, inneren Regeln, die sich so sehr von den äußeren Regeln der Firma unterschieden, nur mit Mühe dort weiterarbeiten konnte. Schließlich akzeptierte er, daß ihm kein größeres Geschenk hätte gemacht werden können als die Motivation, diese Situation zu verlassen, damit er sich ein angemesseneres Arbeitsumfeld suchen konnte. Kurz darauf verfolgte er schon ein neues Leben.

Größere Bewußtheit zu erlangen bedeutet, die Regeln zu verändern, nach denen wir leben, und die Überzeugungen, die wir hegen. Unsere Erinnerungen und Einstellungen sind in Wirklichkeit Regeln, die die Qualität unseres Lebens ebenso bestimmen wie die Stärke unseres Bandes zu anderen. Eine Verlagerung des Bewußtseins beinhaltet immer auch eine Phase der Isolation und der Einsamkeit, wenn man sich an die neue Ebene der Wahrheit gewöhnt. Dann findet man auch immer neue Gefährten. Niemand bleibt lange allein.
Die Erweiterung unserer Bewußtheit bedient sich stets der Energien der Sephiroth Chokmah und Binah, zusammen mit dem innewohnenden Verlangen, unseren ordinierten Weg zu finden – einen Weg des Dienstes, der es uns erlaubt, das höchste Potential unseres Verstandes, unseres Körpers und unseres Geistes einzubringen.

Fragen zur Selbstprüfung

1. Welche Ihrer Überzeugungen führt Sie dazu, die Taten anderer auf negative Weise zu interpretieren?
2. Welche negativen Verhaltensmuster treten in Ihren Beziehungen zu anderen immer wieder auf?
3. Welche Ihrer Einstellungen rauben Ihnen Macht?
4. An welche Überzeugungen klammern Sie sich, obwohl Sie wissen, daß sie nicht der Wahrheit entsprechen?
5. Sind Sie kritiksüchtig? Wenn ja, welche Situationen oder Beziehungen bringen diese Neigung in Ihnen für gewöhnlich zum Vorschein?
6. Suchen Sie Entschuldigungen für Ihr negatives Verhalten?
7. Können Sie sich an Vorfälle erinnern, bei denen Sie sich einer tieferen Ebene der Wahrheit gegenübersahen als der, an die Sie gewöhnt sind? Fanden Sie diese Erfahrung einschüchternd?
8. Welche Ihrer Überzeugungen und Einstellungen würden Sie gern verändern? Sind Sie bereit, sich diesen Veränderungen zu verpflichten?
9. Fühlen Sie sich wohl, wenn Sie auf unpersönliche Weise über Ihr Leben nachdenken?
10. Machen Ihnen die Veränderungen angst, die in Ihrem Leben auftreten könnten, sollten Sie sich einem bewußten Leben öffnen?

KAPITEL 7

Das siebte Chakra: Unsere Verbindung zum Spirituellen

Das siebte Chakra ist unsere Verbindung zur spirituellen Natur und der Sitz unserer Fähigkeit, unsere Spiritualität zu einem festen Bestandteil unseres physischen Lebens zu machen und uns von ihr anleiten zu lassen. Unser Energiesystem wird zwar als Ganzes von unserem Geist animiert, aber das siebte Zentrum ist direkt darauf ausgerichtet, eine intime Beziehung zum Göttlichen zu suchen. Es ist das Chakra des Gebets. Es ist auch unser »Bankkonto der Gnade«, das Lagerhaus für die Energie, die wir durch Gedanken und Taten sowie durch Akte des Glaubens und des Gebets ansammeln, und es befähigt uns, eine hohe Intensität inneren Bewußtseins durch Meditation und Gebet zu erlangen. Das siebte Chakra verkörpert unsere Verbindung zur transzendenten Dimension des Lebens.

Sitz: Scheitel.
Energieverbindung zum physischen Körper: Das siebte Chakra
  ist der Eintrittsort der menschlichen Lebenskraft, die endlos
  in unser Energiesystem strömt – aus den Tiefen des Universums, von Gott oder vom Tao. Diese Kraft nährt Körper,
  Verstand und Geist. Sie verteilt sich im gesamten stofflichen
  Körper und in den unteren sechs Energiezentren und verbindet das Körperliche mit dem siebten Chakra. Seine Ener-

gie beeinflußt die größeren Körpersysteme: das zentrale Nervensystem, den Muskelapparat und die Haut.

Energieverbindung zum emotionalen/mentalen Körper: Das siebte Chakra enthält die Energie, die zu Hingabe, zu inspirierenden und prophetischen Gedanken, zu transzendenten Ideen und zu mystischen Verbindungen führt.

Verbindung zu Symbolik und Wahrnehmung: Das siebte Chakra ist der Sitz der reinsten Form der Energie der Gnade bzw. des *Prana*. Dieses Zentrum lagert die Energie, die von Gebet und Meditation hervorgerufen wird, und sichert unsere Fähigkeit der symbolischen Einsicht. Es ist das Energiezentrum der spirituellen Einsicht, von Vision und Intuition – weit über das normale menschliche Bewußtsein hinaus. Es ist der mystische Bereich, eine Dimension der bewußten Beziehung zum Göttlichen.

Urängste: die Angst, spirituelle Themen wie die »dunkle Nacht der Seele« anzugehen; die Angst vor spirituellem Verlassenwerden, dem Verlust der Identität und unserer Verbindung zum Leben und zu den Menschen unserer Umgebung.

Urstärken: der Glaube an die Präsenz des Göttlichen und an all das, was der Glaube in unserem Leben verkörpert – beispielsweise innere Führung, Einsicht in Heilung und eine Art des Vertrauens, die normale menschliche Ängste ausschaltet; Hingabe.

Verbindung zu den Sephiroth und den Sakramenten: Kether, das Symbol für die »Krone«, ist die mit dem siebten Chakra verbundene Sephirah. Die spirituellen Traditionen des Ostens bezeichnen das siebte Zentrum als das Kronenchakra. Kether verkörpert das »Nichts«, die Energie, aus der stoffliche Manifestationen ihren Ursprung nehmen. Man hält es für ewig, ohne Anfang oder Ende. Das zu ihm gehörende christliche Sakrament ist die Letzte Ölung, das Sakrament für die Sterbenden. Symbolisch gesehen stellt die

Letzte Ölung den Vorgang dar, bei dem man seinen Geist aus den verschiedenen »Ecken« des Lebens zurückruft, in denen noch immer »unerledigte Angelegenheiten« hausen, oder bei dem man sich von einem Bedauern löst, das am Bewußtsein zehrt, beispielsweise von Worten, die man hätte sagen sollen, aber nicht aussprach, oder Worte, die besser ungesagt geblieben wären. Zu den unerledigten Angelegenheiten gehören auch Beziehungen, die wir lieber anders hätten beenden sollen, oder Wege, die wir hätten einschlagen sollen. Am Ende unseres Lebens setzen wir unter diese Erinnerungen bewußt einen Schlußpunkt und akzeptieren die Entscheidungen, die wir damals getroffen haben. Wir lassen das Gefühl los, die Dinge hätten anders sein sollen oder können. Das versteht man unter dem »Rückrufen des Geistes«, um diese Welt zu verlassen und vollständig in die spirituelle Dimension zurückzukehren.

Die letzten Worte Jesu am Kreuz mögen sehr wohl der Anlaß zu diesem Sakrament gewesen sein. Er sagte zu seiner Mutter und seinem Jünger Johannes: »Frau, siehe, das ist dein Sohn! Johannes, siehe, das ist deine Mutter!« (Johannes 19, 26). Dann wandte Jesus seine Aufmerksamkeit Gott zu und sagte: »Vater, vergib ihnen, denn sie wissen nicht, was sie tun!« (Lukas 23, 34). Und: »Es ist vollbracht! Vater, ich befehle meinen Geist in deine Hände!« (Lukas 23, 46). Diese Aussagen verkörpern das bewußte Beenden des Lebens und die Vorbereitung auf eine Rückkehr zur ewigen spirituellen Identität.

Aus einer anderen symbolischen Perspektive verkörpert die Letzte Ölung ein Ritual, das regelmäßiger Bestandteil des menschlichen Lebens sein sollte. In unserem Leben gelangen wir immer wieder an eine Kreuzung, an der wir eine frühere Lebensphase »sterben« lassen müssen. Je weniger wir uns an die physische Welt klammern, desto größer ist

unser bewußter Zugang zur Energie der Sephirah Kether, des Kronenchakras, unserer transzendenten Verbindung zum Göttlichen.
Die heilige Wahrheit: Die Energie des siebten Chakras motiviert uns dazu, bei allem, was wir tun, eine intime Verbindung zum Göttlichen anzustreben. Dieses spirituelle Verlangen unterscheidet sich beträchtlich von dem Wunsch nach Zugehörigkeit zu einer bestimmten Religion. Letztere ist vornehmlich eine Gruppenerfahrung, deren wichtigster Zweck es ist, *die Gruppe vor physischen Bedrohungen zu beschützen*: Krankheit, Armut, Tod, soziale Unruhen und sogar Krieg. Alle Religionen wurzeln in den Energien des ersten Chakras. Die religiöse Spiritualität dient andererseits in erster Linie der *individuellen* Erfahrung hinsichtlich des Loslassens von Ängsten der physischen Welt und dem Aufbau einer Beziehung zum Göttlichen. Die heilige Wahrheit dieses Chakras lautet: »Lebe im gegenwärtigen Augenblick.«

Die Suche nach einer persönlichen spirituellen Verbindung erschüttert uns bis ins Innerste. Unser bewußtes oder unbewußtes Gebet, um das Göttliche ganz direkt zu erfahren, lautet ungefähr so: »Ich will nicht länger innerhalb der Gruppe Schutz finden. Ich will meine Führung auch nicht von einem Vermittler filtern lassen. Ich will, daß du jetzt direkt in mein Leben trittst und daraus alle Hindernisse entfernst – sei es ein Mensch, ein Ort oder mein Beruf –, die meine Fähigkeit beeinträchtigen, eine intime Verbindung mit dir einzugehen.« Wie Meister Eckhart in *Die Seele ist eins mit Gott* schreibt, ist das höchste Ziel des Mystikers die Identität: »Gott ist Liebe, und wer in der Liebe ist, ist in Gott und Gott in ihm.«
Wenn wir die Vereinigung mit dem Göttlichen anstreben, müssen wir darum bitten, alle physischen, psychologischen und

emotionalen »Illusionen« aus unserem Leben zu entfernen. Sobald dieser Prozeß der Entfernung beginnt, wecken wir eine innere Stimme der Autorität, die sofort in Konkurrenz zu jeder äußeren Autorität in unserem Leben tritt. Das kann einen inneren Aufruhr in uns hervorrufen, bisweilen sogar »spirituelle Schizophrenie«.

Einmal nahm ein Mann, ein Sozialarbeiter, Kontakt zu mir auf, weil er die Anwesenheit von Engeln in seiner Nähe spürte. Er wurde von dem Gefühl überwältigt, daß er in Wirklichkeit gar nichts tat, um den armen und verzweifelten Menschen zu helfen, die er im Zuge seiner Tätigkeit betreute.
»Eines Nachts kam ich nach Hause, fiel auf meine Knie und sagte zu Gott: ›Bist du überhaupt bei diesen Menschen? Kannst du ihre Gebete hören? Sie brauchen Hilfe, und ich fühle mich so hilflos.‹
Am nächsten Tag, als ich neben einer Betroffenen saß und versuchte, ihr bei ihrem Lebenskampf zu helfen, sah ich einen Engel neben ihr. Dieser Engel lächelte. Ich war verblüfft. Ich sprach weiter mit ihr, als ob nichts geschehen wäre, aber ich konnte kaum dieses lächerliche Gefühl der Ekstase unterdrücken, das mich nach und nach erfüllte.
Ich sagte immer wieder zu der Frau: ›Glauben Sie mir, es wird alles gut‹, und dann sagte sie: ›Wissen Sie, ich glaube Ihnen, das tue ich wirklich.‹ Dann verabschiedete sie sich mit einem Lächeln.
Heute sehe ich überall Engel. Ich wünschte, ich könnte allen Menschen sagen, daß sie vom Himmel umgeben sind. Vor dieser Erfahrung war ich furchtbar verzweifelt. Ich hatte Glauben, aber ich hatte auch Verzweiflung. Ich weiß, es klingt wie ein Widerspruch, aber das ist es nicht. Ich wollte einfach mehr tun, aus der Tiefe meines Herzens.«

Spirituelles Erwachen

Über das Wesen der individuellen spirituellen Reise ist schon viel geschrieben worden, aber eines der ersten Bücher zu diesem Thema bleibt auch eines der bekanntesten: *Die dunkle Nacht der Seele.* Es wurde im 16. Jahrhundert vom heiligen Johannes vom Kreuz geschrieben. In diesem Klassiker formuliert der Autor die Phasen der Trennung vom Stammes- oder Gruppengeist (wie ich es nennen würde), die notwendig sind, um ein vollbewußtes Band mit dem Göttlichen zu schmieden. In jeder Phase gibt es Erfahrungen von herausragender mystischer Transzendenz, aber auch Gefühle der Niedergeschlagenheit, des Wahnsinns und einer ungeheuren Isolation, die der normalen menschlichen Erfahrung fremd ist.

Innerhalb der katholischen Kirche gab die Arbeit des heiligen Johannes vom Kreuz den Gläubigen bis zu einem gewissen Maß die Erlaubnis, sich von den religiösen Erfahrungen der Gruppe zu lösen und ihre eigene spirituelle Entwicklung zu verfolgen. Das klösterliche Leben bot im Laufe der Zeit die Möglichkeit, die üblichen religiösen Parameter vom Verständnis Gottes zu transzendieren und dem Göttlichen direkt zu begegnen. In den nachfolgenden Jahrhunderten, als die Europäer auf andere Kulturen stießen, wurde klar, daß intensives Gebet, Selbsterforschung und Selbstdisziplin in allen Kulturen zu mystischen Erfahrungen führten.
Wie die offiziellen religiösen Führer, so »enthielten« auch Klöster und Ashrams die Macht des Göttlichen innerhalb ihrer gutbewachten Mauern. Menschen, die davon erzählten, wie sie Visionen hatten, Stimmen hörten, ungewöhnlich intensive telepathische Kommunikationen erlebten und durch Gebet und Berührung heilen konnten, fasteten sich gleichzeitig fast zu Tode, meditierten wochenlang am Stück und verfielen in tiefe

Depressionen, die normale Sterbliche an den Rand des Selbstmords getrieben hätten. Beobachter, auch jene in den Klöstern, hielten sich von einigen dieser Mystiker fern, damit ihnen das »Auge des Göttlichen« ja nicht zublinzelte. Es war ein offenes Geheimnis, daß nur wenige den »direkten Kontakt« mit dem Himmel ertragen konnten.

In den sechziger Jahren dieses Jahrhunderts war das Zweite Vatikanische Konzil ein Wendepunkt für die religiöse Welt des Westens. Diese Versammlung aus römisch-katholischen Würdenträgern verwarf viele jahrhundertealte Traditionen und führte eine neue spirituelle Freiheit für alle ein, ungeachtet ihres religiösen Hintergrunds. Das Wort »katholisch« bedeutet »Universalität« des Denkens – ein besonders potentes Symbol, wenn man bedenkt, daß die römisch-katholische Kirche die ursprüngliche christliche Kirche war. Durch das Zweite Vatikanische Konzil übermittelte diese ursprüngliche Machtstruktur nun die Botschaft universeller spiritueller Freiheit.

Menschen in aller Welt forderten die Grenzen ihrer religiösen Traditionen heraus und erforschten die spirituellen Lehren anderer. Frauen strebten die Ordination an, Christen strömten in die Klöster des Zen-Buddhismus und in hinduistische Ashrams, Buddhisten und Hindus wandten sich der christlichen Lehre zu, und religiöse Führer aus Ost und West trafen sich zu offiziellen Begegnungen. Die Grenzen zwischen dem Osten und dem Westen wurden niedergerissen – nicht nur von rebellierenden Laien, sondern auch von Gelehrten wie dem verstorbenen Trappistenmönch Thomas Merton, der in seinem klassischen Werk *Das asiatische Tagebuch* (Zürich 1987) das Bedürfnis formulierte, die Wahrheiten von Buddhismus und Christentum beiderseitig zu erforschen.

Für spirituell orientierte Menschen war diese neue Freiheit ein Wendepunkt in der Fähigkeit, »Gott zu erkennen« – mit revolutionären Implikationen, die es seit Martin Luthers Reformation nicht mehr gegeben hatte. Die »Nichtordinierten« erlernten die Fertigkeiten, die erforderlich waren, um die tiefere Bedeutung der Heiligen Schriften zu interpretieren, und diese zunehmende Bildung der Allgemeinheit schwächte die Rolle der Ordinierten bzw. der offiziellen religiösen Führer. Symbolisch gesehen brachen die Mauern der Klöster – die lange Zeit die intensivste Form des »göttlichen Lichts« geborgen hatten – zusammen. In den fünfziger Jahren marschierten die Chinesen in Tibet ein und zwangen den Dalai-Lama, aus seinem Heimatkloster zu fliehen. Obwohl das Exil des spirituellen Führers des Landes eines der schmerzlichsten Kapitel der tibetischen Geschichte war, haben die Lehren des Dalai-Lama und vieler anderer begnadeter Lehrer seither die spirituellen Gruppen in aller Welt beeinflußt. Das göttliche Licht flutete in das Leben zahlloser »Mystiker ohne Kloster« – Laien, die außergewöhnliche spirituelle Lehren in die Privatsphäre ihres Lebens integrierten.

Diese Verlagerung von der Religion zur Spiritualität ist mehr als nur ein spiritueller Trend. Es ist die archetypische Anerkennung unserer planetaren Gemeinschaft, die durch die nun zur Verfügung stehende symbolische Einsicht Zugang zu den universellen Wahrheiten hat. Zur symbolischen Einsicht gehört auch der sechste Sinn der Intuition, der die wechselseitige Verbindung aller lebenden Energiesysteme erahnen läßt.

In einem meiner Workshops erläuterte eine Frau ihre Verbindung zur Natur.»Jeden Tag, wenn ich mich auf meine Gartenarbeit vorbereite, spreche ich ein Gebet, um die Hilfe der Geister anzurufen, die die Wächter der Natur sind, und sofort spüre ich dann, daß diese energetischen Wesen mir nahe sind. Hätte mir jemand vor einigen Jahren gesagt, daß ich einmal an so etwas glauben würde, hätte ich ihn für verrückt erklärt. Aber vor acht Jahren wurde ich Zeugin einer Umweltkatastrophe, und ein Gefühl der Trauer überwältigte mich, anders, als ich es je in meinem Leben erfahren hatte. Ich konnte diese Trauer einfach nicht überwinden.

Eines Nachmittags ging ich durch den Wald. Plötzlich hörte ich eine Stimme, die von unten kam, ungefähr aus Kniehöhe. Sie sagte: ›Hilf uns.‹ Ich weinte, weil ich in der Tiefe meiner Seele verstand, daß das Königreich der Natur zu mir sprach. Am selben Abend rief ich meinen Chef an und kündigte meine Stelle als Leiterin eines Kaufhauses. Ich habe in diesem Moment keinen einzigen Gedanken daran verschwendet, wie ich meinen Lebensunterhalt verdienen sollte. Ich mußte dieser Stimme einfach folgen. Dann betete ich, damit mir ein Weg gezeigt würde, um der Natur zu helfen.

Nach zwei Wochen fragte mich eine Frau, die ich bis dahin nur ganz oberflächlich gekannt hatte, ob ich nicht Interesse daran hätte, ein Geschäft zu gründen und Kräuter anzupflanzen und zu verkaufen. Für mich war das der eigentliche Beginn meines Lebens.«

Dieses intuitive Gefühl der Verbindung treibt uns als Planeten zu einem ganzheitlichen Verständnis von Gesundheit und Krankheit, von unserer Umwelt und ihrer biologischen Vielfalt und von der gesellschaftlichen Priorität von Dienst und Wohltätigkeit. Diese Bewegung hin zur »einen Welt« ist eine Erweiterung der Freisetzung des göttlichen Lichts in der Welt. Es scheint, als ob die Menschheit »unter dem Befehl« stünde, spirituell auf eine Ebene ganzheitlicher Sichtweise und Dienstes zu reifen, und uns steht eine Vielzahl von Wegen des Dienstes offen, die alle diesen Befehl ausführen.

Einer der Mystiker, die an einer globalen Politik arbeiten, um Menschen und Staaten zusammenzubringen und die Welt wieder lebenswert zu machen, ist Jim Garrison, 44 Jahre alt, Präsident der Gorbatschow-Stiftung, Präsident der International Foreign Policy Association und Vorstandsmitglied sowie Aufsichtsratsvorsitzender der Diomedes Corporation. Jim ist auch Theologe; er hat seinen Doktor der Theologie an der Cambridge University erworben. Jim hat viel geleistet: so hat er beispielsweise Michail Gorbatschow dazu angeregt, die Gorbatschow-Stiftung zu gründen, er schuf eine Raumbrücke für amerikanische Astronauten und Kosmonauten aus der früheren Sowjetunion, und er initiierte das erste globale Forum, auf dem zahlreiche politische Führer der Welt – unter anderem George Bush, Margaret Thatcher und Michail Gorbatschow – sich mit einflußreichen Stimmen der neuen Spiritualität wie Deepak Chopra und Thich Nhat Hanh trafen, um über eine Vision für unsere globale Gesellschaft zu diskutieren. Jim ist ein Mann, der von einer Vision und der Macht des menschlichen Geistes getrieben wird.

Jim erblickte in China das Licht der Welt – als Sohn amerikanischer Missionare. Er beschreibt seine erste spirituelle Erfahrung wie folgt: »Im Alter von fünf Jahren spazierte ich in einen buddhistischen Tempel in einem kleinen Dorf auf Taiwan, wo ich zum ersten Mal einen meditierenden Mönch sah. Ich beobachtete ihn, und mir fiel auf, daß eine Fliege über sein Gesicht krabbelte. Das faszinierte mich, weil der Mönch mit keinem Muskel zuckte. Die Fliege flog davon und kehrte dann zurück, aber immer noch saß der Mönch völlig regungslos. Ich erkannte, daß sich dieser Mann an einem völlig anderen Ort befand. Ich saß in dem Tempel, beobachtete den Mönch und konnte immer nur an eines denken: ›Wo mochte er nur sein?‹

Am nächsten Sonntag, während der Predigt meines Vaters, wurde mir klar, daß ich nicht an das glaubte, was mein Vater verkündete. Plötzlich erkannte ich, daß der Orient eine Schatztruhe der Wahrheit war und eine Kultur besaß, die geehrt, nicht konvertiert werden sollte. Ich wurde schließlich in ein protestantisches Internat geschickt, und im Alter von sieben Jahren prügelte man mich kräftig durch, weil ich dem, was die Missionare über Gott lehrten, nicht zustimmen wollte. Während dieser Erfahrung kehrte das Bild jenes Mönchs zu mir zurück und erinnerte mich daran, daß es einen Ort geben mußte, an den wir jenseits von Zeit und Raum gehen konnten. Dieses Bild half mir, das Internat zu überstehen.

Als ich neun war, wurde ich in theologischen Fragen streitsüchtig. Ich erinnere mich, wie ich einmal ein katholisches Mädchen namens Jackie verteidigte, die ebenfalls das Internat besuchte. Die anderen Schüler meinten, sie würde in die Hölle fahren, weil sie katholisch war, und ich erklärte, daß niemand, der an Gott glaubt, in die Hölle kommt. Ich sagte, es sei egal, ob sie Katholikin war. Wegen dieser Worte kam ich zwei Wochen in ›Einzelhaft‹. Kurz darauf rief eine der Schlafraumvorsteherinnen die anderen Kinder in einem Zimmer zusammen, um ihnen Süßigkeiten zu schenken. Ich hörte von nebenan, wie sie zu den Kindern sagte, daß sie noch mehr Süßigkeiten bekommen würden, wenn sie so lange nicht mit mir spielten, wie ich Christus nicht angenommen hatte. Wieder trat das Bild des Mönchs vor mein inneres Auge und erinnerte mich daran, daß es einen Ort jenseits unserer Lebensumstände geben müsse, an dem man die äußere Welt überleben kann.

Kaum war ich an diesen Ort gelangt, lernte ich eine wichtige Tugend: Wenn man Kleingeistern gegenübersteht, besteht die Aufgabe darin, Teil des Lichts zu sein – andere zu beschützen, sich jenen entgegenzustellen, deren Vorstellungen negativ sind. Aus dieser Einsicht heraus entstand die Idee der sozialen Gerechtigkeit, die heute mein Lebensinhalt ist. Ich glaube, wir sind Gefäße, mit deren Hilfe der Geist die menschliche Entwicklung fördert. Das ist alles, was ich mit meinem Leben angefangen habe. Ich glaube, mein spirituelles Leben und meine spirituelle Arbeit begannen, weil ich mich weigerte, die

Authentizität der Erfahrung mit diesem Mönch loszulassen. An dem Tag, als ich ihn sah, muß ich irgendwie mit ihm an diesen inneren Ort gegangen sein. Seit jener Zeit bin ich nie in das gewöhnliche Bewußtsein zurückgekehrt. Ich glaube, daß wir manchmal meditieren müssen, manchmal müssen wir beten, und manchmal müssen wir uns unseren Herausforderungen gewissermaßen vor Ort stellen. Und dann gibt es Momente, in denen wir einfach die Schöpfung und die ungeheure Vielfalt des Göttlichen anbeten müssen. Das ist die Aufgabe des menschlichen Geistes.«

Jim ist ein Mystiker der Gegenwart. Als er die politischen Führer dieser Welt auf dem ersten globalen Forum zusammenbrachte, um »intensiv über die nächste Phase der menschlichen Entwicklung nachzudenken«, war er ein leuchtendes Beispiel für das volle Potential des menschlichen Geistes und die Kapazität eines einzigen Menschen, dessen Waffe der Glaube ist, zur Heilung dieses Planeten entscheidend beizutragen.

Die spirituelle Krise und die Notwendigkeit der Hingabe

Die »Symptomologie« einer spirituellen Krise ist mit derjenigen einer psychologischen fast identisch. Da die Seele an einer spirituellen Krise stets beteiligt ist, wird einem »mystischen Anfänger« unter Umständen nicht bewußt, daß sein Tiefpunkt spiritueller Natur ist. Er schreibt das Dilemma daraufhin psychologischen Gründen zu. Die Anzeichen – es sind deren stets drei – sind jedoch klar erkenntlich.

Es beginnt für gewöhnlich mit dem Bewußtsein, daß *Sinn und Zweck fehlen*. Man fühlt ein tiefes Sehnen, das nicht mit der Aussicht auf eine Gehaltserhöhung oder Beförderung, auf eine Eheschließung oder eine neue Beziehung befriedigt werden kann. Gewöhnliche Lösungen haben keinerlei Anziehungskraft. Manche entdecken natürlich niemals den Sinn und Zweck ihres Lebens, aber diese Menschen erwarten höchstwahrscheinlich, daß das Leben seinen »Sinn« an ihrer Haustür abliefert ... Chronische Nörgler und solche, denen es an Ehrgeiz fehlt, leiden wohl nicht unter einer spirituellen Krise. Diejenigen, die davon betroffen sind, haben jedoch das Gefühl, daß etwas in ihnen versucht, sie aufzuwecken. Sie können es nur noch nicht sehen.

Merkwürdige, unbekannte Ängste sind das zweite Symptom einer spirituellen Krise. Es handelt sich dabei nicht um gewöhnliche Ängste wie etwa die Furcht vor dem Verlassenwerden oder dem Altern; sie vermitteln dem Betroffenen vielmehr das Gefühl, als ob er seine Identität verliert. »Ich weiß nicht mehr, wer ich bin und was ich vom Leben will« ist eine gängige Aussage eines Menschen, der von der Energie des siebten Chakras erfüllt ist.

Das dritte Symptom ist das Bedürfnis, sich etwas *hinzugeben*, das größer ist als man selbst. Die zahlreichen psychologischen Fach- und Sachbücher über die Bedürfnisse der Menschen, die heutzutage zur Verfügung stehen, erwähnen nur selten unser grundlegendes Verlangen nach Hingabe, und doch müssen wir alle biologisch und energetisch in Kontakt mit einer Kraftquelle stehen, die die menschlichen Begrenzungen und Qualen transzendiert. Wir müssen mit einer Quelle der Wunder und der Hoffnung in Berührung sein. Die Hingabe verpflichtet einen Teil unseres Wachbewußtseins unserem unbewußten immerwährenden Selbst, das uns wiederum direkt mit einer göttlichen Präsenz verbindet. Selbst kurze und flüchtige Begegnungen mit dieser Präsenz und ihrer unendlichen Macht helfen unserem Wachbewußtsein, seine Lebensängste abzuwerfen, und die menschliche Macht hat über unsere Aufmerksamkeit keine Befehlsgewalt mehr.

Unser Bedürfnis nach Hingabe an eine höhere Macht hat zahllose unpassende Ersatzziele gefunden: die Hingabe an eine Firma, an eine politische Partei, eine Sportmannschaft, ein persönliches Fitneßprogramm, sogar an eine Straßengang. All diese erdgebundenen Ersatzziele werden ihre Anhänger letztendlich enttäuschen. Gleichgültig, wieviel Sport Sie auch treiben, Sie werden altern. Sie altern vielleicht auf gesunde Weise, nichtsdestotrotz werden Sie älter. Ein Großteil der Qualen, unter denen die Menschen zu leiden haben, wenn sie ihren Arbeitsplatz bei einer Firma verlieren, der sie jahrelang loyal gedient haben, tritt zweifelsohne deswegen auf, weil ihre Loyalität das Element der unbewußten Hingabe enthielt. Wir erwarten, daß unsere Hingabe an irdische Dinge und an Menschen uns eine Form der Macht verleiht, die all unsere Sorgen vertreibt, aber kein Mensch und keine Firma besitzen eine solche Macht. Kein Guru, kein Minister und kein Priester können die Energie ihrer Anhänger lange auf sich ziehen, ohne daß es nicht über kurz oder lang einen Skandal gäbe. Wir sind nicht dazu gedacht, unsere Hingabe einem Menschen zukommen zu lassen; unsere Hingabe soll sich aufwärts richten und uns dabei mit sich ziehen.

Das Fehlen eines Sinns, der Verlust der Identität und das Bedürfnis nach Hingabe sind die drei wichtigsten Symptome, die darauf schließen lassen, daß ein Mensch in seine »dunkle Nacht« eingetreten ist. Zweifellos ähneln diese Merkmale weitverbreiteten psychologischen Dilemmata. Doch wenn die Wurzel der Symptome im Spirituellen liegt, *fehlt es dem Betroffenen an der Motivation, anderen Menschen die Schuld für seine Krise zu geben.* Statt dessen wird ihm klar, daß der Grund für diesen Tiefpunkt in seinem Innern zu suchen ist. Die Unzulänglichkeiten seines äußeren Lebens sind eine Folge der spirituellen Krise, nicht ihre Ursache.

Ein geschickter spiritueller Führer kann den Menschen durch

ihre »dunkle Nacht« hindurchhelfen, zu deren Herausforderungen nicht selten schwere psychologische Probleme gehören. Die übliche psychologische Beratung würde die Ursache in den negativen Beziehungsmustern des Betroffenen suchen, von der Kindheit bis zur Gegenwart. Es ist zwar sicherlich auch in der spirituellen Beratung hilfreich, diese Muster herauszufinden, aber ein spiritueller Führer untersucht in erster Linie den Inhalt der inneren Dialoge des Betroffenen in bezug auf Angelegenheiten des Geistes, zum Beispiel:

- Welche Fragen haben Sie gestellt, die Einsicht in den Sinn Ihres Lebens suchen?
- Welche Ängste haben Sie in Zusammenhang mit Ihrem Verständnis von Gott?
- Stufen Sie Ihr Leben als bedeutungslos ein, wenn Sie es innerhalb eines spirituellen Kontextes bewerten?
- Welche spirituellen Phantasien haben Sie? Glauben Sie beispielsweise, daß Sie anderen Menschen überlegen sind, wenn Sie einen spirituellen Weg suchen, oder daß Gott sich Ihrer mehr bewußt ist als anderer, die an spirituellen Dingen kein so großes Interesse haben wie Sie?
- Haben Sie in der Privatsphäre Ihrer Gebete oder Gedanken um Einsicht in die Gründe gebetet, warum es Ihnen so schwer fällt, Gott zu vertrauen?
- Haben Sie das Gefühl, daß Sie bei den Entscheidungen, die Sie für sich trafen, irgendwie versagt haben?
- Haben Sie jemals bewußt Ihre eigenen spirituellen Regeln verletzt?
- Haben Sie sich jemals Heilung gewünscht?
- Haben Sie sich jemals gewünscht, Gott auf tiefere Weise zu kennen, als Sie das gegenwärtig tun?

Das sind keine gewöhnlichen psychologischen Fragen. Man kann sich ihren Antworten stärker öffnen, wenn man sein Leben so umorganisiert, daß alle mentalen und emotionalen Blockaden entfernt werden. Diese Neuordnung führt zuerst zu einer Verschlimmerung der Erfahrung der »dunklen Nacht der Seele«: Man lernt den Inhalt von Kopf und Herz kennen, stellt sich seinen Ängsten und Überzeugungen, verfolgt bewußt seine Schattenseiten und hinterfragt die falschen Götter, die ihre Macht über die menschliche Psyche nie kampflos aufgeben. Krankheit ist oft ein Katalysator der spirituellen Transformation und der »dunklen Nacht«.

Per, heute 49, entwirft Ozeandampfer – ein Beruf, der ihm großen finanziellen Erfolg bescherte. Jahrelang reiste Per durch die Welt, kam mit einflußreichen Geschäftsleuten zusammen und genoß das glitzernde gesellschaftliche Leben. Doch als er 43 war, wurde Per als HIV-positiv diagnostiziert. Kaum ein Jahr nach dieser Diagnose starb seine Mutter, der er sehr nahe stand. Die beiden traumatischen Ereignisse führten bei ihm zu tiefer Verzweiflung und Depression.

Vor dem tragischen Jahr hatte Per kein nennenswertes spirituelles Leben. Diese Dimension diente, um es in seinen Worten zu sagen, keinem Zweck in seinem Leben. Nach dem Tod der Mutter suchte er jedoch die Hilfe eines Pfarrers, konnte aber in der religiösen Tradition seiner Familie keinen Trost finden.

Trotzdem arbeitete Per weiter und erzählte niemandem von seinem körperlichen und spirituellen Zustand. Er zog sich immer mehr in sich zurück und fürchtete immer stärker, daß jemand von seiner Krankheit erfahren könnte. Die Kombination aus Furcht und Einsamkeit trieb Per beinahe in den Zusammenbruch. Er schränkte seine beruflichen Verpflichtungen ein und kam zu dem Schluß, daß er sich eine Zeitlang aus der Stadt zurückziehen mußte. Also zog er in das Landhaus seiner Mutter, das ziemlich abgelegen in den Bergen lag. Als Beschäftigungstherapie renovierte Per das Haus. Um sich die Zeit an den Abenden zu vertreiben, konnte er nur lesen, daher fuhr er eines Morgens in die nächstgelegene Stadt und suchte eine Buchhandlung. Damit begann seine Einführung in die alternative Heilung und spirituelle Literatur.

Per kehrte mit einer Ladung Lesestoff in das Haus seiner Mutter zurück, und monatelang tat er nichts anderes, als sich über alternative Heilmethoden zu informieren, einschließlich der Unterstützung der Heilung durch Meditation und Visualisierung. Voller Inspiration begann Per zu meditieren. Gleichzeitig veränderte er seine Eßgewohnheiten und hielt sich an eine strenge Heildiät. Seine Lebensweise in Isolation, Meditation und Hingabe an die Makrobiotik ähnelte der eines Mönchs.

Im Laufe der Monate spürte Per, wie sein Optimismus und seine Hoffnung zunahmen. Er übte, seinen Geist »im gegenwärtigen Augenblick« zu halten, und tat bewußt alles, was er konnte, um sich von seinen unerledigten Angelegenheiten zu befreien. Während seiner Meditationen erfuhr er immer öfter einen transzendenten Bewußtseinszustand. Zuerst hatte er keine Ahnung, was ihm da widerfuhr, er wußte nur, daß diese Empfindungen wundervoll waren.

Per las nun auch Bücher über Mystizismus und entdeckte Beschreibungen mystischer Erfahrungen, die seinem transzendenten Zustand sehr nahe kamen. Eines Tages – während einer Meditation, in der Per, wie er es nannte, »den Himmel besuchte« – spürte er, wie sich sein Geist von seinem Körper trennte und in eine Dimension der »Ekstase jenseits menschlichen Bewußtseins« eintrat. In diesem Zustand lösten sich alle Ängste auf, und er fühlte sich »auf ewig lebendig«.

Danach beschloß er, wieder arbeiten zu gehen. Mit jedem Tag, der verging, fühlte er sich körperlich immer stärker. Er suchte seinen Arzt für einen neuerlichen Bluttest auf, und obwohl sein

Blut noch das Aidsvirus enthielt, befand sich sein Immunsystem wieder in einem Zustand maximaler Gesundheit. Per beschreibt sich heute als »lebendiger denn je zuvor, jetzt, da ich dem Tod gegenüberstand«. Sein ganzes Leben kreise um seine spirituelle Praxis, sagt er, und sogar seine Kreativität habe neue Ebenen erlangt.

»Ich weiß nicht, wie lange ich noch leben werde«, erzählte er mir, »aber die Wahrheit ist, selbst wenn ich dieses Virus nicht hätte, würde ich das nicht wissen. Ich glaube, daß dieses Virus mich ironischerweise spirituell gesund gemacht hat. Ich lebe heute jeden Tag lebendiger als je zuvor, und ich spüre eine Verbindung zu einem Ort, der für mich realer ist als diese Erde und dieses Leben. Wenn mir jemand anbieten würde, all das zu wissen und zu erleben, was ich heute weiß und erlebe, ich dafür aber HIV-positiv werden müsse, dann würde ich wohl zustimmen, denn dieser innere Ort ist soviel realer als alles, was ich je zuvor erfahren habe.«

Pers spirituelle Reise verkörpert nicht nur die »dunkle Nacht«, sie strahlt auch die Macht eines Geistes aus, der stärker wurde als der Körper. Seine Geschichte ist die eines Mannes, der einen spirituellen Weg fand, den er lange vermißt hatte: eine Hingabe an etwas, das größer ist als er selbst.

Die »dunkle Nacht« aushalten

Um die »dunkle Nacht« auszuhalten, braucht es Glaube, Gebet und, wenn möglich, einen spirituellen Führer. Wenn Sie keinen finden, können Sie sich immer noch an die spirituelle Literatur wenden (siehe Bibliographie). Falls Sie auf einen Menschen stoßen, der das Wesen Ihrer Reise versteht, dann ist das, als ob Sie ein Rettungsboot erklommen hätten. Führen Sie Tagebuch, zeichnen Sie Ihre Gedanken und Ihre Gebete auf, und halten

Sie sich vor allem an die Wahrheit, daß alle dunklen Nächte mit einem Licht enden, das einen neuen Weg anstrahlt.

Verpflichten Sie sich einer Form des täglichen Gebets, mit der Sie sich wohl fühlen. Hingabe – nicht Besessenheit, sondern Hingabe – ist eine überaus heilsame und tröstliche Kraft. Beten Sie zu bestimmten Tageszeiten: beim Aufstehen, vielleicht zur Mittagszeit und bevor Sie zu Bett gehen. Die Qualität eines Gebets wird nicht an seiner Länge, sondern an seiner Absicht gemessen. Schon fünf Minuten jeden Morgen und jeden Abend reichen aus. Wenn Ihnen bestimmte Gebete ein Gefühl der Gelassenheit vermitteln, dann machen Sie diese Gebete zu einem festen Bestandteil Ihrer täglichen Hingabepraxis.

Ron, 57, war früher katholischer Priester und erlangte nationale Berühmtheit in den USA, weil er die Gabe besaß, Menschen zu heilen. Er entdeckte diese Fähigkeit, als er noch ein junger Priester war.

Seine erste Erfahrung als Heiler beschreibt er wie folgt: »Im Frühling 1976 bat man mich, vor einer Gruppe von Menschen mit unterschiedlichem religiösen Hintergrund eine Vorlesung über die Macht Gottes zu halten. Zu jener Zeit beschäftigte ich mich gerade damit, eine Brücke über die Kluft zwischen den verschiedenen Religionen zu schlagen. Am Ende meiner Vorlesung fragte mich ein Mann, ob ich ›für die Kranken im Publikum‹ beten wolle. Ich ging davon aus, daß er mich bat, still für mich für diese Menschen zu beten, also versicherte ich ihm, daß ich das gern tun wolle. Kaum hatte ich ihm das gesagt, marschierte er zum Podium und verkündete, daß ›Ron sehr glücklich wäre, für alle Kranken im Publikum um Heilung zu beten‹.

Als er das sagte, hätte ich beinahe einen Herzinfarkt erlitten. Theologisch gesehen glaubte ich an die Macht Gottes, aber die ›Macht Gottes zu heilen‹ war eine ganz andere Sache. Annähernd zweihundert der fast vierhundert Menschen im Saal wollten an dieser Gebetszeit teilnehmen. Ich wußte nicht, was ich tun sollte, und bat um Führung. Intuitiv wußte ich, daß ich einfach nur meine Hände auf die Menschen legen und die Macht Gottes tun lassen mußte, was immer zu tun war.

Ich erinnere mich noch deutlich an die erste Frau, die vor mir stand. Ich legte eine Hand auf ihren Kopf und schlug mit der anderen Hand – aus Gewohnheit – das Zeichen des Kreuzes über ihren Körper. Ich spürte nichts als Angst und bewegte mich zügig durch die Menge, um mir einen schnellen Abgang zu verschaffen. Ungefähr vier Monate später trat dieselbe Frau über die Schwelle meiner Kirche, um mir mitzuteilen, was sich seit jenem Tag in ihrem Leben getan hatte. Sie sagte, sie habe damals gespürt, wie eine Art Blitz durch ihren Körper fuhr, begleitet von einer inneren Stimme, die ihr sagte, sie solle sich weiteren Tests bei ihrer Ärztin unterziehen. Sie tat das und mußte feststellen, daß ihre Krebserkrankung völlig verschwunden war. Ich wurde von Ehrfurcht ergriffen.

Seit dieser Zeit hat mein Leben eine Richtung eingeschlagen, die ich nicht bewußt geplant habe. Die spirituelle Heilung rückte in den Mittelpunkt meines Lebens. Menschen kamen zu mir und baten mich um Hilfe, und obwohl ich nicht verstand, wie ich ihnen half, grub sich ein Satz aus einem Gebet des heiligen Franz von Assisi in mein Bewußtsein ein: ›Mach mich zum Gefäß deines Friedens.‹ Dieses Gebet machte mir klar, daß ich mich einer Kraft ergeben mußte, die viel größer war als ich. Die Kraft würde die Arbeit tun. Ich mußte der ›spirituellen Kraft‹ nur ein Gefährt bieten, mit dessen Hilfe sie agieren konnte.«

Rons »dunkle Nacht« begann 1987, als er erkannte, daß er nicht länger Priester sein wollte. Eine Reihe von Ereignissen führte ihn zu der Überzeugung, daß er weder die politische Atmosphäre der Kirche überleben noch sich an deren Dogmen halten konnte, die seinem Empfinden nach mit den Lehren Jesu nicht vereinbar waren.

»Ich war buchstäblich bis zum Rand mit Verzweiflung, Niedergeschlagenheit und Gefühlen der Unzulänglichkeit angefüllt«, erklärte Ron. »Doch das reichte noch nicht aus, um mich zur Aufgabe des Priesteramts zu bewegen – aus Angst vor dem, was andere, insbesondere meine Familie, dazu sagen würden. Ich lebte in der Furcht vor dem Stammesgeist, und doch stellte sich heraus, daß meine Familie hinter mir stand, als ich mein Amt niederlegte.

Dann zwang mich eine Reihe von Ereignissen, mich meiner Einsamkeit und mir selbst zu stellen, in einer schwierigen Situation, die alles auf die Spitze trieb. Ich glaubte wirklich, daß ich mich der Entwicklung meiner spirituellen Bewußtheit verpflichtet hatte, aber dann entwickelte sich ein tiefer Konflikt zwischen einem bestimmten Bischof und mir. In dieser Zeit erhielt ich eine Einladung zu der Talk-Show von Joan Rivers. Ich befand mich mitten in einer Identitätskrise. Ich hatte 25 Jahre meines Lebens als Priester verbracht, aber Joan Rivers stellte mich als spirituellen Heiler vor, der mit Hilfe des Gebets heilt. Es war, als ob mir jemand mit einem Hammer einen Schlag versetzte und sagte: ›Das ist jetzt deine Identität.‹ In diesem Moment kehrte das Licht in mein Leben zurück.

Im Anschluß an diese Fernsehsendung, auf dem Heimflug von New York, beschloß ich, mein Amt als Priester niederzulegen. Kurz darauf traf ich einen zutiefst spirituellen Lehrer, der mir sagte, ich würde die Religion transzendieren und glaubwürdiger werden denn als Priester – eine Bemerkung, die mich schockierte. Obwohl ich die institutionelle Priesterschaft verließ, habe ich immer noch das Gefühl, in des Wortes tiefster Bedeutung ein ›ordinierter‹ Priester zu sein.

Ich stieg aus meiner Gruft auf und machte mich auf meinen Weg als spiritueller Heiler. Ich trennte mich von all meinen Bindungen. Die mystischen Wahrheiten, die ich als Priester kennengelernt hatte, behielt ich bei, aber ich ließ die religiöse

Lehre los. Neue Gelegenheiten eröffneten sich mir sofort, so zum Beispiel innerhalb der Ärzteschaft.«
Ron gehört heute zu den führenden Heilern, nicht nur für die Menschen, die die Hilfe seiner Heilkraft suchen, sondern auch für jene, die selbst gern Heiler werden möchten.
Seine Einsichten in das Wesen der Heilung durch Gebet sind für jeden Menschen wertvoll: »Lassen Sie mich zuerst definieren, was es bedeutet, ein ordinierter Heiler zu sein. Ein ordinierter Heiler ist ein Mensch, der für die Energie Gottes durch das Gebet offen ist und der diese Energie nutzt, um Einzelpersonen, aber auch den Planeten als Ganzes zu heilen. Viele Menschen bezeichnen sich als Heiler; sie meinen es zwar gut, aber sind nicht das, was ich ›ordinierte‹ Heiler nennen würde. Das Kennzeichen des ordinierten Heilers ist es, durch eine ›dunkle Nacht‹ gegangen zu sein und die Empfindung durchlitten zu haben, von Gott verlassen worden zu sein. Die Bedeutung des Verlassenwerdens, das ist mir jetzt klar, liegt darin, daß darin eine Frage von Gott verborgen liegt: ›Bist du bereit, an mich zu glauben, selbst in der dunkelsten Nacht?‹
Während dieser Verlassenheit zerbricht dein eigener Geist, und du erkennst, daß du dieser Hölle nur entrinnst, wenn du dich wieder Gott zuwendest und die Bedingungen des Göttlichen akzeptierst, gleichgültig, was der Himmel danach auch von dir fordern mag. Die Erinnerung an diese ›dunkle Nacht‹ bleibt als Bezugspunkt in deiner Erinnerung lebendig, hält dich auf Gott ausgerichtet, macht dich bescheiden und dir auf ewig der Tatsache bewußt, daß die Auferstehung jederzeit kommen kann, gleichgültig, wie dunkel die Nacht auch ist.
Welcher Typ Mensch meine Hilfe sucht? Menschen mit unheilbaren Krankheiten kommen zu mir – und übrigens fühlt sich die überwältigende Mehrheit dieser Menschen von Gott verlassen oder bestraft. Ihre Haltung besagt zwar: ›Wenn Gott das will, dann kann ich es akzeptieren‹, aber sie meinen es ganz

und gar nicht so. Ihr Konflikt ist offensichtlich, aber über ihre physische Erkrankung hinaus haben sie schreckliche Angst davor zu erfahren, warum ihr Geist solche Qualen leidet. Einige finden den Mut, während ich für sie bete, zu Gott zu sagen: ›Ich bin bereit, deine Gnade anzunehmen und sie einzusetzen, wie Jesus es tat, um meine Ängste zu heilen und all jenen zu vergeben, denen ich vergeben muß.‹ Ich vermute, sie erhalten die Gnade, die ihre physische Erkrankung zerstört.

Was Heilung durch Gebet wirklich bedeutet? Es bedeutet, die Energie Gottes anzurufen, um uns ›seine Gnade auf eine Weise zuteil werden zu lassen‹, die es uns erlaubt, uns mächtiger zu fühlen als die Krankheit.

Ob alle Krankheiten geheilt werden können? Ja, natürlich, das bedeutet allerdings nicht, daß auch wirklich jede Krankheit geheilt *wird*. Manchmal muß ein Mensch seine Krankheit aus Gründen ertragen, die ihm helfen, sich seinen Ängsten und seiner Negativität zu stellen. Und manchmal ist für den Betroffenen einfach die Zeit zu sterben gekommen. Der Tod ist nicht der Feind; der Feind ist die Angst vor dem Tod. Der Tod kann jedoch sehr wohl die höchste Erfahrung des Verlassenwerdens sein – und aus diesem Grund fühlen wir uns gezwungen, in Kontakt zu jenen treten zu wollen, die vor uns dahingeschieden sind, um sicherzustellen, daß bei unserer Ankunft auch ja eine Begrüßungsparty stattfindet.

Ob Gebetsheilungen in Folge der spirituellen Bewußtheit des New Age glaubwürdiger werden? Ja, wenn wir verstehen, worum es beim authentischen Gebet geht. Das Gebet verkörpert die bewußte Verbindung mit Gott. Authentisches Beten bedeutet nicht, sich an Gott zu wenden, um etwas zu bekommen; es bedeutet, sich an Gott zu wenden, um bei ihm zu sein. Beim Gebet kommt es nicht so sehr auf unsere Worte an Gott an, als vielmehr auf unser Leben mit ihm. Wenn wir das verstehen, kann das Gebet zur ›Energiemedizin‹ werden.

Sobald mich die Menschen verlassen haben, müssen sie mit ihrem eigenen Gebetsleben mit Gott fortfahren. Wer mich für den Verantwortlichen hält oder glaubt, ich hätte eine Kraft, die ihm selbst fehlt, begeht einen Fehler, der darauf zurückzuführen ist, daß man Priestern eine tiefere Verbindung zu Gott zuschreibt als ›gewöhnlichen‹ Sterblichen. Das ist ein Irrtum und ein schwerer Fehler. Der einzelne muß ein ganz persönliches und verantwortliches spirituelles Leben anstreben. Ich bin nur der Initialzünder der Energie, aber der Betroffene muß den Wagen selbst am Laufen halten.«
Rons Arbeit verkörpert das neuerliche Auftauchen einer Form der Heilung, die es immer schon gegeben hat und die es auch stets hatte geben sollen: die Heilung durch den Glauben im gegenwärtigen Augenblick.

Unser Ziel auf dieser Erde besteht darin, unsere Illusionen zu transzendieren und die unserem Geist innewohnende Macht zu entdecken. Wir sind für das verantwortlich, was wir erschaffen, und wir müssen daher lernen, mit Liebe und Weisheit zu handeln und zu denken und unser Dasein im Dienst an anderen und an allem Leben zu verbringen.

Fragen zur Selbstprüfung

1. Mit welchen Fragen haben Sie in der Meditation oder im Gebet um Führung ersucht?
2. Vor welchen Antworten auf diese Fragen hätten Sie am meisten Angst?
3. Feilschen Sie mit Gott? Jammern Sie Gott häufiger etwas vor, als daß Sie ihm gegenüber Ihre Dankbarkeit ausdrücken? Neigen Sie dazu, um bestimmte Dinge zu beten, anstatt einfach in Wertschätzung zu beten?

4. Fühlen Sie sich einem bestimmten spirituellen Weg verpflichtet? Wenn nein, spüren Sie das Bedürfnis, einen zu finden? Gilt Ihre Hingabe einem Ersatzziel? Wenn ja, schreiben Sie Ihre Beziehung dazu auf, und bewerten Sie sie.
5. Glauben Sie, daß Ihr Gott authentischer ist als das Göttliche in anderen spirituellen Traditionen?
6. Warten Sie darauf, daß Gott Ihnen eine Erklärung für Ihre schmerzlichen Erfahrungen gibt? Wenn ja, schreiben Sie diese Erfahrungen auf.
7. Wie würde sich Ihr Leben verändern, wenn Gott plötzlich beschlösse, Ihre Fragen zu beantworten? Wie würde es sich ändern, wenn die Antwort lautete: »Ich habe nicht die Absicht, dir zu diesem Zeitpunkt deines Lebens die Einsicht in deine Fragen zu geben«? Wozu wären Sie dann bereit?
8. Haben Sie regelmäßig meditiert und dann damit aufgehört? Wenn ja, warum sind Sie an Ihrer Meditationspraxis gescheitert?
9. Welche spirituellen Wahrheiten sind Ihnen bewußt, obwohl Sie sich in Ihrem Leben nicht danach richten? Schreiben Sie sie auf.
10. Fürchten Sie sich vor einer engeren Beziehung zum Göttlichen aufgrund der Veränderungen, die das in Ihrem Leben auslösen könnte?

Nachwort
Anleitung für Mystiker von heute

Ich weiß, daß ich nicht als erste verkünde, wie aufregend es ist, gerade heute am Leben zu sein. Wir leben in einer Zeit, die sich grundlegend von allen bisherigen Zeiten unterscheidet. Wir leben zwischen zwei Beispielen der Macht oder zwei Beispielen der Wirklichkeit – der inneren und der äußeren, der energetischen und der physischen. Wir konstruieren uns selbst und unsere Beziehung zu persönlicher und spiritueller Autorität völlig neu. Diese Neuformung wird unweigerlich alle Aspekte unserer globalen Zivilisation verändern, in Übereinstimmung mit der heiligen Wahrheit »Alles ist eins«.
Die Tatsache, daß unsere globale Gesellschaft jetzt ununterbrochen von Krisen erschüttert wird, die jeden Staat, jedes Organ und jedes System unseres globalen »Körpers« berührt, ist von symbolischer Bedeutung. Die atomare Verseuchung, Umweltprobleme und der Schwund der Ozonschicht sind nur die ersten von vielen Krisen, die nicht länger nationalen, sondern weltweiten Ausmaßes sind. Auf der makrokosmischen Ebene zwingt uns die drohende Aussicht auf eine globale Katastrophe dazu, eine Politik der Einheit zu verfolgen, ähnlich einem Schwerkranken, der alle Kräfte seines Körpers und seines Lebens vereinen muß, um zu überleben. Wir sind am Ende des »Teile-und-herrsche«-Systems der Macht angekommen, und dieses System wird von dem Versuch ersetzt, die Kräfte der verschiedenen Nationen zu vereinen, um zu überleben und sicher in das nächste Jahrtausend zu treten. Unser wechsel-

seitig miteinander verbundenes »Informationszeitalter« ist das Symbol eines globalen Bewußtseins.

Die Informationstechnologie ist die stoffliche Verkörperung unserer energetischen Interaktionen. Wir haben äußerlich das geschaffen, was in unseren Energiefeldern bereits existiert. Energieinformationen kommen überall zum Einsatz: in ganzheitlichen Modellen der Gesundheit, in den Gesundheitsprogrammen der Firmen und in Seminaren über positives Denken, im Sport, wo mentale Einstellung und Visualisierungstechniken für die körperlichen Fähigkeiten der Spieler als überaus wichtig erachtet werden. Ob sie von Geld motiviert werden, von dem Verlangen, bei einem sportlichen Wettkampf zu siegen, oder dem Bedürfnis, eine Krankheit zu heilen, Pioniere auf allen Gebieten wenden sich Energielösungen zu, um ihre physischen Ergebnisse zu maximieren.

Aus Sicht unserer ersten Chakras ist das Energiezeitalter unserer Zivilisation ein »Informationszeitalter«, unterstützt von der zunehmenden Präsenz von Computern. Aus Sicht unseres siebten Chakras können wir es jedoch als Zeitalter der Bewußtheit erkennen, das die energetischen Managementfähigkeiten der Mystiker braucht: Gebet, Meditation, ständige Selbsterforschung und die Einheit aller Menschen. Ironischerweise sind beide Bereiche identisch; wir befinden uns alle auf demselben Weg.

Führung für die Mystiker von heute

Denken Sie in der Sprache des Einsseins.
Schauen Sie durch die Linse der symbolischen Einsicht. Denken Sie immer daran, daß alle physischen und emotionalen Hindernisse Illusionen sind. Suchen Sie in jeder Situation die energetische Bedeutung, und folgen Sie ihr.

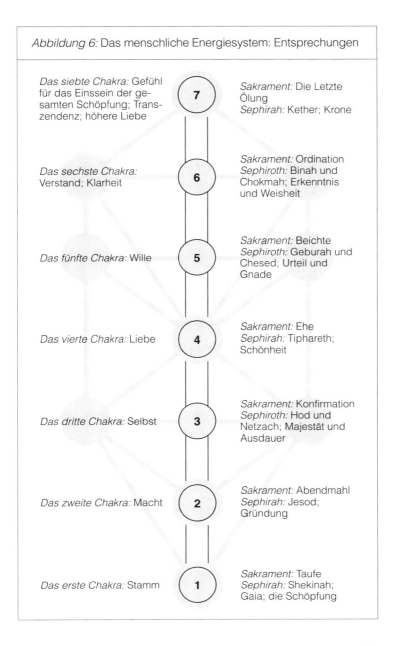

Abbildung 6: Das menschliche Energiesystem: Entsprechungen

Das siebte Chakra: Gefühl für das Einssein der gesamten Schöpfung; Transzendenz; höhere Liebe

Sakrament: Die Letzte Ölung
Sephirah: Kether; Krone

Das sechste Chakra: Verstand; Klarheit

Sakrament: Ordination
Sephiroth: Binah und Chokmah; Erkenntnis und Weisheit

Das fünfte Chakra: Wille

Sakrament: Beichte
Sephiroth: Geburah und Chesed; Urteil und Gnade

Das vierte Chakra: Liebe

Sakrament: Ehe
Sephirah: Tiphareth; Schönheit

Das dritte Chakra: Selbst

Sakrament: Konfirmation
Sephiroth: Hod und Netzach; Majestät und Ausdauer

Das zweite Chakra: Macht

Sakrament: Abendmahl
Sephirah: Jesod; Gründung

Das erste Chakra: Stamm

Sakrament: Taufe
Sephirah: Shekinah; Gaia; die Schöpfung

Bewerten Sie Ihre täglichen Entscheidungen und die Auswirkungen dieser Entscheidungen auf Ihr Energiesystem. Dadurch bekommen Sie ein Gespür dafür, wann Sie durch Furcht oder negatives Denken Energie verlieren.

Richten Sie sich bei Ihrer täglichen Führung nach dem heiligen Text Ihres biologischen Energiesystems (siehe Abbildung 6). Denken Sie stets an die sieben heiligen Wahrheiten von Körper und Geist:

1. Alles ist eins.
2. Ehret einander.
3. Ehre dich selbst.
4. Liebe ist göttliche Macht.
5. Unterwirf deinen persönlichen Willen dem göttlichen Willen.
6. Strebe nur nach der Wahrheit.
7. Lebe im gegenwärtigen Augenblick.

Diese Wahrheiten sind einfach und machtvoll und helfen, Verstand, Körper und Geist wieder auf die Kontaktstelle zum göttlichen Bewußtsein auszurichten.

Solange Sie diese Wahrheiten als Bezugspunkte nutzen, können Sie jeden Machtverlust einschätzen und Ihren Geist zurückrufen, indem Sie bewußt erkennen, welche Wahrheit Sie nicht ehren.

Meditation für jeden Tag

Zur täglichen Meditation sollten Sie Ihre Aufmerksamkeit bewußt auf jedes Ihrer Chakras lenken. Beginnen Sie beim ersten, und arbeiten Sie sich langsam hoch. Richten Sie Ihre Aufmerksamkeit auf folgende Punkte:

1. »Verliere ich Energie? Wenn ja, welche Furcht entzieht mir Macht aus diesem Teil meines Körpers?« Nehmen Sie einen tiefen Atemzug, und befreien Sie Ihre Energie bewußt von dieser Furcht.
2. Rufen Sie die schützenden Energien der spirituellen Wächter, der Sephiroth oder des Sakraments des jeweiligen Chakras.
3. Treten Sie bewußt in die Energie dieses Chakras, und spüren Sie die Qualität der Energieaktivität in diesem Teil Ihres Körpers.

Gehen Sie auf Ihrem Weg durch die Chakras auf folgende Weise vor:
Konzentrieren Sie sich beim ersten Chakra auf die Energie der Sephirah Shekinah, und fühlen Sie Ihre Verbundenheit mit allem Leben. Konzentrieren Sie sich dann auf die symbolische Bedeutung des Sakraments der Taufe, und segnen Sie das Leben, das Sie für sich erwählt haben, sowie Ihre Familie, die eigentliche und die erweiterte, aus der Ihr Leben besteht.
Konzentrieren Sie sich beim zweiten Chakra auf die Energie der Sephirah Jesod, und spüren Sie die Energie, die Sie bei schöpferischen Akten aus diesem Bereich Ihres Körpers freisetzen. Wenn Ihre Energie verseucht ist – voller Negativität und Furcht –, so prüfen Sie Ihre Absichten erneut. Rufen Sie sich die Energie des Sakraments des Abendmahls ins Gedächtnis: Erkennen Sie, daß Ihnen jeder Mensch in Ihrem Leben von Gott geschickt wurde. Wann immer Sie diese Göttlichkeit nicht klar sehen können, bitten Sie um die Kraft, durch diese Illusionen, die Sie kontrollieren, hindurchzusehen.
Konzentrieren Sie sich beim dritten Chakra auf die Energie der Sephiroth Netzach und Hod, auf Integrität und Ausdauer. Bewerten Sie Ihren eigenen Verhaltenskodex, und fragen Sie sich, ob Sie bei Ihrer Ehre auf irgendeine Weise Kompromisse

eingegangen sind. Wenn das der Fall sein sollte, meditieren Sie über die Bedeutung von Ehre, und bitten Sie um Hilfe bei der Aufrechterhaltung Ihrer persönlichen Maßstäbe. Rufen Sie sich dann die Energie des Sakraments der Konfirmation ins Gedächtnis und daß Sie sich verpflichtet haben, Ihre eigene Würde zu ehren.

Konzentrieren Sie sich beim vierten Chakra auf die Energie der Sephirah Tiphareth und die Energie der Liebe und des Mitgefühls. Bewerten Sie, wie gut Sie darin sind, anderen und sich selbst Liebe zukommen zu lassen, einschließlich der liebevollen Energie durch Akte der Vergebung. Konzentrieren Sie sich dann darauf, wie gut Sie für sich selbst sorgen und wie sehr Sie Ihr symbolisches Ehegelübde mit sich selbst im Sakrament der Ehe ehren.

Konzentrieren Sie sich beim fünften Chakra auf die Energie der Sephiroth Chesed und Geburah, auf Gnade und Urteil, und bewerten Sie die Qualität Ihrer Gedanken über andere Menschen und über sich selbst. Bewerten Sie die Worte, die Sie an andere gerichtet haben, und wenn Sie schädliche Worte zum Ausdruck brachten, dann senden Sie den Betreffenden positive Energie. Wenn Sie etwas Unzutreffendes gesagt haben, erkennen Sie bewußt an, daß Sie andere getäuscht haben, und prüfen Sie die Furcht in Ihnen, aus der heraus diese Täuschung entstand. Auf diese Weise bedienen Sie sich der Energie des Sakraments der Beichte. Bitten Sie das Licht, in diese Furcht zu scheinen und Ihnen den Mut zu geben, nicht erneut in das negative Muster zu verfallen.

Konzentrieren Sie sich beim sechsten Chakra auf die Energie der Sephiroth Chokmah und Binah, auf göttliche Weisheit und Erkenntnis, und bewerten Sie Ihr Alltagsleben. Bitten Sie um Weisheit und Einsicht in all jenen Situationen, in denen Sie sich verwirrt oder ängstlich fühlen. Erinnern Sie sich an das Versprechen des Sakraments der Ordination: daß jeder von uns

eine besondere Gabe in diesem Leben hat und daß jeder von uns unweigerlich zu diesem Weg geführt wird. Sie können den Sinn Ihres Lebens unmöglich übersehen oder verpassen.
Konzentrieren Sie sich beim siebten Chakra auf die Energie der Sephirah Kether, auf Ihren Kontakt zum Göttlichen und auf das Sakrament der Letzten Ölung, bei dem Sie bewußt Ihre unerledigten Angelegenheiten beenden und loslassen. Lassen Sie die Energie Gottes in Ihren Verstand, Ihren Körper und Ihren Geist treten, und atmen Sie diese Energie in Ihr ganzes Wesen.
Bei dieser täglichen Meditationspraxis werden Sie die Gesundheit von Körper, Verstand und Geist bewerten. Die Arbeit mit dieser Meditation wird Sie die Gesundheit von Körper und Geist spüren lassen. Mit ihr können Sie Ihr Bewußtsein für das Gleichgewicht der Kräfte innerhalb Ihres Energiesystems erhöhen.
Darüber hinaus sollten Sie sich regelmäßig den Archetypus des Gelobten Landes ins Gedächtnis rufen. Er soll uns in uns selbst führen, um die Macht hinter unseren Augen zu entdecken. Wir können jedes Problem durch die Macht unseres Geistes transzendieren; das ist ein göttliches Versprechen.
Mit Hilfe dieser Selbsteinschätzung werden Sie die Fähigkeit entwickeln, Energie zu lesen und intuitive Führung zu spüren. Die Entwicklung dieser Fähigkeit erfordert tägliches Training – in Zeiten einer Krise sogar stündlich. Dieser einfache Akt der Bewußtheit wird zusammen mit der bewußten Verpflichtung, aus Ihren Erfahrungen zu lernen, Ihre Ängste schwächen und Ihren Geist stärken.
Wenn Sie die Sprache Ihres Geistes erlernen, müssen Sie jedoch vor allem anderen einen eigenen Ehrenkodex finden, der den spirituellen Inhalt Ihrer Biologie widerspiegelt. Dieses Zeitalter der Bewußtheit drängt uns nicht nur dazu, in neuen spirituellen Theorien zu schwelgen oder Gedankenspiele zu

verfolgen, die die Physik mit dem Zen-Buddhismus in Einklang bringt. Wir sollen uns in Richtung Selbstentdeckung und spirituelle Reife bewegen, bereit und in der Lage sein, ein Leben zu führen, das für uns und andere von Bedeutung ist.

In uns sind die heiligen Schriften. In uns ist die Göttlichkeit. Wir sind die Göttlichkeit. Wir sind die Kirche, die Synagoge, der Ashram. Wir müssen nur unsere Augen schließen und die Energie der Sakramente, der Sephiroth und der Chakras als Quelle unserer Macht spüren – als die Energie, die unsere Biologie in Gang hält. Sobald wir erkennen, aus was für einem Stoff wir gemacht sind, haben wir ironischerweise gar keine andere Wahl mehr, als ein spirituelles Leben zu führen.

Danksagungen

Ich bin so vielen Menschen dankbar, die Teil der Arbeit an diesem Buch waren und mich beim Schreiben unterstützt haben. Meinem Agenten, Ned Leavitt, schulde ich größten Dank, weil er mich zu diesem Projekt ermutigte und weil er ein hochbegabter Mensch von ausgeprägter Integrität ist. Ich werde meiner Herausgeberin, Leslie Meredith, für so vieles ewig dankbar sein – für ihren endlosen Optimismus, ihr großes Talent, ihre Wärme und ihr Einfühlungsvermögen. Aber sie wird vor allem deswegen immer einen Platz in meinem Herzen haben, weil sie die Vision verstand, die ich in diesem Buch zur Welt bringen mußte, und ganz besonders weil ich dem Manuskript mittendrin eine neue Ausrichtung gab und sie in der Lage war, sich dieser Vorstellung anzuschließen. Ich bewundere zutiefst ihre Gelehrtheit und ihre ehrliche Hingabe, die Arbeit ihrer Autoren und Autorinnen, darunter auch meine eigene, der Öffentlichkeit zugänglich zu machen. Mein Dank gilt auch Karin Wood, der Lektoratsassistentin, für ihre aufmunternden Worte und ihre enorme Effizienz. Ich stehe auch tief in der Schuld von Janet Biehl für ihre außergewöhnlichen Lektoratsfähigkeiten. Meiner persönlichen Lektorin Dorothy Mills schicke ich ein Herz voller Liebe und Dankbarkeit, sowohl für ihre berufliche Unterstützung als auch für ihre Freundschaft. Dorothy ist mir eine Quelle von Stärke und Optimismus geworden, und ich werde dem Schicksal ewig dankbar sein, daß es uns vor so vielen Jahren zusammengeführt hat.

Dr. med. Dr. phil. C. Norman Shealy ist seit mehr als zehn Jahren mein Forschungskollege. Er ist auch einer meiner engsten Freunde, mein Vertrauter, Berater und Führer. Ich würde heute sicher nicht diese Arbeit tun, wenn er nicht Teil meines Lebens geworden wäre. Dank ist nicht genug für all das, was er mir gegeben hat. Meine Wertschätzung gilt auch seiner wunderbaren Frau, Mary-Charlotte, die mir eine enge Freundin und ein integraler Bestandteil unserer Arbeit wurde. Meinen Dank auch an Roberta Howard, unsere Virgo-geschulte Sekretärin: mein aufrichtiger Dank für alles, was du für unsere Arbeit getan hast.

Mein Leben ist voller Freunde und Freundinnen, die ich liebe und bewundere und deren Leben und Arbeit eine Quelle ständiger Inspiration für mich sind. Dr. med. Christiane Northrup, begnadete Ärztin und Autorin, bat mich vor fünf Jahren um meine Mitarbeit. Seit damals lernen wir gemeinsam, und ich habe in ihr eine Quelle großen Humors und enormer Energie gefunden sowie tiefe Hingabe an die ganzheitliche Medizin.

Dr. phil. Joan Borysenko hat mein Herz mit ihren ständigen Worten der Unterstützung für meine Arbeit zutiefst berührt, ein Gefühl, das auf Gegenseitigkeit beruht. Dr. med. Dr. phil. Mona Lisa Schulz, Visionärin und eine brillante Frau, hat mich persönlich ermutigt, als ich es am meisten brauchte, und mich unendlich viel über den Weg der Heilung gelehrt. Ron Roth, ein begnadeter Heiler, und Paul Fundson, ein lieber Freund, waren das Rückgrat meiner spirituellen Unterstützung, und ich werde für ihre Präsenz in meinem Leben immer dankbar sein, insbesondere in den dunkleren Zeiten, von denen es in den letzten beiden Jahren viele gab.

Ich traf Dr. phil. Clarissa Pinkola Estés kurz bevor ich mit der Arbeit an diesem Buch begann. Ich habe in ihr eine lebenslange Freundin gefunden, und ich bin über alle Maßen dankbar für ihren Esprit, ihre Weisheit, ihre Schöpferkraft und die Tiefe ihres Geistes, ebenso wie für das Band des Glaubens, das wir in unserem spirituellen Erbe teilen. Mein endloser Strom der Dankbarkeit und Liebe gilt Tami Simon, der Gründerin von Sounds True Recording – für die Unterstützung meiner Arbeit, für ihre Freundschaft, für ihren ehrenhaften Geist und ihr großzügiges Naturell.

Ich möchte auch meinen Dank gegenüber Dr. phil. Elmer Green ausdrücken, dem »Vater« der Biofeedback-Bewegung, der als Fakultätsberater an diesem Projekt beteiligt war. Dr. Green ist weltweit für seine Beiträge im Bereich des menschlichen Bewußtseins bekannt, und ich erachte es als Ehre, in all diesen Jahren meiner Arbeit von ihm unterstützt worden zu sein.

Nancy W. Bartlett, Zauberin am Computer, eilte mir während der Entstehung dieses Buches zu Hilfe. Ich danke ihr vom Grunde meines Herzens für ihre vielen Besuche bei mir zu Hause und für ihre Geduld mit meinen mangelnden Fertigkeiten und meiner Unfähigkeit, auch nur die einfachsten Computeranweisungen zu erlernen. Ich danke auch dem wundervollen Team von Danny's Deli, das mir meine tägliche Ration an Cappuccino zukommen ließ – ohne Zimt. Ihr werdet nie wissen, wie sehr eure Wärme und Gastfreundschaft mir geholfen hat, mich wieder in dem Viertel wohl zu fühlen, in dem ich aufwuchs.

Meine Liebe gilt M. A. Bjorkman, Rhea Baskin, Carol Simmons, Kathalin Walker und dem Rest vom The Conference Works Team. Ich habe in eurer Agentur eine Qualität der Betreuung gefunden, die mich tiefer berührt hat, als ich es sagen kann. Die Arbeit mit euch ist mehr als nur ein Vergnügen – nicht nur, weil ihr euch wirklich um mein Wohlbefinden sorgt, sondern auch aufgrund eurer Ehre und Integrität als Geschäftspartner. Ihr seid ein Segen in meinem Leben.

Ich danke auch so vielen meiner engen Freunde und Freundinnen, die immer schon ein Schatz in meinem Leben waren, aber ganz besonders während der Arbeit an diesem Buch: Eileen Kee, Susie Marco, Kathy Musker, Reverend Suzanne Fageol, David Luce, Jim Garrison, Penny Tompkins, Lynn Bell, Carole Dean, Carol Hasler, Ron Roth, Paul Fundson, Tom Williams, Peter Brey, Kaare Sorenson, Kevin Todeshi, John May, Sabine Kurjo, Siska Pothoff, Judy Buttner, Paula Daleo, Fred Matzer, DeLacy Sarantos und die vielen anderen, die in meinem Leben einen reichen Teppich der Freundschaft knüpfen.

Meine Dankbarkeit gilt auch den vielen Menschen, die meine Arbeit unterstützen, indem sie meine Workshops und Vorlesungen besuchen. Es gibt keine Worte für die Hochachtung, die ich Ihnen allen gegenüber empfinde, die Sie eine so entscheidende Rolle dabei spielten, meine Arbeit zu verbessern. Ohne Ihre Begeisterung und ohne Ihr Feedback hätte mir die Inspiration gefehlt, dieses Material zu entwickeln und zu lehren.

Ich möchte mich auch von ganzem Herzen bei all jenen entschuldigen, die ich in den letzten beiden Jahren vernachlässigt habe aufgrund eines Arbeitsplanes, der es mir kaum gestattete, Briefe zu beantworten und Anrufe zu erwidern.

In erster Linie möchte ich meine Wertschätzung für die Liebe und Unterstützung ausdrücken, die ich stets von meiner Familie, insbesondere von meiner geliebten Mutter, erhalten habe. Ich halte meine Mutter für eine der direkten Segnungen Gottes in meinem Leben. Ihre Fürsorge, Liebe, Charakterstärke, ihr großes Herz und ihre grenzenlose Energie haben mir nicht nur geholfen, dieses Buch zu schreiben, sondern auch mich selbst zu heilen. Sie hat ihr Herz immer für meine Ideen geöffnet, gleichgültig, wie radikal sie auch waren. Ich erinnere mich voller Wärme daran, wie oft wir neue Vorstellungen von Gott diskutierten, die ich als Abschlußstudentin hatte, manchmal mitten in der Nacht. Niemals entmutigte sie mein Streben nach der Wahrheit. Und in ihrer Rolle als weibliches Vorbild, die die intime Macht des Glaubens kannte, inspiriert sie mich noch heute. Mein Bruder Edward, seine Frau Amy und ihre Kinder Rachel, Sarah und Eddie junior füllen mein Leben mit unendlich viel Freude, ebenso meine Nichten Angela und Allison, mein Neffe Joey, meine Schwägerin Mary Pat und mein Bruder Joseph. Diese wunderbaren Menschen haben mir durch überaus schwierige Zeiten geholfen, und euch zu kennen macht mich für alle Zeiten dankbar, am Leben zu sein. Ihr alle seid für mich »Heimat«.

Meinen lieben Cousinen und Cousins, die ich so sehr liebe, danke ich, weil sie mich immer unterstützten und ermutigten, obwohl mir klar ist, daß ihr die Hälfte der Zeit keine Ahnung hattet, was ich eigentlich tat. Ich danke auch Marilyn und Mitch, Chrissy und Ritchie, Pam und Andy, Wanda, Mitchie, Pater Len, Tante Virginia und dem ganzen Rest und auch meiner wunderbaren Tante Gen, die uns vor kurzem verließ und in den Himmel ging. Ich bin so dankbar, daß wir einander haben.

Ausgewählte Bibliographie

Achterberg, Jeanne: *Gedanken heilen. Die Kraft der Imagination.* Rowohlt, Reinbek bei Hamburg 1990.

Assagioli, Roberto: *Psychosynthese. Handbuch der Methoden und Techniken.* Rowohlt, Reinbek bei Hamburg 1993.

Atwater, P. M. H.: *Coming Back to Life. The After-Effects of the Near-Death Experience.* Dodd, Mead & Co., New York 1988.

Bailey, Alice A.: *Esoterisches Heilen.* Lucis Trust 1988.

Becker, Robert O. und Sheldon, Gary: *Der Funke des Lebens. Heilkraft und Gefahren der Elektrizität.* Scherz, München 1993.

Bennet, Hal Zina: *The Doctor Within.* Clarkson N. Potter, New York 1981.

Benson, Herbert und Proctor, William: *Beyond the Relaxation Response.* Berkeley, New York 1985.

Berkow, Robert: *The Merck Manual of Diagnosis and Therapy*, Merck, Sharp & Dohme, West Point (Penn.) 1993.

Borysenko, Joan: *Feuer in der Seele. Spiritueller Optimismus als Weg zu innerer Heilung.* Hermann Bauer Verlag, Freiburg 1995.

Borysenko, Joan: *Guilt Is the Teacher, Love is the Lesson.* Warner Books, New York 1988.

Borysenko, Joan: *Gesundheit ist lernbar. Hilfe zur Selbsthilfe.* Scherz, München 1991.

Brennan, Rosalyn L.: *Wheels of Light. A Study of Chakras.* Bon Productions, Arcadia (Calif.) 1989.

Cerminara, Gina: *Many Mansions.* New American Library, New York 1978.

Chopra, Deepak: *Die Körperzeit. Mit Ayurveda jung bleiben – ein Leben lang.* Droemer Knaur, München 1996.

Diamond, Harvey und Marilyn: *Fit fürs Leben. Gesund und schlank ein Leben lang.* Waldthausen, Ritterhude 1988.

Dossey, Larry: *Heilende Worte.* Bruno Martin Verlag, Südergellersen 1995.

Dossey, Larry: *Space, Time, and Medicine.* Shambhala Publications, Boston 1982.

Epstein, Gerald: *Gesund durch die Kraft der Vorstellung.* Kösel, München 1992.

Feldenkrais, M.: *Bewußtheit durch Bewegung.* Insel, Frankfurt/Main 1995.

Gawain, Shakti: *Leben im Licht.* Peter Erd Verlag, München 1987.

Grof, Christina und Stanislav: *Das Abenteuer der Selbstentdeckung.* Kösel, München 1987.

Harman, Willis: *Globale Wege in die Zukunft?* Darmstädter Blätter 1978.

Hay, Louise L.: *Du bist dein Heiler!* Heyne, München 1993.

Head, Joseph und Cranston, S. L. (Hrsg.): *Reincarnation in World Thought.* Julian Press, New York 1967.

Jaffe, Dennis: *Kräfte der Selbstheilung.* Klett-Cotta, Stuttgart 1990.

James, William: *Die Vielfalt der religiösen Erfahrung.* Insel, Frankfurt/Main 1996.

Krieger, Dolores: *Therapeutic Touch – Die Heilkraft unserer Hände.* Hermann Bauer Verlag, Freiburg 1995.

Kuhlmann, Kathryn: *I Believe in Miracles.* Pyramid Books, New York 1969.

Kunz, Dora: *Die Aura. Farben und Symbole des menschlichen Energiefeldes.* Aquamarin, Grafing 1992.

de Laszlo, Violet S. (Hrsg.): *Psyche & Symbol. A Selection from the Writings of C. G. Jung.* Doubleday & Co., New York 1958.

Leadbetter, C. W.: *Die Chakras.* Hermann Bauer Verlag, Freiburg 1994.

Liberman, Jacob: *Die heilende Kraft des Lichts.* Scherz, München 1995.

Masters, Roy: *How Your Mind Can Keep You Well.* Foundation Books, Los Angeles 1972.

McGarey, William A.: *The Edgar Cayce Remedies.* Bantam Books, New York 1983.

Meek, George W.: *Healers and the Healing Process.* Theosophical Publishing House, Wheaton (Ill.) 1977.

Moody, Raymond A. mit Perry, Paul: *Leben vor dem Leben.* Rowohlt, Reinbek bei Hamburg 1990.

Orstein, Robert und Swen, Cionis: *The Healing Brain.* Guildford Press, New York 1990.

Pelletier, Kenneth: *Mind as Healer, Mind as Slayer.* Delacorte Press, New York 1985.

Reilly, Harold J. und Brod Ruth H.: *Das große Edgar-Cayce-Gesundheitsbuch.* Hermann Bauer Verlag, Freiburg 1994.

Reiser, David E. und Rosen, David H.: *Medicine as Human Experience.* University Park Press, Baltimore o.J.

Sagan, Leonard A.: *The Health of Nations.* Basic Books, New York 1987.

Schwarz, Jack: *Voluntary Controls. Exercises for Creative Meditation and for Activating the Potential of the Chakras.* Dutton, New York 1978.

Selye, Hans: *Streß beherrscht unser Leben.* Econ, Düsseldorf 1957.

Shealy, Norman C.: *The Self-Healing Workbook. Your Personal Plan for Stress-Free Living.* Element Books, Rockport (Mass.) 1993.

Shealy, Norman C. und Myss, Caroline M.: *Auch du kannst dich heilen.* Laredo, Chieming 1994.

Sheldrake, Rupert: *Die Wiedergeburt der Natur.* Rowohlt, Reinbek bei Hamburg 1994.

Sheperd, Bill (Hrsg.): *The New Holistic Health Handbook.* Penguin Books, Lexington (Mass.) 1985.

Siegel, Bernie S.: *Mit der Seele heilen.* Econ, Düsseldorf 1993.

Simonton, Carl O. und Henson, Reid mit Hampton, Brenda: *Auf dem Wege der Besserung.* Rowohlt, Reinbek bei Hamburg 1995.

Smith, Huston: *Eine Wahrheit – viele Wege. Die großen Religionen der Welt.* Hermann Bauer Verlag, Freiburg 1994.

Stearn, Jess: *Der schlafende Prophet.* Ariston, München 1990.

Weil, Andrew: *Natürliche Gesundheit – natürliche Medizin.* Kabel, Hamburg 1991.

Weiss, Brian: *Heilung durch Reinkarnationstherapie.* Droemer Knaur, München 1995.